中国与西班牙关系史

HISTORIA DE LAS RELACIONES SINO-ESPAÑOLAS

（增订版）

张铠◎著

五洲传播出版社

图书在版编目（CIP）数据

中国与西班牙关系史 / 张铠著. -- 北京：五洲传播出版社, 2013.1
ISBN 978-7-5085-2380-4

Ⅰ.①中… Ⅱ.①张… Ⅲ.①中外关系－国际关系史－西班牙 Ⅳ.①D829.551

中国版本图书馆CIP数据核字(2012)第229065号

Email: zhenglei@cicc.org.cn

责任编辑： 郑　磊
助理编辑： 姜　珊
装帧设计： 北京正视文化艺术有限责任公司

特别鸣谢三角传媒文化发展有限公司 (Sancel Comunicación) 对本书的协助
Agradecimiento especial a Sancel Comunicación S.L.

《中国与西班牙关系史》（增订版）

作　　者：张　铠
出版发行：五洲传播出版社
地　　址：北京市海淀区北三环中路31号生产力大楼B座7层
邮　　编：100088
网　　址：www.cicc.org.cn
电　　话：010-82005927，010-82007837，010-82003137
印　　刷：北京圣彩虹制版印刷技术有限公司
开　　本：889×1194mm 1/32
印　　张：15.75
版　　次：2013年2月第1版第1次印刷
定　　价：78.00元

周谷城（1898—1996）题词

2003年西班牙索菲娅王后向《中国与西班牙关系史》作者颁发“天主教伊莎贝尔女王十字勋章”及由国王卡洛斯一世签署的“证书”。
（右三，为西班牙驻华大使欧亨尼奥·布雷格拉特。）

2005年在巴塞罗那“亚洲之家”举行的《中国与西班牙关系史》西班牙文版的首发式。
（左二，为北京塞万提斯学院院长易玛；右一，为旁佩乌·法布拉大学欧阳平教授。）

| 中国驻西班牙大使序 |

在历史的大潮中乘风扬帆

在中国与西班牙建交40周年之际，我很高兴收到张铠先生惠寄的书稿并为之作序。当前，中西关系发展正处于历史最好时期。在这样一个继往开来的历史时刻，全面梳理两国关系发展历程，准确把握时代脉搏，在此基础上科学规划未来的发展方向，具有重要意义。

正如书中所述，距今两千年前，古代丝绸之路就已将其东端的汉都长安与西端的罗马帝国重镇、伊比利亚半岛上的塔拉克联系在了一起，中西两国交往由此滥觞。自那时起，双方虽远隔万里，但彼此交流绵延不断，并表现出两大特点。一是两国均有海纳百川的多元文化。中国历史向我们展示的是一幅多民族文化不断融合、相互辉映的多彩画卷。56个民族，不分大小，都是中国灿烂文明的一部分。西班牙则因地理位置特殊，历经腓尼基、古罗马、西哥特、阿拉伯等多个文明的浸润，成为欧洲乃至西方世界最多元的文化之一。中西两国多元文化的锻造历程充分显示出其对外来文化兼容并包的宽阔襟怀。二是双方的交流助推了彼此的发展。9至11世纪，西班牙穆斯林科学文化达到顶峰并远播欧陆，中国造纸术的传入功不可没。及至16世纪，西班牙依靠其发达的航海业开通了当时世界上最长的航线，使中国的精致瓷器远销美洲、欧洲大陆，使中、西两大帝国从中受益。17世纪初叶，西班牙传教士庞迪我积极参与中国历法修订，为将实勘精神及西方数学引入中国做出了贡献。

如果说以上所述是中西关系上游的涓涓细流的话，1973年两国建交以来的发展历程则呈现出一幅波澜壮阔的图景。在政治上，两国政治互信不断增强，在涉及彼此重大利益问题上相互理解与支持。两国于2005年建立全面战略伙伴关系，把中西关系推上新的发展高度。在经贸领域，双边贸易额从最初的1200万美元扩大到2011年的270多亿美元，增长了两千多倍。经贸合作领域不断拓宽，相互投资规模不断扩大。中国已成为西班牙在欧盟外的第一大贸易伙伴，西班牙也是中国在欧盟内最重要的贸易伙伴之一。两国人文交流蔚然成潮。弗拉门戈舞在中国受到热捧，皇马、巴萨在中国的球迷数以百万计，西班牙则已成为欧洲国家中汉语水平考试参考人数最多的国家。中西互为对方在各自地区最好的朋友之一，两国关系也已成为东西方不同制度国家间交往的典范。

以史为鉴，可知兴替。在新的历史起点上，两国政府和人民理应发扬在政治上相互尊重，经贸上合作共赢，人文交流中相互借鉴的优良传统，携手努力，共同推动中西关系的航船顺应历史的潮流扬帆远航。

我谨以中国驻西班牙大使和一个普通读者的身份，感谢张铠先生对中西关系发展所倾注的热忱以及为创作本书所付出的辛劳。

朱邦造

中国驻西班牙大使 朱邦造

二〇一二年十一月八日于马德里

| 西班牙驻华大使序 |

中国和西班牙是两个具有悠久历史传统的国家，但其发展道路却几乎没有共通之处。

一般而论，中央帝国[①]从一开始就将其活动圈定在相当有限的地理范围之内——尽管其影响遍及整个亚洲；而与此不同的是，西班牙则一直热衷于对外拓展，光复运动的必然结果使我们首先进入地中海，然后是大西洋，最后是太平洋。尽管仅落脚于菲律宾，但这是我们到达该大洋的证明。

西班牙曾努力寻找更近的路途先于葡萄牙到达亚洲，但却遇到了美洲。这一偶然事件使我国失去了先前对西邦戈[②]和契丹的兴趣，因为美洲大陆很快便开始向奥地利王室[③]提供其为扩大在欧洲的利益所需的资金。

正如张铠教授所指出的，我们两国人民的关系可上溯到古远时代。两千多年来。两国的接触、交往以至相互影响——有时是直接的，有时是间接的；有时是正式的，但大多数是非正式的——就一直或多或少地

① 指中国。

② 指现在的日本。

③ 当时西班牙是奥地利治下的哈布斯王朝的一部分。

不断发展，直到20世纪初。从那时起，官方关系取得了明显的发展，并在推动经济关系方面发挥了根本的作用。

本书力图收集这一进程中诸多重要的标志性事件。最初，罗马用在伊比利亚半岛提取的白银和黄金来支付进口的中国丝绸；然后，克拉维约东使撒马尔罕王官，满载中国商品，包括著名的马尼拉披肩的马尼拉大帆船在那时的西班牙湖①上来往于菲律宾和墨西哥之间；接着，新西班牙②铸造的银元在一段时期内在中国南方合法流通；而后，大批中国人移民古巴，我国内战结束前夕，中国代表在日内瓦对国联表示驱逐已流亡在外的西班牙共和国总统马努埃尔·阿萨尼亚③；最后，1973年3月，西班牙王国和中华人民共和国建立了外交关系，开创了我们两国人民交往的新时期。

在近代，我们两国的历史齐头并进。经历了几个世纪的衰退后，西班牙和中国进入了多事的20世纪，历经内战和革命的激荡，并以各自的方式找到了复兴国家的道路。最近几十年，世界上没有几个国家像西班牙和中国这样变化如此之大，进步如此之快。两国都经历了真正的民族振兴，这体现在深刻的社会、经济和政治生活的变革中。

这些变革促进了两国的进一步接触，并得到了各自政府的大力支持。西班牙王国首相阿斯纳尔2000年6月对中国的访问标志着西班牙对中国政策的转折点。首相说："西班牙不能置身于中国市场之外。"这一

---

① 指太平洋。

② 此指墨西哥。

③ 马努埃尔·阿萨尼亚（Manuel Azana，1880—1940），在西班牙内战期间为西班牙共和国总统（1936—1939），是位在国际上享有盛誉的政治家。序中所说的"中国代表"系指当时国民党南京政府的代表。至于中国人民对西班牙内战的支持和声援以及中国优秀儿女组成国际纵队中国支队投身西班牙内战的动人事迹，请参阅本书第八章。

新思路的直接结果就是于同年7月制定了旨在加强西班牙与亚洲各国密切关系的“亚太计划”。该地区的国家虽然地域遥远，但其政治、经济、文化的重要性日益显现，中国的优先地位尤为突出。

从那时起，西班牙积极在中国展示自己，不断加强与中国的政治、文化联系和经贸往来，推动企业家交流。尽管如此，可以说我们的关系仍然与希望达到的潜在目标相距甚远，特别是在经济领域。为弥补这一不足，近年来两国政府间增加了高层交往。为深化和扩大我们两国在各个领域的双边关系，2005年胡锦涛主席访问了西班牙；2007年西班牙国王夫妇访问中国，此前他们曾于1978和1995年两次访问中国；罗德里格斯·萨帕特罗首相也于2005、2010和2011年对中国进行了国事访问。目前我们应抓住2013年两国庆祝建交40周年的有利契机，将中西关系推向符合两国发展规模的新水平。

两国认为缺乏相互了解是发展双边关系的主要障碍。张铠教授以其缜密的科学态度和优美文风撰写的著作，为我们进一步相互了解做出了应有的努力。感谢他的审慎作风，感谢读者对此书的兴趣。

西班牙驻中华人民共和国大使

欧亨尼奥·布雷格拉特

目　录

前 言

《中国与西班牙关系史》一书系统地回顾了从公元1世纪直至20世纪中西两国长达2000年的交往史，并对跨入21世纪以来中西两国关系的新发展进行了概述。

远在丝绸之路时代，西班牙在罗马化与城市化的进程中业已出现了对中国丝绸的崇尚与追求。此外，正是中国丝绸和主要用西班牙贵金属铸造的罗马金币，共同为丝绸之路贸易的发展奠定了重要的物质基础。尤其是在奥古斯都统治罗马帝国的时代，丝路贸易进入了最繁盛的时期。其间，奥古斯都又把西班牙滨临地中海的塔拉克（今塔拉戈纳）作为帝国的统治中心，因此，丝绸之路不仅延伸至西班牙，而且丝绸之路贸易最为繁盛的时期恰恰是以长安与塔拉克为轴心所促成的。

在海上丝绸之路时代，西班牙穆斯林世界成为华夏文明传向欧洲的窗口：中国人率先发明的造纸术、火药以及中国养蚕、种稻与河渠闸门等技术和柠檬、柑橘等物种，甚至像炼丹术等科学思想都是中经西班牙传入欧洲并促进了欧洲文化和经济的发展。

西班牙基督教世界在收复失地的运动中不断发展、壮大。其间，在加泰罗尼亚—阿拉贡王室的支持下，西班牙的海上势力继涉足西地中海及大西洋贸易之后，又向东地中海扩展，并在亚历山大等城市和列万特地区建立了商站。西班牙在地中海区域的商业扩张不仅成为推动11—14世纪地中海商业革命的重要因素之一，并由此开始介入到与东方世界的贸易之中。

当地中海商业革命蓬勃发展之际，在东方，正是宋元时代中国海外贸易的高峰期，并促成西太平洋与印度洋贸易圈繁荣发展之势。以亚历山大等城市和列万特地区为中介，西太平洋—印度洋贸易圈和地中海区域市场之间逐渐形成了一种相互渗透与影响进程，并继而促成东西方文化交流的新高涨。除“四大发明”以外，从中国传入欧洲的马蹄铁、高效马具和航海及造船技术被认为是东方世界给与天主教欧洲的厚礼，以致打开了商业革命的道路。上述中国的发明与技术创新也曾影响到西班牙。事实上，没有指南针和多桅帆船技术就很难实现哥伦布的远航。在同一时代，西班牙基督教世界的旅行家和传教士作为马可·波罗的同时代人，也曾前来中国。15世纪西班牙外交官克拉维约曾代表西班牙国王亨利三世前往撒马尔罕并觐见了帖木儿大帝，返回西班牙后写有《克拉维约东使记》一书。内中关于东西方地缘政治格局的分析以及对中国国情的记述，对于西班牙王室支持哥伦布以前往中国为主要目的的远航计划曾起到积极的启示作用。

地理大发现以后，中国与西班牙是雄踞世界东西两端的最为强大的帝国。在中国—菲律宾—墨西哥—西班牙多边贸易开通的年代，中国物美价廉的商品和西班牙握有的贵金属成为推动人类一体化进程和世界市场的形成与发展的两个关键性因素，并使中国与西班牙处在从前工业社会向近代社会转变的最为有利的位置上。但由于明清时代中国统治者所推行的以自我封闭为核心内容的“海禁”政策以及西班牙王室所实施的以维护塞维利亚垄断商人集团的利益为出发点的“重商主义”政策，使中西两国在人类历史转换的关头痛失发展机遇。历经400年的沧桑，进入19世纪，中西两国都陷于因落伍而挨打的悲惨境地。中国—菲律宾—墨西哥—西班牙多边贸易的兴衰成为反映中西两国荣辱与浮沉的重要标识，其内中的教训不能说不深刻而沉痛！

在伴随地理大发现而形成的东西方文化交流的大潮中，一些西班牙传教士来到中国并成为促进中国与西方文化交流的先驱者。尤其是他们对中国历史、文化与宗教诸多方面卓有成就的研究使西班牙成为18世纪以前西方汉学研究的重要中心之一，并在一定程度上对欧洲的启蒙运动起到了激发作用。直至今日，当代人仍能从他们的跨文化活动中得到有益的启迪。

鸦片战争以后，围绕古巴华工问题清政府与西班牙曾进行过反复的外交交涉并先后签订了《和好贸易条约》和《中国人民前往古巴如何优待条约》。今天，我们用当代人的视角来重新审视中西关系史中这并不愉快的一页，会使我们更加珍惜中西两国当前来之不易的友好现状。

进入20世纪，中西两国关系经历了由低谷逐步向高峰推进的曲折历程。其中最富有积极意义的篇章之一就是在中国抗日战争和西班牙内战期间，中西两国人民在反法西斯的斗争中，相互支持与声援的那段难忘的历史。

1973年中西两国建交后，中国与西班牙的最高领导层也曾多次互访，从而为中西两国关系的健康发展奠定了坚实的基础，无论在经贸合作方面或是在文化交流领域，双边关系都取得了长足的进展。

对于中西两国2000年来内容丰富、令人难忘的交往历史进行系统的回顾与总结，将十分有助于中西两国充满信心地把更加和谐与友好的中西关系带进21世纪。

2003年是中西建交30周年。为此，笔者提出写作《中国与西班牙关系史》一书的计划，并得到中国社会科学院历史研究所与西班牙驻华使馆的全力支持。

为了实施上述写作计划，西班牙外交部国际合作署为笔者前往西班牙进行学术考察提供了资助。在这次考察中，笔者先后访问了马德里、巴塞罗那、科尔多瓦、塞维利亚、格拉纳达和塔拉戈纳等历史文化名城。西班牙丰富而绚丽的多元文化给笔者留下了深刻的印象并加深了笔者对西班牙历史与文化特点的认识。

《中国与西班牙关系史》一书完稿后，在西班牙外交部国际合作署的赞助下，于 2003 年由中国大象出版社用中文与西班牙文同时出版，并纳入到以季羡林为名誉主编的“中外关系史丛书”之中。

《中国与西班牙关系史》一书出版后，曾荣获西班牙“天主教伊莎贝尔女王十字勋章”（La Cruz de Oficial de la Orden de Isabel la Catolica）；其后又获“第六届中国社会科学院历史研究所优秀科研成果奖”和“第三届郭沫若历史学三等奖”。

自从中国与西班牙建交进入第四个十年，双边关系已实现了质的飞跃，目前正处于“历史上最好的时期”。因此就中西建交后第四个十年双边关系所取得的丰硕成果以史志之，显然十分必要。为此，我们对《中国与西班牙关系史》一书又进行了增订。

对于我们增订《中国与西班牙关系史》一书的工作，中国驻西班牙大使朱邦造曾来信以示鼓励，使馆政治、文化和教育等部门为我们提供了大量的相关资料，使我们对使馆卓有成效的工作有了更为清晰和全面的认识，并使我们对奋斗在万里之外的使馆的同志们油然产生了深深的敬意。

西班牙驻中国大使欧亨尼奥·布雷格拉特、文化参赞伊格纳西奥·莫罗、经济商务参赞司嘉伟和北京塞万提斯学院院长易玛等先后接受了笔者的采访，并对我们的增订工作表示了热情的支持，同时提供了大量的相关资料。西班牙方面长久以来对笔者研究工作的理解和帮助，令我们难以忘怀。

在我们感谢中西两国使馆宝贵支持的同时，我们也更加认识到中国与西班牙友好关系终至光荣绽放的原因。

2012年6月22日，胡锦涛主席在出席20国集团领导人第7次峰会后，经停西班牙特内里费岛时，与西班牙国王卡洛斯一世通了电话，双方一致表示愿以中西建交40周年为契机，共同努力，推动中西全面战略伙伴关系取得新进展，更好造福两国和两国人民。

中国五洲传播出版社以宽广的国际视野和敏锐的历史感知，决定将增订后的《中国与西班牙关系史》用中文与西班牙文同时出版，并以此作为对中西建交40周年的献礼。

作为《中国与西班牙关系史》一书的作者，无论对于支持我们研究工作的中国和西班牙的各个政府和学术部门，或是承担了该书出版重担的中国大象出版社和中国五洲传播出版社，我们均表示由衷的谢意。

中国驻西班牙大使朱邦造先生和西班牙驻华大使欧亨尼奥·布雷格拉特先生特为《中国与西班牙关系史》的增订版写了“序”。这两篇“序”高屋建瓴地对中西两国2000年来的交往史和建交40年来的历史经验进行了总结，同时对中西关系的未来发展前景进行了高瞻远瞩的展望。我在此向他们致以崇高的敬意。

在《中国与西班牙关系史》增订版面世之际，笔者用感恩的心情对那些曾经给予笔者以宝贵支持和帮助的亲人、友人和学术界的同仁们表示浓浓的感激之情，他们是：

我的挚友周静；

北京第二外国语学院孙家堃；

中央编译局黄才珍；

《今日中国》贾宁一、麦高、吉达利；

中国传媒大学贝德拉·德亚诺斯；

萨拉戈萨大学何塞·安东尼奥·塞白拉·西门尼斯；

大连外国语学院克里斯蒂安·阿什卡尔、魏京翔、郭旭。

中国社会科学院历史研究所陈高华；

中国社会科学院世界历史研究所宋岘；

北京外国语大学张西平、柳若梅、刘建；

北京大学赵振江；

中央美术学院邢啸声；

中国电影资料馆傅郁辰；

台湾大学鲍晓鸥、台湾清华大学黄一农和李毓锺、淡江大学熊建成、台湾辅仁大学雷孟笃、澳门理工学院崔维孝。

中华人民共和国外交部原焘；

国家汉办/孔子学院总部许琳、马箭飞、夏建辉、袁丽。

中国驻西班牙大使馆朱邦造、庄丽肖、纪彩玲、王志伟、佟亚维、陈一帆；

西班牙驻华使馆欧亨尼奥·布雷格拉特、曼努埃尔·皮内罗、胡安·莱尼亚、伊格纳西奥·莫罗、司嘉伟、胡安·何塞、罗萨·墨菲、维克多·贝尼托、桑德拉、白兰、智群、赵莉婷、詹玲、唐新梅、关美华、梁丽丽；

北京塞万提斯学院易玛、辛丹、崔燕。

旁佩乌·法布拉大学多罗斯·福尔奇、欧阳平、廖燕平；

加泰罗尼亚历史博物馆索莱—萨巴代、何塞·路易斯·英菲埃斯塔、玛利奥娜·科莫巴尼斯；

西班牙学者胡立安·马格莱基、安赫尔·马丁内斯·德委拉斯科、路易斯·阿尔比略斯、阿莱杭德罗·王、刘莉美、林毅、许玲玲。

中国大象出版社崔琰、张锐；

中国五洲传播出版社荆孝敏、郑磊、姜珊。

当结束《中国与西班牙关系史》一书增订工作之时，我们深刻意识到众志成城一语的真实含义。

中国社会科学院历史研究所 张铠

2013 年 2 月 15 日

| 第一章 |

丝绸之路延伸至西班牙（1—5 世纪）

以长安（洛阳）和罗马为轴心的古代丝绸之路成为历史上沟通东西方文明的桥梁，对于促进人类的相互了解和社会经济的发展都曾做出过重大的贡献。

在当前有关丝绸之路的研究中，中外学者的注意力主要集中在丝绸之路贸易兴起的历史背景、丝路的走向、物质交换内容和交换方式、丝绸之路贸易兴衰的原因以及丝绸之路贸易在促进东西方文化交流方面的历史意义和作用等方面，并取得累累硕果。然而，科学地界定丝绸之路覆盖面的工作，还有待进一步开展，而这终究是涉及到丝绸之路形成的物质前提和影响范围的重要课题。

如果我们从社会经济史的角度来研究丝绸之路的覆盖面，则可得出这样的结论：丝绸之路的起点当在濒临太平洋的中国，而终点则为大西洋之滨的西班牙。即丝绸之路涵盖了从太平洋直至大西洋的广阔空间，而且中国的丝绸和西班牙的贵金属为丝绸之路贸易的繁荣发展奠定了重要的物质基础。

关于中国是丝绸之路的起点已是一个不争的事实。至于说西班牙是丝绸之路的终点，则是一个需要进一步论证的新课题。下面，我们将从 4 个方面来说明丝绸之路事实上已延伸至西班牙。

一、在西班牙罗马化和城市化的进程中，西班牙上层社会业已出现对中国丝绸的崇尚和追求之风

对于西班牙历史上的罗马化和城市化进程，中国的读者一般都比较生疏，所以我们对此略作介绍。

西班牙有着悠久的文明和历史，而且和地中海其他文明中心有着密切的文化联系。在西班牙的南部，可以看到米诺斯文化影响的痕迹。在希腊城邦最繁华的年代以及在腓尼基人的扩张时期，希腊人和腓尼基人都曾在西班牙濒临地中海的南岸地带建立过自己的居民点，并将东方的都市生活模式和货币的使用带到西班牙这部分地区。但西班牙的土著居民——伊比利亚人和塞尔第加人——仍聚族而居，而且为了自卫，往往聚居在山上。他们已经使用铁制工具，因而农业生产已有较大的发展。在与希腊人和腓尼基人移民居住地区的物质交换过程中，西班牙人也开始使用货币。

公元前 264—241 年，罗马与迦太基为了争夺西地中海的霸权曾进行长达 20 余年的战争，并以迦太基人的失败而告终。史称“第一次布匿战争”。至公元前 237 年，迦太基人进入新的海外扩张时期，阿米尔·巴尔卡率军跨过直布罗陀海峡，攻占加的斯，俘获土著人的头领并在那里建立起迦太基人的据点，后又攫夺了安达卢西亚，开始采掘那里丰富的白银矿藏，为进攻罗马帝国做准备。迦太基人在西班牙的军事扩展引起罗马帝国的严重关切。公元前 226 年罗马曾派使节告诫迦太基人要遵守双方以前议定的商业势力范围，并不得跨越埃布罗河。但迦太基人并没有停止军事行动，相反地，在卡塔黑纳建立了海军基地并加紧开采银矿，为汉尼拔的远征准备了充足的军费，同时又沿西班牙东海岸开辟了通向罗马帝国的大道。上述军事行动终于引发了“第二次布匿战争”。

公元前 218 年罗马人开始反击，在夺取了卡塔黑纳以后，占有了巨

大的银矿。随即又攫取了迦太基人在西班牙的桥头阵地加的斯，并最终将迦太基人的军事力量从西班牙扫荡干净，从此开始了近6个世纪的罗马帝国对西班牙的统治时期（公元前218年至公元409年），即西班牙罗马化时期。

在罗马人与迦太基人的角逐过程中，以及在其后镇压西班牙人民反对罗马入侵者的民族起义的漫长战争年代，大批罗马士兵涌入西班牙并建立起许多屯兵据点。为了保证军需供应，从罗马来的商人、包税人、手工艺人等等也在这些屯兵据点驻足，慢慢地，这些屯兵据点发展成大小不一的罗马化城市，即由此开始了西班牙的城市化进程。

所谓罗马化的城市，就是说从城市的建筑布局到城市的管理乃至市民阶层的构成和法权概念等诸多方面都折射出罗马城市的原型特征。

从西班牙的城市布局来看，像罗马城市一样，除贵族邸宅、平民公寓外，都设置有议事堂、竞技场、浴室、供水系统等公共建筑和广场。从城市的管理来看，由公民推举产生议员；城市由议员组成的市议会负责行政管理。城市居民由贵族、平民和奴隶几个阶层构成。贵族往往是屡立战功的罗马将士。在他们得到赏赐土地后，便建立起以奴隶劳动为基础的大庄园，生产罗马帝国以及地中海区域急需的粮食、橄榄油和葡萄酒。在出口这些农产品的过程中，他们赢得巨额利润。但这类贵族一般都委托总管经营和管理庄园，而他们自己则住在城市中。西班牙土著居民中的部族领袖往往被授予仅次于罗马公民权的拉丁公民权，他们成为新体制的支持者。这些新贵族或者迁居到那些罗马化的城市中；或者率部族从原来高山上的定居点，向平原或河口地带迁居；或在罗马人新建城市附近以及靠近重要通路的地方，也仿照罗马城市的模式建立起以土著人为主体的市镇。一时城市化运动遍及西班牙全境。

这些罗马化的城市规模大小不一。根据近些年西班牙学者的研究，梅里达占地19—120公顷；科尔多瓦，50—70公顷；卡达格·诺瓦，80公顷；塔拉克，70公顷；埃瓦拉，7公顷；其后成为西班牙王都的托莱多，在当时仅占地5公顷。从人口来看，梅里达城市人口为60000人；科尔多瓦，35000人；塔拉克，30000人；萨拉哥沙，25000人。①

在罗马征服西班牙的时代，出于军事目的的需要，同时也为了在西班牙城市化运动中加强各城市之间的联系，以及为了巩固罗马对西班牙的统治，上述诸因素促使统治当局仿照罗马帝国境内令人惊叹的道路网体制，在西班牙也修筑了四通八达的大道，其中最著名的就是“奥古斯都大道”，它以通往意大利的比利牛斯山山口为起点，沿西班牙东海岸南行，经巴（尔）西诺（今巴塞罗那）、塔拉克（今塔拉戈纳）和瓦伦梯亚，折向内陆，经塞托比（今哈梯瓦）、阿尔曼沙，进入麦塞达地区，再经德斯帕尼亚佩罗斯进入安达卢西亚境内，沿瓜达基尔河直到终点加的斯港。这条贯穿西班牙南北的大动脉是在奥古斯都时代建成的，因此史称“奥古斯都大道”。另一条从卡塔格·诺瓦到拉曼恰这一贯穿西班牙西部海岸南北的大道，因这一大道途经白银产地而被称为“白银大道”。再一条则从塔拉克起始，直插西班牙中部的埃布罗河谷地，中经卡埃萨·奥古斯塔，折向比利牛斯山中部和西部。这一东西向的大道又将前述两条南北向的大道联系在一起。以这三条大道为主干，组成一个庞大的通达西班牙各主要城市和矿区的道路网。②

城市化运动和道路网络的建成，两者相互推动，使西班牙罗马化的另一个显著特征越来越突显，这就是商品和货币经济的机制融入到西班

① 比维斯：《西班牙与美洲社会经济史》（J.V.Vives, Historia de España y América Social y Económica），西班牙1974年版，第1卷，第127页。（本书参考和引用书外文书名及版次均见书后“主要参考书目”，不一一另注）

② 同上。

牙的社会经济生活当中，并使西班牙的经济纳入罗马—地中海经济体制的轨道之中。这方面的集中体现就是西班牙逐步形成了外向型的农业。

西班牙盛产小麦和大麦。除满足境内需要外，也有部分粮食进入国际市场，主要输出到罗马帝国。特别是橄榄油的出口，在整个地中海世界享有盛誉，出口量也很大。再有，就是葡萄酒的出口，由于西班牙酒质醇厚，较意大利本土的产品质量更优，所以在国际市场上很有竞争力。至今我们仍能从奥维德（Ovidio）和普林尼（Plinio）等罗马时代文人墨客的诗文中读到他们对西班牙名酒的赞誉。

通过这些农产品的大量出口，一方面加强了西班牙和地中海世界的经济联系；另一方面，通过出口谷物、橄榄油和葡萄酒，使西班牙城居的大庄园主手中聚集了大量的财富。

除农产品外，西班牙金、银、铜、锡等矿产品的生产在地中海世界中同样占有举足轻重的地位。这些矿产品主要供出口用，罗马帝国利用这些金属铸造货币，使地中海流通领域不致因缺乏流通手段而出现金融危机。这些金属矿产的开采最初完全由罗马帝国政府垄断。其后，由于矿区不断增加，使帝国政府无力全面管理矿业生产，而且也缺乏足够的资金投放到采矿业中。所以逐步把矿山的开采权承包给那些资金雄厚的大商人。这些承包人通过矿产品的出口，赢得巨额利润。

综上所述，我们可以看到，在商品和货币经济的机制引入西班牙社会经济生活中的同时，那些从事外向型农业生产的大庄园主和承包矿业生产的大商人，他们手中都聚集了相当数量的财富。他们的存在与壮大又产生了西班牙罗马化与城市化进程中的另一特点，即将罗马帝国贵族的奢靡的生活方式搬到西班牙上层社会中来。其中就包括对东方珍奇物品的追求和消费。除香料外，最令罗马人倾倒的就应当说是中国的丝绸，由此，中国丝绸才有可能进入西班牙并形成西班牙贵族对中国丝绸的崇尚和追求之风。

新疆出土的汉代织锦

在丝绸之路时代，罗马人对中国丝绸的追求到了癫狂的程度。罗马的贵夫人争穿用中国丝织成的轻纱，以显示身材的魅力。这种超薄的丝织物被戏称是用玻璃制成，以致有些道貌岸然的政治家批评女性穿这种丝质轻纱为不雅行为。但这不仅无法阻止罗马贵妇对丝绸的迷恋，此风一盛，也影响到罗马的男性贵族，甚至最高统治者。公元前1世纪，当庞培荣归罗马时，就身穿丝袍。恺撒大帝也曾外罩丝袍在剧院观戏，接受民众的欢呼。一般市民无力制作整套的丝绸服装，但也要佩带一条“罗带”比附风雅。在这样一种挥霍浪费和追求虚妄的高雅时尚的氛围中，丝绸就以极快的速度风靡整个古罗马。①

为了运输丝绸及香料等东方商品，罗马帝国还特别在东方商品的进

① 布尔努瓦著，耿升译：《丝绸之路》，新疆人民出版社1982年版，第32页。

口港普特奥里（今波佐利）与罗马城之间修建了一条大道，并在罗马城开辟了专门出售丝绸和香料的市场。[①]

罗马人的丝绸热必然会在西班牙罗马化和城市化的过程中，波及到西班牙的贵族阶层。正如西班牙学者所指出的，罗马给西班牙带来了衣着和生活方式。[②]《欧洲与中国》一书的作者赫德森更具体地指出，“罗马上流社会需求丝绸的风尚也存在于西班牙、高卢和不列颠。”[③]

目前，西班牙尚无丝绸残片出土。但我们可以列举一些例证，以加深对上述诸论断的印象。前面我们曾提到，庞培曾穿着丝袍凯旋回到罗马城。他曾经在西班牙为扑灭塞尔多利亚领导的土著居民武装起义而征战。他是否随身带有丝绸长袍？身披丝袍在罗马观剧的恺撒曾出任西班牙乌尔特里奥斯省的执政官。他是否将对丝绸的依恋之情带到西班牙？

我们特别想强调的是，罗马帝国只是到了奥古斯都时代（大约公元前 30 年至公元 14 年）连年内战才得以平息。奥古斯都关闭了罗马哈诺圣庙的大门，宣告罗马世界和平的到来。由于整个地中海区域处于和平与稳定的气氛之中，国际贸易遂空前繁荣。在东方，汉帝国又打通了西域从陆路通向西方的通道；罗马人在发现印度洋的季风规律之后，频频派出船队远航东方，并在印度与不断扩展自己航路的中国船队找到了共同的物资的交汇点，一时东西方之间的贸易蓬勃发展，于是迎来了丝绸之路贸易最兴盛发达的时期。即丝绸之路贸易的“长安—塔拉克轴心时代”。

---

① 拉克：《亚洲对形成中的欧洲的促进》（D. F. Lach, *Asia in the Making of Europe*），芝加哥 1971 年版，第 1 卷，上册，第 15 页。

② 雷格拉:《绘图西班牙史》(J. Regla, *Historia de España Ilustrada*)，巴塞罗那 1978 年版。

③ 赫德森:《欧洲与中国》(G. F. Hudson, *Europe and China*)，伦敦 1931 年版，第 115 页。

二、丝绸之路历史上的“长安—塔拉克轴心时代”

上面我们曾经指出，奥古斯都临政时期丝绸之路贸易处于最为繁华的年代。由于奥古斯都在这一历史时期又把罗马帝国的统治中心设置在西班牙濒临地中海的塔拉克，可以说丝绸之路贸易由此进入了“长安—塔拉克轴心时代”。那么，奥古斯都为什么要将罗马帝国的统治中心设置在塔拉克？在历史上塔拉克终究是个什么样的城市？它与丝绸之路贸易有什么关系？对于这些读者可能感到兴趣的问题我们将试做一些分析。

奥古斯都把罗马帝国的统治中心设置在塔拉克，我们认为这是他从罗马帝国军事、政治和经济的现实需要为出发点而做出的战略决策。而塔拉克本身又具备作为罗马帝国中心城市的条件。

从军事上看，塔拉克在公元前 4 世纪是西班牙土著居民为反抗外来入侵者而兴建的一座军事要塞。由于塔拉克其地战略地位十分险要：一方面，它能扼守住从西班牙直通意大利的交通要道；另一方面，它与西

左：环形剧场遗址 右：塔拉克双层水渠和凯旋门

西里岛相望可控制西地中海广大海域。因此，第二次布匿战争爆发后，在罗马人与迦太基人进行生死搏斗的年代，罗马大军一经入侵西班牙便迅即占领了塔拉克并以该地作为罗马人的军需供应基地，为罗马帝国最终战胜迦太基发挥了重要作用。此外，同样出于战争的需要，罗马人又以塔拉克为中心，在西班牙修建了四通八达的道路网。

西班牙的道路网又与意大利的道路网相衔接，因而罗马人感到将帝国统治中心设置在塔拉克，调兵遣将十分便捷。

特别是，尽管在第二次布匿战争中罗马帝国取得了全胜，但随之对西班牙的征服活动却遇到西班牙人民的普遍反抗。当时恺撒作为西班牙总督，虽在血腥镇压西班牙民族起义的过程中屡获"战功"并似乎使西班牙的局势平定下来，但奥古斯都仍会认为一旦放松对西班牙的严密监控，西班牙人民反罗马入侵者的斗争就会再度爆发，并会在高卢等殖民地引起连锁反应，这势必影响到罗马帝国长治久安的全局。以塔拉克作为帝国的统治中心，实际上是加强罗马帝国对西班牙的军事压力的一种手段。同时，只要西班牙的局势处于平稳状态，便十分有利于罗马帝国对高卢和北非地区的控制。当西班牙、高卢和北非诸地区都处于稳定的局面时，罗马帝国则可在东方战线以及多瑙河沿线集中兵力守卫住罗马帝国北方的漫长边境。所以，奥古斯都把帝国的统治中心设置在塔拉克，我们认为它首先是从军事战略角度考虑问题的。

其次，奥古斯都把帝国的统治中心设置在塔拉克也有其政治目的。在罗马帝国的历史上，曾将帝国的一些殖民地纳入到帝国行省的建制中来。表面上看，似乎仅是行政体制上的变动，实际上是罗马帝国统治者对殖民地人民实施的一种怀柔政策，以达到"分而治之"的目的。奥古斯都对西班牙即是采取这种政策。

在恺撒时代，西班牙原为"塔拉克殖民领地"，由罗马帝国皇帝派出总督作为他的代表行使统治权。到奥古斯都时代则将西班牙“升格”为帝国的“行省”而不再视为“殖民领地”。

在上述时代，整个西班牙被划分为三个省，即：贝蒂卡（Betica），省会为科尔多瓦 (Cordova); 卢西塔尼亚（Lusitania），省会为梅里达（Mérida）；塔拉克南塞（Tarraconense），省会为塔拉克。在这三个省中，以塔拉克南塞面积最大，几乎为其他两省之和。

奥古斯都在将西班牙由殖民领地提升为行省后又将塔拉克作为罗马帝国的统治中心，这一方面是为了安抚西班牙人，同时也是向所有被罗马帝国征服的地区做出的“举国一体”的姿态。即，奥古斯都将塔拉克作为罗马帝国的统治中心，其政治目的十分明确。

从经济方面来看，塔拉克地处西班牙经济十分发达的地区，它本身又是西班牙贵金属产品、橄榄油，尤其是优质葡萄酒的主要出海口，并与地中海其他各地有着广泛的商业联系。以塔拉克作为帝国的统治中心，十分有利于促进地中海世界经济一体化进程。这是维系以地中海为中心而建立起来的庞大罗马帝国的主要物质前提。

综上所述，奥古斯都所以把塔拉克作为罗马帝国的统治中心是出于军事、政治和经济三方面的战略考虑，而塔拉克本身也恰恰具备作为帝国中心城市的各种条件：

塔拉克当时面积为 70 公顷，人口约 35000 人，[①]在地中海区域它不是最大的城市，但人口适中，使其既可发挥中心城市的功能作用，又可避免由于人口过度集中而造成物质消费上的巨大压力。

塔拉克背山面海，又有雄伟的城墙卫护，使其拥有帝国中心城市所

① 米格尔·阿维莱斯·费尔南德斯：《迦太基与罗马》（Miguel Aviles Fernandez, *Cartago y Roma*），马德里 1979 年版，第 150 页。有的著作认为塔拉克那一时代人口约 30000 人。

必须的安全保障。

塔拉克交通十分便利，以它为中心辐射整个西班牙的道路网已经形成，并能与意大利的道路网络相衔接；塔拉克本身又是一个优良的港口，可通达地中海任何一个滨海城市，尤其和意大利的港口城市来往十分便利。此外，塔拉克为不冻港，所以它的对外交通不受季节的限制。塔拉克气候宜人，风光秀丽，完全具有作为帝国中心城市的理想的外部环境。在罗马化和城市化的进程中，该城已拥有完整的市政建筑群可供行使中心城市行政职能时使用。豪华的住宅、齐备的生活设备、繁华的商业区、壮观的环行剧场等等完全可以满足皇室贵胄生活及娱乐之需。特别是塔拉克的供水系统令人叹为观止。为了从城北的佛郎克里河向市内引水，塔拉克人挖掘了 5 公里长的水渠，其中在两山之间的高桥式水渠，其跨度达 200 米，高达 26 米。水渠上部有 24 个拱门，下部有 11 个拱门。其遗迹留存至今，蔚为壮观。充裕的供水正是中心城市的生命线。

奥古斯都的战略意图和塔拉克独具的优越条件，这就是塔拉克被选定作为罗马帝国中心城市的原因。

塔拉克一旦成为罗马帝国的统治中心，便与丝绸之路贸易紧密地连接在一起：其一，奥古斯都十分重视与东方的贸易。正是在塔拉克，他全力以赴地推动了罗马帝国与东方国家的贸易并使其达到前所未有的规模；其二，塔拉克成为罗马帝国统治中心之后，亚历山大港运往普特奥里的中国丝绸旋即运到塔拉克，遂使塔拉克与丝绸之路相衔接。由此，西班牙的海国男儿也开始投身于丝绸贸易之中①；其三，奥古斯都在塔拉克临政之后，帝国政要和一些贵族也都迁居到塔拉克。因此，对东方商品的需要急剧增加，塔拉克也由此成为中国丝绸最主要的消费市场之

① 布尔努瓦著，耿升译：《丝绸之路》，新疆人民出版社 1982 年版，第 32 页。

一。可以说，塔拉克像长安一样，在促进着丝路贸易的发展。

在有关丝绸之路的研究中，很多专家学者都习惯于说，丝绸之路贸易是以长安（洛阳）和罗马为轴心逐步发展起来的，并成为连接亚欧两大洲的友谊之桥。这种表述并不错。但如果具体到奥古斯都时代，那么更为确切的说法应是：丝绸之路不仅延伸至西班牙，而且丝绸之路贸易最为繁盛的历史时期则是以长安和塔拉克为轴心而促成的。

我们在这里还想指出的是塔拉克被奥古斯都当作罗马帝国的中心城市并非是它城市的发展历程中仅有的昙花一现般的短暂的荣耀。事实上，在奥古斯都之后，罗马帝国的其他一些皇帝，诸如图拉真（Trajano, 98—117 年在位）、哈德良（Hadrianus，117—138 年在位）和康茂德（Comodo，177—192 年在位）等，他们都像奥古斯都一样，出于罗马帝国军事、政治和经济诸多方面的战略考虑也都将罗马帝国的统治中心设置在塔拉克。因此，在他们的治下，塔拉克依然和丝绸之路贸易保持着紧密的联系。

三、西班牙的贵金属为丝绸之路贸易奠定了重要的物质基础

西班牙蕴藏着丰富的金、银、铜和锡等矿藏。在罗马帝国的全盛时期，在它统治触角所达的地方，出于国际贸易的需要，已有越来越多的货币被投入到流通领域当中。特别在罗马帝国与东方的长途贸易中，罗马人基本上是用贵金属铸币来换取东方的丝绸、香料和其他珍稀的奢侈品。因此，对贵金属的需求量日益增加。然而在西班牙等少数地区以外的罗马帝国境内，用于铸币的金属，尤其是白银，一般都较为匮乏。正如经典名著《罗马帝国社会经济史》一书所指出的：“意大利需金属铸币和生产金属制品的原料，无论意大利、埃及、小亚细亚所产金属皆不

敷供应，金属主要开采于西班牙、多瑙河流域、高卢。”[①]

其中西班牙的贵金属生产对罗马帝国更具重要意义。西班牙主要产银区在卡塔黑纳、里奥廷托和西埃拉·莫莱纳等地。卡塔黑纳在产银的盛极之时有 40000 工人从事白银的开采劳动；每天提炼出 300 磅银，可提供 25000 德拉克马的利润。[②]如此规模的生产在那一时代是非常罕见的。黄金主要产地在半岛东北部。象杜埃马和莱依托萨的含金矿石被罗马人运走达 10 亿吨之巨。老普里尼曾感叹地说整座山都被挖空了。[③]

此外，铜和锡也是西班牙大宗出口的矿藏，这些金属既是制造当时社会生活中具有广泛用途的青铜器皿的原材料；也是铸造贵金属货币所不能或缺的成份。西班牙乌埃尔瓦的铜矿斐声地中海世界，腓尼基人移居西班牙时已开采这里的铜。至于锡，东地中海一带蕴藏量非常有限，主要产锡区几乎完全集中在地中海的西部地区，特是西班牙濒临大西洋的加里西亚等地。为把锡矿掌握在自己手中，腓尼基人曾极力控制通往产锡王国的大门——直布罗陀海峡。

那么，为什么说西班牙的贵金属为丝绸之路贸易奠定了重要的物质基础呢?

事实上，在整个丝绸之路时代的东西方贸易中，西方始终是用贵金属货币来换取东方的丝绸和香料等珍奇物品。由于贸易路线漫长，要经过不同政权控制下的国家或民族，而且沿线到处关卡林立，路途中又要经历无数的艰难险阻，因此东方商品一旦运抵西方，价格十分昂贵。中

---

① 罗斯托夫采夫：《罗马帝国社会经济史》(M. I. Rostovtsev, *Social and Econommic History of the Roman Empire*)，商务印书馆 1985 年版，第 127 页。

② 德拉克马（dracma），罗马货币单位。

③ 比维斯：《西班牙与美洲社会经济史》，第 1 卷，第 153 页。

国丝绸在罗马帝国往往需用与之等价的白银来交换。东方商品在西方的售价，要较商品的原产地价格高出百倍。[①]

由于西方对东方商品的需求与日俱增，遂使大量贵金属货币流向东方。据普里尼估算，每年从罗马帝国流向印度和赛里斯（中国）以及阿拉伯地区的贵金属货币价值达一亿埃斯特斯，大约折合60万英镑。[②] 这些贵金属货币向东方流去而不再回到流通领域当中。因此，有人将东方称作“罗马黄金的坟墓”。在丝绸之路贸易中有多少贵金属流向东方已不可知。但有资料表明，在奥古斯都时代，公元14年时罗马帝国还积累有3.58亿英镑的财富；到公元800年时，其财富只余3300万英镑，仅为原积累的1/11。[③]其中相当一部分财富是耗费于东方贸易当中。即使在奥古斯都时代，与东方的贸易已使金属货币大量流失，货币流通量锐减，金融危机已开始威胁罗马帝国。在这种危机的关头，正是西班牙的金、银等贵金属源源运到意大利，及时铸成货币，然后再投入流通领域，才保证了地中海世界国际贸易不至萎缩，更使罗马帝国与东方的贸易能继续下去，并在一段时期内呈现了蓬勃发展的景象。我们认为西班牙是丝绸之路的西方终极之地，或者说，是终点，一方面是指在西班牙罗马化和城市化的运动过程中，有理由认为中国丝绸已经进入了伊比利亚半岛，但更重要的方面则在于，西班牙的贵金属对丝绸之路贸易起到了保证作用。也可以这样说，中国的丝绸和西班牙的贵金属共同为丝绸之路贸易奠定了重要的物质基础，同时也构成中国与西班牙关系史中第一个篇章。

---

① 沃明顿：《罗马帝国与印度贸易》(Warmington, *The Commerce between the Roman Empire and India*)，剑桥1928年版，第267页。

② 同上，第274页。

③ 同上，第317页。

四、丝绸之路贸易与蛮族入侵西班牙

上面我们主要从社会经济史的层面论证了丝绸之路的终点为西班牙，从而阐明了丝绸之路覆盖了从太平洋直至大西洋这一广阔空间，而且中国的丝绸和西班牙的贵金属共同为丝绸之路贸易奠定了重要的物质基础。下面，我们再从国际地缘政治学说的角度进一步探讨西班牙与丝绸之路的相关关系。

汉代，中国社会经济得到新的发展，人民渴望过上安定的生活。然而，散居在汉帝国北方和西部的游牧民族却不断对汉朝广大的农业定居区进行入侵和骚扰，其中尤以匈奴人为甚。在匈奴人扩张的全盛时期，其生存空间东起朝鲜边界，西至现今的我国新疆，北部横贯蒙古高原，南边伸延至河套及陕北一带；人口大约 150 万至 200 万，其精锐的骑兵 30 万人，纵横驰骋，锐不可挡。

游牧民族的南下给汉帝国的边境地带造成严重的破坏并成为汉农业社会最大的不安定因素。在不得已的情况下，汉武帝于公元前 133 年起揭开了反击匈奴人入侵的军事行动的序幕。在接续的六七十年间，汉王朝的最高统治者均不断对匈奴人施加军事压力，终于迫使匈奴人向西方一步步溃退。为了维护天山南北广大地区的社会安宁和保障丝绸之路贸易的安全与畅通，汉统治者一方面建立了西域都护府和烽火燧台制度，派重兵镇守西域军事要塞；另一方面又推行屯田制度，使丝绸之路沿线地带的经济得到进一步的开发。汉王朝上述措施为丝绸之路贸易的继续发展创造了良好的外部环境。

在与汉王朝为邻的中亚地区，此时政治形势也出现了有利于丝路贸易的新变化。公元前 334 年亚历山大在与波斯的战争中曾率军进入中亚与两河流域，使希腊文化在这带地区得到广泛的传播。亚历山大故去后，在他征服过的地区兴起了巴克特里亚(Bactria，大夏)与贵霜(Kusana)两大希腊化王国。随着军事势力向西推进，汉王朝遂与葱岭以西的这两个中亚国家建立了日益密切的经济与文化联系。由此，在公元1世纪前后，上述两个希腊化国家不仅进入他们国家发展史上的繁荣时期，也使丝绸之路贸易得以不断向西延伸。

紧与巴克特里亚与贵霜两王国为邻的便是西亚的帕西亚(Parthia)王国，其版图包括伊朗高原与两河流域一带。在历史上该国从盛而衰历时470余年(公元前247年至公元226年)。帕西亚的阿尔萨塞斯(Arsaces)王朝曾名声远播，当时中国称其为“安息”。帕西亚其东与巴克特里亚、贵霜及中国相通，其西与罗马帝国为邻。所以，地处欧亚大陆交通要道的帕西亚成为丝绸之路贸易的枢纽。中国的丝绸和其他东方商品往往中经帕西亚向西传入罗马帝国。由于丝绸之路贸易能带来巨大的经济效益，因此帕西亚从国家利益出发，紧紧掌握着丝绸贸易的垄断权。为达到上述目的，帕西亚对东西方两个世界采取了截然不同的两种策略：在东方，帕西亚极力与汉王朝保持友好关系，它既从丝绸的转手贸易中赢得巨额利润，又利用从汉王朝输入的铸铁制造和改良了农具和武器，从而使帕西亚既有了相当稳定的经济基础，又具备了雄厚的军事实力。上述两点正是帕西亚在西方采取与罗马帝国抗衡策略所不可或缺的物质条件。帕西亚之所以要和罗马帝国相对抗是因为罗马帝国一直意欲将帕西亚置于死地。

罗马帝国在其鼎盛时期，地跨欧、亚、非三大洲，自视为世界的中心。罗马贵族对外扩张的欲望是无止境的。帕西亚所处的地理位置使它成为罗马帝国向东扩张的最大障碍。因为，罗马帝国视东方贸易为它的经济命脉之一，尤其是中国的丝绸更是罗马贵族的追逐目标，而丝绸贸易的垄断权又偏偏为帕西亚所握有。所以，无论从罗马帝国的国家扩张目标来看或是从经济利益角度来考虑，罗马帝国与帕西亚之间的冲突已是不可避免。但由于帕西亚始终与中国友好相处并使它的经济和军事实力，如前所述，一直保持着发展的势头，因此在与罗马帝国的斗争中，双方一直处于互有胜负的胶着状态，遂使帕西亚与罗马帝国的战争带有一种持久性特征。

在同一历史时期，罗马帝国在西线沿着莱茵河与多瑙河流域长期与日耳曼诸蛮族对峙。此外，在像高卢与西班牙等被罗马人征服的地区，当地的土著居民对罗马殖民者充满仇恨，反抗罗马统治者的起义频频发生。在西班牙，罗马化的过程实际上也是西班牙人民反对罗马入侵者的斗争过程。像由牧羊人比利亚托领导的西班牙人反抗罗马入侵者的斗争，便带有一种悲壮的史诗性质。比利亚托神出鬼没的游击战使罗马大军顾此失彼，连遭重创。罗马总督卡约·普劳蒂奥和克芬迪奥·乌尼马诺对比利亚托的讨伐活动均遭失败，甚至乌尼马诺的军旗也被起义战士夺走。在无可奈何的情况下，罗马最高统治者才被迫接受了起义者提出的“光荣的和平”建议。比利亚托遂以他不朽的功绩被誉为西班牙的第一位游击战士。[①]仅这一事例便足以说明罗马帝国虽然貌似强大，但“内部”业已潜存这严重的不安定因素和异己力量。

综上所述，可以看到，在丝绸之路时代，横贯亚欧大陆业已形成汉王朝、巴克特里亚和贵霜、帕西亚以及罗马帝国和罗马帝国治下的殖民地（包括西班牙）等几个规模相当庞大的国际地缘政治势力。由于这些政治势力的经济与政治形势都与丝绸之路贸易息息相关，因此它们之间逐渐形成一种相互制约的关系，甚至在某些历史时期曾出现一荣俱荣，一衰俱衰的情势。其中，尤其以汉王朝国内形势的变化对整个丝绸之路

① 比维斯：《西班牙与美洲社会经济史》，第1卷，第113、114、117、119、122页。

沿线的政治与经济形势有着至关重要的影响。当汉王朝处于“太平盛世”之时，其经济便繁荣发展，而且保障了天山南北两侧商路的畅通。此时，就会有大量中国丝绸相继经巴克特里亚和贵霜输入到帕西亚。帕西亚人深知罗马贵族对中国丝绸的迷恋和追求，所以常常利用它对丝绸贸易的垄断地位对罗马帝国在经济和政治两方面施加压力。但当中国丝绸大量涌入帕西亚市场时，同样出于经济和政治的考虑，帕西亚人不愿大量丝货积压在自己手中，这时它则会在仍保持相对利润的前提下放宽对罗马帝国丝绸的出口量。这样，罗马帝国的东方贸易便会处于繁盛发展之中。罗马帝国从帕西亚购买的丝货和其他东方商品数量越多，则它投入到流通领域的货币量自然越大。反过来，为了铸造更多数量的货币，罗马统治者势必要进一步掠夺西班牙等地的贵金属。为了加速对西班牙贵金属的采掘和提炼，便有更多的西班牙人被投入矿井或被逼迫上山采矿。残酷的殖民奴役与压榨，已为西班牙人掀起反抗罗马人的民族起义埋下了新的火种。

反之，如果汉王朝在某个历史时期处于政治动荡和经济衰退之中，此时中国北方和西部的游牧民族则会立即活跃起来，伺机向汉王朝的农业定居区入侵，致使边患日趋严重。天山南北的丝路贸易由于没有中央政府强而有力的保护，便会陷于无序的状态，甚至会迅速衰落下去。汉王朝这种政治动荡和经济不景气的情势次第地由东向西造成消极的影响，以致整个亚欧大陆的丝路贸易随之跌入低谷。经济衰退加剧了丝绸之路沿途地缘政治势力之间的斗争，民族矛盾骤然加剧。像公元前20年左右，帕西亚人与罗马人之间便战争频仍。罗马统治者为了保障东线战争的胜利，于是抽调西线的欧洲军团去支援东线与帕西亚人的战争。结果使罗马帝国西部的军事力量有所削弱。在这种情况下，日耳曼蛮族便乘机侵扰罗马统治下的高卢；而在西班牙，坎塔布里人也在此时再次举起反抗罗马人的义旗。①

通过上述分析，我们可以看到无论在丝绸之路贸易兴盛的年代或是在该贸易陷入低谷的时期，西班牙都曾受到过丝绸之路贸易形势起伏的影响。事实上，在丝绸之路贸易形成与发展的进程中，西班牙业已成为东西方国际地缘政治势力这一链条上的有机一环。美国著名学者弗雷德里克·J·梯加特在其颇有影响的《罗马与中国——历史事件的关系研究》一书中，通过对丝绸之路时代东西方历史事件的比较研究后指出：在丝绸之路贸易的作用与影响下，发生在东方与西方的历史事件并非都是独立和孤立出现的。恰恰相反，很多分别发生在东方和西方的历史事件彼此之间往往潜存着一定的内在联系。最突出的表现就是欧洲蛮族的暴乱与罗马帝国东线的政局与战事常常有所关联；罗马东线的政局与战事的发展又与帕西亚的政治形势及社会安定程度相关。然而，最终则是汉王朝的政治与经济的发展趋势给予帕西亚以相应的影响。根据梯加特的研究，公元前 58 年至公元 107 年，欧洲蛮族起义均发生在罗马东线及中国西部战争之后。其中，欧洲 40 次蛮族动乱中有 27 次是受到中国西部战争的影响，而另外半数暴乱则是与近东政治形势有关。②

从上述研究结论可以清晰看到，在丝绸之路时代横跨亚欧大陆的各地缘政治势力之间业已形成某种利害关系上的一致性，从而自东向西构成一个有机的链条，西班牙则是这一有机链条上西部的最后一个环节。汉王朝政治形势的重大变化往往层递地由东向西施加影响而最

① 弗雷德里克·J·梯加特：《罗马与中国——历史事件的关系研究》(Frederick J. Teggart, *Rome and China*)，加利福尼亚大学出版社 1939 年版，第 35—c 页。（中国学者丘进已将该书译成中文并于 1994 年由人民交通出版社出版。）

② 同上，第 237—a 页。

终波及到西班牙。最典型的例证就是汉王朝与匈奴的战争导致了亚欧大陆范围广泛的民族大迁移，致使蛮族汹涌南侵，西班牙也由此发生了历史性的巨变：

罗马帝国时代的金币

公元 89—91 年，与汉王朝处于军事对峙状态的北匈奴人为争夺单于王位发生了内乱。汉统治者利用这一契机联合南匈奴人向北匈奴人发动了强大的攻势。伴随战争的胜利，汉帝国大军向西追击北匈奴人达 3000 里。在此后，汉与匈奴人的长期战争中，汉帝国迫使匈奴人节节向西溃退，最终逼迫匈奴人涌入欧洲大陆并由此影响到罗马帝国的命运。

在恺撒时代，西班牙原为“塔拉克殖民领地”，由罗马帝国皇帝派出总督作为他的代表行使统治权。至公元二世纪，罗马帝国全面衰落的征兆已经十分明显。罗马帝国纸醉金迷的腐朽生活耗尽了帝国在战争中掠夺来的巨大财富。以奴隶劳动力为基础发展起来的大庄园制毫无生机，致使罗马帝国的经济基础十分脆弱。长年的对外征战以及罗马政治寡头之间的内战使国力消耗殆尽，一般市民积怨日深。尤其是罗马贵族对东方丝绸等物品的追求，使大量贵金属货币流向东方。为了铸造新的货币，西班牙丰富的贵金属矿藏被开采到枯竭的地步。[1]罗马统治者在不得已的情况下，开始降低货币中的贵金属含量，到后来，金币所含的劣质金属竟占到 98.5%！这种“金币”已不再具有价值尺度的功能，只有退出

① 沃明顿：《罗马帝国与印度的贸易》，第 315 页。

流通领域。罗马帝国盛极一时的货币经济开始向自然经济倒退。[①]在这里我们再次看到西班牙贵金属与丝绸之路贸易盛衰的关系。

经济形势的恶化引起社会的动荡，罗马帝国不同地区的各政治势力之间对抗日剧，终致在公元 395 年罗马帝国分裂为“东罗马帝国”和“西罗马帝国”两部分。然而此时，无论东罗马帝国或是西罗马帝国都在承受着北方日耳曼蛮族入侵的巨大压力。

据当代人类学研究，日耳曼人原本生活在西亚，后渐次移居到波罗的海南岸及北欧地带并沿多瑙河及莱茵河一线，与罗马帝国相对峙。罗马帝国优越的自然环境和繁荣发展的经济对日耳曼人形成巨大的吸引力。而且，日耳曼蛮族在与罗马人接触的过程中也开始吸纳罗马文化的成果，社会进步不断加速。从恺撒时代起，罗马帝国的军事将领或出于东线战争的需要或是为了在内战中壮大自己一方的力量，都曾不断将骁勇善战的日耳曼人招募到罗马军团当中来，使他们不仅熟悉了罗马人的武器装备和战术思想，而且他们当中的佼佼者在罗马军团中也曾因战功而得到晋升，甚至荣任要职。像弗拉维乌斯·斯提里科 (Flavius Stilicho, 365—408) 原为日耳曼蛮族中的汪达尔人，由于战功显赫，步步升迁，最后荣任罗马军队的首席司令官。至 4 世纪末，罗马帝国军队中来自蛮族的士兵竟占士兵总数的 3/4。罗马帝国军队的“蛮族化”成为罗马帝国政治危机的一个重要标志，同时也是罗马帝国的隐患。

正在罗马帝国处于风雨飘摇之际，匈奴人在汉王朝强大军事攻势的压力下不断向西迁徙并开始涌入欧洲。其剽悍的骑兵在突破罗马的防线后，首先制服了日耳曼蛮族的一个分支东哥特人，并迫使日耳曼蛮族的另一分支西哥特人转移到罗马人的统辖范围之内。西哥特人虽然在名义上被罗马

① 爱德华·麦克诺尔·伯恩斯与菲利普·李·拉尔夫著：《世界文明史》（Edward McNall Burns & Philip Lee Ralph, *World Civilization*), 1974 年纽约版，第 1 卷，第 272 页。

人称作是所谓的"同盟者"，然而一旦西哥特人移居到罗马人的统辖区之内，则受到罗马人的无情勒索与欺凌，并终于迫使西哥特人爆发了反抗罗马人的大起义。①起义战士阿拉里克（Alarik, 约 370—410）很快成为西哥特人的领袖并率领西哥特人突入罗马帝国的腹地。公元 410 年 8 月 24 日夜，阿拉里克带领西哥特人以及罗马的奴隶大众一举攻占了"永恒之城"罗马。②

当阿拉里克在意大利征战之时，日耳曼蛮族的另一个分支汪达尔人像飓风一般从西班牙境内席卷而过，他们跨越直布罗陀海峡，在北非建立了一个汪达尔人王国。也就在此同时，西哥特人的一个分支在入侵高卢之后，于 409 年又越过比利牛斯山脉东部山口进入西班牙境内，并迅速摧垮了罗马人对西班牙长达 6 个世纪的统治，由此开始了西哥特人征服和统治西班牙的新时期。

回顾我们上面所述及的这段历史，则可看到由汉王朝对匈奴人所发动的战争成为推动亚欧大陆之间大规模民族迁徙的一个重要因素，而这一民族迁徙由东至西，最终波及到了西班牙，并最终引起西班牙历史性的巨变。

在丝绸之路时代，西班牙既已融入到横亘整个亚欧大陆的东西方经济与文化交流的大潮之中，又成为由东而西的国际地缘政治势力链条上的有机一环，西班牙的历史发展进程与丝绸之路贸易沿线的各地缘政治势力的历史发展进程已经具有了一定的同一性，因此我们有理由说：丝绸之路已延伸至西班牙。

---

① 比维斯：《西班牙与美洲社会经济史》，第 1 卷，第 182 页。

② 关于日耳曼蛮族大迁移的原因，除匈奴人侵入欧洲说以外，还有的学者认为这是出于日耳曼人"渴望变革"或"热衷于冒险"所促成；有的学者认为这种大迁移是日耳曼"人口过剩"造成的；还有的认为是亚欧大陆气候周期性的变化引起民族大迁徙。有关的论述可参阅李约瑟：《中国科学技术史》（Joseph Needham, *Science & Civilization in China*），第 1 卷，第 7 章。

| 第二章 |

海上丝绸之路时代的中国与西班牙（6—15世纪）

随着西罗马帝国的覆灭，以长安（洛阳）和罗马（塔拉克）为轴心发展起来的丝绸之路贸易体制终致解体。但海上丝绸之路的迅速崛起却使东西方之间的经济与文化交流又进入了一个新的发展时期，而中国与西班牙之间的友好往来则得到进一步的加强。

一、海上丝绸之路贸易的兴起与后倭马亚王朝向中国派出使节

当西哥特人入侵西班牙的历史时期，中国在汉王朝末年，也不断遭到北方游牧民族的侵扰，以致整个中国尤其是北方，处于长期战乱之中。历经三国、魏晋南北朝长达了3个多世纪的大分裂，至隋（581）中国才又重新统一起来。618年唐在推翻了隋的统治之后，建立了空前繁荣的大帝国。唐王朝实行对外开放的政策，中国对外贸易又进入一个新的发展时期，在盛唐时代，又一度再现了汉代丝绸之路贸易的繁荣景象。

在与唐王朝密切往来的国家和地区中，除日本和朝鲜等东方国家外，东罗马帝国（即拜占廷）和阿拉伯帝国占有极为重要的地位。

前面我们曾提及汪达尔人从西班牙过境后，在北非建立了汪达尔人王国。这一带地区原是西罗马帝国的属地。雄心勃勃的东罗马帝国皇帝

查士丁尼（527—565）在试图恢复原罗马帝国版图的过程中，曾派大军进攻已在北非立足的汪达尔人，并取得了最后胜利。东罗马皇帝遂在原汪达尔人统治地区重新建立了独立的行政区并派钦差大臣进行管辖。这样，在北非立足的东罗马人又和直布罗陀海峡对岸的西班牙有了交往。

西哥特人占领西班牙以后，并没能建立起像当年罗马人那样的有效的殖民统治。但西哥特人上层却如同其他日尔曼蛮族贵族阶层一样，把罗马帝国权贵追求与崇尚东方奢侈品的癖好承继下来，[①]丝绸正是东方奢侈品中极为重要的一项。

所以在流传至今的西班牙人塞维利亚的伊希多尔（Isidore de Seville，约 560—636）所著《辞源学》中，对远在东方的中国——“赛里斯”和中国的特产“丝”都有所记述：

“‘赛里斯’一名来自他们自己城堡的名称，这是位于东方的一个民族。在他们之中，人们用采摘自树木的羊毛织布，所以就有人声称：‘人们不知道的是赛里斯人的相貌，而不是他们的织物。’赛里斯服装（Serica）之所以如此称呼，那是由于它首先是由赛里斯人所输出的。据记载，在赛里斯国内，生出了一些小虫子，它们以自己的丝而缠树。在希腊文中，这些虫子又被称为 Bomdyx（蚕蛾）。”[②]

由于东罗马帝国与唐代中国建立了新的贸易关系，因此，中国的丝绸仍不时经过漫长的旅途由东罗马帝国流向欧洲和西班牙。不过，这一历史时期作为中间商人的主要是犹太人。

犹太人是个善于经商的民族，在奥古斯都时代大约有 600 万或 700 万犹太人居住在罗马帝国境内，约占居民总数的 7%。同一时代的西班

① 赫德森：《欧洲与中国》，第 115 页。

② 戈岱斯编，耿升译：《希腊拉丁作家远东古文献辑录》，中华书局 1987 年版，第 102—103 页。

牙也有犹太人的聚居区。罗马帝国覆灭后，犹太商人成为东西方贸易的垄断者。当东罗马帝国占领了欧洲、亚洲和非洲的部分地区以后，犹太商人便乘机深入到东罗马帝国的境内，买得中国丝绸后，再转运到高卢和西班牙等西欧地区去销售，遂使欧洲西部与中国之间仍保持一定的物质交流关系。

从 7 世纪开始，阿拉伯帝国迅速崛起。在摧跨波斯帝国后，已与唐帝国为邻。双边的贸易关系日趋紧密，阿拉伯人以此为开端逐渐控制了陆上丝绸之路贸易。犹太商人敏锐地感觉到国际形势的这种新变化，于是他们从法兰克和西班牙出发，历经万里跋涉到阿拉伯人统治下的波斯地区，特别是西拉夫（Syraf）去购买中国丝绸，然后再转销欧洲西部以赢利。

通过上面的叙述，我们可以看到在西罗马帝国覆灭后，欧洲西部中经东罗马帝国和阿拉伯帝国仍和恢复之中的丝绸之路贸易保持了一定的联系，甚至较之西罗马帝国时代，这种贸易联系也许要更为密切。

从 640 年起，阿拉伯人在北非开始了大规模的扩张活动，并摧垮了东罗马帝国在北非的殖民统治。至 710 年阿拉伯人西进的前锋已达濒临大西洋岸的丹吉尔。711 年阿拉伯大军又越过直布罗陀海峡，入侵伊比利亚半岛并大败西哥特人，由此开始了阿拉伯人在西班牙大部分领土上的统治。此后，在一段历史时期，在中国与西班牙穆斯林世界之间，事实上已建立了外交关系，只是由于双方路途相距遥远以及唐王朝内部形势的突变，才使这种外交关系，没能绵延持久。

在中国典籍《册府元龟》卷 971 中有如下记载："上元元年(即 760 年）十二月。白衣使婆谒使等十八人于延英殿会。"[①]这段文字中"白衣使"

① 《册府元龟》卷九七一。

很明显是指“白衣大食”的使者。阿拉伯帝国兴起后，唐称其为“大食”（Tazi）。又因阿拉伯帝国倭马亚王朝（661—750）在服饰上崇尚白色，所以唐又称其为“白衣大食”。到阿拔斯王朝（750—1258）推翻倭马亚王朝之后，由于该王朝衣饰崇尚黑色，所以唐称其为“黑衣大食”。上元元年即 760 年，“白衣大食”已被“黑衣大食”取代 10 年。那么“白衣大食”的使者何以又出现在唐延英殿？

事实上，在阿拉伯帝国王朝转换的斗争中，倭马亚王朝的王族成员遭到残酷的迫害，几乎被斩尽杀绝。阿卜杜·拉赫曼（Abd ar-Rahman）作为倭马亚王朝王族的幸存者逃至北非，将那些仍忠于倭马亚王朝的将士重新集结在他的周围，后又率军渡过直布罗陀海峡，战败不久前入侵西班牙的阿拔斯王朝的军队，重新建立起倭马亚王朝，史称后倭马亚王朝。拉赫曼是个具有雄才大略的人。他很可能想利用唐王朝与倭马亚王朝之间的传统友好关系（倭马亚王朝期间曾向唐朝 17 次派出使团），与之建立军事联盟，从东西两个方向对阿拔斯王朝施加军事压力，以最终重新恢复倭马亚王朝的原有统治。所以拉赫曼在其政权建立伊始，便立即派出使节前往唐帝国。由于路途遥远，婆谒使等 18 人来到大唐帝国时已是 760 年。而此时唐王朝正在经历着由盛而衰的嬗变。

唐王朝在“安史之乱”（755—763）[①]之后，国力日衰，中国西部各游牧民族乘机对唐的农业定居区不断侵扰，造成社会动乱不止。唐王朝在西域一带已失去原有的控制能力。此前不久正在急速扩张中的阿拔斯

① 唐王朝建立 100 余年后，由于社会内部矛盾日益严重，国力渐衰，镇守边疆的安禄山和史思明乘机发动叛乱，历时 8 年始被平定。但唐朝社会基础已遭到重大破坏。唐王朝由此从繁盛走向衰落。

王朝与唐王朝在中亚的势力不断发生冲突，终致酿成“怛罗斯之役”①，并以唐军的战败而告终。从此唐王朝的势力开始从中亚逐步后撤并导致陆上丝绸之路的衰落。在这种历史背景下，唐王朝与后倭马亚王朝尽管已有了外交交往，但要建立持久的外交关系或是结成一种军事同盟，双方都会感到困难重重，难以为继。从唐王朝留存至今的典籍中，此后再无接待后倭马亚王朝使节，即“白衣使”的记载，恐怕原因亦即在此。②

当陆上丝绸之路贸易逐渐衰落之时，海上丝绸之路贸易却日益兴盛起来。这是因为当中国北方战祸连绵，民生凋敝之时，中国南方的经济相比之下，可以说仍处于持续发展之中，特别是中国南方海岸线绵长、港口众多，造船业较为发达，当时国际贸易中的重要商品如丝绸、瓷器等，又主要在南方生产，这些因素正是发展海外贸易的物质前提。

再从国际环境来看，阿拉伯帝国已在波斯湾一带称雄，又控制了北非和地中海南部及东部的制海权，甚至地中海一时被称作“穆斯林湖”。在东非，阿拉伯人也开拓了新的殖民地。上述所有这些地区都迫切需求东方商品，中国的丝绸和瓷器更为他们所崇尚。因此阿拉伯商人十分重视与中国等东方国家的商业往来，这又为开展国际贸易创造了良好的发展前景。

由于上述诸种有利因素的作用，使从太平洋途经印度洋、地中海而直达大西洋的海上丝绸之路贸易迅速发展起来并使亚非欧三大洲之间的联系日益紧密。尤其是在中国与西班牙穆斯林世界之间更是建立起了经济与文化诸多方面的联系。

---

① “怛罗斯之役”，751年唐朝军队与阿拉伯军队在中亚城市怛罗斯（Taraz）发生激战，唐军战败。

② 《世界历史》，1987第2期，第126—128页。《海交史研究》，1981年，第1期，7—13页。

西班牙穆斯林世界生产的丝织品

二、海上丝绸之路联结着中国与西班牙穆斯林世界

那么海上丝绸之路如何将中国与西班牙穆斯林世界联系在一起的呢？

关于在海上丝绸之路时代中国跨越万水千山与西班牙穆斯林世界的联系，可以从阿拉伯古典地理学的两部代表性的著作即伊本·胡尔达兹比赫（820 或 825—913）的《道里邦国志》和古达玛的《税册及其编写》中得到印证。这两部著作都详尽地叙述了阿拉伯人经商所到之处的人文和地文景观、行政区划、物产、物价、税收等概况，尤其是对于一地与它地之间的里程、方向、驿站的设置以及名称等，都有具体的记载，使读者对于那一时代以巴格达为中心北抵中亚，南到印度，东至中国，西达西班牙的国际贸易通途及贸易网络可得出一目了然的印象。其中，在《道里邦国志》一书中，著者告诉我们，在阿拉伯人统治西班牙期间，该地面积“等于 1 个月行程乘以 1 个月行程还多”，而且西班牙土地“十分肥沃，物产丰富，盛产各种水果。”西班牙与国际贸易网络相关联的城市有古尔突巴(Qurtubah, 今科尔多瓦 Cordoba)、格拉纳达(Gharnatah)、艾尔布纳 (Arbunah)、图赖义推拉 (Tulaytilab，今托莱多 Toledo)、玛里达（Maridah，今梅里达 Merida）、塞莱古斯塔（Saraqustah）、吉伦达（Jirandah）和白义达（Al-Bayda）等城市。[①]

在上述时代，操着西班牙语、阿拉伯语、波斯语、罗马（意大利）语、法兰克语和斯拉夫语的商人们循着海路或陆路从西方来到东方，又从东方返回到西方，从事着长途贩运贸易。[②]那些从西班牙出发前往中国的商人，其所经的一条商路是：首先航海到“远”苏斯（Al-sus），再到坦佳（即丹吉尔，Tanjah）后，循阿非利加（Ifriqiyyah）至米昔尔（Misr），经莱姆拉（Ramlah），抵大马士革（Damascu），再至库法（Al-kufab）、巴格达（Baghdad）、巴士拉（Basrah）、阿瓦士（Al-Abwaz）、法尔斯 (Faris)、信德 (Al sind) 和印度 (India)，而最终到达中国（Al-sin）。而另一条前往中国的商路则为：从西班牙出发后，穿越罗马以远的斯拉夫国度而至可萨突厥城（Al-Kbhazar），再经过久尔疆（Jurjan）一带，至今阿姆河与锡尔河之间的所谓“河外地”（Mawara’al-Nahr），然后途经乌鲁斯·土胡兹胡尔（Wurut Tughuzghur），而最终抵达中国。[③]由于《道里邦国志》和《税册及其编写》的著者都是以伊拉克为“世界中心”来描述他们当时已知的世界地理及其交通路线和交通网络概况的，因此他们都把西班牙看成是“西方的终点”，地处两个海的交汇处。[④]所谓的“两个海”，当然是指地中海和大西洋。

上述从太平洋到大西洋之间的海上丝绸之路成为沟通东西方文明的桥梁。一方面，阿拉伯人将他们从人类古文明发祥地（波斯、埃及和新月地区）所带来的集中体现了希腊化的阿拉马文化和伊朗文化精髓的伊

① 伊本·胡尔达兹比赫著、宋岘译注：《道里邦国志》，中华书局 1991 年版，第 94 页。

② 同上，第 164 页。

③ 同上，第 166 页。

④ 同上，第 283 页。

斯兰文化传播到西班牙，使西班牙穆斯林世界成为欧洲的文明中心，而且正是此时的西班牙将伊斯兰文化的精华渗透到中世纪早期的基督教文化当中。另一方面，西班牙又成为华夏文明传向欧洲的重要窗口，下面我们集中论述这后一问题。

三、西班牙穆斯林世界：华夏文明传向欧洲的窗口

从物质文明来看，中国养蚕技术首先传入东罗马帝国，后经西西里于 9 世纪传入西班牙南方。格拉纳达、塞维利亚和阿尔梅利亚等地很快发展成欧洲知名的养蚕区，丝织业随之兴起。欧洲其他国家的养蚕业和丝织业就是在西班牙的带动下才发展起来的。

西班牙的丝织业既承袭了中国在上述产业部门的传统技艺并又有所创新，尤其在丝绸图案的设计上更是独树一帜。西班牙的丝织匠人与那种专一抄袭波斯萨珊王朝动物图案的技工不同，他们专攻几何型图案，织造出一种带有浓郁“摩尔人”风格的织物而载誉四方。其中一种被称作“西格拉同”（Siglaton）的丝织品在欧洲遐迩驰名。[①]西班牙南方养蚕业和丝织业直至 16 世纪以前一直保持长盛不衰的势头并成为西班牙三大民族支柱产业之一。

造纸、指南针、火药和印刷术这四大发明是中国人民智慧的结晶，也是中华民族对人类最伟大的贡献。现在已经证实，中国的造纸术是经过阿拉伯人传入西班牙的。1150 年在西班牙瓦伦西亚的哈蒂瓦（Jativa）一地建立了欧洲第一家造纸场，[②]其造纸技术不断进步而且有所创新。

---

① 布尔努瓦：《丝绸之路》，第 213 页。

② 布劳代尔：《资本主义和物质生活》（1400—1800）(F. Braudel, *Capitalism and Material Life, 1400—1800*)，芳达纳 1947 年版，第 295 页。

其后像该地所生产的纸，薄到几乎透明的地步，远近闻名。[①]

中国的造纸技术在这一时期传入西班牙并形成一定规模的生产能力可以说具有特殊的历史意义：

其一，9至11世纪，正是西班牙穆斯林世界处于科学、文化和艺术最为辉煌的时代。才华横溢的科学家、文学家、艺术家和哲学家人才辈出，并创造出相当一批具有永恒价值的学术著作。此外，科尔多瓦的翻译家们将希腊古典名著大量译成阿拉伯文，为日后欧洲的文艺复兴运动奠定了基础。如果上述历史时期没有纸张的批量生产，西班牙的文明成果将难以传世，更不用说越过比利牛斯山向意大利、法国、德国、英国和其他欧洲国家传播并在那里开花结果。

其二，至13世纪及其以后年代，造纸技术又经西班牙向欧洲其他国家继续扩散。从纸的计数单位来看，英文的“令”（ream）借自于古法文的reyme；古法文的reyme实源于西班牙文的resma；西班牙文的resma则是由阿拉伯文的rizmab演化而来。由此亦可推断出造纸术在欧洲的传播轨迹。在造纸技术在欧洲普及之前，欧洲的文献主要书写在羊皮纸上。一卷200页的著作需用80只羊的羔皮；抄写一部《圣经》需屠宰300只羊。靠羊皮作为媒介来传播与普及文化是极难的。所以美国学者卜德（D.Bodde）认为造纸术的西传对欧洲文明的发展产生了难以估量的影响，全世界对造纸术发明人蔡伦的感激之情当远远超过对其他人们所熟知的名人的感激之情。[②]在造纸技术西传欧洲的过程中，西班牙的中介作用功不可没。

① 加斯顿·威特：《人类文化和科学发展史》(Gaston Wiet, *History of Mankind Cultural and Scientific Development*), 伦敦1975年版，第3卷，第331页。

② 卜德：《中国物品西人考》，(Bodde, *China' s Gifts to the West*), 华盛顿1971年版，第19页。

中国造纸技术经西班牙传入欧洲

在欧洲，当造纸技术日渐普及之际，印刷术又开始应用。这两者的结合，对欧洲文明的繁荣发展起到巨大的推动作用。从科技发展史的角度来看，人们已大都认定德国人谷腾堡是在中国印刷术的启迪下，在欧洲率先应用活字印刷技术。尤其是1294年波斯的伊尔汗（Ilkhan）王朝曾仿照中国纸币的制式，在该地区也一度发行过纸币。①纸币是印制的。这很可能对邻近的欧洲人"发明"活字印刷术有所启示。但在谷腾堡应用活字印刷术之前，西班牙人已经在玩"纸牌"了。纸牌是中国人的发明，后经阿拉伯人传入西班牙。在1377年的西班牙文献中，已有纸牌的记载。②这说明在这个年代之前，纸牌已经有很长的传入及被接受和普遍受到欢迎的历史。纸牌是印出来的。这对于印刷术的"发明"可能会产生某种联想作用。据美国学者希提在其《阿拉伯简史》一书中所载，在造纸技术普及后，西班牙已有一种"复印"（Tab）技术在应用，即有专门机构负责将已写好的官方文献"复印"出多份，再分发给有关部门。③在科尔多瓦王朝全盛时期，像拜占廷、意大利及英、法、德等国均不断派使前往西班牙。这些出入西班牙宫廷的显贵们会不会把他们看到的"复印"件带回国内或者当作一项"奇闻"向他们熟识的人去津津乐道，从而使一些有心计的人，再做类似的尝试，并在反复实验中，形成一种最终产生出活字印刷技术的新思维？总之，在欧洲印刷术发明过程的研究中，除印刷术由东而西这一传播路线外，我们还认为，应当考虑西班牙是否由西向东对欧洲印刷术的应用曾起过某种启示作用。

---

① 伯纳德·刘易斯：《伊斯兰：从穆罕默德先知到君士坦丁堡陷落》（Bernard Lewis, *Islam from the Prophet Muhammond to the Capture of Constantinople*），英国1976年版，第170—172页。

② 卜德：《中国物品西人考》，第28页。

③ 希提：《阿拉伯简史》，商务印书馆1973年版，第109页。

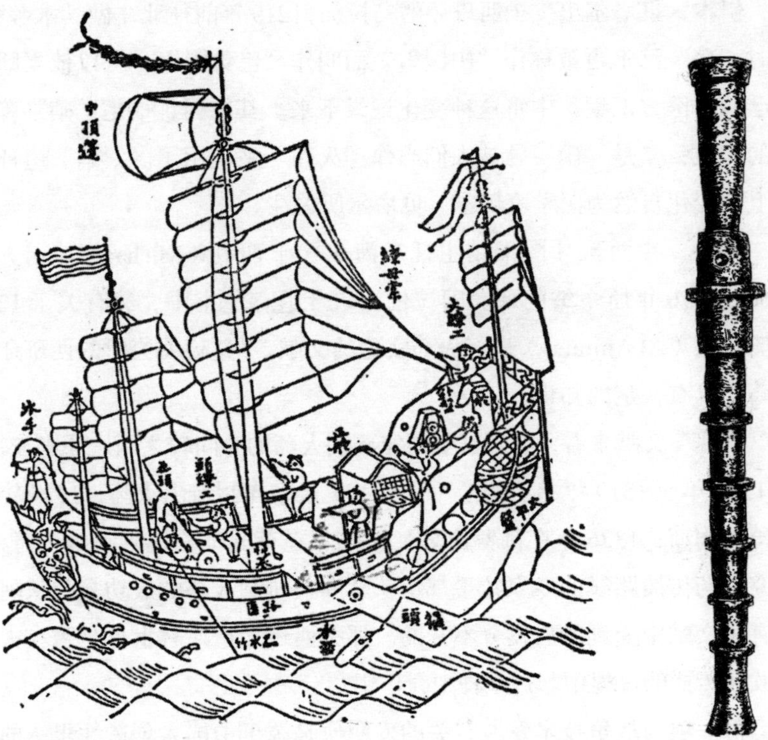

中国人发明的火药和火器中经西班牙于 14 世纪传入欧洲。本图为中国 13 世纪使用的多桅帆船和小型铸铁炮。

火药的发明和火器的使用都是由中国人所首创。9 世纪以后火药开始西传，阿拉伯人称“硝”为“中国雪”（talg ā -s-sin）。到 13 世纪则改称“硝”为“巴鲁得”（b ā rud）。西班牙著名医学家伊本 · 贝塔尔（Ibn Baitar, 1197—1248）在其《医方汇编》中对上述变化做过这样报导：“据埃及老医生说‘中国雪’，在西方已称其为‘巴鲁得’”。①

① 胡安 · 维尔奈特：《东西方之间的西班牙阿拉伯文化》（Juan Vernet, *La Cultura Hispañoarabe en Oriente y Occidente*），西班牙 1978 年版，第 231 页。

伊本·贝塔尔出生于西班牙的马拉加，1219年前往北非做学术考察。当时"硝"已不再被称作"中国雪"而叫作"巴鲁得"，所以他立即在自己的《医方汇编》中将这种变化记录下来。其原因，一是"硝"有药用的功效；二是"硝"已被人们当作"火药"来应用了。"硝"这种功能上的变化自然为医学家伊本·贝塔尔所关注。

另外，在西班牙图书馆主任米海尔·卡西利（Michael Casiri）于1760—1770年所主编的那套阿拉伯西班牙遗存丛书中，载有关于1249年奥姆莱（Al Amrales）进行火药实验的文献。[①]这说明当时的西班牙对火药已具有一定的知识。

从现存文献来看，欧洲其他国家研制火药的时间较之西班牙则较晚。至1314年或1319年弗兰德斯（今荷兰）人率先制造出火药；1324年在法国的梅斯；1326年在佛罗伦萨；1327年在英国都相继研制出火药。[②]研究火药传播路线的专家几乎都承认欧洲人研制火药的成功是与从阿拉伯有关文献中受到的启发分不开的。那么西班牙穆斯林世界是否在火药向欧洲传播的过程中起过某种中介作用？

再一项与战争技术发展有关的发明便是源于中国人创造性思维的马镫。从文献记载中可知中国人在3世纪已应用马镫。由于它可以使人与马匹有机地结合为一体，骑士不仅能把握马匹的奔腾方向，而且在两军对阵中，骑士可用双脚控制马匹，而集中力量挥舞手中的武器，这样便极大地增加了骑士的战斗力。在中国马镫西传的过程中，694年阿拉伯人已应用这一器物完成了骑兵装备上的更新。在一段历史时期，阿拉伯骑兵在战场上所以能所向披靡，马镫的应用便是重要因素之一。到730

① 沈福伟：《中国与非洲：中非关系二千年》，中华书局1990年版，第536页。
② 布劳代尔：《资本主义和物质生活》，第255—290页。

年，为马匹配备马镫的技术又传入到法兰克王国，从此欧洲的骑兵作战能力得到迅速提高。[①]

那么法兰克王国又从哪里得到启发，开始为战马配备马镫的呢？在李约瑟的《中国科学技术史》中曾这样写到，一个叫猖猖（Juan-Juan）的游牧部落向西迁移的过程中，把制作和配备马镫的技术传给了富有掠夺性的阿瓦尔人（Avars）。6 世纪中叶他们穿越俄罗斯南部后，在多瑙河与蒂萨河之间的一带地区定居下来。由于阿瓦尔人的骑兵装备了马镫给东罗马帝国的部队造成极大压力，所以东罗马帝国皇帝莫里斯·泰比里厄斯(Maurice Tiberius)在他写于580年的一本论述骑兵战术的著作中，便建议东罗马帝国的骑兵也应配备马镫。尽管从这时起欧洲人已经知道了马镫在战争中的作用，但一直没有广泛应用。据李约瑟分析这是因为马镫需用铸铁来打制，但欧洲人当时尚未掌握铸铁技术。

然而中国人在公元前 4 世纪就已掌握了的铸铁技术。到 1380 年以后铸铁技术才在欧洲开始逐渐应用。因此用缺少铸铁来解释马镫在 730 年以前未能在欧洲骑兵中广泛应用的原因是可以的。但它无法说明在 730 年以后在欧洲仍缺少铸铁的情况下，马镫何以很快为欧洲骑兵所采用。

我们认为阿拉伯人配备马镫的骑兵在征服西班牙人大部分地区的过程中，给欧洲人，首先是给法兰克人造成直接的、紧迫的威胁和压力，这才是欧洲人开始以急切的心情来用马镫装备自己的骑兵的原因：720 年入侵伊比利亚半岛的阿拉伯骑兵越过萨拉戈萨之后，不久便在图卢兹（Toulouse）与法兰克人发生了战斗。732 年越过比利牛斯山的阿拉伯

① 卡尔洛·奇波拉：《芳达纳欧洲经济史：中世纪》（Carlo M. Cipolla, *The Fontana Economic History of Europe: The Middle Ages*），格拉斯哥 1972 年版，第 163 页。

从中国传入的河渠闸门灌溉技术

骑兵在图尔（Tour）又与查理大帝统领下的法兰克步兵展开了殊死的决战。法兰克人在这场战争中虽获胜并遏制了阿拉伯骑兵北进的势头，但装备马镫的阿拉伯骑兵所显示出来的威力必定给法兰克人留下了深刻的印象，由此才激励他们决心采用马镫这一技术。在法兰克人的带动下遂使欧洲骑兵普遍应用马镫技术并迎来了欧洲的“骑士时代”。[①]

在上面谈到印刷术、火药、乃至马镫技术在欧洲传播过程中西班牙的中介作用时，我们主要提出一些值得进一步思考的问题，并进行一些推测。有些问题恐怕一时尚难以做出最终的确证。造成这种困难的根本原因是受当时欧洲文明发展程度的制约，以致留存至今的相关文献十分有限。像指南针在东西方不同国家和民族中的应用时间序列则更难以推断。因此这里不再讨论指南针是否是中经西班牙才传入其他欧洲国的这一问题。

在农业方面，欧洲原生农作物品种较少，引进新的物种后，扩散的速度亦较慢。因此追踪一个新物种在欧洲的传播轨迹，相对来说较为容

① 罗伯特·K·G·坦普尔：《中国：发明与发现的国家》（Robert K.G.Temple, *China: Land of Discovery and Innovation*），21世纪出版社1995年版，第176—178页。

易。以水稻为例，原生于中国的水稻，经阿拉伯人向西传播，至 8 世纪西班牙已开始种植水稻。到 1475 年，意大利波河平原受西班牙的影响才逐渐推广水稻的种植，[①]但直到 1700 年，水稻种植才在欧洲农业中占有一定的比例。[②]中国人培育成功的柠檬和柑橘也是由阿拉伯人传向西方，后在西班牙南方广泛种植。其他欧洲国家都是中经西班牙才开始种植柠檬和柑橘的，直至今日，在荷兰和德国仍称橘子为“中国苹果”。[③]

下面我们再谈一下在将中国灌溉技术向西方传播过程中西班牙的中介作用。众所周知中国文明的主要发源地正处于季风带，因此水利工程的兴建对于中国社会的发展具有决定性的意义。而且历史上中国人在水利建设方面也的确曾取得过许多骄人的成就，像都江堰、大运河均举世闻名。在农业灌溉技术方面，中国人也有诸多发明创造。其中河渠闸门技术可起到调控水量的关键性作用，该技术的应用不但保证了中国农业的稳定发展，而且这一技术的西传还曾造福于他国人民。

中国河渠闸门技术最先传入西亚，然后由阿拉伯人向西推广，其中就包括西班牙。西班牙属于地中海农业类型，夏季雨量稀少，严重制约了地中海世界农业的发展。因此，尽管“三圃制”在欧洲北部的推广使耕地面积扩大了 50%，而且增加了燕麦的种植，为欧洲用马耕代替牛耕创造了条件[④]，但阿尔卑斯山以南地区却无法推广“三圃制”。西班牙也复如此。因此，有人认为南部欧洲所以后来落伍于欧洲北部国家，地

---

① 巴兹尔·克拉克：《中国科学与西方》（Basil Clark, *Chinese Science and the West*），英国 1980 年版，第 120 页。

② 波斯坦主编：《剑桥欧洲经济史》（*The Cambridge de Economic History of Europe*），伦敦 1978 年版，第 6 卷，第 633 页。

③ 卜德：《中国物品西人考》第 28 页，希提：《阿拉伯简史》，第 160 页。

④ 诺斯与托马斯：《西方世界的诞生》（D. C. North y R. P. Thomas, *El Nacimiento del Mundo Occidental*），马德里 1980 年版，第 68—70 页。

中海气候的制约是个重要因素。西班牙的农业虽不能采用“三圃制”，但阿拉伯人却为西班牙带来了中国的河渠闸门等技术，使安达卢西亚一带地区的水利浇灌工程得到充分发展并实现了农业的园林化。到11世纪，加泰罗尼亚一带也应用了由阿拉伯人传入的河渠闸门等技术，使西班牙农业普遍受益。

中世纪欧洲生产力的新发展使人口迅速增加。1200年欧洲人口为6100万，1250年为6900万，至1300年人口已达7300万。①原有耕地已难以承受人口日益增长的压力。于是“大垦荒”运动在欧洲逐渐兴起。荷兰人围海造田，德国人向森林进军，意大利人致力于改造5世纪以来已变成沼泽地的大片荒地。在欧洲大垦荒运动中，开始普遍建立起灌溉系统，其间河渠闸门技术发挥了重要作用。欧洲人普遍应用河渠闸门技术可能受到西亚农业等多方的启示。我们认为更不能排除西班牙南方园林经济的迅速发展对欧洲其他地区所起到的示范作用。

此外，李约瑟曾指出，罗马帝国衰亡后，在罗马帝国农业传统的研究和继承方面，欧洲出现了长达9个世纪的“大断裂”，直至中世纪晚期，欧洲仍未能产生足以指导农业生产的专著。②反倒是科尔多瓦时代的西班牙为欧洲贡献了相当一批有关农业的著作，使欧洲人受益匪浅。其中像塞维利亚著名的农学家伊本·阿瓦姆(Ibn al-Awwam)所著《农书》便在欧洲颇有影响。该书就曾专门论及农业灌溉问题以及使西班牙成为“亚热带花园”的经验。③西班牙在将中国人培植的物种和中国人首创的一些水利灌溉技术向欧洲传播与推广过程中的中介作用是值得进一步研究的。

① 诸斯与托马斯：引前书，第117页。

② 李约瑟：《中国科学技术史》，剑桥1986年版，第4卷，第2册，第87页。

③ 同上。

四、中国与西班牙穆斯林世界在科学思想方面的双向交流

科学思想的传播与科学家之间的直接接触以及围绕一些科学问题进行深入的探讨是分不开的。

众所周知，阿拉伯人先知穆罕默德曾留有一“圣训”：“学问即使远在中国，亦当求得之。”希提在其《阿拉伯简史》中便写到，在穆斯林统治西班牙的最初几个世纪里，东方文化以较高的水平流入安达卢西亚，有许多西班牙学者负笈远游埃及、叙利亚、伊拉克、波斯，甚至来到河外地区和中国。[①]从现存的史料中，希提的上述论述完全可得到印证。比如，在雅库特（Yākūt, 1179—1229）的《地名辞典》中便有如下记叙：西班牙人萨德·哈伊尔（Sa’dal Khayr）别名“汉人”（Cini），因为他曾到中国旅行。”[②]另一位安达卢西亚人也被称作“汉人”（Cini），他也曾离开马格里布前往中国旅行。[③]这些前往中国的西班牙人他们自会向中国介绍科尔多瓦时代西班牙的文明成果；而当他们返回故国时，也必然要把中国的文化向西班牙的学者做某些介绍。因此这些前往中国的西班牙学者在中国与西班牙的科学思想交流方面或多或少会起到一定的先驱者的作用。下面我们试举数例。

炼丹术早在公元前 2 世纪已在中国得到初步发展，这与道家对长生不老之药和“点铁成金”的理想的追求密切相关。炼丹术士在配制药物的过程中，推动了实验化学的进展并使其成为近代化学的先行阶段。

公元 2—3 世纪随着中国海外交通的新发展，中国的炼丹术已开始传入埃及的亚历山大。中国炼丹术后来又经阿拉伯人传入欧洲才对近代

---

① 希提：《阿拉伯简史》，第 218 页。

② 费琅编，耿升、穆根来译：《阿拉伯波斯突厥人东方文献辑注》，中华书局 1989 年版，第 22、226 页。

③ 同上。

化学的发展产生了重要的作用。12 世纪在阿拉伯人征服西班牙的时代，炼丹术（al-Kimya）这一术语已为科尔多瓦的科学家们所采用。其后，该词译成拉丁文时为 al-Chimia，到 16 世纪中叶，该词已演化为法文的 Chimie，德文的 Chemie，英文的 Chemistry。然而阿拉伯文的 al-kimiya 一词却源于中国炼丹术士常用的贵金属“金”的古音（Kim）。尤其是有关炼丹术的基本思想和概念，那么无论是阿拉伯中世纪的著名炼丹术士查比尔（Jabiribn Hayyan）或是拉齐（Rhazes，865—925）或是欧洲文艺复兴时代早期科学家罗哲尔·培根（Roger Bacon，1214—1292）及大亚尔卑尔特 (Albertus magnus，1193—1280) 在他们的学术成果中，追踪溯源，都可看到中国古代炼丹术的影响。出版于 1940 年的《西巴论集》（*Ciba Symposia*）对于中国炼丹术思想西传的轨迹做了科学的描述：“中国炼丹术的基本思想，经印度、波斯、阿拉伯和伊斯兰教西班牙向西推进的结果，传遍了整个欧洲。葛洪（281—361）的理论和方法，甚至他所用的术语，在他以后的几个世纪中，普遍地被这些国家的炼丹家所采用……如果我们承认炼丹术是近代化学的先驱，那么中国炼丹术的原有理论，便可看作制药化学最早的规范。”[①]在这段论述中，西班牙在中国炼丹术西传过程中的历史作用已说得十分清楚。英国著名中国科技史专家李约瑟还特别指出，12 世纪西班牙穆斯林炼丹术士伊本·阿尔发·拉斯（Ibn Arfa Ras）曾在中国北方进行过访问。[②]这种科学家的学术考察无疑会在中国炼丹术的基本思想和实验手段的西传中起到过最直接的作用。

据中外学者多方考证，大多倾向于认为在元代对中国天文学贡献卓

---

① 上述译文转引自沈福伟：《中西文化交流史》 书第 204 页，上海人民出版社 1985 年版。

② 李约瑟：《中国传统科学》（Needham, *Science in Traditional China*），香港 1981 年版，第 71 页。

著的阿拉伯科学家爱薛（1226—1308）实为科尔多瓦时代的西班牙科学家麦海丁·马格里布（Muhyi al-din al-Maghribi），又称阿布·舍克尔（Abi-1-Shukr）。其全名为麦海·米勒·瓦丁·叶海亚·伊本·穆罕默德·伊本·阿布·舍克尔·马格里布·安达卢西（Muhyi al-Milla Waldin Yahya ibn Muhammad ibn Abi-I-Shukr al Maghribi al Andalusi）。1246 年爱薛经叙利亚来到中国。由于他专长数学、天文学和医药学等多种学科，特别是在他的学识中融会了阿拉伯科学的精华，因此在忽必烈（1260—1294）执政后，他受到朝廷的重用，负责西域星历和医药两个部门的研究工作。而且他曾多次与中国学者一道参与国际科学合作项目的研究，并有突出的贡献。

1259 年旭烈兀委派他的首相波斯科学家纳速剌丁·杜西（Nasir al-din al-Tusi, 1201—1274）在马拉格（Maraghi）创立了天文台并使该地成为西亚和地中海伊斯兰世界，也是当时世界上第一流的科学研究中心和天文观测站。该天文台的图书馆藏书即达 40 万册。由此吸引了东西方最杰出的科学家到这里来从事研究工作，马拉格也因此成为东西方文明的交流中心。

忽必烈在位时也曾多次委派中国的科学家参加马拉格的科学研究工作，其中就包括这位来自西班牙的学者爱薛。由于他既精通阿拉伯天文学和数学，又熟悉中国的天文学和数学，所以在马拉格的研究工作者中，他起到特殊的重要作用。

在纳速剌丁·杜西负责编制《伊利汗天文表》（*al-Zij al ilkhani*）的过程中，爱薛曾发表了《中国和维吾尔的历法》（*Risalat al Khita wal-ighur*）一文，对于《伊利汗天文表》的编制做出了重要贡献。因为该天文表的第 I 卷集中论述了中国、希腊、阿拉伯和波斯历法。而爱薛的上述论文则为编制《伊利汗天文表》提供了有关中国历法的基本理论和演算方法的最详尽的资料。其后，《伊利汗天文表》曾向西传播并对西方天文学产生了积极的影响。作为一个西班牙学者，爱薛在向外部世界系统介绍中国天文学方面的贡献应当说是功不可没。

爱薛在马拉格参与国际科学合作期间使他对希腊、波斯、阿拉伯乃至印度的天文学成果有了更深的理解，因此他的科学思想变得更加丰富，也更加系统化；对于各文明系统的不同天文观测仪器的应用和制作方法，爱薛也有了新的体会。因此当他返回中国时，便把外部世界的最新科研信息、理论成果和仪器设备引进到中国，对于中国天文学的发展起到了积极的促进作用。例如，他曾于 1273 年将其有关欧几里德几何学与托勒密天体运行学说的著作奉献给中国。由于历史的原因，爱薛虽然向中国学术界介绍了几何学原理，但几何学并没有能在当时的中国得到广泛传播，到意大利来华传教士利玛窦与中国学者徐光启合作译出欧几里德《几何原本》前 6 卷时，那已是 1606 年的事。尽管如此，从中西文化交流史的角度来看，爱薛作为向中国介绍欧几里德几何学的先行者，其历史功绩应当加以充分肯定。尤其是爱薛将《伊利汗天文表》和其他天文学和数学著作十余种带回中国，他又研制出许多种观星仪，因此当 1276 年忽必烈下令设局修历，并决定由王恂（1235—1281）和郭守敬（1231—1316）负责编制《授时历》时，爱薛带回中国的反映那一时代其他地区的先进科学成果的天文学著作和他研制出来的天文仪器，对中国的科学家都起到重要的借鉴作用。[①]爱薛在中国期间由于对科学研究多有建树，因此在《元史》卷 134 中，曾特别为爱薛立传，内称：

“爱薛，西域弗林人，通西域诸部语，工星历、医药，初事定宗（贵由），

① 沈福伟：《元代爱薛事迹新论》，载《中外关系史论丛》，世界知识出版社 1986 年版，第 2 期，第 90—109 页。杨怀中、余振贵主编：《伊斯兰与中国文化》，宁夏人民出版社 1996 年版，第 165—179 页。

直言敢谏。时世祖(忽必烈)在藩邸器之。中统四年(1263),命掌西域星历、医药二司事,后改广惠司,仍命领之。……仁宗时(1312—1320),封秦国公。卒，追封太师、开府仪同三司、上柱国、拂林忠献王。”①

然而爱薛的早年生活以及他在西班牙期间的治学活动，至今仍然是个空白。这应成为中国与西班牙学者在今后共同努力加以解决的课题。

在前面论及火药西传的历史时，我们曾提到西班牙医药学家伊本·贝塔尔在北非游学时，曾将阿拉伯人对火药“硝”的称呼由“中国雪”改为“巴鲁得”的这一重大变化记载在他的《医方汇编》中。此外，贝塔尔还记录了大黄、麝香、肉桂、芒果、秋葵、薄荷以及硝石等中国药物的性能和应用方法。其中“秋葵”被贝塔尔称作“中国玫瑰”（Ward sini），并介绍说该植物花大而美，既可供观赏，又可入药。他还指出中国的“薄荷”有治头痛发热及伤口发炎的功效。根据西班牙学者梅嫩德斯—贝拉约考证，贝塔尔曾对200多种东方药物进行过研究。②有的学者指出，贝塔尔在写作《医方汇编》时，很可能受到过1108年由中国药物学家唐慎主编的《经史证类备急本草》一书的启发。因为贝塔尔在埃及一带进行游学时，中国与马木鲁克王朝（1260—1517）治下的埃及无论在人员的交往方面或是在物质交换乃至科学技术的交流方面都是相当密切的。③

当贝塔尔吸收了中国人在药物研究方面的一些成果，使他的《医方汇编》变得更为充实并对西方医药学研究产生相应影响之时，贝塔尔在《医方汇编》中一些对阿拉伯医学的经典性的总结，对中国的医学发展也曾起到有益的促进作用。像《回回药方》是成书于元末的一部

① 《元史》卷134《爱薛本传》，参看《新元史》卷199。

② 普鲁丹西奥·达姆波里埃纳：《两个帝国的相遇》，（Prudencio Damboriena: *Encuentro de dos Imperios*），载《理智与信念》第135卷，1947年，第55页。

③ 沈福伟；《中国与非洲》，第360—361页。

用阿拉伯文写成的阿拉伯医学大全，后又有中文译本在中国广为流传。经中国学者研究，《回回药方》中很多内容便取自伊本·贝塔尔的《医方汇编》。[①]甚至在中国明代医书《普济方》和《本草纲目》中，所记载的个别药物如“安咱芦”（anzar root），便可从伊本·贝塔尔的《医方汇编》中找到对该药物的同样的解释。[②]

在中世纪，特别是在阿拉伯人入侵西班牙的最初几个世纪，随着海上丝绸之路的兴起，在中国唐、宋、元三个王朝与西班牙穆斯林世界之间在文化与科学技术方面曾有过相当广泛的交流。虽然在李约瑟的带动下，人们已开始越来越关注中国与西班牙穆斯林世界之间的这段文化交往的历史及其丰富的内涵，但由于年代久远，留存至今的相关文献十分有限。因此在上述研究领域每前进一步，都需付出极为艰辛的努力。然而中西之间这段交往的历程，内中留存有浓厚的东西方文化交流的历史内容，对于这项十分有价值的人类文化遗产，我们认为，中西两国的学者对其进一步的研究负有义不容辞的责任。

五、中国历史典籍中的“木兰皮国”

在海上丝绸之路繁盛发展的年代，不断有西班牙穆斯林世界和其他阿拉伯国家的商人、旅行家和学者前来东方，有的还曾访问过中国。在同一历史时期，也有很多中国商人、旅行家和学者访问过西亚、东非、北非等地。其中，像中世纪著名的阿拉伯旅行家伊本·白图泰（1303—1377）就曾来中国游历，返回故乡丹吉尔后，又曾前往西班牙的格拉纳达。中国的大旅行家汪大渊（1311—？）在1328至1339年间，曾两次

① 杨怀中、余振贵：《伊斯兰与中国文化》，第330页。

② 同上。

做海外考察，周游了东南亚、印度洋、地中海等众多的国家和地区，向西曾远达丹吉尔。其后汪大渊于1349年写出《岛夷志略》一书。像上述这类东西方之间的人员交往，使东方人增加了对西方世界的了解；也使西方人加深了对东方世界的认识。在这过个过程中，中国人不断扩大自己的地缘视野，其中，中国典籍中关于“木兰皮国”的记载便反映了那一时代中国人对于西班牙穆斯林世界即“木兰皮国”的新认识。在成书于1178年的中国典籍《岭外代答》中，原编撰者周去非对“木兰皮国”有如下记载：

“大食国西有巨海（当为地中海），海之西，有国不可胜计。大食巨舰所可至者，木兰皮国尔。盖自大食之陀盘地国（Dimiath，即今Damietta港）发舟，正西涉海一百日而至之。一舟容数千人，舟中有酒食肆、机杼之属。言舟之大者，莫木兰若也。今人谓木兰舟，得非言其莫大者乎。木兰皮国所产极异，麦粒长二寸，瓜围六尺，米麦窖地数十年不坏。产胡羊高数尺，尾大如扇，春剖腹取脂数十斤，再缝而活，不取则羊以肥死。其国相传又陆行二百程，日晷长三时，秋月西风忽起，人兽速就水饮乃生，稍迟，以渴死。”①

在中国其他典籍中，如《诸蕃志》等，对“木兰皮国”也有类似的记载。

所谓的“木兰皮国”实际是北非—安达卢西亚一带的“穆拉比德”（al-Murabitun, 1056—1147）王国的对音。以科尔多瓦为政治中心的穆斯林哈里发国家，到11世纪已经开始了由盛而衰的蜕变，至1031年进而分裂为许多小的诸侯国家，彼此之间战争不断。这时在北非的柏柏尔人的一支，即穆拉比德人开始强大起来，建立了独立的王朝并进而将西班牙南部纷争不停的诸多地方性小国置于自己的统治之下，最终形成了拥

① 周去非著、杨武泉校注：《岭外代答》，中华书局1999年版，第106—107页。

有直布罗陀海峡两岸广袤领土的穆拉比德王国。由于它的存在并在相当长的历史年代影响了北非和西地中海一带地区的地缘政治形势，所以连远在东方的中国也把它当作具有影响力的大国记载在自己的史书之中。

中国人很可能是从传闻中得出对“木兰皮国”的印象，因此对“木兰皮国”的概括既过于简略，又含有很多荒诞无稽的成份，但绝不能因此就认为中国典籍中对“木兰皮国”的记载完全没有意义。

首先，在中世纪无论西方人写的“旅行记”或是东方人写的“旅行记”，内中对于遥远国度山川形势、物产以及种族特征和民风民俗的介绍，一般都充斥着夸张到失实，甚至荒谬程度的描绘。这不是中国典籍中对“木兰皮国”概述时所独有的现象。

其次，在中国典籍对“木兰皮国”的描述中尚存在着一些符合“木兰皮国”国情的“合理内核”。比如“木兰舟”的描述基本上反映了“穆拉比德”王国的海上力量，即拥有巨大舰船的这一事实。至于“胡羊”可能是对原产非洲的“美里诺羊”（Merino）的夸张性介绍。该羊种引进西班牙后，于13世纪已优化为西班牙最基本的种羊。西班牙阿方索十世（Alfonso X）于1273年曾颁发有关“卡斯蒂利亚国牧羊主集团荣誉协会”的法令（Hornado Consejo de la Mesta de los Pastores de Castilla）。这说明西班牙牧羊业已获新发展，并在经济生活中起到了重要的作用。[①]

再其次，尽管至13世纪，中国与西班牙为丝绸之路联系在一起的历史已有漫长的岁月，但“木兰皮国”终究是在中国典籍中第一次出现关于西班牙国情的记载。因此在中国与西班牙关系史中，这仍然是具有重大意义的一件事。

① 诺斯与托马斯：《西方世界的诞生》，第139页。

最后，通过“木兰皮国”的记载说明从太平洋到大西洋，远隔万水千山的亚洲、非洲和欧洲三个大陆之间，其依存程度已有所加强。它还说明在已知大陆，人们的地缘视野已更加开阔，对遥远的异域已表示出越来越大的兴趣。这正是地理大发现即将到来的先兆。

六、西班牙基督教世界与中国之间的相关关系

在 711 年阿拉伯人入侵伊比利亚半岛之后，受到西班牙人民的坚决抵抗并使阿拉伯人在半岛西北边陲地带严重受挫。718 年的科法敦加战役标志着西班牙人民为收复失地而进行的史诗般的斗争已经正式揭开序幕。其后，在西班牙北部地区相继建立了许多小的信奉基督教的王国，在从阿拉伯人手中收复失地的漫长的年代中，它们不断向阿拉伯人统治地区扩展并成功地夺回许多要城（1085，攻陷托莱多；1236，科尔多瓦；1248，塞维利亚）。在“十字架与新月”的斗争中西班牙的基督教世界不断发展壮大。西班牙基督教世界由此开始肩负起双重历史重任：其一，就是从阿拉伯人的手中继续收复被占领的土地；其二，是尽快融入地中海世界，在地中海商业革命的大潮中，完成西班牙向海外的扩展并重新塑造西班牙人的民族形象。

11 至 14 世纪，地中海区域商业出现空前繁荣的景象，并对欧洲其后的历史发展进程产生了深刻的影响。西方史学家常把上述商业发展的“黄金时代”称之为“地中海商业革命”。

11 至 14 世纪地中海区域商业所以取得快速的发展，首先是欧洲社会内部生产力与生产关系矛盾运动推动的结果。而这期间，与东方的贸易则起到不容忽视的刺激作用。让我们首先回顾一下上述两个因素相互交错影响的历史。

随着西罗马帝国的衰亡，欧洲开始了封建化的历史进程。7 世纪在

阿拉伯人的军事扩张高潮中，欧洲与东方世界联系的主渠道遂被切断，欧洲从此陷入一种相对孤立的状态。建立在农奴制基础上的庄园成为一个个地方性的封闭的经济单位。生产力发展迟滞，商品经济极不发达。罗马帝国时代繁盛一时的城市基本上从地平线上消失。

至 10 世纪，欧洲生产力又有所发展，“二圃制”和“三圃制”逐步普及，重犁的使用得到进一步的推广，于是在直接农业消费性质的社会中，开始出现了多余产品，由此扩大了社会分工，使手工业者从农业劳动中开始游离出来。特别是多余产品刺激了商业与交换的发展，商人阶层应运而生并在欧洲再次涌现出许多大小不一的城市。

生产力的发展使庄园主从农奴身上榨取到更多的财富，因之刺激了他们的消费欲望，尤其是对东方奢侈品的追求。即使是初始鼓吹苦行、淡泊和安贫的天主教神甫们也开始身着丝绸法衣并在教堂中高悬丝绸幡幛，以渲染天国的荣华和光耀。甚至教皇佩内迪克特十一世（Pope Benedicto XI）在 1304 年去世时，也要用中国丝绸做殓衣。[①]也就是说，东方商品在欧洲统治阶层中有着广泛而迫切的需求。

但通往东方的商路已为阿拉伯人所切断。从 1097 至 1291 年间，罗马教皇与一些欧洲封建君主国以“圣战”为名义所发动的历次十字军远征，实质上都包含着与穆斯林世界争夺东方贸易垄断权的目的。

1171 年穆斯林世界领袖萨拉丁（Saladin，1137—1193）在埃及建立了阿拉伯帝国阿尤卜王朝 (1170—1260)，他高举新月旗帜发动了反对基督徒的斗争并最终遏制住了十字军对东方的入侵。“基督教世界”与”穆斯林世界”遂在地中海形成相互对峙的局面。出于对东方商品的渴求，

① 卡梅隆:《蕃夷与中国官吏》(N. Cameron: *Barbarians and Mandarins*)，纽约 1970 年版，第 125 页。

欧洲商人最终只好承认阿拉伯人统治下的亚历山大港对东方商品的垄断地位，并在亚历山大设立基督教国家的商站，与穆斯林世界建立起长期的商业联系。

不久后蒙古帝国崛起。1240 年蒙古大军突入波匈平原，其西进前锋已达亚德里亚海岸。蒙古大军西征的势头后来虽为埃及马木鲁克军团所遏制，但在蒙古人西征后，欧洲、西亚与地中海区域的地缘政治版图终归发生了重大变化：

首先，蒙古人、欧洲人和阿拉伯人这三大政治力量暂时处于相对均衡的对峙局面。其次，亚历山大港依然保持了经红海与东方贸易的垄断权；再有蒙古人的西征以及他们所推行的世界主义的“重商主义”政策使亚欧大陆的商路已畅通无阻，即亚欧大陆从此处在“蒙古和平”（La Paz Mongla）时期。那些在十字军远征中业已发财致富的意大利城市，诸如威尼斯、热那亚等，则充分利用了国际形势的这种新变化，使它们的商业活动沿着陆路与海路迅速扩展，并在黑海、巴尔干、亚历山大、君士坦丁堡、北非沿岸地带以及地中海的一些岛屿上都建立起自己的殖民地和商站。仅在东罗马帝国境内就有 1 万余名威尼斯人或经商或设厂开矿；而热那亚人，凡是在他们足迹所到之处，“都要再建立一个热那亚”，仅在君士坦丁堡一城，热那亚商人即达 300 人。[①]

意大利商人在开拓地中海商业活动中所表出来的意气风发的企业精神和独立人格特点以及他们在商业活动中所取得巨大的成功，无疑地，对于在收复失地斗争中急剧奋起的西班牙基督徒们起到一种激励的作用，尤其是沿地中海的加泰罗尼亚人和阿拉贡人，他们聚集在加泰罗尼

① 波斯坦主编：《剑桥欧洲经济史：中世纪贸易与工业》（Postan: *The Cambridge Economic History of Europe: Trade and Industry in the Middle Ages*），剑桥 1952 年版，第 2 卷，307 页。

亚—阿拉贡王室的旗帜下，不失时机地攻占了马略尔卡、西西里岛和撒丁岛，从而拥有了西地中海海域的制海权。接着在北非的突尼斯和布吉亚（Bugia）他们又建立了商站。1320 年代，每年至少有 150 名加泰罗尼亚人前往巴拉里（Barary）并深入到非洲内陆从事黄金交易。

在中世纪，欧洲商人犹如罗马时代一样，仍然是用贵金属来换取东方商品。但在 15 世纪德国中部贵金属矿藏得到大规模开发之前，欧洲可资投入流通领域的贵金属数量已经非常有限。从 8 世纪直至地理大发现，欧洲贵金属主要来源地是非洲内陆地区。那里的金砂由黑人层递地经由沙漠和荒原运送至北非沿地中海海岸地带，用以换取阿拉伯商人的盐、铜和其他生活日用品。意大利商人用于列万特贸易的贵金属便是从上述阿拉伯商人手中换得的，并用以弥补东西方贸易中的不平衡状况。

西班牙商人来到北非沿岸后，便投身这种黄金交易中并逐步起到举足轻重的作用。到 15 世纪，从西班牙的马拉加、塞维利亚、加的斯和瓦伦西亚仍有大量北非黄金运往热那亚。①

由于西班牙既控制着西地中海的战略要地，又在一定程度上垄断着通往非洲内陆"黄金之路"贸易，所以很快便确立了西班牙在西地中海足以和意大利诸城市争雄的地位。

意大利商人从非洲换来的黄金尚不足以平衡意大利商人与东方的贸易。所以威尼斯和热那亚商人越来越注重和英、法及佛兰德斯等大西洋国家的贸易。他们主要用香料、丝绸、矾、粮食和酒类等物品换取英国人和荷兰人的呢绒，然后再将呢绒运到列万特地区和黑海一带用以换取东方商品。加泰罗尼亚商人也立即投身大西洋贸易之中并使西班牙的巴

① 菲律浦：《在哥伦布之前：从地中海到大西洋的开发与殖民（1229—1492）》（Felipe Fernandez-Armesto, *Before Columbus: Exploration and Colonization from the Mediterranean to the Atlantic*, 1229—1492），伦敦 1987 年版，第 108、135 页。

塞罗那、塞维利亚和马拉加等城市发展成联结地中海贸易与大西洋贸易的中间港。

从 11 至 14 世纪，地中海商业革命的最强劲的推动力便是与东方的贸易。所以西班牙商人一旦在西地中海站稳脚步而且又已涉足于大西洋贸易，于是便开始向东地中海前进。富有进取心和开拓精神的加泰罗尼亚人到1250年已来到东地中海地区经商，并得到王室的支持。1264年“征服者”海梅一世（Jaume I el Conqueridor）与埃及素丹达成向亚历山大港派出西班牙领事的协议。1266年巴塞罗那已向埃及和叙利亚派出领事，进而又与阿尔美尼亚和拜占廷建立了外交与商业联系。海梅一世为了反对土耳其人占领台拉·桑塔（Terra Santa），曾策划组织一次新的“十字军”（Croada）远征，但这一计划由于时机不成熟而没有实施。但西班牙人继续在东地中海扩展自己的势力范围，到 14 世纪，加泰罗尼亚人已远达克里特、塞浦露斯、贝鲁特、大马士革，西班牙的商船也已常年驶往希腊半岛。

在与东方国家的贸易中，西班牙主要输出精致的呢绒（mitjana）、金属、珊瑚、武器、干果和橄榄等。进口商品主要是香料（pebre）和贵重纺织品（Sedai Coto）。在这种与东方国家的贸易中，加泰罗尼亚商人获取了极大的利润。因此商人阶层迅速成长起来。与东方的贸易也为加泰罗尼亚—阿拉贡王朝带来丰厚的海关税收，所以加泰罗尼亚商人在东地中海的开拓活动始终得到王室的支持。在海梅二世时代，他与主要的东地中海国家大多建立了外交关系。加泰罗尼亚—阿拉贡王朝终于确立了西班牙在地中海区间内的强国地位。[①]

① 埃奈斯特·费雷莱斯：《在海那边：地中海的扩张（13—15 世纪）》Ernest Ferreres, *Mar enlla'：L'expansion Mediterania, Segles XIII-XV*），巴塞罗那 1993 年版，第 51—69 页。

地中海商业革命时代西班牙商人所以能在西地中海享有海上优势进而向东地中海进军并与众多的西亚、北非国家建立起商业与外交关系，是与巴塞罗那商人集团拥有一支强大的海军力量和数目可观的商船队伍分不开的。事实上，“在那一时代，航海业在阿拉贡王国占据着突出的重要地位，最优秀的海员都是来自加泰罗尼亚和马略尔卡。”[①]

无论商船或是军舰的远航则必需备有线路图、航海图和指南针。这三项成果被称作中世纪航海业的三项技术革命。其中，中国人将指南针用于航海这一思维的西传，已是众所周知的事实，不再赘言。至于航海图的绘制实源于中国晋代地图学家裴秀（224—274）用经纬线表示地理方位的“分率制图法”。后来这种制图法传到伊朗和阿拉伯世界。14世纪初意大利人又受阿拉伯人这种绘制航海图方法的启发，开始结合罗盘的方位线用分率制图法绘制航海图。有了指南针和航海图使地中海的航海事业发生了一次质的飞跃，地中海的船只原来只能沿岸航行，从此则可跨越万顷波涛做遥远的两港之间的直达航行了[②]。此间中国技术对西班牙的影响同样不言而喻。西班牙现存的最古老的航海图其中一张系1423年由马西亚·维拉台斯所绘，图上有加泰罗尼亚文的注释；另一张是由加夫里埃尔·瓦尔塞卡于1438年在马略尔卡绘制。因此有的学者认为“航海图”是由马略尔卡人所“发明”，[③]恐怕这一结论尚需进一步的论证。

在造船技术上，中国的一些传统技术也逐步被西方国家所采用。比如1350年以前，地中海船只尚只有“单桅”船。到1500年地中海已出

---

① 普鲁丹西奥·达姆波里埃尔：《两个帝国的相遇》，第58页。

② 斯卡梅尔：《欧洲最初的海上帝国》（G.V. Scammell, *The First Europe Maritime Empires*），纽约1981年版，第206页。

③ 同上。

现三桅或四桅船。克洛斯说地中海船只在 150 年间完成从“单桅”船到“多桅”船的这种突变，只能说是受到中国多桅式帆船影响的结果。李约瑟特别提到在加泰罗尼亚出版于 1375 年的一册《世界地图集》中，已绘制有三艘中国多桅沙船。[①]这说明加泰罗尼亚人在红海或波斯湾贸易港口，已看到过驶临那里的中国多桅沙船。因为宋元时代正是中国海外贸易的高峰年代，中国商船不断造访红海、波斯湾一带。所以处于扩张时期的加泰罗尼亚人接触到中国多桅沙船是件很正常、也是很容易的事。相反地，加泰罗尼亚人对像中国这样的海上强国根本不感兴趣，对其他文明系统的海船从造型到具体结构竟会漠不关心，那倒是件奇怪而不可理喻的事。

西方一些资深的学者经研究，认为 1375 年加泰罗尼亚出版的那份《世界地图集》所以能绘制出中国多桅沙船的“模样”，是因为其作者阅读过马可·波罗游记。[②]因为马可·波罗在书中曾记载了中国海船留给他的印象。但加泰罗尼亚人如果不是亲眼目睹过中国多桅沙船，是很难凭借一部游记的描述而最终绘制出中国沙船的模样来。历史事实很可能是这样，加泰罗尼亚人在从中东一带返回西班牙以后，一方面将中国多桅沙船的形象绘制在自己出版的《世界地图集》中，以传播信息；另方面也开始将中国多桅沙船在结构上的一些合理成分吸收到自己的造船实践当中。这种对外来造船技术的引进与西班牙本身对造船业的重视是并行不悖的。

事实上有的西班牙学者已指出，从 12 世纪起，西班牙的地中海航海事业已进入技术更新的时期，罗盘和观象仪已普遍应用于航海之中。[③]

---

① 李约瑟：《中国科学技术史》，剑桥 1985 年版，第 4 卷，第 29 章，第 221—222 页。

② 普鲁丹西奥·达姆波里埃纳：《两个帝国相遇》，第 60 页。

③ 埃奈斯特·费雷莱斯：《在海那边：地中海的扩张（13—15 世纪）》，第 74 页。

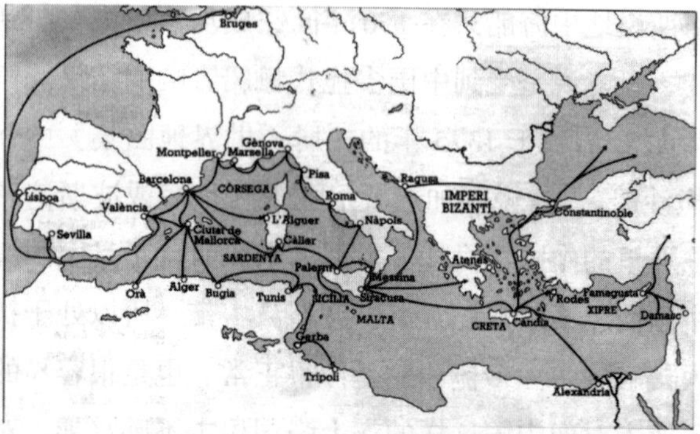

左：12—14 世纪西班牙基督教世界在地中海扩张示意图 右：“克卡”海船模型

特别是从帆桅的使用来看，已出现由单桅帆船向中国式的“多桅”帆船的方向发展的趋势。正是这种航海技术的更新为日后的地理大发现打下了坚实的物质基础。或者说，准备好了技术条件。

我们前面提出在“地中海商业革命”时期中国与西班牙基督教世界之间已存在着实质性的相关关系，主要也是指这一历史时期华夏文明的成果已开始融入到西班牙基督教世界的文明之中而言。如果说西班牙的穆斯林世界是华夏文明传向欧洲的窗口，那么西班牙的基督教世界则是华夏文明向欧洲传播的最后一个端点。即华夏文明的一些成果在历史上曾从东西两个方向向西班牙传播并逐步融入到西班牙璀璨的多元文化之中。

然而中国与西班牙最直接的相关关系则体现在人员的交往上。在地中海商业革命时期，特别在“蒙古和平”时期，亚欧大陆已畅通无阻。为了开展与东方国家，尤其是与中国的直接贸易，意大利的商人不畏万里商途之险而相继走向东方。威尼斯马可·波罗家族的中国之行已传为佳话。那一时代的热那亚商人则更为活跃，1224 年他们已组成开展东方贸易的公司。据文献记载，可知 1326 年以前在当时的世界第一大港泉州已经有了热那亚人设置的“商站”。[①]佛罗伦萨人法兰西斯科·皮果罗在其成书于1335—1343年间的《商业实用手册》中写到，从高加索的塔纳通往中国的商道，“无论日夜都很平安”。他还特别注明如果欧洲商人能结成60人一伙同行，则路上安全会更有保障。[②]由此可以想见，欧洲商人与中国的贸易已经具有一定的规模。

同样在上述历史时期，罗马教廷既出于宣传基督福音的需要，也是意欲和蒙古人结盟而共同遏制穆斯林世界的扩张，曾不断派出使节和传教士前来东方。

随着马可·波罗等西方商人、旅行家、传教士和外交官相继踏上中华大地，通过他们的回忆录、游记、随笔和书信，使欧洲人开始看到在遥远的东方屹立着一个比欧洲有着更高文明水平、拥有更繁荣的经济的国家——中国。因此，对中国的向往已成为那一时代欧洲人的普遍心理。《马可·波罗游记》问世后不久，便有不同语言的119种抄本在流传着，这便是一个很好的证明。

在上述大的历史背景下，西班牙人也开始了自己的中国之行。

最早到过，或至少最早报导过中国的西班牙人，便是生在纳瓦拉的一位犹太人，拉比·本哈明·德图德拉（Rabbi Benjamin de Tudela），他经萨拉戈萨来到巴塞罗那，1159年从这里到了法国。后经意大利、希腊来到黑海之滨。在君士坦丁堡、罗德岛（Rodas）、塞浦路斯、约旦、阿勒颇（Alepo）和幼发拉底河一带的城市都曾留有他的足迹，最后他来到阿拉伯湾的基什（Kish）港。

从他的旅行路线来看，基本上是在地中海区域的西班牙人海外居留

① 拉克：《亚洲对欧洲发展的促进》，第1卷，第1册，第40、41页。
② 赫德森：《欧洲与中国》，第156页。

地周游。这些地方一般都有西班牙人设置的“商站”。本哈明·德图德拉是个犹太人，很可能也是个商人。所以他选择上述旅游路线是完全可以理解的。至于图德拉是否从基什继续旅行而来到过中国，目前学术界尚有争论。我们这里只想提供这样一个事实，即从唐代已陆续有犹太人移居中国，最初集中于广州，后又向中国内陆迁移。到宋代，像中原城市开封也已开辟有犹太人聚居的新家园。中国人都对他们都抱着友善的态度，并根据其习俗（好戴蓝帽）称他们为“蓝帽回回”或“青回回”。所以一些身在西方的犹太商人或旅行家想到中国看看那里犹太人的生活近况，特别是有无在那里发展的前景完全是可能的。

本哈明·德图德拉的原书是用希伯来文写成的。现已有拉丁文、法文、意大利文、德文和丹麦文等多种语言的译本。当代，还有 1918 年和 1982 年两种西班牙文本问世。在书中，本哈明·德图德拉提到在东方有个叫“秦”(Zin) 的国家，那是世界“极东之地”，“冰海”就在那里。如遇上强风，任何水手都无法再驾驭他们的船只。有时船就被“定”在海上，再也无法移动。等耗尽了所有给养，水手们只有死去。为了活命，出没那一海域的水手一般都自带一个牛皮袋子。当强风袭来，水手便钻进袋中，再用针将袋口缝紧，防止进水。这样即使船只沉没，钻在这种牛皮袋中的水手仍可暂时活命。当强风过后，常在这带天空翱翔的大鹰认为牛皮袋子是个“动物”，就会把它叼到岸上。这时水手便可用刀子捅开牛皮袋而获救。这当然是段“海外奇谭”，但这至少说明“中国”已被当作一个可感知的国家进入西班牙人的视野之中。

另一位没有留下姓名的西班牙方济各会会士也曾前往中国。他大概于 1304 年出生在塞维利亚，1348 年左右启程前往中国，后写有《闻见录》一书。这是一部极具趣味性的旅游大全。它告诉人们“中国”有三条大河纵横全境。这可能是指黄河、长江和珠江三大水系。根据当时欧洲人的一般观点，皆把“契丹”（Catayo）与“中国”（Scim）当作两个不同的国家来看待，或是认为“中国”仅仅是整个“契丹”的一部分。《闻见录》即持“中国”是“契丹”的一部分的这种观点，并认为“中国”地处东海之滨，是世界的终极之处。与“中国”相邻的是“土番”（Trimic, Tibet）。“中国”是科学与法治之邦，这里人们富有智慧，处处依法办事。它的文明对四邻都有影响。《闻见录》还指出，从西方通向“契丹”有两条路：一是经君士坦丁堡、里海、阿尔美尼亚、黑海等处。另一条是经塞浦路斯、土耳其、美索不达米亚、底格里斯河、波斯、陶里斯、撒马尔罕和“中国”等处。

从《闻见录》有关中国的记载来看，大部分似是而非，而且十分简略。很显然，这位佚名的西班牙旅游家这时对于遥远的“契丹”国家已经非常向往，但最终他是否如愿地到达中国则很难说了。他很可能是在路途上根据传闻写出了他的《闻见录》。

另一位西班牙方济各会会士帕斯夸尔·德维克托里亚（Fray Pascual de Victoria）在 1333 年前后，曾与他的同胞贡迪萨尔沃·德特朗斯都尔纳（Gundisalvo de Transturna）一起前往东方。他们在阿威依受到教皇和方济各会总主教的祝福，然后乘船去威尼斯，途经亚德里亚海、里海，最后来到塔纳。在这里他们开始学习蒙古等语言，为前往中国做准备。当他们到达察合台汗国的首府阿尔马里格时曾给远在西班牙的教友们写信，内中表达出对西班牙的忠心。1339 年帕斯夸尔·德维克托里亚不幸遇害，他的东方之行就此告终。

无论是犹太人本哈明·德图德拉、佚名的方济各会会士或是帕斯夸尔·德维克托里亚，他们遗留下来的有关东方纪行的手迹，数量十分有限，内容又十分简略。关于他们的生平和业绩，都没有留下足够的文献可资研究。因此对于他们是否真的到过中国，在学术界也有人存有疑问。我们认为上述种种缺憾却正是东西方文化交流过程中，特定历史时期的规律性反映。直至今日不是仍不时有人著文对马可·波罗的中国之行提出质疑吗？对我们来说，最为重要的是，这些往返于亚欧大陆上的匆匆过客的事迹表明，在他们生活的那个时代的西班牙，中国或“契丹”业已成为令人向往和激励人们前往东方的一个重要因素。这也就是我们认为在西班牙基督教世界与中国之间存在着一定的相关关系的有力证明。①

七、《克拉维约东使记》

西班牙基督教世界在收复失地过程中所形成和表现出来的开拓进取精神表明，西班牙人不仅希望在地中海区间贸易中占有一席之地，而且他们开始从东西方两个世界的地缘政治角度来看待西班牙的未来发展方向，并试图在变换不定的多元世界中，扮演一个举足轻重的角色。这种对自我力量的觉悟和对外部世界的参与精神，集中体现在克拉维约出使东方的活动中。

西班牙杰出外交家鲁易·贡萨莱斯·德克拉维约（Ruy Gonzalez de Clavijo, ?—1417）1403 年奉西班牙卡斯蒂利亚国王恩里克三世（Enrique Ⅲ）之命携带国书和珍贵礼品前往撒马尔罕去觐见称雄一时的帖木儿（Tamerlan 或 Timur，1336—1405），及至 1406 年返回西班牙后，他写出一部《克拉维约东使记》（*La Embajada al Tamerlan*, 1403—1406），内中记述了他完成使命的整个过程和他往返路途上的见闻。其中关于中国的记述更可看作是西方在对中国的认识上的一个新的里程碑。

克拉维约的东方之旅有着深刻的历史背景：

在东方，1368 年朱元璋推翻了元朝的统治，建立了明帝国；而在中亚一带由蒙古人建立的各王朝也纷纷解体，“蒙古和平”时期随之结束，

① 本节参考普鲁丹西奥·达姆波里埃纳：《两个帝国相遇》一文，第 31—60 页。

《克拉维约东使记》（*La Embajada al Tamerlan*）封面上的帖木儿大帝画像

亚欧之间畅通的商路又告中断。

在西方，14 世纪中叶以后，地中海商业革命经历了深重的危机。此外，从 1340 年起，黑死病在欧洲蔓延成灾，人口死亡率高达 35%~65%[①]，工农业生产严重衰退。西班牙也深受影响，至 14 世纪加泰罗尼亚的贸易已降至高峰期的 1/5。[②]

此时，处在东西方之间的信仰基督教的东罗马帝国由于国力日衰，在奥斯曼帝国土耳其人的威逼下，已退缩至君士坦丁堡及其周围狭小的一隅，实则陷于危机四伏之中。1396 年法国和匈牙利的君主曾试图组织一次新的十字军远征，以解君士坦丁堡之围，但他们遭到了失败。在 1400 年前后，整个欧洲以十分痛苦的心情看着君士坦丁堡形势的恶化。

在这种危机的时刻，蒙古裔的帖木儿却在中亚迅速崛起并建立起一个规模空前的大帝国。[③]帖木儿与奥斯曼帝国的土耳其人为争夺霸权而

① 波斯坦主编：《剑桥欧洲经济史：中世纪贸易与工业》，第 338、339 页。

② 诺斯与托马斯：《西方世界的诞生》，第 124 页。

③ 帖木儿能征善战，1380 年征服了伊朗、阿富汗；1390 年将钦察汗国纳入自己的版图；1398 年南下印度，攻占德里；1399 年直指小亚细亚，攻陷大马士革、巴格达。帖木儿威望盛极一时，一步步向重建蒙古大帝国的目标迈进。

处于严重对立之中，而且双方在一系列的军事冲突中帖木儿占据了明显的上风，尤其是1402年安格拉一役，帖木儿大获全胜，并生俘奥斯曼帝国的素丹白牙即的，更是威震四方。于是欧洲人又产生了一个新的谋略，即与帖木儿结盟，从东西两个方向对土耳其人施加压力，以解君士坦丁堡之围，进而重新打通与东方国家的贸易。

西班牙基督教世界在收复失地的圣战中已取得节节胜利。穆斯林势力则被迫退缩在格拉纳达一角。但当时卡斯蒂里亚国王亨利三世已经认识到西班牙收复失地斗争的最后胜利是与整个地中海区域基督教世界与穆斯林世界之间的总的斗争形势息息相关的。所以他十分关注帖木儿与土耳其人之间力量的消长。为了进一步了解上述双方的斗争形势，1402年亨利三世曾派使前往安哥拉觐见帖木儿并受到热情的接待。同时帖木儿也曾派使携带珍稀礼品前来西班牙觐见了亨利三世。

亨利三世深为帖木儿的友善态度所鼓舞，于是决定再次向帖木儿派出使节以加强与这一中亚帝国的联系，同时责令西班牙使节要了解中亚人文、地缘状况以及沿途不同民族的宗教信仰和各民族之间的关系，以便为西班牙在这一地区的未来发展预先打下基础。而这次派出的使节就是克拉维约，而他返回西班牙后迅即写出了《克拉维约东使记》（本节后文简称该书为《东使记》）。

《东使记》记叙了克拉维约一行自1403年5月21日离开西班牙圣达·玛丽亚港直至1406年3月24日重返故国，在阿尔卡拉·德埃纳莱斯谒见西班牙国王这一为时共约3年的海外见闻。

克拉维约一行首先从西地中海进入东地中海，后跨越达达尼尔和博斯普鲁斯两个海峡，进入黑海。从特拉布松起，克拉维约一行改换乘骑继续东行，途经中亚重镇塔布里士、德黑兰，渡过阿姆河而最终在撒马尔罕觐见到帖木儿。

克拉维约成功地向帖木儿呈献西班牙国王的国书和珍贵礼品，而帖木儿则给予西班牙使者以极高的礼遇。从我们对这部著作的研究目的来看，克拉维约在撒马尔罕的外交活动中最让我们感兴趣的部分，当然是克拉维约关于来自明帝国的使臣以及有关中国的记叙。

克拉维约指出，中国皇帝向帖木儿遣使之意，实为帖木儿占有中国土地多处，理应按年纳贡。但近 7 年来，帖木儿迄未献纳，所以中国遣使特来责问。

对于中国使节的上述“责问”，帖木儿回答说：“中国天子责问岁贡，理所当然，惟积欠 7 年之贡，一旦令全数补纳，事多困难。莫如容加筹措，再行奉纳朝廷。”①

对于帖木儿的这种答复，中国使节深感不满。克拉维约由于不是当事人，他又不在帖木儿与中国使节论辩的现场，所以在他的《东使记》中，他只把他听到的有关说词记录下来。据克拉维约记述，中国的使者是这样回答帖木儿的：

“7 年以来，帖木儿既未向中国纳贡，中国亦未责问；其中原因，则由于中国内部发生事故，未遑及此。初，中国皇帝薨。遗诏命太子 3 人，分领中国各地。不料大太子欲独据全境，侵夺二弟之土地，从此，兄弟之间，举兵相争，大太子最后兵败，并就大帐中举火自焚。当时殉者，尚有多人。及事变平息，新天子即位，方得遣使来帖木儿处责问欠贡。”②

由于克拉维约记录的是一段“传闻”，因此他的记述中有相当一部分内容与中国的史实并不相符。如：中国皇帝薨，显然指的是明太祖朱元璋于 1398 年病故一事。由于嫡传太子懿文早年夭折，所以朱元璋将

① 克拉维约著，杨兆钧译：《克拉维约东使记》，商务印书馆 1957 年重版，第 158 页。
② 同上，第 158、159 页。

皇位传给了16岁的太孙建文帝朱允炆。但朱元璋第四子朱棣具有雄才大略，而且觊觎皇位已久。这样在他们叔侄二人之间终于引发了权力之争，最后朱棣取得全胜，1402年在南京登上帝位，这就是威名远扬的永乐皇帝。可见克拉维约的记述与史实相距甚远。

朱棣即位后十分注意对外关系的开展。在1405至1422年之间，他曾派遣中国大航海家郑和6次远航亚非各国，同时他也极为关切中国与周边国家关系的发展，其中就包括调整中国与帖木儿帝国之间的关系。

明王朝与帖木儿的最早交往当在洪武二十年（1387）。帖木儿曾派使向明朝进贡"驼马"；明政府则给予丰厚的回赐。洪武二十二年（1389），帖木儿再次派使献马；二十四年（1391）又进贡"海青"。对此，明政府都一一给以还礼。二十七年（1394）帖木儿又派使并献贡马200匹，在呈表中帖木儿表达了他对明皇帝的尊崇并承认相互之间的臣属关系：

"……臣帖木儿，僻在万里之外，恭闻圣德宽大，超越万古。自古所无之福，皇帝皆有之。所未服之国，皆服之。远方绝域，昏暗之地，皆清明之。老者无不安乐，少者无不长遂。善者无不蒙恩，恶者无不知惧。今天施恩远国，凡商贾之入中国者，使观览都邑城池，富贵宏壮，如出昏暗之中，忽睹白日，何幸如之。又承敕书，恩抚劳问。使站相通，道路无壅，远国之人民，咸得其济，钦仰圣心，如照世之杯，使臣心中豁然光明。臣国中部落，闻兹德音，惟知欢舞感戴。臣无以报恩德，惟仰天祝颂：圣寿福禄，如天地达大，永永无极。"（《明书》）

所以在明初，在明统治者与帖木儿之间可以说仍保持着良好的双边关系。但明朝此时也感到在明王朝与帖木儿之间已有一种潜在的不和谐因素的存在。比如，臣属于明王朝的哈烈（Herat）原与明朝保持友好关系。但该国为帖木儿的第四子沙哈鲁（Sab Rub）侵占后，也已久不朝贡。于是朱元璋于洪武二十八年（1395）派给事中傅安、郭骥等携士卒 1500 人前往哈烈等西域国家，以协调双边关系。但使团行至撒马尔罕后则为帖木儿扣留。[①]帖木儿在此之前，已经在中亚建立起一个庞大的帝国，他进而意欲做整个亚洲的主人，所以开始想结束与明王朝的臣属关系，甚至想率军入侵中国。克拉维约在他的《东使记》中对此情形也有记叙：

“帖木儿自此，即专心致力于中国风土、人情、以及地理、形势之考察，以及中国人口、财富、特点之研究。为搜集资料起见，特令鞑靼人赴中国首都居住 6 个月，从事调查。”[②]

永乐皇帝登基后，见洪武二十八年（1395）向哈烈派出的使者一直未能东归，于是于永乐三年（1405）“遣官赍玺书綵币，赐其王，犹不报命。”事实上，此时帖木儿业已准备入侵中国，所以不断向中国来使发难。

当中国使节到达撒马尔罕后，据克拉维约所述，向帖木儿通报了中国王朝政权更迭的过程，并要求帖木儿将所欠 7 年的贡赋尽数交清。

帖木儿既然已决定要出兵中国，所以对明朝使节提出的要求根本不予理会，而且决定当众侮辱中国的使节以挑起事端。根据克拉维约的记述可知，帖木儿在接见外国来使时，首先竭力赞扬西班牙的富强与伟大，以此来贬低中国。后在接见西班牙使节时，给予克拉维约以特殊的礼遇，并向群臣介绍说：“此人即是吾儿，西班牙国王所遣来的专使。西班牙国王，为富浪 (Frank)[③]诸国中最大之国王，最富强之民族，且为一有名之国家，此次来觐见，我将答以诏书。西班牙国王只奉来表文即可，无

---

① 《明史 · 西域列传四》。

② 《克拉维约东使记》第 159 页。

③ 同上，第 126—127 页。

须乎献纳贡品，只将其安好之消息传来，即是使我解慰，此外我对之别无他求。”①

其次，在外国使节座位顺序的安排上，帖木儿又借此表示出对中国的不满。据克拉维约所记，在帖木儿的御座右方，原为留给中国使节的座位。因此帖木儿的近侍原计划将克拉维约等安排坐在中国使节的下首。但帖木儿为了表示对西班牙使节的亲善态度和对中国使节的冷落，所以他故意让西班牙使节坐在上首，而让中国使节坐在下首。

为进一步侮辱中国使节，帖木儿又派王公一人对中国使节宣谕说："帖木儿现与西班牙国王亲善，帖木儿待之如子，视中国专使如敌寇，为帖木儿之敌人。今日特引见西班牙使团于中国专使之前者，即以示帖木儿不悦中国之意。关于帖木儿与中国之交涉，应俟其恩典，不日将予解决。但今后中国无须再派人来此催索贡赋。凡此种种，帖木儿已将对中国专使之恩赐宠遇，转赐与西班牙使云。”②在该王公传达帖木儿的上述谕令后，帖木儿又令翻译将他的谕令的内容再专门翻译给克拉维约一行听。

我们认为克拉维约很可能为了突显他个人的外交成就而有意地混淆了事实。可以这样说，中国使臣当时并没有在帖木儿接见西班牙使臣的现场。否则克拉维约不会不记录中国使臣留给他的印象，更不会不记录中国使臣对于帖木儿的当面侮辱所做出的回应。对于中国与帖木儿帝国这东方两大帝国之间的面对面冲突，像克拉维约这样的政治家是不会漠然视之的。

在《东使记》后面的段落中，克拉维约写有如下一段：

---

① 即明代史书说所指的"佛朗机"。

② 《克拉维约东使纪》，第 127 页。

“据传，帖木儿此次曾命人辱慢中国使臣，不过其臣属曾否奉行此命，不得而知。”[①]

这段话也说明，帖木儿在接见西班牙使者克拉维约时，中国使节并不在场。帖木儿不过是用虚妄的言辞故做姿态给西班牙使者看。

但对克拉维约来说，却从上述事件中，得出一个结论，即在东西方地缘政治链条中，远在东方的中国是个极其重要的因素。因此克拉维约在撒马尔罕期间，对于与中国有关的事物进行了详细的记载，并通过他的《东使记》将有关中国的信息生动地传达给西班牙和西方世界。

《克拉维约东使记》中有关中国的记载主要内容大致如下：

其一，中国皇帝名“九邑斯汗”（Cayis Han），其意为：“统有九邦之大帝”。鞑靼人则称其为“通古斯”（Tanguz），其意为：“嗜食豕肉之人”。[②]中国天子虽生来即为崇拜偶像之徒，但听说其后已皈依了基督教。[③]

其二，自撒马尔罕至中国首都之间，其距离为 6 个月路程。中国首都名“汗别里”（Kam Ballik）。中国境内之城市，以此为最大。

中国首都，距海不远，其广大雄伟，过于塔布里士之 20 倍。其首都可称为世界最大之都会。

其三，中国与帖木儿王朝之间有着大规模的贸易往来。在克拉维约一行到达撒马尔罕之前几个月，有一支由 800 匹骆驼组成的中国商队抵达这里并运载来大宗商货。[④]在撒马尔罕市内可以看到中国商品。

---

① 《克拉维约东使纪》，第 127 页。

② 同上，第 127 页。

③ 同上，第 159 页。

④ 同上，第 159 页。

自中国境内运来世界上最华美的丝织品。其中有一种为纯丝所织者，质地最佳。克拉维约还发现，帖木儿的帐幕，其外墙乃由名“刺桐”之素缎所围起。①自和阗运来宝玉、玛瑙、珠货以及各样珍贵首饰。和阗所产之货，其极名贵者，皆可求之于撒马尔罕市上。和阗之琢玉镶嵌之工匠，手艺精巧，为世界任何地方所不及。②

克拉维约在撒马尔罕期间，正值年已七旬的帖木儿突患重病。这位西班牙使者和其他国家到帖木儿帐前觐见或献贡的使臣，都得到必须立即离境的通知。克拉维约一行在不得已的情况下，也只有离开撒马尔罕返回西班牙。由此，使他失去与中国使节接触或更多了解中国国情的机会。终究帖木儿与明王朝的关系会影响到整个东方的地缘政治形势，所以克拉维约在返程途中，还在关心这两个东方国家之间的争霸的结果。在《东使记》中，他写道：“至于中国天子为保持尊严起见，曾否对帖儿加以讨伐，亦未获续报。”

据史载，可知，当1404年11月克拉维约离开撒马尔罕之时，帖木儿确实已病重不起。但到同年12月，他又恢复了健康并立即组成庞大的兵团由他亲自指挥，于1405年1月向中国进发。然而，在进军途中，于2月间到达兀答剌儿(Otrar)时，帖木儿旧病复发并于27日在该地病故。

明王朝在此之前亦得到帖木儿率军东犯的消息。于是命令甘肃总兵宋晟严加戒备以防不测。

由于帖木儿的病逝，避免了中国与帖木儿帝国之间的一场军事冲突。但在帖木儿病故后，在他的继承人之间却爆发了权力之争。帖木儿靠征

① “刺桐”之素缎：元代泉州被视为世界第一大港，因该域遍种“刺桐”，故外国人一般也称泉州为“刺桐”。由此，泉州所产的丝绸在欧洲也被称“刺桐”。在西班牙“刺桐”已转音为Setuni。

② 《克拉维约东使纪》，第157页。

服建立起来的庞大帝国开始瓦解。1407 年帖木儿之第四子沙哈鲁为扩大自己的势力，愿意与明王朝重修旧好，于是派使臣将原长期被扣押在撒马尔罕的中国使节傅安等送回中国。由此中国与帖木儿帝国之间恢复了和平与友好的关系。尽管克拉维约由于匆匆离开帖木儿帝国，对于中国与帖木儿外交关系的新变化并没有记述，但克拉维约在他的《东使记》中有关中国的报导，无论对西班牙乃至对其他西方国家，都可以说影响至深：

首先，克拉维约出使帖木儿帝国的目的非常明确，即争取与帖木儿结盟共同打击奥斯曼帝国的土耳其人，以解君士坦丁堡之围。这样既可保住君士坦丁堡这一基督教世界在东方的最后阵地，同时通过君士坦丁堡可以开展与东方国家的贸易，这又是缓解地中海经济危机的有效途径。

但通过这次中亚之行，克拉维约已经认识到，尽管在撒马尔罕的宫廷之中，帖木儿对西班牙大加赞赏并表示出异乎寻常的建立双边友好关系的热情，但帖木儿是个极不可靠的盟友。通过克拉维约在《东使记》中一段段关于帖木儿创建帝国过程中所实施的狡诈与残忍的谋略的描述，实际上已暗示出这一点。特别是克拉维约对于帖木儿帝国强大的军事实力、有效的组织系统、严整的军容和阵式都有具体的描述，这无异于是在告诫欧洲人：帖木儿帝国在反对土耳其人的斗争中可能成为西方的盟友，但土耳其人的威胁一旦消失，或土耳其人的力量一时有所削弱，那时帖木儿会不会成为西方最危险的敌人！如果政治形势果真朝这一方向发展，那么欧洲基督教世界最终到哪里去寻求遏制帖木儿的协同力量？在《东使记》中，克拉维约不仅介绍了中国的繁荣和富强，并强调指出他听鞑靼人说，“中国天子，虽生来即为崇拜偶像之徒，但其后皈依基督教云。”此段话的意义非同一般。

众所周知，在中世纪，欧洲人一直祈盼能寻找到传闻已久的东方那个信仰基督教的“胡安长老”的国度，以便与之结盟，进而从东西方两个方面上向阿拉伯人夹击。现在克拉维约又指出，强大的中国，其天子可能业已皈依基督这一事实，这等于又为欧洲人描绘出一张新的东西方之间地缘政治变化的新蓝图：即，在特定的历史时期欧洲应考虑与中国结盟共同制约横亘在亚欧大陆之间的帖木儿帝国。

其次，《克拉维约东使记》中有关中国以及中国在东西方地缘政治中所处的战略地位的记载和论述，我们认为对哥伦布的历史性远航很可能起到重要的推动作用，只是人们常常谈到马可·波罗游记对哥伦布的影响而忽略了《克拉维约东使记》与哥伦布远航之间可能存在着的内在联系。

我们所说的这种“推动作用”并不完全在于哥伦布本人是否曾经读过《克拉维约东使记》并从中受到某种启发。我们这里所说的“推动作用”主要是指西班牙天主教国王费尔南多和伊莎贝尔对哥伦布远航的支持反映了西班牙王室对东西方地缘政治关系所持的基本观点和政策上的连续性。而此点不能说不与《克拉维约东使记》有某种内在的联系。

如前所述，亨利三世派遣克拉维约赴撒马尔罕去觐见帖木儿表明了西班牙王室的如下策略：意欲与帖木儿结盟，从东西两个方向上向奥斯曼帝国施压，从而解除土耳其人对君士坦丁堡之围，进而打通东西方商路，以重振东西方贸易并最终摧垮穆斯林世界。

然而在帖木儿病故后，他的继承人纷争不断，终至帖木儿帝国分崩离析。奥斯曼帝国则乘机重振雄风并加紧对君士坦丁堡的围攻。1453年奥斯曼帝国素丹麦哈蒙特二世（MahomaII，1451—1481在位）率土耳其大军最终攻占了君士坦丁堡，这不仅倾覆了东罗马帝国，而且使欧洲面临奥斯曼帝国入侵的现实危险。

事态的发展也果然如此。奥斯曼帝国在攻占君士坦丁堡之后，立即向巴尔干半岛扩张，1456 年在侵占波斯尼亚之后，土耳其人已经逼近欧洲腹地。在北非，马木鲁克王朝统治下的埃及已如一块朽木。在西亚，叙利亚已虚弱到极点。因此，奥斯曼帝国向西亚与北非进军也只是个时间问题。地中海基督教世界面临着空前严峻的挑战。

1492 年西班牙攻克格拉纳达，终于完成了收复失地的历史重任。面对着奥斯曼帝国扩张的现实威胁，费尔南多和伊萨贝尔在 15 世纪末宗教复兴运动的推动下，已自觉地承担起十字军运动捍卫者的重责，并决心把“十字与新月”的斗争进行到底。在地中海区域与奥斯曼帝国进行全面对抗以及通过新航路的开辟去寻找马可·波罗和克拉维约所描绘的东方大国——中国[①]，以便与中国“大汗”结盟，进而形成对奥斯曼帝国的合围，我们认为这就是西班牙王室地中海战略的两个基点。事实上，这也是对亨利三世地中海策略的继承和发展。特别是克拉维约听说，中国皇帝业已皈依基督教这一点，很难说不是促成西班牙王室支持哥伦布远航东方的重要原因之一。

目前，尚没有发现西班牙王室签发给哥伦布致中国大汗的国书。但在西班牙阿拉贡王室档案馆中却保存着 1492 年 4 月 30 日由西班牙国王和王后签发给哥伦布的前往异域国家的“没有写下具体国名的国书”。在这一历史文献中所以没有对哥伦布前往的国度具体加以“具名”，这可能是因为西班牙王室并不确切知道当时在中国当朝的“大汗”的具体称谓，所以只能在文函上留有空白线，以备日后填写正式的头衔。在“没有写下具体国名的国书”中，同样没有写明西班牙王室意欲与中国大汗结盟的只言片语。事实上，在与中国大汗接触并了解中国大汗对东西方

① 张至善：《哥伦布首次西航时所带致大汗的国书初探》，载《拉丁美洲通讯》（1992 年），第 35 页。

地缘政治格局的看法之前，按外交惯例，西班牙王室是不可能先期亮明自己的观点的。但通过《哥伦布航海日记》则仍可看出哥伦布的远航目标就是中国。在 1492 年 10 月 30 日的“日记”中，哥伦布写道：“应设法前往大可汗国，据其认为，大可汗就在附近。也即大可汗居住之契丹就在附近。”[①]在其 11 月 1 日的“日记”中哥伦布又有如下记述：“这里就是大陆，萨伊多和金萨伊就在吾前面一百里格[②]的地方。”据《哥伦布航海日记》的中文译者孙家堃考证，上述引文中的“萨伊多”(Zayto) 应是中国的泉州；而“金萨伊”(Quinsay) 可能是杭州 (Kinsai) 的变体写法[③]。在《马可·波罗游记》中对这两个城市都有具体的描述。

综上所述，可以说哥伦布远航的直接目的地就是中国。如果说《马可·波罗游记》曾经激发了哥伦布寻找通往中国的新航路的热情，那么《克拉维约东使记》则很可能为西班牙天主教国王费尔南多和伊萨贝尔支持哥伦布的远航提供了制定政策上的某些依据。我们所以说《克拉维约东使记》对哥伦布的东方之行起了推动作用，即主要是指此而言。

哥伦布到达美洲后，导致西班牙对拉丁美洲和菲律宾等广大地区的征服并建立了规模空前的“日不落”帝国。

由于拉丁美洲和菲律宾当时都在西班牙王室的统辖之下，因此，从 16 世纪至 19 世纪，中国与拉丁美洲地区和菲律宾之间的交往同样属于中国与西班牙关系的范畴之内，即在这一历史时期，中国与西班牙的双边关系已发展为中国与包括拉丁美洲和菲律宾在内的“西班牙世界”的关系。

---

① 孙家堃译：《哥伦布航海日记》，上海外语教育出版社 1987 年版，第 50 页。

② 西班牙里程单位，一里格等于 5572.7 米。

③ 孙家堃译：《哥伦布航海日记》，第 50 页。

| 第三章 |

中国—菲律宾—墨西哥—西班牙多边贸易的兴衰——兼论中国—菲律宾—西班牙大三角贸易（16—19世纪）

地理大发现和新航路的开辟既促进了人类一体化的进程，也加速了世界市场的形成与发展。16世纪末中国—菲律宾—墨西哥—西班牙多边贸易的兴起既成为推动人类一体化进程和世界市场形成与发展的极积因素，同时也是中国和西班牙关系史中的重要篇章。

一、西班牙王室对华策略的确立

中国—菲律宾—墨西哥—西班牙多边贸易是以历史上中菲之间的友好往来为基础而发展起来的。

中国和菲律宾的友好关系可追溯到1600多年以前，那时中国人业已知道经台湾前往菲律宾的航路。其后，中菲人民之间的交往不断加强。在宋赵汝适的《诸蕃志》和元汪大渊的《岛夷志略》等著作中，对中菲之间的往还都有生动的记述。明中叶，中国商品经济得到进一步的发展，东南沿海一带对外贸易日趋活跃，不断有中国商船前往菲岛经商；菲律宾各独立小国也曾多次派使前来中国访问。就在这时，随着西班牙向东方的扩张，使中国与西班牙两大帝国的势力在菲岛相遇，由此开启了中西关系史中的新的一页。

西班牙在征服美洲之后，为了与葡萄牙争夺摩鹿加群岛的香料资源，

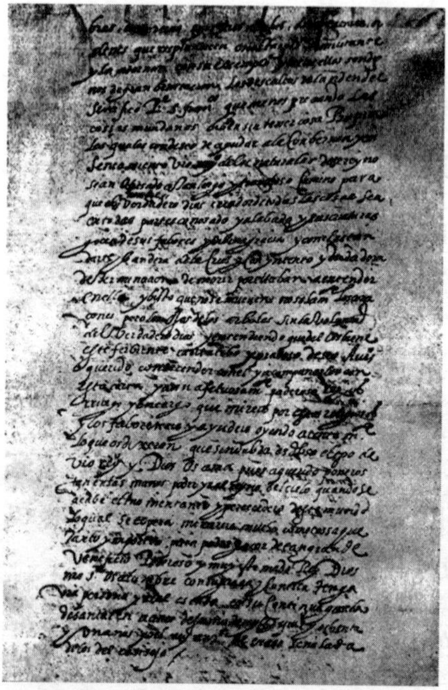

西班牙国王菲利浦二世致中国万历皇帝手书

1564年11月米格尔·洛佩斯·德莱古斯比（在中国文献中又称“黎牙实比”）遵照西班牙王室颁发的谕令，从墨西哥的纳维达德港率船队西航，想在太平洋上寻找一条通向“香料之岛”的新航路。1565年2月莱古斯比率部下驶抵宿务岛，并开始了对菲律宾群岛的征服活动。

然而，此时西班牙国内正经受着“价格革命”的冲击，经济形势急剧恶化，无力给海外领地以充分的物质上的资助。菲律宾是块尚待开发的沃土，在不能得到宗主国有效支持的情况下，刚刚发端的殖民社会如何生存下去，成为菲岛殖民当局所考虑的首要问题。

莱古斯比入侵菲岛以后，很快发现该地并不像墨西哥和秘鲁那样富有贵金属矿藏可资开采。在失望之余，他又想把菲岛开辟为香料的生产基地，以便和摩鹿加群岛一争高低。但菲岛除肉挂外并不盛产丁香、豆蔻等具有商业价值的贵重香料。所以莱古斯比1568年上书国王时暗叹，“这块土地不足以发展贸易”。在1569年致新西班牙总督的信中，他再次流露出失望的情绪:“菲律宾其地无甚重要。除肉桂外，别无他利。”[①]在这种困难的情况下，西班牙殖民者把菲岛未来的发展前途寄托在对华

① 舒尔茨:《马尼拉大帆船》(W.L.Schurz, *The Manila Galleon*), 纽约1995年版，第23页。

贸易上。

西班牙殖民者入侵菲岛后，立即注意到中国与菲岛人民之间存在着传统的贸易关系。莱古斯比在1567年7月23日写给菲利浦二世的信中提及："……中国人和日本人每年都到吕宋和民都洛岛进行贸易。他们带来绸缎、毛织品、铜铃、瓷器、香料、铁、锡、各色棉服和其他小物品。"[①]特别是当时在临近地区葡萄牙人与中国的贸易使西班牙人羡慕不已。菲岛王家财政监督安德烈斯·马尔多纳多称其为"前所未见的规模最为宏大、获利最多的贸易。"[②]

1569年8月14日莱古斯比被任命为菲岛的总督。于是他开始考虑菲律宾的未来发展战略和他的政策的出发点。1570年在他写给墨西哥总督的信中谈到，如果西班牙国王仍着眼于争夺摩鹿加群岛的香料资源，那么宿务岛是个理想的立脚点；如果国王更看中中国的财富，那么菲岛的统治中心应当北迁，设置在吕宋岛。[③]这表明西班牙殖民当局对于北上征服吕宋岛以开展对华贸易，或南下摩鹿加群岛以争夺香料资源，尚未做出最后的决断。

西班牙殖民当局经过反复权衡，终于把开展对华贸易当作其开发菲岛经济这一长期战略的出发点。于是莱古斯比于1571年4月15日率部北上，入侵吕宋岛并攻占马尼拉，从此将此地作为统治菲岛的行政首府和通航美洲的唯一港口。莱古斯比用兵马尼拉的直接目的就是开展对华

---

① 布莱尔与罗伯逊：《菲律宾群岛(1493—1898)》(E.H.Blair&.J.A.Robertson, *The Philippine Islands,1493—1898*)，克利夫兰1903—1909年版，第2卷，第238页。

② 同上，第8卷，第33—43页。

③ 帕斯特尔斯：《塞维利亚西印度档案中现存菲岛文献总汇》(P.Pastells, *Catalogo de los Documentos Relativos en el Archivo de Indias Sevilla*)第1卷，第CCXCVⅠ页，第CCXCVⅢ-CCCXIX页。

贸易。在他写给西班牙国王的信中即指出："马尼拉是开展与中国、日本等地贸易的最理想的地方，从马尼拉到上述任何地方去，都是弹指间的事。"[①]而且莱古斯比为开展对华贸易还做出了具体安排：在他率兵入侵马尼拉的途中，在民都洛附近，他赎出了因沉船失事而落入当地土著手中的50名（有的史料作80名）中国商人。莱古斯比极力想通过这些商人与中国建立贸易关系。所以他向那些中国商人表示欢迎他们到菲岛经商，并想派两名传教士随同他们前往中国，以便与中国皇帝签订《和平与永久友好条约》。这些中国商人告诉莱古斯比，中国对外国人入境限制很严，没有官方的特别许可，外国人不得入境。但他们答应回国后将为此事进行斡旋，并表示日后将重返菲岛经商。[②]

莱古斯比完成上述安排时，他已预见到中菲贸易可能进入一个新的阶段。果然，1572年，在民都洛附近遇救的中国商人履行了诺言，他们和其他一些中国商人一道带着相当数量的中国商品又来到菲岛。对此，西班牙殖民者莫不喜形于色，认为："这一有利可图的贸易总算落实下来。"[③]莱古斯比决定以此为契机，为开创与中国的直接贸易做准备。所以他在1572年8月11日写给墨西哥总督的信中，一方面报告对华贸易的进展情况，另一方面要求给予他向中国选派传教士以打通对华贸易的权力。[④]

这期间，菲岛殖民当局对华商一直表示亲善态度，所以来菲岛贸易的华商很是踊跃。当时运抵菲岛的中国商品不仅保证了菲岛西班牙殖民

① 帕斯特尔斯：《塞维利亚西印度档案中现存菲岛文献总汇》，第1卷，第CCXCVⅢ-CCXIX页。

② 同上，第1卷，第CCXCV页。

③ 舒尔茨：《马尼拉大帆船》，第27页。

④ 帕斯特尔斯：前引书，第1卷，第CCCⅡ页。

者和当地人民日常生活的需求，而且有部分余额可以转运到拉丁美洲。1573 年 7 月 1 日，两艘满载中国商品的大帆船离开马尼拉前往美洲并于同年 11 月 15 日和 11 月 24 日先后驶达墨西哥的阿卡普尔科港。这两批运抵墨西哥的中国商品又有部分转运到西班牙。以此为开端，中菲贸易发展成为中国—菲律宾—墨西哥—西班牙之间横跨太平洋和大西洋的多边贸易。

1574 年莱古斯比在菲律宾病故后，由吉多·德拉维萨雷斯继任为菲岛总督。中菲贸易的巨大收益刺激了他征服中国的野心。为了使西班牙国王菲利浦二世批准他入侵中国的计划，拉维萨雷斯在 1574 年 7 月将手绘的吕宋与中国的沿海地势图与一本中国地图册《广舆图》（Kuang-yü-tu）一并寄给国王，并强调指出："该国山川形势尽在此书中"。[①]正在此时，发生了中国"海盗"林凤进攻马尼拉事件，在使菲岛殖民者震惊之余，又给了他们向中国派出使节以探明中国虚实的机会。

林凤为广东饶平人，是我沿海武装走私集团的领袖，曾活动在闽、粤一带。明政府调集军事力量曾想一举消灭林凤这股海上势力。1574 年 11 月明朝廷"命两广提督殷正茂、福建巡抚刘尧诲合剿。"[②]林凤率众突围后，率众来到马尼拉，并和西班牙殖民者展开了激战，后退守邦阿西楠（Cavite）依山傍河筑寨据守。这就是中国史籍中所谓的"随至吕宋国玳瑁港，筑城据守，且修饰战舰，谋胁番人，复图内逞。"[③]西班牙殖民者派兵拦住河口，试图困死林凤一行。这时，明朝把总王望高带兵尾至并与西班牙人通力合作筑起围困林凤的工事。后王望高来到马尼拉，与西班牙殖民当局商定，如西班牙人生俘或杀死林凤，则将其人

① 帕斯特尔斯：前引书，第Ⅱ卷，第 XXⅡ页。

② 谈迁：《国榷》，卷六。

③ 《潮州府志》，卷七。

或尸体交明政府；王望高则答应返程时带西班牙“使节”到福建商议传教及通商事宜。就这样，西班牙神甫马丁·德拉达和赫罗尼莫·马林带着两名士兵于1575年6月12日搭乘王望高的战舰前来中国。《明会要》中所载：“万历四年[①]，官军追海寇，至其国。国人助讨有功，复朝贡。”[②]即指此事件。

拉达一行从1575年7月3日至9月14日在福建滞留两个月零九天。他们来华的目的，首先是想获取在中国的传教权；其次想像葡萄牙人一样，在中国沿海占有一块“飞地”，以通贸易。菲岛总督拉维萨雷斯1575年6月10日签署的致中国皇帝的信函是一件为达到上述目的而精心设计的外交文献：

“全能的君主：我受卡斯蒂利亚（即西班牙）国王菲利浦二世之命，镇守与大明国毗邻之诸岛。素闻贵国伟大和诸神奇逸事，西班牙人虽有一访贵国之夙愿，但终无机会身临贵邦。”接着，西班牙人详尽地阐述了他们的对华“友好”政策以及他们对旅菲华人的“帮助”：

“西班牙君主已授命于我，凡与贵邦以及与其属民为敌之海盗或叛逆，我等将严惩不贷，为贵邦之人略尽绵薄之力。对贵邦在我岛寓居或经商之臣民，将一视同仁，绝不许土著像我等来此岛之前一般，对贵邦商人或将其掳获、或掠夺其财富、或对其人身以加害。……我等用自己钱财已从土著手中赎出贵国商人不下80余人并将其送还贵国，此点，他们自会言明。对于贵国子民我等像对待西班牙人一样，给以正义和权利。”

这段文字的用意就在于要求明政府能“投桃报李”，给西班牙人以在华活动的同等权利。

---

① 实应为万历三年(1575)。

② 《明会要》，卷七七。

拉维萨雷斯在该信结尾部分这样写道："林凤已被围困，两月之内，他们必降服或坐以待毙。如林凤被生擒，我等当即将其捆缚送还陛下。如林凤已死，定将其首级奉上。"[①]明统治者听到林凤被歼在即的消息，欣喜之情溢于言表，并对西班牙殖民者大加赞赏："吕宋非贡夷，乃击破林凤，壮矣哉。"[②]

福建总督在给菲岛总督的回信中对此也表示了感谢，并说："你们呈献的礼物已存放在皇帝的圣库中，并把神甫带来的有关林凤的消息转告了圣上。"[③]然而明朝的官员对西班牙人尚存疑虑，所以让拉达一行先回菲岛，俟林凤被俘后再议其他事项。拉达在其福建纪行中也写道："他们决定我们应当先回马尼拉，因为直到皇帝知悉此事之前，我们不能留在中国。"[④]至于贸易方面更没有达成任何协议。中国官员谈迁对此也有记叙："吕宋献俘，请入贡比暹罗、真腊。泉州知府常熟陆一凤曰，'不闻职方氏有吕宋也。奈何以小蛮效顺，烦我鸿胪？'遂止。"[⑤]

1575 年 9 月 14 日西班牙"使者"拉达等西班牙人由王望高陪送返回菲岛，途中得知林凤率众业已突围。王望高悻悻然。当他再次从马尼拉返回中国时，拉达等西班牙人为获得在中国的传教权，执意搭船同行。途中，这些西班牙人被王望高抛在一处人迹罕至的荒滩上，算作对这些

① 利比亚尔：《十六至十七世纪西班牙美洲在亚洲的扩张》(E.de la.T.Villar, *La expansion hispanoamericana en Asia,Siglos XⅥ - XⅦ*)，墨西哥 1980 版，第 49—52 页。

② 瞿九思：《万历武功录》，卷三。

③ 利比亚尔：前引书，第 54 页。此即中国文献中所谓的"吕宋所赍贡文、方物以进。"(《明神宗实录》，卷五四。)

④ 博克塞：《十六世纪的华南》(C.R.Boxer, *South China in the Sixteenth Century*)，伦敦 1953 年版，第 256 页。

⑤ 谈迁：《国榷》，卷六九。

西班牙人的报复。就这样，中国与西班牙联合剿灭林凤的计划遭到林凤无情的嘲弄而归于破产。然而一场由菲岛殖民者策划的入侵中国的计划却正在孕育之中。

西班牙人侵菲岛之后，萌发了建立一个“东方天主教王国”的迷梦。中国是西班牙侵略的主要目标。1569 年 7 月 8 日在马丁·德拉达在写给法尔塞斯侯爵的信中就曾提出征服中国的设想并认为：“有了上帝的帮助，只要很少的力量就可轻易地驾驭他们（指中国人）。”[①]拉达被王望高抛在荒野后，侥幸获救。返回马尼拉后他向当时在任的新总督弗朗西斯科·桑德提供了有关中国国情的详尽情报，使桑德在制定入侵中国的计划时有了依据。所以桑德在 1576 年 6 月 7 日写给菲利浦二世的信中写到，他已握有了中国的地图、航海图以及记载中国国情的各类图书资料，他特别指出，“中国人不好战，不善使武器。只要有 200 人一伙的海盗就能洗劫一座 3 万人的大城”，如果能集合 4 千至 6 千人，再配备一些长矛、火绳枪、船只、火炮和其他军火，那么进攻中国会易如反掌。桑德在信中还具体建议，可先派 2 千至 3 千人占领一省，取得制海权，然后再深入中国内地。菲岛缺少长矛，但砍伐一些竹木作杆，再用中国的铁和钢做成矛头，那么武器的问题便可解决。在论及此次远征对于西班牙国王的重要意义时，桑德指出，中国人口众多，每年仅向皇帝缴纳的赋税，即达 3000 万之巨（原文未注明单位）。“难道远征之事不正是陛下应大力促成并使其完成于朝夕之间吗 ?!”[②]

的确，征服中国是非常富有诱惑力的，无奈当时西班牙殖民帝国正处在经济危机之中，实现桑德征服中国的计划，实际上已是力不从心了。

---

① 布莱尔与罗伯逊：《菲律宾群岛》，第 34 卷，第 227 页。

② 布莱尔与罗伯逊：前引书，第 4 卷，第 58—93 页。

西班牙国王菲利浦二世在1577年4月29日致桑德的回信中详述了他的对华战略构思："你所议征服中国之事，容当日后考虑。当前不可贸然行事，而应当与中国保持友好关系。尤戒和那些与中国人为敌之海寇为伍，不给中国人以任何仇视我们的口实。"①上述文献反映了西班牙最高统治当局的对华策略：从西班牙切近的利益考虑，应维持并促进对华贸易，用中国的物质财富保障菲律宾和拉丁美洲对生活必需品不断增长的需求。在这种情况下，桑德入侵中国的计划被西班牙王室搁置起来。

但菲岛殖民当局并没能领会西班牙国王菲利浦二世对华策略的基本出发点，所以他们仍在策划新的入侵中国的计划。特别是在菲岛传教的西班牙耶稣会士桑切斯曾明确表示："我以为劝化中国，只有一个好办法，就是借重武力。"②

1586年桑切斯返回欧洲后，向菲利浦二世呈交了一份《论征服中国》的备忘录，这个经菲岛殖民当局完全赞同的征服中国的计划，内中有如下要点：

第一、在中国猝不及防的情况下发动对中国的进攻，胜利的把握很大。只须调动1万至1万2千名西班牙、意大利或其他欧洲国家的士兵，再加上5千到6千日本人以及与此数目相等的菲岛土著维萨亚人，再辅之以火枪、护胸甲、标枪、长矛和滑膛枪等武器，再配置一些火炮和炸药，特别要有由耶稣会总会会长手谕任命的先行官来统领，那么取胜是有保障的。

第二、充分发挥耶稣会士的作用，必要时让已经进入肇庆的耶稣会

① 帕斯特尔斯：前引书，第2卷，第XLIX页。

② 裴化行：《明代闭关政策与西班牙天主教传教士》，载《中外关系史译丛》，第4辑，第264页。

士(实指罗明坚和利玛窦)内应外和。他们熟知中国语言,可以充当翻译。

桑切斯最后写道:“这无疑将是西班牙一项史无前例的最重大的事业。王上将把世界上最大的一个民族置于自己的权力之下;可以不损及私人财产,而仅从公共财富中得到的巨额收入,就足以供所有参加远征的西班牙人分享其利;将来还可以在那里设立各种学科的大学,因为看来中国人学什么都行。……那时可以在那里设立相当于现在整个教会规模的总主教区和主教区,还可设立一些新的教会骑士团……这项事业将造成一个从上帝创世以来所从未有过的精神发展与现世繁荣。”①

我们在前面论述菲利浦二世搁置桑德总督进攻中国计划的原因时曾指出,这主要是因为西班牙正处于深重的经济危机之中,而菲律宾和广大西属美洲殖民地的日常生活用品相当部分又仰仗中国供给。因此,菲利浦二世希望菲岛殖民当局应当保持与中国的友好关系。到1586年桑切斯重新提出征服中国计划时,西班牙国内形势并没有好转,菲利浦二世为了和英国争夺欧洲霸权又正在装备空前庞大的“无敌舰队”。在这种情况下根本不可能考虑派兵去征服中国。所以桑切斯的计划同样没有为菲利浦二世所接受。

事实上,尽量与中国保持贸易往来而不相互诉诸武力是西班牙王室对华策略的总出发点。不仅素有“谨慎者”之誉的菲利浦二世采取了这种对华策略,在他之后的各西班牙王位继承者也都持这同一的对华策略。例如,1797年菲岛总督阿吉拉尔再度提出征服中国的建议,希望西班牙国王能完成亚历山大大帝那样的“壮举”,但他的建议同样没有为西班牙王室所考虑。

① 裴化行:《明代闭关政策与西班牙天主教传教士》,载《中外关系史译丛》,第4辑,第265—266页。

西班牙王室对华策略的基本精神一直持续到19世纪。尽管1840年鸦片战争以后，西方资本主义列强对中国发起了一系列的侵略战争，给中国造成空前的灾难，但西班牙却从未参加到对中国的军事入侵当中。在过往特殊的历史条件下，中国与西班牙也曾有过利害冲突和纠纷，但两国却从未兵戎相见。这也是中国与西班牙关系史中一个突出特点。而这一特点在16世纪，为中国—菲律宾—墨西哥—西班牙多边贸易的开通创造了条件。

二、中国—菲律宾—墨西哥—西班牙多边贸易航线的开通

中国—菲律宾—墨西哥—西班牙多边贸易航线是由太平洋一侧的中国—菲律宾—墨西哥航线以及大西洋一侧的墨西哥—西班牙航线，中经墨西哥西部的阿卡普尔科至其东部的维拉克鲁斯这段“陆桥”，相互衔接而成的跨越两个大洋的贸易线路。它不仅是当时世界贸易中线路最长的一条航线，而且由于这一贸易航线两端雄踞着当时世界上最强盛的两大帝国——中华大帝国和西班牙殖民帝国——而使这一多边贸易更具重要意义。其中，中国拥有空前发达的商品经济，能为世界市场提供充裕的商品；而西班牙握有大量的贵金属，可作为世界市场当中的交换手段。因此使中国—菲律宾—墨西哥—西班牙多边贸易航线又成为推动世界市场迅速发展的“中轴”线。下面我们对上述三段航线分别做一概述。

（一）中国—菲律宾—墨西哥航线

太平洋一侧的中国—菲律宾—墨西哥航线实际上是由中国至菲律宾以及菲律宾至墨西哥这两段贸易航线经由菲岛首府马尼拉衔接而成。明季中国对菲律宾贸易的主要出海港是福建的月港，其地“外通海潮，内

接山涧，其形如月故名。”[①]每年 12 月至次年 1 月，当西北季风起时，中国船队便满载丝货和其他贵重物品，从月港（也有部分船只从广州）扬帆南航，约经 15 到 20 日，便可驶临菲岛。当中国船队驶入马尼拉湾时，驻扎在米拉莱斯的西班牙哨兵便点燃篝火，将中国船队到达的消息通知给马尼拉殖民当局。中国船队靠岸后，港务员登船进行检查。中国船队所载船货一经完税和转卖出手后，除部分商品留在菲岛销售外，其它部分立即被转装到待航墨西哥的马尼拉大帆船（Manila Galeon）之上。

北太平洋的副热带环流为菲律宾和墨西哥之间的航程，创造了得天独厚的有利条件。这一海流沿北美洲西岸南下，再从墨西哥附近西折，帆船顺着西去的海流，直驱菲律宾群岛。而这一带的太平洋上又常年吹着与此海流方向一致的盛行东风，极适船只西行。此海流在菲律宾东北方转向后，紧贴台湾东部进入东海，继续向东北方向运动，中经日本九州南面的吐噶喇海峡而出东海，再沿日本列岛向东北方流去，这就是举

左：古月港码头 右：晏海楼遗址

① 《海澄县志》。

左：马尼拉港 右：中国商船

世闻名的“黑潮”。这股浩瀚的海流从日本东转直指北美洲海岸。在北纬 38 度和 42 度之间又恰恰刮着与这一海流相向的强劲的西风，因而极适船只东航。太平洋上的这一环行航路，就是历史上著名的“马尼拉航线”。

每年 6 月，当西南季风吹起之时，满载中国货物开往墨西哥的大帆船，便从马尼拉港启航北上，进入北纬 40 度和 42 度之间后，循“黑潮”借西风东航，在距北美洲海岸三四百里处转舵，再借助盛行美洲西岸的西北风和北风以及与此风向一致的海流南下，则可直抵这一航线的终点——墨西哥西岸的阿卡普尔科港。全程万余里，需时 5 个月左右。

大帆船在阿卡普尔科港卸下中国货物以后，再装上墨西哥和秘鲁的银条及银元待航。返回菲律宾的大帆船一般于 11 月和次年的 3 月之间拔锚，一路驾海流驭东风向西急驶，只需 3 个月就可赶到马尼拉。俟卸货后，久候此地的华商则将用丝绸等商品换取的白银装上中国帆船，乘东南季风回归祖国。

马尼拉作为中菲贸易航线和菲墨贸易航线的中继港使大量的美洲贵金属和中国的商品都汇聚在这里，因此对日本、东南亚乃至印度和波斯等地的商人都形成极大的吸引力，使他们也携带各自的商品到这里进行交换，于是使马尼拉发展成西太平洋的一个繁华的国际贸易中心，一时被誉为“新威尼斯”、“东方明珠”。马尼拉所带来的财富保证了菲律宾殖民社会的稳定发展，因此西班牙国王菲利浦二世满怀欣喜地称誉菲律宾是他的“尊贵的和永远忠诚的”领地；菲利浦四世则称马尼拉为“在我们王国的领地中最为突出和最享有盛誉的城市。”[①]

（二）从阿卡普尔科到维拉克鲁斯：“中国大道”

中国—菲律宾—墨西哥航线的终点是滨临墨西哥西海岸的阿卡普尔科。这是一个得天独厚的良港。该港为高耸的山脉三面环抱，形成一道天然的屏障。入港口处中间屹立着一个小岛屿，于是将入港口分割成东西两个入港口。东入港口宽半英里被称作“大嘴巴”（Boca Grande）；西入港口仅宽260码，被称作“小嘴巴”（Boca Chica）。在地理大发现以后“商业战争”遍及全球的年代，阿卡普尔科既有高山为依托，又有狭小的入港口，造成易守难攻之势。所以西班牙传教士闵明我（Domingo Fernandez de Navarrete，1655—1669在华）来华途中，经过阿卡普尔科港时，认为这是世界上最为安全的一个港口。[②]

阿卡普尔科的入港口虽然狭小，但港内容量却很大，即使同时停泊上百艘航船也不会显得拥塞，更不会相互碰撞。特别是该港海岸陡峭，船只可直接靠岸，因此为发展贸易创造了良好的条件。这里距首府墨西哥城也较近，即腹地十分广阔。所以1572年新西班牙总督恩里克向菲利浦二世报告说，他已决定将阿卡普尔科作为对马尼拉贸易的首选港口。

在中国—菲律宾—墨西哥—西班牙多边贸易的年代，每逢马尼拉大帆船在阿卡普尔科靠岸，全城便立即沸腾起来，人们载歌载舞涌上街头，

---

① 舒尔茨：《马尼拉大帆船》，第44页。

② 同上，第372页。

左：阿卡普尔科　右：维拉克鲁斯

教堂也钟鼓齐鸣、焚香明烛，并举行隆重的感恩仪式。大帆船上的保护神圣像也被抬上岸，供人们瞻仰，到处是一片节日气氛。

按惯例，满载中国及其他东方国家商品的大帆船在阿卡普尔科卸货后，这里都要举行盛大的集市贸易，一时人烟辐辏，商贾咸集，有买有卖，竞骛争持，盛况空前。有鉴于中国商品在殖民地生活中的重要作用，所以当时满载中国商品的大帆船也被称作“中国之船”（La Nao de China）。

集市贸易一经结束，买得贵重中国商品的商人便兵分两路：利马来的商人乘船南下秘鲁；墨西哥本地商人则雇佣骡队驮着东方宝物竞相奔向墨西哥城以售高价。这一路段充满艰辛和危险：商队离开阿卡普尔科便进入被称作南方母亲山的山峦地带，沿途荒无人迹，每3—4里格才有一家小旅店或一印第安人村落可供住宿。翻过这一座座山峰，又进入巴巴卡约森林地带。走出森林还要渡过同样以巴巴卡约命名的一条大河……从阿卡普尔科到墨西哥城全长110里格，两地落差282英尺。可以说驮运中国商品的骡队一直是在崎岖的山路间行进。由于从事中国商品的买卖可以赢得高额的利润，因此尽管路途多险阻，专一经营阿卡普尔科至墨西哥城一段贸易的商人仍不绝于途。这段商路也因转贩中国商品而被称作“中国大道”。而实则这仅是一条崎岖的小路。

墨西哥城是新西班牙总督辖区的首府，是殖民时期政治、经济、宗教与文化的中心。因此也是僧俗两界显贵的聚居地。在16到18世纪“中国热”席卷欧洲的年代，“洛可可”艺术风格盛行一时。欧洲人这种对东方情调的追求也感染了墨西哥城的权贵阶层，因此他们对贵重中国商品和手工艺品同样有着热切的需求。他们这种对中国商品的崇尚也代表了像利马、巴拿马、瓜亚基尔、波哥大、布宜诺斯埃利斯和卡塔黑纳等殖民地要城权贵权阶层的普遍心理。一时墨西哥城不仅成为中国商品最主要的消费城市，而且中国商品以墨西哥城为中心沿着不同的商路在拉丁美洲广阔的空间内做幅射状的扩散。其中，一部分中国商品输入中美洲，假道尼加拉瓜的格拉纳达南下，运至德萨瓜德罗，再从那里运往哥伦比亚的卡塔黑纳和巴拿马城及波特贝略。另部分中国商品除从墨西哥城销往内地省城外，主要途经普埃布拉和奥里萨瓦运抵面临大西洋的维拉克鲁斯港。从这里部分中国商品被贩运到加勒比海诸岛，而主要部分则从维拉克鲁斯装船，跨过大西洋直接运往西班牙的塞维利亚港。

（三）从维拉克鲁斯到塞维利亚：“双船队”贸易

中国商品一经在维拉克鲁斯装船运往塞维利亚，实际上已被纳入到西班牙著名的“双船队”贸易体制之中。

地理大发现以后，西班牙与美洲殖民地之间的贸易一直为西班牙王室所垄断。为了加强对西班牙与美洲殖民地之间贸易的管理，王室曾专门设置西印度事务院以实施监督作用，同时指定塞维利亚（后有段时期改为加的斯）为唯一的通向美洲殖民地的出海口。为了防止前往美洲的船只遭到其他西方国家海盗的劫掠，西班牙王室规定所有前往美洲的船只都要“结队”而行，并由王室派武装舰只护航。其中，当年第一批前往美洲的船队（Flota）于每年的5月出行，集结的商船在20—50艘之间，

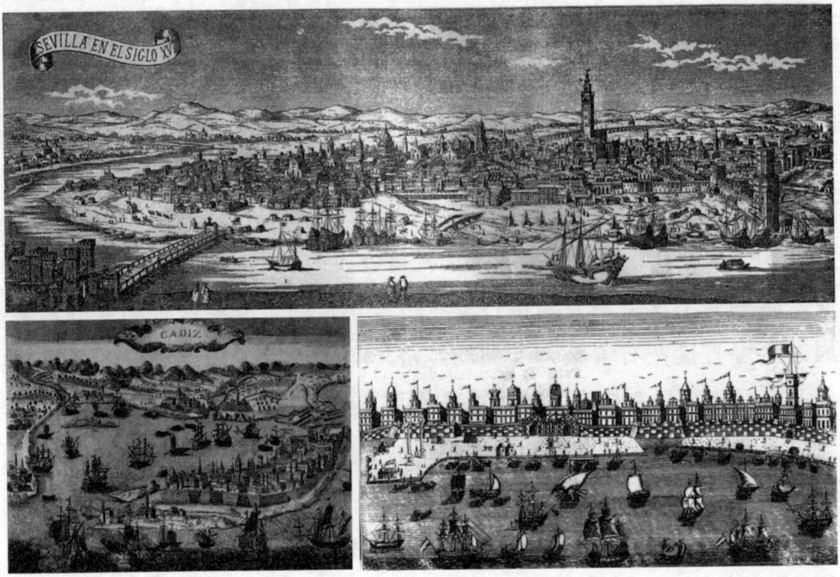

上: 塞维利亚 下: 加的斯

由 2—6 艘战舰护航。船队行至加勒比海后，穿越于加丹海峡在维拉克鲁斯靠岸。由阿卡普尔科运抵维拉克鲁斯的中国商品这时便可装上这些来船之上，以待返航时运往西班牙。第二批出发的船队（Galeon）一般于 8 月起航，船队规模与第一批出发的船队不相上下。这支船队主要开赴南美洲，在波特贝略停靠后再驶抵卡塔黑纳。经中美洲转销到上述两地的中国商品，也有部分从这里装上回航的船只运往西班牙。

由于这两个从西班牙出发的船队主要装运一些粮食、酒类和呢绒等粗重物品到美洲，而且对这类物品殖民地社会有着经常性的需要，因此船队分两批出发。从美洲返航的船只则主要是运载金银等贵金属以及部分中国珍稀商品返回西班牙。上述物品十分贵重，正是海盗劫掠的主要目标，因此返航船只不论是第一批或是第二批船队，均要求于第二年先在佛罗里达海峡汇齐，然后再一起驶回塞维利亚。由于两个船队同时回航，护航船只众多，安全保障系数会更大。

塞维利亚是瓜达尔基维尔河畔的河口港。它既享有与西印度贸易的垄断权又可以与西班牙广阔腹地相沟通。因此在地理大发现以后塞维利亚迅速发展成一个繁华的商业重城。1530年，其人口为45395人；1594年，已达90000人。在塞维利亚最繁盛的时代，人口峰值曾高达100000人。[①]由于美洲贵金属都是经该港流入西班牙乃至欧洲各国，因此塞维利亚不仅金融业与银行业十分发达，而且流经塞维利亚的贵金属的多寡直接左右着整个欧洲的经济形势。可以说塞维利亚的各种物价及金融指数是衡量当时欧洲经济发展态势的睛雨表。

由于塞维利亚对西班牙乃至整个欧洲的经济有着举足轻重的影响，因此该城大垄断商人集团的利益的体现者——商会——在西班牙王室面前具有很大的发言权。塞维利亚大商人集团主要是从经营西班牙及其他欧洲国家商品对美洲的出口来赢利，因此他们十分关注中国商品在拉丁美洲的销售状况，他们尤其关注中国商品在进入西班牙市场后对他们切身的商业利益是否造成威协和损害。因此塞维利亚大商人集团对中国商品的态度成为影响中国—菲律宾—墨西哥—西班牙多边贸易发展趋势的一个重要因素。

地处瓜达尔基维尔河入海口的加的斯认为，它的地理位置较塞维利亚更优越，因此一直渴望取代塞维利亚的地位使加的斯独享对西印度贸易的垄断权。两个城市之间为此曾进行过长期的竞争。到17世纪末和18世纪初，形势越来越对加的斯有利。首先，瓜达尔基维尔河下游泥沙淤积日甚，以致载重400吨以上的船只已难于驶抵塞维利亚；其次，此间出入海洋的的船只载重量越来越大。16世纪初，出入安达露西亚

① 比维斯：《西班牙与美洲社会经济史》，第3卷，第8、11页。

各港口的船只平均载重75吨；16世纪末的出海船只平均载重已达500吨；到17世纪下半叶出海的船只载重量已平均高达700—1000吨。[①]上述两个因素使塞维利亚已无法再承担对西印度贸易唯一出海口的重责。从1717年起，加的斯终于取代塞维利亚成为对西印度贸易垄断权的享有者。加的斯大商人集团一旦成为向美洲殖民地出口商品的组织者，他们也开始关注中国商品对美洲及西班牙的影响，由此，他们对中国商品的态度也成为影响中国—菲律宾—墨西哥—西班牙多边贸易发展趋势的一个重要因素。

三、中国—菲律宾—墨西哥—西班牙多边贸易的发展趋势

历史上，中国—菲律宾—墨西哥—西班牙多边贸易并不是一曲商业欣欣向荣的牧歌，相反地，西班牙王室所推行的“重商主义”政策和明清统治者所奉行的“重农抑末”和“海禁”政策，均构成这一贸易发展的持久障碍；西方各殖民势力所挑起的“商业战争”使这一贸易不断受到侵扰和破坏；产业资本的崛起，更构成对上述多边贸易的严重挑战。从中国—菲律宾—墨西哥—西班牙多边贸易的发展历程来看，其发展趋势大致可分为三个阶段：

（一）1571—1644年——从马尼拉开港至明王朝覆灭——为中国—菲律宾—墨西哥—西班牙多边贸易的第一阶段，也即发展时期

15世纪末至16世纪中叶，西方国家掀起了一场规模空前的殖民扩张狂潮。在对美洲的征服中，西班牙殖民者掠夺了大量的贵金属并源源运回欧洲。据估算，1500年欧洲原有白银量为17500吨；1500—1560

① 布劳代尔：《菲利浦二世时代的地中海与地中海世界》，第296页。

年经塞维利亚流入欧洲的白银超过上述数字一倍半。[①]埃利奥特曾指出，1503年至1660年间经塞维利亚进入欧洲的白银为16000000公斤，超过欧洲原有白银量的3倍；黄金185000公斤，超过欧洲原有黄金储量的1/5。[②]100多年间如此大量的贵金属涌入欧洲，其结果，造成银价下跌和物价的上涨。欧洲价格的这种激变，在1501—1550年间已有所显现；到1550—1600年间达到高峰；其余波一直延续到1601—1650年。西方学者把这一历史时期物价、工资、地租等经济指数的激烈变化以及由此引起的社会巨大变动称之为“价格革命”。由于欧洲不同的国家其阶级结构和历史特点差异很大，所以对“价格革命”的反应也不同。在那些近代生产方式的各种条件已经在中世纪有所形成的地方，比如英国，“价格革命”成为促成那里资本主义发展的杠杆；然而象西班牙这样封建势力占据优势的国家，“价格革命”却带来了灾难难性的后果。1501—1601年间西班牙物价上涨4.32倍，从而引起社会严重的混乱和动荡。[③]为了稳定国内市场的价格，西班牙王室曾一度禁止工业品向拉丁美洲的输出，并鼓励进口西欧国家的工业品。结果在造成拉丁美洲市场工业品严重匮乏的同时，使西班牙脆弱的民族工业在西欧商品的冲击下，更趋衰落。一些工业家为了防止破产而投资于土地的经营，结果出现了封建化的逆转现象。西班牙民族工业的萎缩以及西班牙王室为了控制西属美

① 费洛雷斯卡诺：《墨西哥与拉丁美洲经济发展文集(1500—1975)》(E.Florescano, *Ensayos sobre el Desarrollo Economco de Mexico y America Latina, 1500—1975*)，墨西哥1979版，第174页。

② 埃利奥特：《西班牙帝国(1469—1716)》(H. Elliot, *lmperial Spain.1469—1716*)，伦敦1963年版，第174页。

③ 汉密尔顿：《美洲财富与西班牙的价格革命(1501—1650)》(Hamilton, *El Tesoro Americano y la Revolucion delos Precios en Espana, 1501—1650*)，巴塞罗那1975版，第217页。

洲殖民地又限制那里的工业发展，使得拉丁美洲在其后的两个多世纪中只好在其他地区寻求日常生活必需品的货源。在价格革命的时代，西欧的工业生产水平有限，物价昂贵。即使有些西欧商品输入拉丁美洲，广大人民也无力购买。在当时的世界上，能向拉丁美洲提供物美价廉的商品的，唯有中国！

明代中叶，中国的商品经济已有长足发展，这在手工业生产，特别是在丝织业生产方面有着突出的反映。“隆万（1567—1620）以来，机杼之家相沿比业，巧变百出。”[①]在苏州“郡城之东，皆习机业。”，[②]在杭州“机梯之声日夜不绝。”。[③]除苏、松、杭、嘉、湖等大的纺织中心外，又出现了几座“以机为田，以梭为耒”的新兴市镇。像濮院，在宋建炎（1127—1130）前不过“一草市耳”，到明万历（1573—1620）中“改土机为纱绸，制造尤工，擅绝海内。”[④]濮院已发展成为一个繁华的市镇。再如青龙镇已有“小杭州”的美誉。[⑤]国内贸易因之繁荣起来，“吴丝衣天下，聚于双林，吴、越、闽、番至于海岛，皆来市焉。五月载银而至，委积如瓦砾，吴南诸乡，岁有百十万之益。”[⑥]国内市场的繁荣又促进了海外贸易的开展。隆庆改元后（1567），重开海禁，于是“五方之贾，熙熙水国，刳艅艎，分市东西路。其捆载珍奇，故异物不足述，而所贸金钱，岁无虑数十万，公私并赖。”[⑦]一时造成“今（万历）之通番者，

① 胡承谋辑：《湖州府志》，卷四一。
② 《嘉兴府志》，卷三二。
③ 《长州县志》，卷一。
④ 《浙江通志》，卷一〇二。
⑤ 《上海县志》，卷二。
⑥ 唐甄：《潜书》，二篇下，省刑。
⑦ 张燮：《东西洋考·周起元序》。

十倍于昔”的盛况。[①]而且中国商品在世界市场中具有强劲的竞争力。

世界市场的发展趋势始终为价值规律所制约。事实上在世界贸易中，一个社会其生产力越发达，劳动生产率越高，生产同一物品需要的时间就少，凝结于该物品内的劳动量越少，物品价值也越小。我们所说的商品价格，就是用货币表现的商品交换价值。世界市场上的商品价格，实际上反映出商品生产国生产率和生产力的发展水平。而且在市场上，需求总是按照价格相反的方向变动，即，如果价格跌落，需求就增加；价格提高，需求就会减少。价值规律这种自发性作用将使劳动生产率高的民族在世界市场的无情竞争中，赢得空间和优势。

文艺复兴以来，欧洲在科学技术方面取得了长足的进步，并涌现出象哥白尼和伽利略那样的科学家。但在 17 世纪中叶以前不是科学引导着技术发展，而是科学上的创新往往来自现存技术的启迪。[②]尽管欧洲在造船、火器铸造、钟表、玻璃以及呢绒生产等方面有己之长，但涉及到世界市场上广有需求的商品类别，诸如纺织品、金属产品和农产品，中国商品物美价廉的特点便突显出来。这是因为在上述各领域，中国的生产力发展水平要较同一时代的欧洲为高，所以中国商品才表现出强劲的竞争力。1575 年来华的西班牙神甫马丁·德拉达对中国物价的低廉价格有着深刻的印象。市场上肉类、莱蔬和水果的价钱是那么便宜，使他觉得几乎是“分文不取”一般。[③]1582 来华传教的意大利神甫利玛窦对此也深有同感，他说：“他们产品所要的价钱，大约是我们在西方所

① 丁元荐：《西山日记》，卷上。

② 沃尔夫：《十六、十七世纪科学技术和哲学史》(A.Wolf, *A History of Science, Technology and Philosophy in the16th and 17th Centuries*)，伦敦 1935 版，第 45 页。

③ 门多萨：《中华大帝国史》(J.G.de Mendoza, *Historia de las Cosas mas Notables,Ritos y Costumbres del Gran Reino de la China*)，马德里 1944 年版，第 192 页。

付同类产品的三分之一或四分之一。”①

中国商品低廉的价格在世界市场上显得尤为突出。在菲律宾，1618年每金达尔中国面粉价值16个雷亚尔，而从墨西哥运来的面粉则要卖到80个雷亚尔。②造船用的铁钉，中国产品只及西班牙来货售价的1/4。③1589年，菲岛总督圣地亚哥·德维拉在致菲利浦二世的信中写到，中国运来的铜是如此的便宜，以致无须再从墨西哥运铜来，相反，在菲岛用中国铜铸炮，再运回墨西哥和秘鲁则更为合算。④在拉丁美洲市场上中国商品和欧洲商品相比，同样占有明显的优势。1582年从马尼拉开往秘鲁的大帆船，运去了100公担中国产的铁，因价格便宜，1590年秘鲁总督卡涅特曾专门派船到菲岛采购中国的铁和铜，因为中国产品不仅比西班牙产品价格低，就是与墨西哥本地产品相比较，价格也要低。⑤至于中国的衣物，卡涅特在同年致菲利浦二世的呈文中叙及，在秘鲁，中国纺织品的售价或许只及西班牙产品的1/9。因此，“没有一个男人在打扮他的妻子时，会不用价值200雷亚尔的中国绸缎，而偏偏花200个比索去买西班牙丝料。”⑥（按那一时代西班牙的币制，每一比索价值8个雷亚尔）由于中国商品价格低廉，所以连印第安人的卡西克（酋长），甚至一般的公社社员也都购买中国衣物。后来，西班牙限制墨西哥与秘鲁之间的贸易。经走私进入秘鲁市场的中国商品价格虽然较以前贵多了，

---

① 《利玛窦中国札记》, 中华书局1983年版，第14页。

② 布莱尔与罗伯逊：《菲律宾群岛》，第19卷，第179页。

③ 同上，第18卷，第176页。

④ 同上，第7卷。第88—89页。

⑤ 博拉：《墨西哥与秘鲁之间早期殖民地贸易与航运》(W. Borah, *Early Colonial Trade and Navigation:between Mexico and Peru*)，美国加利福尼亚1954年版，第117页。

⑥ 同上，第121—122页。

但仍不到西班牙商品售价的 1/3。[①]在墨西哥，西班牙的亚麻布较中国同类产品贵 8 倍。[②]16 世纪末到 17 世纪初这一历史时期，中国商品在世界市场所享有的优势地位，这正是中国—菲律宾—墨西哥—西班牙多边贸易得到迅速发展的物质前提。

从中菲一段贸易来看，开往马尼拉的中国商船，1577、1578 年为 9 艘；1580 年，21 艘；1582 年，24 艘；个别年份，如 1588 年曾高达 48 艘。1599 至 1612 年这 14 年间，共 401 艘中国商船驶抵马尼拉，每年平均达 28.6 艘。[③]从贸易量来看，最能反映中菲贸易水平的指标是西班牙殖民当局在马尼拉对中国商品征收的进港税的数字。该税率从 1582 年起为 3%；1606 年以后为 6%。下表中，中国商品在菲的销售额即依上述税率推算。

年 代	中国商品进港税	中国商品在菲销售额
1591—1595	22065 比索	735500 比索
1596—1600	24155.5 比索	805183 比索
1601—1605	30304.2 比索	1010140 比索
1606—1610	46390.6 比索	773176 比索
1611—1615	64482 比索	1074700 比索

从以上数字可以看到，从 16 世纪末直至 17 世纪初，中国与菲律宾的贸易在持续地上升，至 1611—1615 年间中菲贸易达到了一个高峰。[④]

① 布莱尔与罗伯逊：前引书，第 30 卷，第 77 页。

② 同上，第 27 卷，第 201 页。

③ 肖努：《菲律宾和伊比利亚的太平洋（十六—十八世纪）》(PierreChaunu, *Les Philippinesetle Pacifique des lberiques, XⅥ e, XⅦ e, XⅧ esiecles*), 巴黎 1960 年版，第 148—153 页。

④ 同上，第 200—202 页。

中国商品的大量输入，促进了菲岛经济的繁荣发展。在中菲一段贸易中，马尼拉征收的货物进港税是菲岛财政总收入中的重要部分；而中国货物进港税的增减直接影响着马尼拉货物进港税总收入的盈缩。即，在这两个变量中间存在着相关关系。为了说明上述两个变量之间相关关系的密切程度，我们首先计算出相关系数这一统计分析指标。

年　代		Y（马尼拉港货物进港税总收入）（比索）	X（马尼拉港征收中国货物进港税数字）（比索）
1	1591—1595	36155	22065
2	1596—1600	43037	24155.5
3	1601—1605	42982	30304.2
4	1606—1610	59066	46390.6
5	1611—1615	70356	64482
6	1616—1620	51437	37843
7	1626—1630	25720	18623.5
8	1631—1635	42194	34284
9	1636—1640	31037	27484
10	1641—1645	22075	18599.4[①]

$Y=ax+b$　$a=0.978996$　$b=10663.8$　$Y=0.978996x+10663.8$　$r=0.94$

即，相关系数为 0.94。

根据统计学相关关系密切程度四级划分的标准，两个变量之间的相关系数超过 0.8 为高度相关。0.94 这一数据客观地说明了中国商品对菲律宾经济繁荣发展程度的关键性作用。西班牙殖民者也得不承认中国，乃至旅菲华人对菲岛开发的贡献。埃尔南多·德洛斯里奥斯·科罗内尔认为菲岛殖民社会没有华人就无所依存。[②]

① 肖努：前引书，第 78—92 页。本章各项相关系数由中国社会科学院计算机研究所龚飞鸿先生协助计算，特此感谢。

② 舒尔茨：《马尼拉大帆船》，第 97 页。

菲岛的繁荣发展和充裕的中国商品的进口，为菲墨一段贸易奠定了物质基础。下表所列数字表明，随着中菲贸易的蒸蒸日上，菲墨之间的贸易也出现了生机勃勃的景象。

年 代	马尼拉与阿卡普尔科货物进港税总和（比索）
1591—1595	58515
1596—1600	60220
1601—1605	60686.8
1606—1610	77433
1611—1615	84973①

西方计量历史学派学者曾把马尼拉和阿卡普尔科两港货物进港税的总和，当作衡量菲律宾与墨西哥之间太平洋贸易发展水平的重要指标；把马尼拉征收中国货物进港税，在上述总和中所占的百分比，当作衡量中国对太平洋贸易影响程度的重要指标。选取这样两个指标来衡量太平洋贸易的发展水平和趋势，显然是客观和可取的。因为在中国—菲律宾—墨西哥—西班牙多边贸易的第一阶段，马尼拉和阿卡普尔科两港货物进港税数字的增减，与太平洋贸易的规模直接相关。而马尼拉港征收中国货物进港税的数字，又影响着马尼拉和阿卡普尔科两港货物进港税的升降。下面我们将对上述两个变量之间相关关系的密切程度做一计算：

① 肖努：前引书，第103—109页。

年　代	Y 马尼拉与阿卡普尔科货物进港税（比索）	X 马尼拉港征收中国货物进港税（比索）
1591—1595	58515	22065
1596—1600	60220	24155.5
1601—1605	60686.8	30304.2
1606—1610	77433	46390.6
1611—1615	84973	64482
1616—1620	65113.5	37843
1626—1630	42064	18623.5
1631—1635	55561	34284
1636—1640	40743	27484
1641—1645	78256	18599.4

$Y=ax+b$　$a=0.633048$　$b=41831.2$　$y=0.633048x+41831.2$　$r=0.62$

通过计算，得出相关系数为 0.62，介于 0.5 与 0.8 之间，即两个变量之间为“显著相关”。上述两个变量之间的相关系数所以没有达到“高度相关”（即 0.8 以上）的程度，我们认为其重要原因之一便是在阿卡普尔科的货物进港税中，除来自菲岛的货物进港税之外，还包含着从秘鲁总督辖区和中美洲其他一些地方来船所缴纳的货物进港税。因此，菲岛船只所缴货物进港税在阿卡普尔科的货物进港税总和中所占的比例自然要小一些。尽管如此，来自菲岛的中国货物进港税对阿卡普尔科和马尼拉货物进港税总和的影响还是十分明显的。以上述标准来看，1591—1595 年至 1611—1615 年间，马尼拉与阿卡普尔科货物进港税总和在持续上升，中国货物进港税在上述总和中所占的百分比，平均为 52.7%，1611—1615 年更高达 75.88%。[①]这组数据表明，明季中国空前发达的商品经济，是造成太平洋贸易繁荣兴盛的物质前提和原动力，同时也是世界市场中积极、而富有活力的一个因素。

① 肖努：前引书，第 92—101 页。

这一历史时期太平洋贸易的兴盛发展与大西洋贸易的衰落适成鲜明的对照：地理大发现以后，大西洋贸易曾繁荣一时，从欧洲开往美洲的商船吨位数，16世纪上半叶，平均每年为10000吨；1580年为20000吨；1600年为2500吨。然而随着欧洲经济危机的加剧和美洲贵金属产量由于作为采矿劳动主力的印第安人人口的锐减而急剧下跌，致使大西洋贸易日趋衰退（见下表）

驶入与离开西印度的船只及其吨位数的年平均数[①]

年　代	离开西印度		驶入西印度	
	船只数	吨位数	船只数	吨位数
1600—1604	55	19800	56	21600
1640—1650	25	8500	29	9800
1670—1680	17	4650	19	5600
1701—1710	8	2640	7	2310

另一史料表明，大西洋贸易在1575—1675年间，贸易量下跌75%。[②]

西方计量历史学派的学者们在探讨世界市场的发展趋势时，对于为什么“在太平洋各类数据图表中不存在反映16世纪末至17世纪初欧洲经济大趋势的典型衰退”这一关键问题表示困惑。其症结就在于他们不甚了解当欧洲经济经历危机的年代，恰恰是明代中国商品经济进入了新的发展阶段，并为太平洋贸易的繁荣发展奠定了物质基础。

在大西洋贸易衰落，西班牙乃至其他欧洲国家普遍感到商品匮乏的情况下，一些中经菲律宾转销到墨西哥的中国商品开始随“双船队”进入了西班牙。其中一部分中国商品，是菲岛和墨西哥政府显要赠送给西

① 马伦德：《十六世纪的欧洲》(Maland, *Europe in the Sixteenth Century*), 香港1982年版，第199—200页。

② 比维斯：《西班牙与美洲社会经济史》，第3卷，第282页。

班牙国王及王室贵胄的礼品。它们起到一种传播文化的作用。除此之外，对于处于“价格革命”冲击之下的西班牙经济更具有实质意义的则是有相当规模的中国商品随“双船队”运抵塞维利亚，再由该港分散到西班牙内地出售。特别是这些进口的中国商品往往被运到闻名遐迩的梅迪纳·德坎波国际集市之上进行再次分销。

梅迪纳·德坎波从14世纪起已逐渐发展成一个国际闻名的大集市。1500年人口为12000人，1530年人口已高达20680人。每年5月和10月，这里均要举行盛大的国际贸易，欧洲各国的名优产品都要拿到这里来交易。同时该地也是各类金融证券的结算场所，1565年在此结算的各种证券价值1000万埃斯古多；商品交换额更高达1500万马拉维迪之巨。由于这一集市吸引了欧洲各国的商人，于是年复一年，便形成了梅迪纳·德坎波途经毕尔巴鄂直达现今荷兰的国际大商道。[①]在中国—菲律宾—墨西哥—西班牙多边贸易开通后，梅迪纳·德坎波大集与遥远的东方帝国——中国也发生了物质交换上的联系。历史学家卡耶塔诺·阿尔卡萨尔·莫利纳在其《十八世纪的总督辖区》一书中谈到，中国人以他们的丝绸和名贵商品使马尼拉发展成可以和欧洲任何集市相比美的著名集市，并和新、旧两个世界都建立起商业联系，以致“在作为卡斯蒂利亚心脏的梅迪纳·德坎波的遥远集市上摆满着各类欧洲和东方的商品。如今来自东印度、阿拉伯、波斯、日本和阿卡普尔科的梦幻般的商品已达到充斥市场的程度。”[②]众所周知，所谓“阿卡普尔科的商品”实则主要是指经马尼拉运到墨西哥的中国商品。可见，中国商品也进入了梅迪纳·德坎波集市。

---

① 比维斯：《西班牙与美洲社会经济史》，第3卷，第282页。

② 莫利纳：《十八世纪的总督辖区》(Cayetano Alcazar Molina, *Los Virreinatos en el Siglo XVIII*)，巴塞罗那—马德里1959年增订版，第531页。

在“双船队”不时运抵西班牙的中国商品中，以丝和丝绸为主，而且数量可能不小。我们这里唯一可资引用的量化数据是从美国著名经济史学者汉密尔顿的成名之著《美洲财富与西班牙的价格革命（1501—1650）》一书中摘引的：1590年输入西班牙的中国丝货价值18.233杜卡多；1609年已增至88.687杜卡多[①]，增幅十分引人注目。同一历史时期除丝绸外，还可能有其他一些中国商品进入西班牙市场。

在“价格革命”的冲击下西班牙的经济长期处于危机之中，西欧国家则乘机向西班牙大量输出工业品，致使西班牙民族工业更趋萎缩。如果那一历史时期，西班牙王室能充分利用中国—菲律宾—墨西哥—西班牙多边贸易开通的有利形势，制定鼓励和保护中国商品输入菲律宾、墨西哥和西班牙的政策，那么西班牙所握有的贵金属和中国商品就能成为推动世界市场迅速发展的两个车轮。在这个过程中，不仅会进一步刺激中国沿海商品经济的发展，而且会使菲律宾和墨西哥以及其他一些拉丁美洲地区加快社会进步的步伐，即使是对西班牙来说，中国廉价商品如大量输入该国不仅会降低高涨不落的物价，而且会缓解西班牙商品严重匮乏的现状，尤其是可以抵制西欧商品对西班牙的渗透，并为在竞争的环境下重新振兴西班牙民族工业创造出充分的条件。然而在当时的历史条件下，西班牙王室所推行的“重商主义”政策和中国明王朝的”重农抑末”及“海禁”政策实际上对中国—菲律宾—墨西哥—西班牙多边贸易起到一种抑制的作用。而葡萄牙、荷兰和英国则乘机对中国、西班牙及西班牙的海外领地展开了无情的商业战争。上述诸因素使太平洋一侧的中国—菲律宾—墨西哥之间的贸易规模与1611—1615年高峰年代相比较，出现了下降的趋势：

---

① 汉密尔顿：《美洲财富与西班牙的价格革命（1501—1650）》，第51页。

年　代	马尼拉港征收的中国货物进港税数字（比索）	马尼拉与阿卡普尔科港货物进港税数字（比索）	马尼拉中国货物进港税在马尼拉与阿卡普尔科港货物进港税总和中的百比
1591—1595 年至 1611—1615 年每五年平均	37479.46	68365.5	52.71%
1616—1620 年至 1641—1645 年每五年平均	27366.78	56347.5	51.11%①

太平洋一侧贸易规模的缩小使大西洋一侧的“双船队”贸易缺少了激励性因素，因此西班牙经济仍处于低谷之中。然而尽管中国—菲律宾—墨西哥—西班牙多边贸易在 1611—1615 年之后，贸易规模已开始有所缩小，但与其后年代相比较，这一时期，跨越太平洋和大西洋的上述多边贸易仍维持在一定的相对高度上，因此我们把 1571—1644 年称作中国—菲律宾—墨西哥—西班牙多边贸易的发展时期。

（二）1644—1684 年——即从明王朝覆灭直到康熙二十三年（1684）重开海禁——为中国—菲律宾—墨西哥—西班牙多边贸易的第二阶段，这也是这一多边贸易的衰退时期

这一历史时期，欧洲新生的资本主义因素和传统的封建秩序之间的斗争，在国际关系上反映为各欧洲国家之间战争连绵不断，人民生活颠沛流离。“三十年战争”使一些地区人口减少 40%，甚至 60—70%。瘟疫接踵而至：1630 年意大利死于疫情的达 150 万人；1665 年伦敦死于瘟疫者不下 97306 人。②物价上涨，货币贬值，工农业生产下降。尽管

① 肖努：前引书，第 92、101、109 页。

② 《剑桥欧洲经济史》(*The Cambrigde Economic History of Europe*)，1978 年版，第 5 卷，第 81 页。

这种社会动乱是资本主义生产方式最终战胜封建生产方式的前奏，然而从经济形势来看，整个欧洲的经济仍处于严重的萧条之中。

在中国，明末爆发了李自成起义，其影响也波及到中国与菲律宾之间的贸易。1643 年前往马尼拉的中国商船为 30 艘，到 1644 年只有 9 艘。西班牙殖民当局在一份官方文献中分析贸易锐减的原因时曾指出："据说一位叫李自成的官员率二三省反叛国王。"[①]其后，中国由于王朝更迭和战乱，经济发展出现了停顿和倒退。但福建有所例外，由于郑成功在厦门一带坚持抗清斗争，而且还把对外贸易的收入当作抗清军费的重要来源，所以郑成功积极开展对外贸易。1650—1662 年间从台湾开往日本的商船达 486 艘[②]；同时又"下贩吕宋、暹罗、交趾等国，源源不绝"。[③]结果，"成功以海外弹丸之地，养兵十余万，甲胄戈矢，罔不坚利，战舰以数千计，又交通内地，遍买人心，而财用不匮者，以有通洋之利也。"[④]

清廷为消灭郑成功的抗清力量，1655 年裁可浙闽总督有关"沿海省份应立严禁，毋许片帆入海，违者立置重典"的奏请。[⑤]1662 年郑成功驱逐荷兰人收复台湾后，清政府遂在北起山东，南至广州的沿海地带强制推行"迁界令"，造成土地荒芜、人民流离失所，海外贸易基本陷于瘫痪的状态。

郑成功在台锐意开发富源，发展生产。在开展海外贸易的同时，又勇于坚持和西方殖民者的斗争，于是使台湾成为西太平洋新的海上贸易

① 布莱尔与罗伯逊：前引书，第 35 卷，第 177 页。

② 木宫泰彦：《日中文化交流史》，商务印书馆 1980 年，第 627 页、623 页。

③ 江日升：《台湾外记》。

④ 郁永河：《海上纪略》。

⑤ 王先谦：《十一朝东华录》。

中心和遏制西方殖民扩张的堡垒。在这一时期的中菲贸易中，台湾占重要地位。1664—1681年间，有91艘中国商船开进马尼拉，其中40艘直接来自台湾。[①]1674年，郑成功的后继者郑经利用“三藩之乱”又重占厦门一带，使这里的海外贸易有所恢复，“甲寅（1674）郑氏复岛，英奎黎（英吉利）、万丹、安南诸国皆献方物互市，中左（指厦门）烟火市里，几复其旧。”[②]上述前往马尼拉的91艘船中，可能有些就是这一时期从厦门启航的。中菲贸易中换得的银元在台湾广为流通：“永历二十八年（1674）……，当是时，海舶通商于西南洋者络绎于道，故钱货多随商务以来，而吕宋银尤伙，是为西班牙政府所铸，画面王像，则台湾人所称佛银者也。重六钱八分，市上贸易以此为准。”[③]

在“迁界令”的冲击下，东南沿海人民无以为生，一些商民冒死通贩海外。康熙也注意到此，“向虽严海禁，其私自贸易者何尝断绝！”[④]只是贸易的规模根本无法与前一时期相比。1645年至1683年间开往马尼拉的中国商船有记录可查的，共262艘，平均每年只7.3艘。1599—1612年和1632—1644年平均皆为28.6艘。[⑤]再从中国商品在马尼拉缴纳的进港税来看，到第二阶段已明显下降。

① 肖努：前引书，第165—169页。

② 邵廷采：《东南纪事》。

③ 连雅堂：《台湾通史》。

④ 《圣祖仁皇帝实录》。

⑤ 肖努：前引书，第160—169页。

年　代	数　额（比索）
1646—1650	9991.4
1651—1655	4905
1656—1660	2786.2
1661—1665	2501.8
1666—1670	1561
1671—1675	850.25
1676—1680	3449.4
1681—1685	6049.75

前文曾指出 1585—1590 年至 1641—1645 年间，马尼拉中国货物进港税每五年平均为 29921.8 比索，而 1646—1650 年至 1681—1685 年每 5 年平均仅为 4010.85 比索，即第二阶段只为第一阶段的 13%。1671—1675 年的最低点（850.25 比索）与 1611—1615 年高峰（64482 比索）相比较，前者只及后者 1.3%。[①]

中菲贸易的衰落直接影响到菲律宾的社会生活。菲岛财政的总收入 1586—1590 年至 1641—1645 年，每 5 年平均为 366405 比索；1646—1650 年至 1681—1685 年，每 5 年平均为 246845.5 比索，即菲岛财政收入下降了 33%。[②]

上述历史时期，拉丁美洲的经济形势也在恶化，印第安人在殖民者的残酷剥削与奴役下，人口急剧下降。在墨西哥，印第安人已从征服前的 9000000 人减到 1646 年的 1269607 人，即下降了 75%。[③]在秘鲁，据估算，征服前的 1523 年印第安人的人口为 32000000 人，到 1650 年仅

① 肖努：前引书，第 92—93 页。

② 同上。

③ 塞莫：《墨西哥资主义史 · 起源 (1521—1763)》，(E.Semo, *Historia del Capitalismo en Mexico: Los Origenes,1521—1763*)，墨西哥 1978 年第 7 版，第 257 页。

存 3030000 人，即只及原人口的 9%。[①]印第安人是美州贵金属生产的主要劳动力，印第安人人口的锐减必然影响到金银的产量。其次，在上述时代，白银的生产需以水银为催化剂。西班牙阿马丹与秘鲁万卡弗利卡这两个水银的重要产地，其水银产量这时期也出现下降的趋势，并直接影响了美州白银的产量。要想使墨西哥的银产量维持在 1620—1630 年间的高水平上，每年需 4000—5000 金塔尔的水银。但 1670 年墨西哥只从秘鲁运进 3000 金塔尔水银，所以墨西哥想求助于中国的水银，而中国正处在海禁的时代，难以满足墨西哥之需。[②]墨西哥铸币场 1632 年共铸 5109000 比索的银币，直至 1683—1692 年以前，再也未出现过这样高的数额，这从侧面反映了墨西哥银产量的下降。[③]西属美洲贵金属产量的下跌，直接影响到西班牙贵金属的进口量，使西班牙衰退中的经济更加步履维艰。以前每年都有西班牙商船队到达秘鲁，从 1682 年起，每 5 年或 6 年才有船队驶抵秘鲁。[④]此外，庞大的西班牙船队经常遭到英荷海盗的劫掠，如 1656、1657 年英国人曾成功地袭击了西班牙船队，使西班牙再也无力支持“双船队”的定期航行了。[⑤]中国—菲律宾—墨西哥—西班牙多边贸易的第一阶段，尽管西班牙和欧洲的经济处在萧条之中，但由于大量物美价廉的中国商品进入拉丁美洲市场，在相当程度上减少了欧洲经济不景气所带给拉丁美洲的消极影响，同时造成与大西

---

① 多宾斯与道蒂：《秘鲁文化史》(H.E.Dobyns and P.L.Doughty, *Peru-A Cultural History*)，纽约 1976 年版，第 102 页—103 页。

② 布拉丁：《波旁王朝时期墨西哥的矿工和商人 (1763—1810)》(D.A.Brading, *Mineros y Comerciantes en el Mexico Borbonico,1763—1810*)，墨西哥 1976 年版，第 29—30 页。

③ 同上，第 26 页。

④ 塞莫：前引书，第 110 页。

⑤ 塞莫：前引书，第 110 页。

洋一侧适成鲜明对比的太平洋贸易繁荣发展的景象。然而到中国—菲律宾—墨西哥—西班牙多边贸易的第二阶段，由于中国本身正经历着王朝更迭和随之而来的经济倒退和对海外贸易的限制，致使中菲贸易下降到空前的低点，所以再也没有源源不绝的大批中国商品涌入拉丁美洲市场，以满足当地各阶层人民的需要；对西班牙殖民者给拉丁美洲造成的困难也不再能像前一阶段那样起到缓解的作用了，致使拉丁美洲经济也处于空前的萧条之中，当然在这种情况下进入西班牙市场的中国商品更是绝无仅有了。上述诸种原因使太平洋一侧的中—菲—墨之间的贸易也经历了一场大衰退。前已指出，马尼拉和阿卡普尔科两港货物进港税的总和是判断太平洋贸易发展水平的一项重要数据。在中—菲—墨之间贸易的高峰年代，即1611—1615年上述进港税曾达84973比索，其后由于西班牙的种种限制性措施，使这一贸易一度有所下降，到1641—1645年间，仍达到78256比索的水平。此后则出现了明显的跌落：

1646—1650	34445 比索	1666—1670	9980.6 比索
1651—1655	14045 比索	1671—1675	12561.2 比索
1656—1660	11214 比索	1676—1680	28680 比索
1661—1665	15140 比索	1681—1685	38621.2 比索

即马尼拉和阿卡普尔科两港货物进港税总和已由1591—1595年至1641—1645年，每5年62356.53比索下降至1646—1650年至1681—1685年，每5年20540.8比索，后者只为前者的32%[①]。这说明太平洋贸易已从繁荣发展的年代转入衰落的时期，中国在太平洋贸易中所占比重急速下降，以致丧失了主导作用。西班牙的殖民政策导致自身以及西属美洲殖民地经济的衰退。清政府由于实行海禁政策，使中华民族在人类命运面临转换的关头，失去了发挥自己创造力的机会。

① 肖努：前引书，第101—103页。

（三）1684—1815 年为中国—菲律宾—墨西哥—西班牙多边贸易的第三阶段，即复苏期，然而也是一个危机四伏的时期，终致这一多边贸易的终结

康熙亲政后，于 1681 年平定"三藩之乱"，1683 年收复台湾，完成了全国统一大业。恢复因海禁和战乱而惨遭破坏的江南经济已属当务之急。发展商品经济必需有一定数量的贵金属投入流通领域，明代以来中国的白银相当部分来自与菲律宾的贸易。海禁后，白银这一来源几乎断绝。慕天颜在康熙十年（1671）的奏疏中即曾指出："犹记顺治六七年间（1649—1650），彼时禁令未设，见市井贸易咸有外国货物，行使多以外国银钱，因而各省流行，所在皆有。自一海禁之后，而此等银钱绝迹，不见一文。即此而言，是塞财源之明验也可知。未禁之日，岁进若干之银，既禁之后，岁减若干之利，揆此二十年来所坐弃之金钱，不可以亿万计，真重可惜也！"①要改变这种状况只有重开海禁。康熙皇帝也意识到这一点，1685 年"疆臣请开海禁，报可。于是设榷关四，在于粤东之澳门，福建之漳州府，浙江之宁波府，江南之云台山。"②

中菲之间的贸易随即又重新活跃起来。1685—1716 年间共 525 艘中国商船开往马尼拉，平均每年 18.1 艘，虽较第一阶段 1599—1612 和 1632—1644 年平均每年 28.6 艘的水平为低，但与 1645—1683 年平均每年 7.3 艘的数字相比较，显示出复苏的趋势。③中国商品在马尼拉缴纳的进港税 1646—1650 至 1681—1685 年，每 5 年的平均数值为 4010.85 比索，1686—1690 至 1711—1715 年，每 5 年的平均数值为 21629.9 比索，

---

① 《皇朝政典类纂》。

② 夏燮：《中西纪事》。

③ 肖努：前引书，第 169—177 页。

即增长 5.39 倍，回升幅度十分明显。[①]

中菲贸易额的回升，使大量的中国商品又开始进入拉丁美洲市场。1697 年意大利神甫盖梅里·卡莱里在游历中国和菲律宾之后，搭乘满载中国商品的大帆船“塞维利亚诺”号来到阿卡普尔科。当时恰逢该城举行盛大的集市贸易，买卖十分兴旺。据他估算，仅秘鲁商人就“随身带来 200 万比索银元以购买中国货物。”[②]

中国商品的大量输入，对拉丁美洲社会经济生活造成广泛的影响。1679 年 5 月 29 日，西班牙王室下令禁止墨西哥人养蚕，并要立即将桑树砍伐，一时使墨西哥的丝织业面临绝境。[③]重开海禁后，中国生丝随之大量进入拉丁美洲，因此使墨西哥的丝织业绝处逢生。1712 年在墨西哥旅游的英国人伍兹·罗杰斯指出：“从中国运来的生丝极为充裕，近些年（墨西哥）织就的镶着金银丝的锦缎光彩夺目，足可以和任何欧洲的产品媲美。”[④]金属生产在拉丁美洲经济中占有特殊地位。进入 18 世纪，秘鲁由于万卡弗利卡水银矿产量下跌，致使波托西银产量从每年 70 吨下降到 40 吨，从业人口也从 16 万人减至 3 万人，致使经济呈现不景气的状态。但其后秘鲁由于借助中国水银的进口，才使矿业危机得到缓解。[⑤]西哥同样也关心中国水银的进口，直至 1782 年，墨西哥仍派

① 肖努：前引书，第 92—93 页。

② 卡莱里:《新西班牙之行》(G. F. G. Carreri, *Viaje a la Nueva Espana*)，墨西哥 1976 年版，第 7 页。

③ 博拉：《墨西哥殖民地时期的养蚕业》(W.Borah, *Silk Raising in Colonial Mexico*)，加利福尼亚 1943 年版，第 68 页。

④ 舒尔茨：《马尼拉大帆船》，第 365 页。

⑤ 科涅茨克：《拉丁美洲·殖民时代》(Konetzke, *America Latina:La Epoca Colonial*)，墨西哥 1974 年版，第 82 页。

船到中国来购买水银，并计划每年购买 15000 公担水银（同期西班牙向拉丁美洲输出水银最多的阿马丹矿平均年产量不过 20000 公担）。拉丁美洲的银产量 1700 年为 325 万比索；1750 年达到 1350 万比索；1804 年更高达 2700 万比索。可见，中国的水银对拉丁美洲白银生产的稳定增长曾助过一臂之力。

拉丁美洲贵金属产量的持续上升，使中国—菲律宾—墨西哥之间的贸易有了繁荣发展的可能。中国商品在拉丁美洲又到处可见。据 1735—1746 年在美洲进行科学考察的豪尔赫·胡安和安东尼奥·德乌略亚记叙，他们看到利马的商店里陈列着中国瓷器，从智利到巴拿马，到处都在出售中国丝绸，而且人们喜欢穿这种丝料的衣服，东方货物胜过了西班牙的产品。①

当西班牙塞维利亚垄断商人集团在拉丁美洲的代表看到马尼拉大帆船载来的中国商品不仅运往秘鲁，而且进入危地马拉、南美大陆、坎佩切、加拉加斯、向风群岛和大安的烈斯群岛而感到嫉恨。②

17 世纪末至 18 世纪中期，“中国热”正席卷欧洲，“洛可可”艺术风格盛行一时。在这种时尚的影响下，拉丁美洲殖民社会上层人物也一味追求东方的色调和情趣。中国的壁纸、屏风、漆柜、硬木家具、山水字画、台布、窗帘、伞、扇等等都大受欢迎。1767 年“圣卡洛斯”号 9 名水手就带进 80000 把梳子。③其次是瓷器，这一时期进口拉美的瓷器数量相当大。1730 和 1740 年，“海马”号两次从中国驶抵马尼拉，前次载 96000 件粗瓷盘和 35600 件大瓷盘；后次载 140 件粗瓷杯、

---

① 迈耶与谢尔曼：《墨西哥历史教程》(M. C. Meyer and W. L. Sherman, *The Course of Mexican History*)，纽约 1979 年版，第 254、255 页。

② 舒尔茨：《马尼拉大帆船》，第 369 页。

③ 舒尔茨：前引书，第 370—371 页。

墨西哥博物馆珍藏的中国瓷器

97500 件粗瓷盘和 34150 件大瓷盘。一般来看，这些瓷货相当部分要转销拉丁美洲。

在中国瓷器的影响下，墨西哥制瓷业随之兴起。到 18 世纪末，仅普埃布拉一地，已拥有 46 家制瓷场，成为拉丁美洲制瓷业的中心。[①]在上述历史时期，对于西属美洲殖民地来说，太平洋贸易远较大西洋贸易更为重要。《中国丛报》的一篇文章指出，“这里的人们是如此地依赖于马尼拉的进口货，对他们来说，一艘（马尼拉）大帆船的到达，远较一支西班牙船队的驶临更为看重。”[②] 18 世纪末，在墨西哥内地各商路上大约有 70000 头骡子驮运着从维拉克鲁斯进口的西班牙货物，而同期用于驮运从阿卡普尔科进口的东方货物的骡子达 75000 头。[③]这一数字

① 迈耶与谢尔曼：前引书，第 255 页。

② 《中国丛报》(*The Chinese Reposity*)，1839 年第 4 期，第 172 页。

③ 塞莫：前引书，第 51 页。

表明了太平洋一侧贸易的活力。

中国—菲律宾—墨西哥—西班牙多边贸易的复苏对中国东南沿海一带处于恢复和发展中的商品经济是个有力的刺激。到清代，厦门取代月港而成为对菲岛贸易的出海港。“厦门贩洋船只，始于雍正五年（1727），盛于乾隆（1736—1795）初年，时有各省洋船载货入口倚行贸易征税，并准吕宋等夷舶入口贸易，故货物聚集，关税充盈。”这种贸易的开展，“非特有利于厦门，闽省通得其益。”[①]此外，明季引进中国的美洲作物诸如玉米、番薯、花生、烟草等作物已在中国广泛种植。中国—菲律宾—墨西哥之间贸易的复苏，使大量美洲银元又经菲岛源源流入中国，从而刺激了中国商品经济的进一步发展。

然而清朝的统治体制却严重阻碍了中国资本主义因素的发展。中国—菲律宾—墨西哥之间的贸易进入第三阶段，其贸易水平虽然超过了第二阶段，但却仍低于第一阶段。从马尼拉中国货进港税来看，我们从1606年实行6%税率这年起计：

1606—1610年至1641—1645年，每5年平均数	35386.5比索
1646—1650年至1681—1685年，每5年平均数	4010.85比索
1686—1690年至1751—1755年，每5年平均数	17325.3比索

与前引数字相比较，第一阶段马尼拉征收的中国货物进港税为第三阶段的两倍。至于1611—1615年的64482比索的数字，更是其后年代未曾再现过的高水平。中国货物进港税，在马尼拉与阿卡普尔科货物进港税总和中的百分比，已由第一阶段1591—1595年至1641—1645年的51.91%下降至第三阶段的13.72%。[②]这一数字表明在太平洋贸易中，

① 周凯：《厦门志》。

② 肖努：《菲律宾和伊比利亚的太平洋》，第92页。

中国已失去了优势地位。我们说第三阶段是中国—菲律宾—墨西哥—西班牙多边贸易的复苏阶段是和第二阶段比较而言，从整个上述多边贸易的发展趋势来看，贸易水平已经明显下降。

中国—菲律宾—墨西哥一段的贸易之所以不能进一步发展，首先是清统治者限制性的海外贸易政策所造成的。海商出洋要“商总出具保证，牙行保甲人等出具甘结，合伙商人各具连环互结。”[①]出洋船只限500石以下的单桅船出海，后虽允双桅船出海，但“梁头不得过一丈八尺。”[②]火药军械、铁器等严禁出口，对丝和丝绸的外销也多有限制，“商民将内地头蚕丝及绸绵缎绢私贩出洋者，照米石出洋治罪，船只货物入官。”[③]各口岸对贩海商船更是巧立名目任意征税，凡此种种使中国海外贸易受到严重的影响。在竞争日剧的世界市场上，中国海商已处于被动的局面。中国海商遭到最大的打击，则来自清政府的海禁政策：康熙重开海禁后，中国与菲律宾之间的贸易迅速得到恢复，马尼拉征收的中国商品进港税已由1646—1650年至1681—1685年，每5年平均4010.85比索增至1686—1690年至1711—1715年的21629.9比索，即增长5.39倍。[④]康熙五十六年（1717），清政府“以噶喇巴（雅加达）口岸多聚汉人，恐寖长海盗，禁止南洋往来。”[⑤]结果，中菲贸易立即受到冲击。1686—1716年间，前往马尼拉的中国商船，平均每年18.1艘；1717年则下降为8艘；1718年为3艘；1719年，5艘；1720年，8艘；1721年，7艘。后虽因走私贸易的活跃，使出海商船数目有所增加，但雍正

① 《朱批谕旨》。

① 《朱批谕旨》。

③ 《户部例则》。

④ 肖努：前引书，第92—93页。

⑤ 印光任与张汝霖：《澳门纪略》。

五年（1727）重开海禁后，前往马尼拉商船年平均仍只不过10.3艘。[①]在马尼拉征收的中国商品的进港税也从1686—1690年至1711—1715年，每5年平均21629.9比索下降到1716—1720年至1721—1725年，每5年平均8827.2比索，即只占前一时期的40%。[②]中国商品进港税在马尼拉与阿卡普尔科进港税总和中的百分比，更由1686—1690年至1711—1715年18.46%的平均数，下降到1716—1720年至1721—1725年的5.17%。[③]此外，从国内文献中也可看到这次海禁所带来的消极结果："闽省海关查自康熙五十六年（1717）以前，西南洋未经禁止，商船往各国贸易者，皆得自由，所以监督每年征收银两倍于定额，任满之日，无不满载而归。及至康熙五十六年以后，西南洋已经禁止，闽人以海为生，偷越禁洋者，虽不一而足，然究不能任意往返，故所收钱粮亦不如前。"[④]乾隆二十二年（1757），清廷下令对外贸易只限广州一口，但允许西班牙商人来厦门贸易。因此，原来由中国海商经营的对菲贸易，已有部分数额落入西班牙商人手中。在厦门，清政府利用牙行旧制，"洋行"遂兴，海外贸易由此为官商所垄断。南海一带的"区间贸易"又为英、荷、法等殖民国家所控制。尽管清政府通过"公行"与外国的贸易仍保持相当高的水平，但代表中国资本主义发展方向的自由海商的势力，却不可挽回地衰落下去，完全丧失了16世纪和17世纪中叶以前在南海贸易中的主导地位。

阻止中国—菲律宾—墨西哥一段贸易进一步发展的另一重要原因，则是西班牙王室的限制性政策。中国商品再次长驱直入美洲市场后，对

---

① 肖努：前引书，第180—181页。

② 肖努：前引书，第93页。

③ 肖努：前引书，第109页。

④ 《文献丛编》，第17辑。

西班牙塞维利亚垄断商人集团和西班牙南方丝织业场主形成新的冲击。在他们的压力下，1720 年西班牙王室颁布了禁止中国丝和丝绸进入美洲的谕令。结果严重地影响了菲岛和墨西哥地方性商人集团的利益，在他们的强烈要求下，西班牙王室于 1726 年撤消了上述禁令，但终究在一段时期内给中国—菲律宾—墨西哥一段贸易带来了消极的影响。尤其是旅菲华人商业上的成功，引起菲岛垄断商人集团的妒忌和仇视。1755 年，菲岛殖民当局将全部非基督徒的华人驱逐出菲岛。这非独损害了华人的利益，也使菲岛每年损失了 30000 比索的税收，商业陷于极度萧条之中。1763 年以后，在菲岛又多次掀起排华风潮。[1]上述西班牙王室所推行的诸种有害政策，使中国—菲律宾—墨西哥一段贸易受到严重的打击。

一个系统的内部机制和外部环境是相互联系、相互影响和相互制约的。外部环境的变化往往引起系统内部特性的变化，甚至有可能引起系统内部机制的改变或失去原有的功能。也就是说，一个系统一方面要适应外部环境的变化，另一方面也要适合于与其他现存系统之间的竞争，否则将处于被淘汰的境地。中国—菲律宾—墨西哥一段贸易，在世界市场形成的初期，曾表现出其强劲的生命力，并对世界市场的形成与发展起到过积极的促进的作用，但明清统治者所推行的“海禁”政策和西班牙王室所实行的“重商主义”均造成各自系统内部的不协同和内耗，因而也越来越不适应不断变化中的世界市场的挑战。

当清政府和西班牙统治者出于狭隘的阶级利益和政治上的短视，想方设法限制和捆束中国—菲律宾—墨西哥一段贸易之时，世界市场的形

① 福尔曼：《菲律宾群岛》(J.Foreman, *The Philippine Islands*)，伦敦 1898 年版，第 283—286 页。

势已经发生了新的巨变。欧洲历经17世纪的动乱和萧条之后，像意大利、西班牙和葡萄牙这些国内封建势力占具优势地位的地中海和南欧国家已进一步衰落；欧洲的政治与经济中心逐渐北移，英、法等国的国势日强，特别是英国，在资产阶级革命后，产业资本逐步发展起来，并急剧地向外扩张。而老牌的殖民帝国——西班牙首当其冲受到英国的严峻挑战。

在拉丁美洲，西班牙的垄断商人集团以限制商品的输入量为赢利的前提，造成拉丁美洲市场供需之间的巨大矛盾。英国则利用这一空隙，大肆开展对拉丁美洲的走私贸易。在大西洋一侧，18世纪中叶，每年由西班牙开往美洲的航船大约40艘，然而通过库拉索岛和牙买加两地到西属美洲殖民地进行走私贸易的英国船只却超过300艘。[①]在太平洋一侧，英国则极力破坏菲墨之间的贸易。1587、1709、1743和1762年，先后有4艘西班牙的大帆船为英国人所劫持。英属东印度公司成立后，英国殖民者力图打进菲律宾市场。1755年菲岛因驱逐华人，商业严重萧条，英国借机大量向菲岛输入印度的棉布等商品，每次从马德拉斯到马尼拉的航行，英国人都可换回4万—8万比索的银元。[②]到18世纪末，英国人每年用印度棉布换回的墨西哥银元已达30万—35万比索（按最保守的估计，在同期中国与菲律宾的贸易中，中国海商每年尚可带回墨银60万至100万比索[③]）。英国殖民者在菲岛获利后，用这部分银元到广州购买中国商品，其中一部分被运到欧洲牟利；而另部分所购买的中国商品则被运到拉丁美洲，通过走私贸易换取墨西哥银元，然后再返回中国。英国介入菲律宾和拉丁美洲贸易，既冲击了西班牙的商业资本，

① 塞莫：前引书，第111页。

② 吉阿松：《英国与菲律宾的“区间贸易”(1644—1765)》(S. D. Quiason, *English “Country Trade” with the Philippine, 1644—1765*)，奎松1966版，第74页。

③ 同上。

对中国海商也是个沉重的打击。1810 年，中国海商从菲岛换回的银元为 155 万比索；同年英国人从菲岛带走的银元已达 110 万比索。[①]上述两个数字已极为接近。这一事实表明，自 1571 年马尼拉开港以来，中国商品和中国海商在菲律宾所享有的优势地位已不复存在。这也是中国民间海外贸易一步步衰落的明证。菲墨贸易和中菲贸易都受到产业资本的严重冲击，中国—菲律宾—墨西哥—西班牙多边贸易已经危机四伏。

当西班牙内外交困之际，受资产阶级启蒙思想影响的卡洛斯三世登上西班牙王位（1759—1788 在位）。为了使西班牙摆脱颓势，他开始起用一批“重农学派”的政治家并实行一系列政治、军事和经济改革，以实现“开明专制制度”。这种变革之风，也吹到菲律宾。1785 年，卡洛斯三世批准建立“菲律宾王家公司”，并宣布在保存菲墨之间贸易的垄断权的同时，开放菲律宾与西班牙本土之间的贸易。新国王还倡导开发菲岛的天然资源，鼓励发展工农业生产，以期改变单纯依靠菲墨贸易的畸型经济结构。为此，卡洛斯三世决定从菲律宾王家公司的赢利中提取 4% 用于该岛的开发。而此举在短期内便取得了成效：栽种桑树四五十万棵，丝织业随之兴起，据说其丝绸质量虽不及南京绸，但已优于广东产品。1786 年菲岛蓝靛出口量增加了一倍。棉花大批涌入中国市场。“吕宋烟”更是名传遐迩。菲律宾逐渐形成自己的经济体系。[②]

伴随卡洛斯三世的改革，拉丁美洲在政治和经济两个方面也都出现了新局面。1765 年，卡洛斯三世推行贸易自由的政策后，取消了加的斯港对美洲贸易的垄断权并开放 9 个港口与美洲殖民地贸易；1778 年进一步将 13 个西班牙港口和 24 个殖民地港口开放。1778—1783 年西

① 吉阿松：《英国与菲律宾的“区间贸易”(1644—1765)》，第 79 页。

② 贝尼特斯：《菲律宾史》(C.Benitez, *History of the Philippine*)，马尼拉 1954 年改写版，第 229 页。

班牙与殖民地的贸易额增加了 700%。[①]在墨西哥，在贸易垄断时代的 1728—1739 年间，驶入维拉克鲁斯的商船为 222 艘；自由贸易时期的 1784—1795 年间同样是 11 年，入港船只却高达 1142 艘。[②]墨西哥的工农业生产也有新发展，在国民经济总产值中，工业已占 29%，工业生产极端落后的局面已有所改观。[③]墨西哥民族经济的发展使土生白人的实力迅速壮大；美国独立战争和欧洲启蒙思想的影响更是加速了拉丁美洲民族意识的形成。在经济上，土生白人要求更大的自主权，因而和西班牙垄断商人集团发生尖锐的矛盾；在政治上，表现出强烈的分立情绪，争取民族独立的潮流已势不可挡。

墨西哥出现的这种新的政治和经济形势也影响到菲墨之间的贸易。新生的土生白人中等商业阶层，把从维拉克鲁斯走私进口的欧洲商品迅速转销北方各省，并与省城中的小商人直接交易，不断加快商品流通的节奏，使以囤积居奇和控制市场物价为主的西班牙垄断商人集团蒙受巨大损失。在商会中，历史上土生白人商人一向在西班牙垄断商人面前俯首贴耳，如今已敢于公开表达自己的诉求，以致在 1787 年的商会选举中，西班牙垄断商人集团两派联合提出的候选人名单竟被否决。[④]这一事实说明，西班牙垄断商人在墨西哥的统治地位已经动摇，他们独享海外贸易利润的时代已成为历史。到 19 世纪初，原来只有通过菲墨贸易才能获取的商品，现在已能从英国得到大量的供应；拉丁美洲自身的经济发展也减少了对菲墨贸易的依赖。相形之下，西班牙垄断商人囤积的高价

① 罗萨多：《墨西哥经济史教程》(D. G. L. Rosado. *Curso de Historia Economica de Mexico*)，墨西哥 1963 年版，第 124 页。

② 同上，第 123 页。

③ 迈耶与谢尔曼：前引书，第 256 页。

④ 布拉丁：前引书，第 162、164 页。

东方商品已越来越无人问津。1804年，墨西哥城商会在致国王的呈文中慨叹，“卡洛斯国王”号、“蒙塔湟斯”号和“卡苏里达德”号等3艘大帆船已停泊在阿卡普尔科港1至3年，船货竟致滞销。[①]这是菲墨贸易史上从未有过的先例。世界市场形势的变化已使菲墨贸易失去了存在的土壤。

菲墨贸易实质上是一种贩运贸易，即西班牙垄断商人利用拉丁美洲与菲律宾双方经济的不发达状态，通过在它们之间贩运中国的商品以获厚利。19世纪初，随着菲律宾和拉丁美洲民族经济的兴起，菲墨贸易自然失去了存在的基础；英国产业革命的巨大成功，一跃而为世界市场的霸主，西班牙商业资本不得不屈从于英国的产业资本。当世界市场进入自由贸易的时代，以商业垄断为特征的菲墨贸易必然被埋葬。

菲墨贸易的命运预示了中国—菲律宾—墨西哥之间贸易的前途。1811年，墨西哥爆发了独立战争。1813年10月25日，西班牙国王下令终止菲墨贸易，1815年“麦哲伦”号自阿卡普尔科返回马尼拉，绵延近250年的菲墨贸易至此结束，中国—菲律宾—墨西哥—西班牙多边贸易也随之成为历史。然而中国与西班牙之间的贸易关系并没因此而中断，因为这时中国—菲律宾—西班牙大三角贸易业已开通。

四、中国—菲律宾—西班牙大三角贸易的开通

在中国—菲律宾—墨西哥—西班牙多边贸易持续发展的250年间，其中绝大部分年代，中国与西班牙之间的贸易主要是中经拉丁美洲完成的，而从未启用绕道好望角这一更为便捷的航道。其根本原因是西班牙王室始终遵行《托德西里亚斯条约》的规定。

① 舒尔茨：前引书，第60页。

地理大发现以后，葡萄牙与西班牙是率先入侵“东方”的两大殖民势力。在征夺殖民地的过程中，两国不断发生矛盾和冲突，甚至引起剧烈的对抗。为了避免葡、西两国之间的争斗，罗马教皇亚历山大六世出面进行调停并于 1493 年 5 月 4 日做出如下仲裁：在亚速尔群岛和佛得角以西 100 里格（1 里格约为 5.5 公里）的地方从北极到南极划一分界线，该线以西的地域为西班牙的势力范围；该线以东为葡萄牙的势力范围。这条分界线是在教皇参予下划分的，因此在历史上被称作“教皇子午线”。但葡萄牙认为这种势力范围的划分损害了它的利益，因此要求重新划分势力范围。于是葡西两国又于 1494 年 6 月 7 日签署了《托德西里亚斯条约》将“教皇子午线”又西移 270 里格。自此以后，西班牙主要在“西印度”从事殖民活动；葡萄牙则基本上在“东印度”发展自己的殖民势力。好望角恰在葡萄牙的势力范围之内，所以在中国—菲律宾—墨西哥—西班牙多边贸易开通之后，西班牙王室严格遵从《托德西里亚斯条约》的规定，避免从好望角绕行。即使在葡西两国合并为一的年代（1580—1640）西班牙王室仍信守自己曾经承诺过的义务，从未利用绕道好望角的航路以到达东方。

到 18 世纪，“商业战争”已蔓延到全球。葡西两国当年划分势力范围的条约对于新兴的西方殖民国家诸如荷兰、英国、法国等毫无约束力。在这种情况下，西班牙王室终于突破了《托德西里亚斯条约》的规定，决定通过好望角建立起西班牙与菲律宾之间的直接贸易。而中菲之间的贸易联系极为密切，由此又发展成中国—菲律宾—西班牙之间的大三角贸易。在有些年代，西班牙也曾派船到中国沿海地带直接与中国进行双边贸易，但其间以中国—菲律宾—西班牙之间的大三角贸易所占比重更大。

1766 年的“忠告”号是第一艘从西班牙加的斯港出发绕道好望角

而直达马尼拉的西班牙商船。据记载，1766年至1783年间共有14艘西班牙商船载运欧洲商品循上述航线来到菲岛。返航船只则将中国商品经菲岛直接运回西班牙，而不再中经墨西哥。[①]

1785年“菲律宾王家公司”成立后，特许菲律宾每年可运送2000吨货物到美洲的加拉加斯、库马纳和马拉开波等地销售。此外，事实上从菲律宾运往西班牙的“东方商品”到达加的斯港后，只须再缴纳一次出港税，即又可运往美洲各地。因此历史上西班牙王室禁止菲岛与美洲大陆贸易的限令已不复有效。菲岛商人利用这一机会则在墨西哥城、维拉克鲁斯、利马和布宜诺斯埃利斯等地建立了自己的商务代办处。这对菲岛商人来说在极大程度上扩大了他们的生存空间，也扩大了“东方商品”在美洲的流通范围。

但在上述历史时期，西班牙与菲律宾之间的贸易仍占主导地位。1785年10月有3艘西班牙商船从加的斯出发前往菲律宾，为数可谓相当可观。而且从菲律宾运回西班牙的“东方商品”也获利颇丰。1787年，在加的斯转销“东方商品”可获57%的利润。有资料显示，仅1803年1月西班牙商人在欧洲销售的“东方商品”即达3.85亿雷亚尔。[②]众所周知，在18世纪以前，在马尼拉能够买到的“东方商品”中，中国商品一直占举足轻重的地位。因此在菲律宾与西班牙的直接贸易中，中国商品的重要性是不容忽视的。

在西班牙国王卡洛斯三世下令成立“菲律宾王家公司”的谕令中还特别鼓励菲律宾开展与其他亚洲各港口之间的贸易活动。其中，菲律宾与中国的贸易不仅日趋活跃并出现了一些新的特点：

首先是旅菲华人在中菲贸易中起到重要的中介作用。1778年经王

① 贝尼特斯：《菲律宾》，第130页。

② 舒尔茨：《马尼拉大帆船》，第412—414页。

室批准具有自由主义经济思想的何塞·巴斯科—巴尔加斯出任菲岛的新总督。巴斯科一方面促进菲岛自主经济的发展以减少对菲墨贸易的依靠，另方面他撤消了对菲岛非基督徒华人的驱逐令，并把他们当作促进菲岛经济发展的一支有生力量来看待。巴斯科最初的意图虽然是想把华人的经济活动限制在农业领域，但经济发展有其自身的运动规律。尤其是华人具有刻苦耐劳，勤俭节约的优良传统，通过艰苦奋斗，有些华人陆续有所积累，于是他们慢慢地开始渗入到商业领域并在菲岛城乡销售网络的形成中起到重要的促进作用。其中，一些富有资产的华人一步步地在中菲贸易中成为中介人。在菲岛，他们从岛内各地收购各类供出口中国的商品；在中国，则从广州、厦门等口岸组织对菲律宾的出口业务。他们逐步成为了联结中菲两国贸易往来的桥梁。

其次，西班牙商船逐步取代了中国帆船在中菲贸易中的主导地位。自从西班牙占领菲岛以后，中菲之间的贸易几乎完全由中国出洋的船只来承担。如前所述，由于清统治者不断实行“海禁”并对出洋船只的规模及出口商品种类都有着严格的限制，因此使中国帆船队伍在东南亚的海上贸易中逐渐失去了传统的优势。中国这种海外贸易的衰落趋势在中菲贸易中有着典型的反映。在中国—菲律宾—墨西哥—西班牙多边贸易的第一个阶段，即其发展期，每年驶抵马尼拉的中国帆船一般在 20—30 艘之间，有时高达 40 余艘。然而到中国—菲律宾—西班牙大三角贸易时代，以 1795 年为例，该年仅有 6 艘中国帆船在马尼拉入港。1797—1812 年，每年平均只有 8 艘中国帆船抵菲。到鸦片战争时期，像 1840 年及 1849 年，每年仅 4 艘中国帆船到达马尼拉。[1]

在中菲贸易中，与中国帆船抵达马尼拉数目年复一年递减的颓势成

---

① 威克伯格：《菲律宾生活中的华人 (1850—1898)》(Wickberg, *The Chinese in Philippine Life,1850—1898*)，耶鲁大学出版社 1965 年版，第 83 页。

鲜明对照的是，前来中国港口从事贸易活动的西班牙商船数量却呈上升的趋势。1731 年曾有一艘西班牙商船携带 40 万西班牙银元到广州直接购买丝货。[①]到乾隆初年，即 18 世纪 30 年代以后，厦门正式开辟为对外贸易口岸，自此不断有西班牙商船来这里贸易。至嘉庆元年（1796）厦门有洋行 8 家、大小商行 30 余家，"洋船"、"商船千余号"[②]。由于当时没有精确的海关记录，所以每年有多少西班牙船只驶抵厦门乃至其他中国港口，已无从得知。但由于西班牙商船频频来华贸易，以致不少船只不幸遭遇海难。从中国史籍中有关西班牙遇难船只的部分记载来看，也从侧面证实了西班牙船只来华的数量是不容低估的。像 1739 年两广总督马尔泰上报朝廷前一年吕宋国(菲律宾)有船因贸易被风"坏船"漂至中国海面；1740 年马尔泰上奏一艘西班牙铁钉船在广东海面遇风被毁；1750 年又一艘西班牙船遭风难；1781 年西班牙商船"因遭风收泊厦港"；1794 年"吕宋番船""在途遭风，收泊厦港"；1793 年又一艘来自菲岛的商船在洋遭风，"护送来闽"。[③]到 19 世纪初，从中国文献中仍依稀可以见到关于西班牙失事船只的记载。像 1822 年、1845 年，地方官员均曾将遭遇风难的西班牙船只的处理结果上报给朝廷。[④]从西方文献来看，1830 年至 1850 年间西班牙来华船只从每年三四艘增加至 30 多艘。1856 年来华西班牙船只高达 44 艘之多。[⑤]如果我们回眸 17 世

① 吉阿松：《英国与菲律宾的"区间贸易"》，第 78 页。

② 周凯：《厦门志》，卷五。

③ 《清高宗实录》，卷一〇一、卷一〇六、卷三六三、卷一一四一、卷一四五一、卷一四八一。

④ 《清宣宗实录》，卷四七、卷四二四。

⑤ 沃伦：《十八世纪末与十九世纪中国与苏禄贸易》(J.F.Warren, *Sino-Sulu Trade in the late Eighteenth and Nineteenth Centuries*)，载《菲律宾研究》(*Philippine Stadies*)，1977 年第 1 期，第 67 页。

纪初中国—菲律宾—墨西哥—西班牙多边贸易的高峰年代，如前所述，1612 年从中国驶往菲律宾的中国船只多达 48 艘。而 1856 年从菲岛来华的西班牙船只竟为 44 艘。这两个数字表明中国与西方国家之间的经济实力和海上力量的对比已经发生了根本性的变化。

在中国—菲律宾—西班牙大三角贸易年代由于在中菲一段贸易中，西班牙商船来华数量日益增多，西班牙商人也开始直接参与到中国的进出口贸易活动当中。除在厦门西班牙商人建立了贸易机构外，在广州他们也建立了“商馆”。它实际上是“菲律宾王家公司”的在华代办处。它所拥有的建筑物，是广州外国人“商馆”中最漂亮、最豪华的一座。直到 1832 年“菲律宾王家公司”破产后，西班牙商馆的工作人员才撤出中国，连旗杆也移走了，“商馆”原建筑物则被英国商人买去。①

在上述历史时期西班牙商船所以大量前来中国贸易，一方面固然是因为中国帆船贸易自身的衰落为西班牙人提供了机遇，同时也与中菲贸易的内容发生了根本性的改变有关。

在分析中国—菲律宾—墨西哥—西班牙多边贸易的特点时，我们曾指出用中国的丝绸等贵重商品换取美洲的贵金属是这一贸易的主要物质交换形式。到中国—菲律宾—西班牙大三角贸易时代，在中菲这段贸易中，虽然在商品交换中仍包括双方具有互补性的土特产品，比如菲律宾向中国出口的有烟草、棉花、苏木、燕窝、海参、乌木、牛皮、筋脯等物；中国向菲律宾出口的有丝、丝货、瓷器、雨伞、纸札等物，但大米在中菲贸易中却越来越占有重要的地位。这是因为中国东南沿海地带人多土地贫瘠，粮食供应时时难以为继。尤其是广东一带，“粤东滨海之区，

① 亨特：《旧中国杂记》(William C. Hunter, *Bits of Old China*)，上海 1911 年版，第 186—188 页。

耕三渔七，幅员辽阔，民食不敷，岁仰广西桂、柳、梧、浔诸府之接济。设遇粤西年荒，诸郡闭粜，则粤东米价翔贵，小民粒食维艰。”而菲律宾则土地肥沃，稻米岁岁有余，而且“一石价值数钱”，中菲两地又航程较近，因此进口菲律宾的稻米，以解福建、广东沿海地带民用之需，自然是最合理的选择。所以1743年乾隆皇帝(1736—1795)下达谕旨:“凡遇外洋货物来闽、粤等省贸易，带米一万石以上者免其船货税银十分之五；带米五千石以下者免其船货十分之三，其米听照市价公平发粜。”①这种优惠政策极大地刺激了西班牙商人来华做粮食交易的积极性，这也就是我们前面所述及的西班牙商船来华数量日多的原因之一。

进口大米需用硬币弥补贸易逆差。然而中国不仅缺少贵金属，即使铸造硬币的主要原料铜，有时也是供不应求。所以清廷时时感到这种用硬币偿付米价的贸易难以为继:对进口大米减税，必然造成关税的流失；提高关税又会使西班牙商人失去向中国出口菲岛大米的积极性。清廷在对进口大米是减税或是增税上，政策摇摆不定，致使中菲之间的大米贸易也时起时伏。②

中菲之间的大米贸易始于18世纪末，持续至鸦片战争以后。随着西方殖民国家对中国的侵略，中国已沦为半封建半殖民地国家。至1870年，中国已再无商船前往菲律宾贸易。西班牙商船前来中国的贸易活动在英国等后起的殖民国家的竞争和排挤之下也逐步衰落下去。1898年在美西战争中，西班牙战败。菲律宾从此变成了美国的殖民地。因此继1815年中国—菲律宾—墨西哥—西班牙多边贸易终止后，中国—菲律宾—西班牙大三角贸易也最终解体。中国与西班牙之间的经济与贸易关系进入消沉时期。

---

① 萧令裕:《粤东市舶谕》。

② 可参阅梁廷:《粤海关志》，卷二四。

五、中国—菲律宾—墨西哥—西班牙多边贸易和中国—菲律宾—西班牙大三角贸易在促进相关国家和地区经济发展及东西方文明交流方面的历史作用

中国—菲律宾—墨西哥—西班牙多边贸易和中国—菲律宾—西班牙大三角贸易从开通到终结大约持续了三个多世纪。在世界市场形成与发展的过程中这两条贸易航线，尤其是前者，发轫的年代早、持续的时间长，而且对相关国家和地区的经济发展及东西方文明的交流都曾起到过重要的促进作用。

（一）华夏文明在菲律宾、拉丁美洲和西班牙的传播及对上述地区经济与文化发展的促进作用

1. 菲律宾

前面，在述及中国—菲律宾—墨西哥—西班牙多边贸易发展趋势时，通过具体的统计数字已显示出中国商品曾对菲律宾经济发展所起到的重要促进作用，对此不再赘言。

伴随中菲贸易的发展像中国的丝绸、棉麻织品、瓷器、铁器、手工艺品、纸张、文具以及橙橘、糖等在菲岛得到广泛的传播，从而部分地满足了菲岛各阶层对生活日用品的紧迫需求。

大量中国商品汇聚到菲律宾后，又使马尼拉发展成西太平洋中的一个重要的物资聚散地，每年都有葡、英、荷等殖民国家商人把印度、印尼，甚至波斯的产品拿到这里来换取中国商品；由于中国朝廷屡次禁止日本直接来华贸易，所以日本商人更经常到马尼拉来采购中国丝绸等物。由此使马尼拉发展成一个繁华的国际贸易大港，并享有“东方威尼斯”的盛誉。

随着中菲贸易的发展，在菲华人有日益增多的趋势。1571年在菲（马

左：海外华商 右：马尼拉华人社区（即“涧内”）

尼拉）的华人仅150人；1588年已达1万人；至1603年在菲华人已达3万；19世纪旅菲华人最多曾达10万之众。[①]在寓居菲岛期间，他们对当地的经济发展起到巨大的开拓和支撑作用。农田水利的兴建、农作物与耕畜的引进和先进耕作技术的推广、工业的开发、商品的零售与内销，“筑庐舍，操拥贾杂作”，无一不饱含华人的辛苦与汗水。

事实上，运往拉丁美洲和西班牙的中国商品，有些实则为寓居在马尼拉的华人能工巧匠所制造。再以往返于菲墨之间的马尼拉大帆船来说，造船的工人其主体是菲岛土著居民，而关键工序的技工往往由华人担任。大帆船上的水手服装、途中用于贮存淡水的大瓮以及食用面粉，或由中国运来或由旅菲华人提供。正如明代官员徐学聚指出的：“且谓吕宋本一荒岛，魑魅龙蛇之区，徒以我海邦小民，行货转贩，外通各洋，市易诸夷，十数年来，致成大会，亦由我压冬之民教其耕艺，治其城舍，遂为隩区，甲诸海国。”[②]连西班牙殖民统治者也不得不承认，“没有中国人，

① 阿利普：《菲律宾与中国十个世纪的交往》(E.M.Alip, *Ten Centuries of Philippine Chinese Relations*)，马尼拉1959年版，第12页；《菲岛人口调查(1903)》(*Census of the Philippine Island :1903*)，华盛顿1905年版，第1卷，第49页。

② 陈子龙等辑：《明经世文编》，卷四三三。

这个城市(马尼拉)就不可能存在或维持下去,这是天经地义的事实。"[①]

2. 墨西哥及拉丁美洲其他地区

1573 年首批中国商品随马尼拉大帆船进入拉丁美洲市场并受到欢迎。在其后的 250 年间，每逢满载中国商品的大帆船到达阿卡普尔科港均被视为殖民地生活中的一件盛事。

阿卡普尔科原是濒临太平洋的一个荒凉小镇，1598 年人口不过 250 户。[②]但随着中国—菲律宾—墨西哥—西班牙多边贸易的开展，阿卡普尔科渐渐繁荣起来，到 19 世纪初，该镇人口已达 4 千人。[③]每逢满载中国货物的帆船到达该港，这里便开始举行盛大的集市贸易，人口可骤然增至 1 万 2 千人。[④]当地的印第安人、黑人、混血种人和白人商人以及来自东方的菲律宾人、中国人、印度水手和莫三比克的卡菲尔人都齐聚一堂。有买有卖，盛况空前。1679 年旅游美洲的意大利神甫盖梅里·卡莱里在其日记中，曾记录了阿卡普尔科集市留给他的印象。初临该镇时，他至感失望："我觉得用'渔村'这样一个不起眼的名字来称呼它比用'南海第一大城'或'通往中国之梯'这样夸大其词的字眼来称呼它更为贴切。它的房屋低矮、龌龊，多用木料、泥和麦秸垒成。"但到了集市之日，"阿卡普尔科一下变了模样，从一个村野小镇变成了通衢大邑，原来由肤色黝黑的混血种人居住的茅棚，而今住满了骄狂的西班牙人。到星期六（1 月 26 日）又有一大批墨西哥商人带着大量钱财和欧洲的以及当地的商品蜂拥来到这里。"[⑤]阿卡普尔科集市贸易的规模

① 舒尔茨：《马尼拉大帆船》，第 92 页。

② 同上，第 373 页。

③ 同上，第 374 页。

④ 同上，第 375 页。

⑤ 卡莱里：《新西班牙之行》，第 7 页。

与当时拉丁美洲乃至世界其他著名的集市相比毫无逊色。18 世纪末在拉丁美洲做科学考察的德国著名学者洪堡称阿卡普尔科集市为“世界上最负盛名的集市”。[①]阿卡普尔科集市贸易一经结束，如前所述，商人们便驱赶驮运着贵重的中国货物的骡队争先奔赴墨西哥城，以售高价。中国货物运到墨西哥城以后，部分商品从这里再行销墨西哥内地以及拉丁美洲其他地区；更有部分中国货物经墨西哥东岸的要港维拉克鲁斯远销西班牙和其他欧洲国家。

在中国与拉丁美洲贸易之初，秘鲁总督辖区也曾和菲律宾进行过直接贸易以购买中国货物。1582 年西班牙王室禁止了这种双边直接贸易后，秘鲁只好派船到阿卡普尔科趁集市贸易之机，采购中国货物。盖梅里·卡莱里在其日记中对此也有所描述。在集市贸易开始前，“几乎所有从秘鲁乘船来的商人都上岸住宿，他们随身带来 200 万比索银元以购买中国货。”[②]集市贸易结束后，他们载货返回秘鲁。在秘鲁首府利马，最繁华的是“商人街”，大商号达 40 余家，有的商号资本在百万比索以上。中国货物是这些商店里的畅销品。

中国货物特别是丝货，经秘鲁还远销布宜诺斯艾利斯、智利和南美大陆其他地区。中国货物也进入了中美洲和加勒比海诸岛，可以说“沿南美洲海岸，无处不有中国丝绸的踪迹。”[③]在输往拉丁美洲的中国商品中，丝织品最为当地人民所欢迎，绚丽多采的中国绸缎被拉丁美洲人民誉为“春天”。殖民地商人和贵族更看中中国的“贡缎”和“宁绸”，

① 舒尔茨：前引书，第 381 页。

② 卡莱里：前引书，第 10 页。

③ 布雷德利：《拉丁美洲与太平洋彼岸之关系》(A.Bradley, *Trans-pacific Relation of Latin America*)，纽约 1941 年版，第 6 页。

远销墨西哥的中国丝织品

他们认为“冠以‘贡’字的丝绸产品是从中国贩来的最好货色，特别是南京出产的一种有光泽的白绸，真是精美绝伦。”[①]西属美洲侈奢成风的贵族往往以穿中国丝绸缝制的衣服为荣，“为了把自己打扮得光彩夺目，他们毫不吝惜银子和宝石，他们身着金缕衣和中国最精致的丝绸。”[②]“那些无日不在节日中的女士们从（中国运来的）船货中看中了可供她们打扮的款式新颖和奢华的丝袍。”[③]传教士们常常用中国的丝绸为自己缝制法衣；为了给宗教仪式增加光彩和戏剧性的效果，中国丝绸也被用来做教堂里的饰物，特别是印第安人的教堂多爱用便宜的中国丝绸来装潢，以便显得很体面。“以前这些教堂由于无力购买西班牙的丝绸，饰物显得异常寒酸。”[④]除丝绸外，中国的棉麻织品也大量输入拉丁美洲，其价格又远较同类西班牙产品为低，因而受到拉丁美洲广大劳动人民的欢迎。墨西哥湿热低地的印第安人是廉价的中国货物的热情买主。当哈拉帕举行集市贸易时，当地的印第安人便带着土特产品到这里来换取从墨西哥城运来的中国货物。新西班牙总督拉维亚希赫多曾指出：“菲律

① 比尔希略·罗埃尔：《殖民地社会经济史》(Virgilio Roel, *Historia SocialyEconomica de Colonia*)，利马 1970 年版，第 179 页。

② 舒尔茨：前引书，第 363 页。

③ 布雷德利：前引书，第 6 页。

④ 布莱尔与罗伯逊：《菲律宾群岛》，第 12 卷，第 64 页。

宾贸易在本辖区内倍受欢迎，因为它的商品恰适贫困者的需要。”[①]在秘鲁总督辖区也有人指出，中国衣物“是最赚钱也是销路最好的货物，因为穷人穿这些衣物。”[②]当印第安人和黑人买不到中国出产的亚麻衣物时，他们宁可破衣烂衫，也不去买西班牙的产品，因为“他们没有钱花上八个雷亚尔去买那些本来可用一个半雷亚尔就能买到手的东西。”[③]广大的印第安人矿工都爱穿中国生产的衣物，和西班牙产品比较起来，“中国货更便宜、更经久耐用。”[④]

中国精美的瓷器在拉丁美洲也得到广泛的传播，从墨西哥到秘鲁，各地商店都陈列着中国的瓷器。仅 1573 年驶抵阿卡普尔科的两艘大帆船就运去 22300 件瓷器。[⑤]然而，拉丁美洲市场上对瓷器的需求量很大，而运抵美洲的中国瓷器终归数量极为有限，因而瓷器售价十分昂贵。据记载，在中国瓷器初入美洲年代，往往要用与瓷器等重的白银才能换得一件中国瓷器。[⑥]康、雍、乾三代中国制瓷业进入高峰阶段，输往拉丁美洲的瓷器也日益增多。在上层社会，中国瓷器被陈设在客厅最显要的位置上。此外，一些较小的中国瓷瓶通常都摆在厅廊里当作花瓶，或在室内用以储存银币和首饰；中国瓷制餐具几乎等于持有者家族财富的标志，像墨西哥的塞万提斯家族和科尔蒂纳公爵等，为了夸耀其门第的显赫和高贵，都曾派专人来华订制成套的“纹章”瓷。[⑦]很多教堂也曾专

① 舒尔茨：《马尼拉大帆船》，第 362 页。

② 罗埃尔：《殖民地社会经济史》，第 179 页。

③ 布莱尔与罗伯逊：前引书，第 27 卷，第 201 页。

④ 同上，第 27 卷，第 202 页。

⑤ 舒尔茨：前引书，第 27 页。

⑥ 特雷罗：《新西班牙之工艺美术》(M.R.de Terrero, *Las Artes Industriales en la Nueva Espana*)，墨西哥 1923 年版，第 202 页。

⑦ 同上，第 205 页。

一珍藏中国瓷器，当作贵重的教产。何塞·塞雷拉神甫一人就拥有300件中国瓷器。[①]由于瓷器极为贵重，人们就连瓷器的碎片也舍不得丢弃，往往用碎瓷片去装饰庭院或花园中的小路。在圣安赫尔，至今还留存着一处镶嵌着瓷片的喷泉的遗迹。在同一宅院的壁龛上点缀着瓷盘，两旁的立柱上则镶有瓷碗。在那个时代，这无疑是一种豪华之举。[②]

在拉丁美洲殖民时期最为贵族家庭所钟爱的是中国福建出产的一种“瓷狮”，它雄踞在四方型底座之上，昂首举目，从张开的口中可略略看到獠牙。瓷狮鬃毛高耸，尾巴夸张地竖直，其造型十分威武。但狮子脚下又踩着一个绣球，似乎它在与球玩耍。雄狮嘴中还含着一条丝线，它把勇猛与调侃两种不同的情趣巧妙地结合在一起，给人一种艺术上美的享受。在殖民时期因为狮子是西班牙王室权威的象征，所以很多名门贵胄往往把这种“瓷狮”放在家庭最显眼的地方，以表达他们对王室的忠诚。也正为此，在拉丁美洲独立战争中，有些起义者把“瓷狮”当作王权的象征而加以毁坏。所以“瓷狮”作为历史文物在拉丁美洲保存下来的已十分有限。[③]

当16世纪到18世纪“中国热”席卷欧洲，“洛可可”艺术风格盛行一时的年代，这股热潮也波及到拉丁美洲。在“洛可可”艺术风格的影响下，美洲殖民地上层人士为了掩饰内心的空虚和精神上的贫乏，他们一味追求豪华和富丽堂皇的效果，尤其崇尚色彩的艳丽、飘逸和线条的流畅与奔放。于是名门和权贵之家在室内装饰方面犹如欧洲那样，专一摆设中国器物：墙上贴着中国的壁纸，并悬挂着中国的山水字画；造

① 比尤德莱伊：《东印度公司的瓷器》(Mickel Beurdeley, *Porcelain of the East lndia Companies*)，伦敦1962年版，第80页。

② 特雷罗：前引书，第207页。

③ 特雷罗：前引书，第205—206页。

型优雅、高达一米多的大号中国瓷瓶则摆在客厅里，与中国屏风、精雕漆柜、镂花硬木家具以及丝绸绣花台布和窗帘交相辉映，使殖民时期呆板、沉郁的邸宅充满了一种清新高雅的东方情调。

殖民时期，美洲的房屋建筑在整体上仍保持着欧洲的传统模式，但是在某些建筑物的局部结构和装饰风格上也受到中国建筑特点的影响。曼努埃尔·贡萨雷斯·加尔万即曾指出这一点。[①]清末，张荫桓曾于1885年充任出使美日秘三国大臣。他在《三洲日记》中写道："闻金山华商言，墨西哥都城屋房有类华式者，似华人之经商于墨古亦有之。海外经营载籍盍阙，非如今日之声息遐通也。"[②]所谓"屋房有类华式者"，我们估计一种可能是指墨西哥城中受中国房屋式样影响的建筑物；另一种可能就是殖民时期寓居墨西哥城的华人住宅。至今，墨西哥城保存下来的殖民时期的著名建筑物大约只有30余座。其中素负盛名的"瓷宫"（House of Tiles），被誉为墨西哥建筑走向近代化的一个界标，其瓷砖敷料就是中国产品。[③]

在美洲公众社会生活中也可看出中国古代文明的影响。天主教会在殖民时期拥有相当大的权势。为了影响教民的心理，北起墨西哥南到智利，所有主教和神甫几乎都穿着用中国丝绸缝制的法衣；教堂里则悬挂着中国丝绸制成的挂幛；祭坛上摆着用中国白铜铸造的烛台；从哥特式教堂彩色玻璃窗射进的斑烂阳光与绚丽多彩的中国丝绸交相辉映，烘托出一种神秘的天国气氛。后来，墨西哥的神甫们又把中国的灯笼应用到圣诞节的宗教仪式中。此后，提灯笼夜行遂风行于民间。[④]

① 比利亚尔：《十六至十七世纪西班牙美洲在亚洲的扩张》，第165页。

② 张荫桓：《三洲日记》，卷五，页五。

③ 迈耶与谢尔曼：《墨西哥历史教程》，第268页。

④ 斯坦纳：《扶桑——开拓美洲的中国人》，(S.Steiner. *Fusan-the Chinese who built America*)，纽约1979年版，第81页。

中国的轿子于17世纪传入欧洲，后又演化为轿式马车。这种轿式马车在美洲也风行一时。1625年一位英国人到墨西哥城观光，据他记叙，该城约有1万5千辆马车。一些上层贵族的马车装饰得十分豪华，“车厢上镶嵌着金银饰物并披挂着中国丝绸”。至于马车的主人，“同样引人注目的是构成墨西哥城最重要一部分人口的土生白人和加秋平（指混血种人）的贵族们。每天傍晚五点钟，大道上就排着有钱的妇人们的马车。她们穿着中国的丝绸。在她们前面走过的是一群骑士的行列。”①

在殖民地沉闷的市民生活中，玩纸牌成为人们消磨时光难得的娱乐项目，“各阶层的人都迷恋于下棋和打牌。”②而西方的纸牌也是受到中国纸牌的启发才仿制出来的。

风筝是中国劳动人民智慧的产物，传入美洲后深受人们欢迎。美洲人很快学会了仿制风筝。从其造型上来看，则始终保持着鸟、虫这些中国风筝传统的形象。后来，风筝在印第安人中得到广泛流传，放风筝成了他们喜爱的一种娱乐活动，他们称风筝为“帕帕洛特”（Papalotl），意为“蝴蝶”。中国的爆竹和礼花传入美洲以后，成为节庆日最受人们欢迎的项目之一。1656年在利马市一次民间节日的庆典上，夜空中突然呈现出“七头蛇（龙）”的时候，激起利马市民一片欢呼。③

随着中国—菲律宾—墨西哥之间贸易的发展，一些原产中国的农作物也开始移植到拉丁美洲大地，比如芒果、罗望子、柑橘、樱桃和茶叶等。此外，在加利福尼亚尚属于墨西哥的年代，当地居民称马为“中国马”，这也从旁证明当年有些中国牲畜曾引进拉丁美洲。④

---

① 派克斯：《墨西哥史》，三联书店1957年版，第99页。

② 迈耶与谢尔曼：《墨西哥历史教程》，第241页。

③ 比利亚尔：《十六至十七世纪西班牙美洲在亚洲的扩张》，第149—165页。

④ 斯坦纳：前引书，第91页。

在工业生产方面，毫无疑问，造纸业和印刷业的兴起，对美洲殖民地文明的发展起了巨大推动作用。造纸术和印刷术是中国古代文明的光辉象征，地理大发现以后经欧洲而在美洲得到了广泛的传播。1575 墨西哥建成美洲第一家造纸厂；1539 年墨西哥城创建了美洲第一家印刷厂；1584 年秘鲁也兴办了印刷厂。在印刷业初步发展的基础上，美洲殖民地的教育事业才有所发展，1553 年创立了墨西哥大学。①

前已有述，18 世纪中叶在西班牙王室禁止其殖民地种桑育蚕后，墨西哥的丝织业不得不依靠进口中国的生丝才得以维持下来。当时在墨西哥城、普埃布拉和安特奎拉等地丝织工场中劳动的手工匠人不下 1 万 4 千人。他们吸收了中国的先进丝织技术，所织就的“镶着金银丝的锦缎光彩夺目，足可以和任何欧洲的产品相媲美。”②

由于从中国进口瓷器价格昂贵，一般居民无力购买，而现实生活中普通居民对瓷器又有大量的需求，这就促成了当地陶瓷业的兴起。普埃布拉城在 17 世纪上半叶仅有四十几名陶工在仿造中国瓷器；到 1793 年该城已有 46 家制瓷工场，成了美洲闻名的制瓷业中心。但从其产品的造型到釉彩的施用，仍可看出中国瓷器的影响。③

如前所述，矿业（特别是采银业）是西班牙殖民统治时期墨西哥经济的巨大支柱。然而进入 17 世纪，墨西哥的矿业生产却经历了一段衰退时期，主要原因之一就是水银供应不足（当时提炼白银用“齐汞法”，需用大量水银）。于是，中国的水银又开始输入墨西哥，并给它的矿业

① 皮康—萨拉斯：《西班牙美洲文化史》(M.Picon-Salas, *A Cultural History of Spanish America*)，加利福尼亚 1963 年版，第 50—52 页；穆索：《秘鲁历史概要》(G.P.Muzzo, *Compendio de Historia del Peru*)，利马 1978 年版，第 103 页。

② 舒尔茨：前引书，第 365 页。

③ 迈耶与谢尔曼：《墨西哥历史教程》，第 238 页。

生产带来了复苏的希望。1613年12月2日，西班牙国王菲利浦三世致信墨西哥总督希尔瓦，对上一年有200公担中国水银运进墨西哥一事表示欣慰。[①]1697年，意大利神甫盖梅里·卡莱里在访问中国之后来到墨西哥。当他拜会新西班牙总督辖区总督何塞·萨恩托—巴利亚达雷斯时，后者曾详尽地询问了有关中国的各种问题，而且他特别关心从中国购买水银的前景。进入18世纪，西属美洲另一个重要贵金属产地秘鲁也出现了矿业危机。由于它的万卡弗利卡水银矿藏已快告罄，造成波托西矿的银产量的锐减。这时，由于中国水银及时输入秘鲁，对秘鲁的银矿生产起了一种挽救作用。[②]除水银外，中国的铁与铜等矿产品也曾输入拉丁美洲。1582年从马尼拉开往秘鲁的一艘大帆船就载去了100公担的铁。1590年出于秘鲁矿业生产的需要，卡湟特总督曾派船直接到菲律宾采购中国的铁和铜。[③]

除工农业生产外，中国商品的输入，还刺激和促进了美洲商品零售业的发展。到18世纪末，如前所述，在墨西哥内地各商路上，大约有7万5千头骡子驮运着从阿卡普尔科港进口的中国及其他东方国家货物转销拉丁美洲各地。在马尼拉帆船贸易盛行的年代，从墨西哥到智利，从波托西到萨卡斯特卡斯，到处的商店里都陈列着中国商品。

在贩运与走私中国货物的过程中，一方面促进了美洲内陆商路沿线地带的经济发展，另一方面中小商人的队伍得到壮大。为了商业利益他们既要与殖民地西班牙大商人垄断集团做斗争，又要突破殖民当局对走私活动的限制，因此在这类中小商人当中萌发了“分立主义”的情绪。

---

① 布莱尔与罗伯逊：《菲律宾群岛》，第17卷，第237页。

② 卡莱里：《新西班牙之行》，第143页；科湟茨克：《拉丁美洲·殖民时期》，第282页。

③ 博拉：《墨西哥与秘鲁之间早期殖民地贸易与航运》，第118页。

在拉丁美洲独立战争中，很多优秀的反殖民主义战士就出自走私贩的队伍，像墨西哥独立战争领袖莫莱洛斯（Jose Maria Morelos y Pavon，1780—1815）就曾经是“中国大道”上的一个走私贩。

尤其是在中国—菲律宾—墨西哥—西班牙多边贸易开通的年代，很多华人也曾随马尼拉大帆船来到美洲，他们对当地的经济发展曾起到一定的促进作用，其中一些华人更成为华夏文明的直接传播者。

在上述华人当中，有的是被当作仆役甚至奴隶从马尼拉运往美洲的。当年在菲律宾的一些华人为了谋生，曾充当西班牙达官贵宦以及富室巨商的仆役。当这些殖民者离开菲律宾时，常常带着随身的华人仆役回归美洲。到了新大陆，这些华人往往仍为他人仆役，正像西尔维奥·萨瓦拉所指出的，他们多半“在官宦之家从事家务劳动。”[①]还有些华人在菲律宾因债务或其他原因而沦为奴隶，也有的在贩海贸易中被西方海盗劫持后，在马尼拉奴隶市场上转卖为奴隶。其中有的华人奴隶被运往美洲出售。1614 年，中国少女美兰随其父母远航海外，在中途遭到西方海盗的劫持，并被运到马尼拉奴隶市场上出售，后来美兰为一西班牙船长买作女奴带往墨西哥就是其中一例。[②]

由于马尼拉大帆船运载奴隶占去了过多的舱位，以致影响了货运量；奴隶在航程中又要消耗大量的粮食和淡水，这又是大帆船所不胜负担的。有鉴于上述原因，西班牙王室于 1608 年、1626 年、1700 年多次颁布谕令，限制或禁止向美洲输出奴隶。但通过走私向美洲输出“亚洲奴隶”的情形仍时有发生。[③]在同一历史时期，在马尼拉大帆船上服役的华人

① 博拉：《墨西哥与秘鲁之间早期殖民地贸易与航运》，第 118 页。

② 欧阳民主编：《墨国下加省华侨沿革史》，香港 1971 年版，第 85—86 页。

③ 比维斯:《西班牙和美洲社会经济史》，第 3 卷，第 445 页；舒尔茨:《马尼拉大帆船》，第 33 页。

水手在船上其处境和苦役犯无异，饱受殖民者的凌辱和虐待，食不果腹，再加上传染病和坏血病的流行，导致华人水手大量死亡。据记载，在一些船上，“每当黎明到来总会发现有三、四名水手已经死去。”[①]因而，船上不时发生水手的反抗斗争。一旦大帆船驶抵阿卡普尔科港，很多水手登陆后遂想方设法逃亡。1618 年“圣灵”号大帆船上的 65 名土著水手中就有 60 名逃亡。这些逃亡的水手在纳维达德、阿卡普尔科和科利马一带沿太平洋海岸或流浪，或以酿造棕榈酒为业。[②]在上述“土著”水手中，很可能包括一些华人水手。因为当时西方殖民者很难区分哪些水手是中国人，哪些是菲律宾人，因而有些菲律宾人被他们当成了中国人，也有中国人被他们当作菲律宾人的时候。

前往美洲的华人中，也有一些商人。他们携带丝绸和瓷器等精美的中国商品前往美洲，用以交换墨西哥和秘鲁等地铸造的银元。据记载：“1643 年前，来到（美洲）海岸的中国商人——俗称‘购银人’——用他们精致的商品交换我们的贵金属。”[③]当时运到美洲的中国瓷器数量有限，因而价格十分昂贵，据 1572 年在美洲旅行的英国人恩里克·霍克思记叙，“要想得到一件这种器物（瓷器），往往要用与之等重的银子来购买。”[④]以物易银，是华商赴美洲的主要目的。

在濒临太平洋的阿卡普尔科港，每当大帆船在这里靠岸，都要举行盛大的集市贸易。中国商人也曾活跃于集市贸易之中。集市贸易结束后有些华人便在阿卡普尔科留住下来，随着时间的推移，这里的华人逐年增多，并颇具影响力。在 17 世纪“商业战争”激烈的年代，西属美洲

① 舒尔茨：《马尼拉大帆船》，第 212 页。

② 布莱尔与罗伯逊：《菲律宾群岛》，第 18 卷，第 185 页。

③ 特雷罗：《新西班牙之工艺美术》，第 202 页。

④ 比利亚尔：前引书，第 151 页。

殖民地的沿海城市不断遭到英、荷等国海盗的骚扰和劫掠。1697 年，阿卡普尔科市民组织了三个连队的“民兵”实行自卫，其中一个连队就是由华人组成的。[①]在市政建设方面，华人也含辛茹苦，卓有贡献，正如中国文献所说：“墨之棉司加利州（阿卡普尔科）市廛初系华侨所辟，近已渐臻繁庶。”[②]阿卡普尔科则因之被誉为“唐人城”。[③]除阿卡普尔科以外，像墨西哥太平洋沿岸的马萨特兰、纳维达德和科利马等地，也都有华人的踪迹。

从阿卡普尔科通往墨西哥城的崎岖小径，随着马尼拉帆船贸易的兴盛而发展成一条商旅相继、骡马不断的商路。明清时代不断有华人沿着这条商路前往墨西哥城，据记载远在 16 世纪该城已经有了“唐人街”。[④]来自中国的医生、裁缝、织工、金银首饰匠、铁匠、木匠以及商人，在墨西哥辛勤劳动，生生不息。[⑤]有关他们的社会活动，在殖民时期的历史文献中很少述及。我们现在所能接触到的有关华人在墨西哥早期活动的资料，主要是 1635 年 6 月 22 日，费尔南多·索萨呈递墨西哥城市议会首脑佩德罗·桑蒂连的一份陈文。其中谈到墨西哥城的华人理发师数目日渐增多，抢了西班牙人理发师的生意，因此这些西班牙人要求市议会采取强制性措施，将华人理发馆限制在 12 家以下，并且全部要从市中心广场周围迁到市郊去。[⑥]通过这份陈文，我们可以看到当年华人曾活跃在墨西哥城的社会生活之中。

---

① 卡莱里：《新西班牙之行》，第 9 页。

② 王亮：《清季外交史料索引》，卷一九。

③ 斯坦纳：《扶桑——开拓美洲的中国人》，第 81 页。

④ 哈林：《美洲西班牙帝国》(C.H.Haring, *The Spanish Empire in America*)，伦敦 1947 年版，第 197 页。

⑤ 斯坦纳：前引书，第 81 页。

⑥ 《远东季刊》(*The Far Eastern Quartely*)，1942 年，第 1 卷，第 4 期，第 387 页。

除墨西哥外，在马尼拉帆船贸易盛行的年代，华人也来到了秘鲁。1579月4月14日，西班牙王室颁发谕令允许危地马拉、秘鲁和南美大陆其他地区直接同菲律宾进行贸易。1586年马尼拉城一些市民头面人物在呈交西班牙王室的一份备忘录中，曾要求禁止华人前往新西班牙（墨西哥）和秘鲁。[①]可见远在16世纪末，已经有中国人到达了秘鲁，而且有了一定的规模。

进入17世纪，西班牙王室早已禁止了秘鲁和菲律宾之间的直接贸易，秘鲁只好每年派船到阿卡普尔科去购买中国货物。于是一些旅居墨西哥的华商和华工则随返航船只来到秘鲁。保塞·弗朗西斯科·德穆加布鲁在成书于17世纪的《利马日志》一书中，就有关于1648年8月利马城的华人杀死一名西班牙人和1656年住在利马塞尔卡多区的一名华人故去的记载。[②]1700年左右，在利马繁华的商业街上，有法国、意大利、德国、佛莱蒙（今荷兰）、希腊、爱尔兰、英国和印度等许多外国商人在营业，而华商也跻身其中，从事着繁忙多样的贸易。[③]在中国—菲律宾—墨西哥—西班牙多边贸易开通之后，西属美洲殖民地已进入建设时期，急需各行各业的能工巧匠。印第安人在工艺制造方面虽有自己的传统和令人赞叹的技艺，但他们古朴的艺术形式并不为殖民者所欣赏。中国手工艺人在菲律宾表现出来的奇思妙想，曾使当地的殖民者叹为观止；此外，在一般殖民者的心目中，一个华工要比三个印第安人还能干。[④]正是出于上述考虑，从16世纪末叶起，西班牙王室才允许一些华人工匠进入美洲。

---

① 舒尔茨：《马尼拉大帆船》，第301页。

② 比利亚尔：《十六至十七世纪西班牙美洲在亚洲的扩张》，第151页。

③ 贝利与纳萨蒂尔：《拉丁美洲文明发展史》(H. M. Baily &.A. P. Nasatir, *Latin America: the Development of Its Civilization*)，美国1960年第3版，第215页。

④ 博克塞：《十六世纪之华南》，第285页。

首先，这些华人工匠是中国古代文明的直接传播者。那些在各行各业谋生的华人，更在生产实践中直接把中国的传统技艺传授给当地人民。象扎制风筝和灯笼的方法，就是由他们介绍给美洲人民的。很多珠宝首饰和雕刻精品出自华人艺人之手；天主教神甫的法衣几乎都是由华人工匠精心缝制的。鞭炮和礼花最初系由中国进口，后来则主要由华工就地制造。埃斯杜阿尔多·努涅斯在描绘当时秘鲁城乡节日盛况时说："中国专家的到来使燃放礼花之举更加广泛。"[①]其次，美洲华人还和印第安人建立了亲密的友谊。由于他们所处的社会地位相接近，因此相互更易理解和同情，而且在艺术上也容易相互借鉴和取长补短。在中国工艺品和华人手工艺人的影响下，"在殖民地的墨西哥，漆器和镶嵌金银的器物上出现了中国式的图案，印第安人工匠对这些图案特别爱好。"[②]在中国工艺品风格和技巧的启发下，印第安人的传统工艺水平有了新的发展。很多印第安人工匠仿照中国扇子，开始生产具有新意的牙扇，并为当地土生白人妇女所珍爱。[③]

在上述历史时期，还有些华人分散居住在墨西哥的一些内地省城。他们或受雇于纺织工场，或在矿井里从事繁重的劳动。那些分散在墨西哥内地省城的纺织工场，主要生产粗呢和糙布，是广大贫困阶层人民日常所需的衣料，因而在殖民地的经济生活中起着相当重要的作用。1571年墨西哥拥有80家规模较大的纺织工场；到1640年已发展到114家，仅墨西哥城就兴办了25家。[④]最初在这些纺织工场中从事生产的主要是印第安人工匠。他们被锁在车间里从日出到日落在鞭打下劳动，境况十

① 比利亚尔：前引书，第152页。
② 派特：《墨西哥史》，第81页。
③ 贝利与纳萨蒂尔：前引书，第231页。
④ 迈耶与谢尔曼：《墨西哥历史教程》，第177页。

分悲惨。这种纺织工场被认为是最不幸的人们的集中地，这里有着最惨无人道的恶行所造成的最大痛苦。由于沉重的剥削和压榨造成印第安人大量死亡。劳动力的缺乏迫使西班牙王室于1601年颁布谕令，禁止在纺织工场里役用印第安人工匠，从此纺织工场的劳动改由黑人奴隶、混血种人和华工来承担。例如在墨西哥纺织中心克雷塔罗市的纺织工场中，就役使着相当数目的华工，他们的境遇“实质上和奴隶毫无二致。”[①]矿业生产是墨西哥经济的另一支柱。以白银为例，当时墨西哥的银产量几乎等于世界银产量的一半。萨卡特卡斯是墨西哥巨大的产银中心，17世纪曾有许多华工和华人奴隶被投入这个矿区从事繁重的采矿劳动。据记载，1646年在矿主弗朗西斯科·德埃斯科维多的一处矿井中就有华工从事采银劳动；在萨卡特卡斯西南170公里的特佩，在埃斯科维多的另一处矿井里也有华工遭受奴役。[②]

在整个殖民时期，究竟有多少华人踏上了美洲的土地，目前尚无确切数据可依。

随着中国—菲律宾—墨西哥—西班牙多边贸易航线的开通，墨西哥除了成为东西方物质文明的交汇地点之外，这里也成为东西方精神文明相互交融的中心。那些为在东方建立“世界天主教王国”而奋斗的传教士，相当一部分是从西班牙出发，途经墨西哥而前往菲律宾和中国。在他们返回西班牙的途中，往往也要在墨西哥停留，以等待前往西班牙的船只。他们从东方带回了有关中国及其他亚洲国家历史、文化、政治体制、宗教信仰、民族习俗乃至山川形势和地理方位等方面的信息，甚至

---

① 哈林：《美洲西班牙帝国》，第60页。

② 奥尔特曼与洛克哈特：《墨西哥早期的省》(I.Altman & J.Lockhart, *Provinces of Early Mexico*)，洛杉矶1976年版，第207页。

像中国的一些图书典籍也被带到了墨西哥。因此墨西哥的一些修道院慢慢变成研究东方文明的中心。后来，当另些西班牙传教士从欧洲再前往东方时，他们在墨西哥停留期间，已可从这里获取相当部分有关东方国家的知识，为他们未来的传教活动打下了一定的基础。我们前面提到的马丁·德拉达，1575年曾出访中国福建省并带回百余种中国典籍。根据他对福建的观察和中国典籍中的相关资料，他在菲岛写出《菲律宾群岛奥斯定修道会神甫马丁·德拉达与其同伴赫罗尼莫·马林以及与他们随行的士兵在中国观察与体验到的事物》一书。1578年马丁·德拉达在随军征战加里曼丹的途中病故。但他的上述著作的手稿以及他从中国带回菲岛的典藉却部分地辗转被送到了墨西哥。这样当1581年胡安·冈萨雷斯·德·门多萨奉西班牙国王菲利浦二世之命出使中国的途中来到墨西哥时，他便看到了马丁·德拉达的上述手稿和他从中国带回来的其他宝贵资料。尽管由于种种原因门多萨最终未能前往中国，但他在墨西哥滞留阶段，已搜集到相当丰富的有关中国的资料，这才使他返回西班牙后，完成了他的不朽名著《中华大帝国史》。

此外，在拉丁美洲殖民时期最享有盛誉的历史学家、耶稣会士何塞·德阿科斯塔（Jose de Acosta, 1540—1599）在他的名著《西印度的自然和道德史》（Historia Natural y Moral de las lndias）一书中，根据他和寓居在美洲的中国人的接触以及和那些从中国及其他东方国家返回美洲的传教士及官吏们的交往，特别是阿科斯塔通过对有关中国等东方国家的图书资料的研究，他不但写出了他对中国的一般印象，而且令人惊异地写下了他对中国语言文字特点的认识：

“他们（中国人）不是用字母拼写词汇，而是用无数事物的形象来组词，写起来极为费力费时。一个稍有文化的秘鲁或墨西哥印第安人，比一个聪明过人、掌握全面知识的中国官员所知还多，因为一个会拼音的印第安人只用24个字母就能拼写出世界上任何词汇，而一个中国官员即使会写10万个字恐怕也很难写出一个专有名词……。"[①]

此外，阿科斯塔还对中文与日文的异同进行了比较，他写道：

"日本贵族能很容易用自己的文字写出任何事物，即使是专有名词也无问题。他们曾将其文字向本人展示，看来该文字很可能有类似字母的东西，尽管大部分字都与中国的象形字是一样的。"[②]

《西印度的自然和道德史》出版于1590年，那正是东西方文化开始接触的时代，阿科斯塔对中国文字以及日本文字能有上述看法，一方面是因为阿科斯塔是位博学多才的耶稣会士，他具有敏锐的观察和判断的能力；更重要的方面则是阿科斯在墨西哥停留期间（1586—1587年）那里恰恰有着浓郁的研究东方问题的气氛和条件。像我们前面提到的西班牙著名耶稣会士阿隆索·桑切斯在1586年从菲律宾返回西班牙的途中，便在墨西哥与阿科斯塔相识。后者虽从桑切斯处得到许多有关中国和东方的知识，因而受益匪浅，但他却不同意桑切斯用武力征服中国的主张。两人曾围绕这一问题展开过激烈的争论。后来阿科斯塔又把他用和平方式传教的观点写给了当时正在中国传教的意大利耶稣会士利玛窦。这封写于1587年3月15日的书信仍保存至今，并收录在《利玛窦全集》之中，成为研究耶稣会传教策略演变过程的重要历史文献。

在阿科斯塔之后，另一位赢得广泛称誉的墨西哥东方学学者便是多明我会修士胡安·德帕拉福克斯—门多萨（Juan de Palafox y Mendoza，1600—1659）。由于他恪尽职守而又博学多才，1639年被任命为普埃

---

① 埃斯图亚尔多·努涅斯著，孙家堃译：《十六、十七世纪东方各国对秘鲁文化的影响及其表现形式》，载《中外关系史译丛》，第5辑，第297页（上海译文出版社1991年版）。

② 同上。

布拉主教。帕拉福克斯深受有“印第安人保护者”之称的拉斯卡萨斯（Bartolome de las Casas，1476—1566）人文主义思想的影响，所以在他的传教区内，他对印第安人的不幸遭遇表示了极大的同情并尽其可能地改善他们的境遇。但是在宗教信仰上，帕拉福克斯又是一位竭力维护基督教教义“纯正性”的卫道士。这两者使他心理上常常处于矛盾之中。

众所周知，在征服美洲时期，西班牙传教士曾用暴力手段强迫印第安人集体加入基督教。但印第安人对自己的原有信仰并没有真正放弃。相反地，在他们当中，偶像崇拜的回潮现象却有越演越烈的趋势。因此，在用人道主义的精神善待印第安人的同时，如何能保持印第安人对基督教的忠诚信仰则是帕拉福克斯经常考虑的一个严肃问题。帕拉福克斯后来对中国和其他东方国家表示出浓厚的兴趣与他的上述思考紧密相关。

至17世纪初，除耶稣会士外，方济各会、多明我会和奥古斯定会的传教士也陆续进入中国传教。不同的教派奉行着不同的传教策略，而且对中国历史和文化特征的解释也各不相同。因此在如何使中国基督教化这一问题上引起了各教派之间的激烈争论，其集中表现就是前后持续大约一个半世纪的“礼仪之争”。[①]这一问题我们将在第四章做专门性的论述。

由于帕拉福克斯一直在考虑印第安人的基督教化问题，因此，发生在遥远中国的“礼仪之争”引起他的浓厚兴趣。他希望从中国基督教化的实践中，能引申出对印第安人基督教化的有益启示。所以他广泛收集

① 所谓的“礼仪之争”是指西方传教士对中国人敬天、祭祖和参拜孔子这些礼仪的不同理解。利玛窦一派耶稣会士认为上述礼仪是种社会政治行为，所以允许信教的中国教民仍可参予上述诸礼仪活动。但另些教派的传教士则认为上述礼仪是迷信活动，因而应禁止中国教民参予上述礼仪活动。西方传教士围绕中国礼仪问题所展开的争论持续了一个半世纪之久。详见本书第四章的相关部分。

并深入研究有关“礼仪之争”的文献和资料。特别是那些途经墨西哥曾在中国传教的教友，帕拉福克斯与他们有着密切的交往并就一些争论的关键问题彼此展开过热烈的讨论。其中，帕拉福克斯与多明我会修士黎玉范（Juan Bautista Morales，1597—1664）的交往给他以极大的帮助。因为黎玉范曾在中国传教多年，而且是黎玉范在返回欧洲后，首先郑重地向罗马教廷指出允许中国教民敬天、祭祖和参拜孔子是一种迷信活动，这完全违反了基督教的基本教义。由此引起罗马教廷对“礼仪之争”的高度重视。

黎玉范离开罗马后回到西班牙，并招募到一些新的志愿者前往中国传教。于是1646年8月13日黎玉范率众来到墨西哥，并准备前往中国。但这一年却无船开往马尼拉，所以黎玉范一行只好在墨西哥暂留。不幸之中的大幸是黎玉范在这里结识了帕拉福克斯。由于二人志趣相投，在“礼仪之争”中观点相近，所以很快成为莫逆之交。帕拉福克斯在与黎玉范的促膝长谈中，一是增加了他对中国的了解；二是使他对于“礼仪之争”的来龙去脉以及“礼仪之争”的实质有了新的认识。特别是黎玉范在“礼仪之争”中的原则立场和坚定的态度使帕拉福克斯深受启发，由此帕拉福克斯开始以更为积极的态度投身于“礼仪之争”的辩论之中，遂使墨西哥继中国和欧洲之后，成为“礼仪之争”的“第三个论坛”。然而帕拉福克斯以及墨西哥在“礼仪之争”中的历史地位和作用至今仍未得到学术界的应有的评价，这也是十分令人遗憾的。

帕拉福克斯有关“礼仪之争”的论文后来收集成上下两册出版，成为研究“礼仪之争”的重要文献。特别是帕拉福克斯认为西班牙传教士分散在世界各地，他们在传播福音以及创建“世界天主教王国”的过程中负有历史重任。因此在宣教策略上应当保持一致，在维护基督教“纯正性”方面，更应立场鲜明而坚定，绝不能放任调和主义盛行一时。要达到上述目的，帕拉福克斯认为只有由西班牙国王出面进行干预才能奏效。所以他在 1646 年 8 月 15 日给西班牙国菲利浦四世（Felip Ⅳ，1605—1665）的信中表达了他的上述祈望。

帕拉福克斯一方面在“礼仪之争”中对西班牙国王能在统一传教士宣教策略方面发挥作用寄以希望；另方面他对同一历史时期西班牙国势的急剧衰落而感到痛心，特别是他对于西班牙会不会由于国力下降而有朝一日成为其他西方列强渔肉的对象而深为忧虑。因为在太平洋彼岸明王朝的覆灭就是个十分令人警醒的实例。为了总结明王朝由盛而衰终致被“鞑靼人”征服的历史教训并用以使西班牙人从中得到启迪和教育，帕拉福克斯用他在墨西哥收集到的资料写出《鞑靼征服中国史（1600—1650）》（*Historia de la Conquista de China por los Tartaros, 1600—1650*）一书。内中盛赞明王朝曾经是个皇帝治国有方，官员具有高尚品德的繁荣昌盛的国度。但在社会弊端日益滋长的时候明统治者却没能防微杜渐，以致社会机体失去了活力，最后为鞑靼人所征服。帕拉福克斯对明王朝覆灭的原因做了如下总结：帝国不是死于不治之症，而是有了病症而未及时治疗。

帕拉福克斯写这部鞑靼人征服中国的历史，其目的实际上是以中国为例而试图唤醒西班牙人，希望自己的国人不要重蹈明王朝覆灭的复辙，他期盼在西班牙国势日衰的危难时刻，西班牙人要发愤图强，要振奋精神。那么西班牙如何才能自救？帕拉福克斯在对明王朝鼎盛时期政治体制进行描绘时，事实上已把他自己的政治理想倾注在其中了，即只要西班牙国王推行如他所描述的明王朝所实施过的那种开明的政治体制，西班牙就能重振往日的光辉。[①]从这一点来看，帕拉福克斯可以视作是 18

① 卡明斯：《西班牙向东方扩张中的耶稣会士和其他教派的传教士》(J. S. Cummins, *Jesuit and Friar in the Spanish Expansion to the East*)，英国 1986 年版，第 395—427 页。

世纪那些欧洲启蒙学者的先驱。帕拉福克斯所以能站在自己时代的前列，是和墨西哥在中国—菲律宾—墨西哥—西班牙多边贸易开通年代中所形成的东西方文明交汇的大环境分不开的。

由于阿卡普尔科位于欧洲和亚洲的中间点，很多欧洲人，尤其是西班牙人只是由西而东来到阿卡普尔科之后，才对东方，特别是中国，开始有了较为具体的认识，由此开始形成一种新的全球观念。像西班牙著名的航海家阿莱杭德罗·马拉斯比纳（Alejandro Malaspina，1754—1810）曾于 1789 至 1793 年在太平洋区域做科学考察并于 1791 年 5 月 1 日至 6 月 23 日在阿卡普尔科作暂短休整。在这里，马拉斯比纳立刻注意到墨西哥中经菲律宾与中国的贸易联系。在寄回西班牙的一封信中，他写到，墨西哥的白银生产急需水银。当他在阿卡普尔科港时，恰好有一艘从马尼拉开来的大帆船运来大量中国水银。在马尼拉每一金塔尔水银可卖到 42 个比埃斯特拉（piestra）。马尼拉已为墨西哥采购到了 3000 金塔尔中国水银，而且还可能采购到更多的中国水银。而购买中国水银要用大量银币支付，这使墨西哥不胜负担。马拉斯比纳通过对太平洋事务的观察，他当即建议用美洲的水獭皮代替银币来换取中国的水银。因为在阿卡普尔科他已经注意到美洲西海岸方兴未艾的“毛皮贸易”。[①]

太平洋区域“毛皮贸易”的兴起与英国航海家库克（James Cook，1728—1779 年）的环球航行紧密相关。当库克率船队抵达广州时，他的一个海员把在美洲海岸从印第安人手中仅用 6 先令买来的水獭皮卖到了 100 美元的高价，“其中有几张毛色动人的水獭皮，每张竟卖到 120

① 梅塞德斯·巴劳：《阿莱杭德罗·马拉斯比纳航海日记》(Mercedes Palau, *Diario de Viaje de Alejandro Malaspina*)，马德里 1984 年版，第 567 页。

美元。”[①]所以库克当即预言，北太平洋水域的毛皮将成为无价之宝。果然水獭皮在广州售得高价的消息一经传出，立即在西方殖民者之间掀起一股捕猎水獭并与中国进行“毛皮贸易”的热潮。这是因为在 18 世纪不仅西班牙，所有其他主要的西方国家在与中国的贸易中，一般都是用白银购买中国的茶叶、丝绸、瓷器和南京布等传统商品。大量白银常年流入中国，使西方国家感到难以为继。出售毛皮既然在中国可以赢得丰厚的利润，那么通过“毛皮贸易”可以不再用白银而直接用毛皮换回在西方广有需求的中国商品，这在当时是非常诱人的前景。于是西方各国船只蜂拥来到北太平洋海域，争先捕猎水獭等珍贵动物，剥取毛皮后，再以此作为购买中国商品的支付手段。

最早与中国进行“毛皮贸易”的国家中，俄国占据重要地位。17 世纪俄国殖民者已越过乌拉尔山侵入西伯利亚。至 18 世纪初，俄国人已到达北美洲并与西班牙在北美的殖民地已有所接触，而且有发生利害冲突的可能性。为了巩固俄国在北太平洋的移民定居点以及为了与其他西方国家争夺北太平洋海域的制海权，俄国人迫切需要用于开发北太平洋的物资与资金。为此他们不失时机地开展与中国的“毛皮贸易”。俄国人将毛皮经鄂霍次克海运至雅库茨克，再用驳船顺勒拿河而上，在伊尔库茨克上陆，至恰克图，再由骆驼将毛皮从这里运往北京。这条“毛皮之路”全程长达 3000 英里，将毛皮从鄂霍次克海运到北京需时 2—3 年。在这种“毛皮贸易”中俄国赢得巨额利润：1697 年对华皮货输出总值达 24 万卢布；1716 年运往中国的皮货总值是 1698 年的 7 倍，最高利

① 洛厄：《宿命的海洋——北太平洋简史 (1500—1978)》(J. Arthur Lower, *Ocean of Destiny : A Concise History of the North Pacific, 1500—1978*)，不列颠哥伦比亚大学 1978 年版，第 32—33 页。

润率达48%。[①]可以说在上述年代，没有毛皮之利，俄国人难以在北太平洋立足，北太平洋区域和西伯利亚的开发也会推迟。

除俄国人以外，英国人更是积极地参与了北太平洋的“毛皮贸易”。像詹姆斯·哈纳（JamesHanna）1785年一次北太平洋航行，便在广州卖出550张水獭皮，获利20000美元。又如米尔斯（John Mears）从1788年起，每年都向广州出售上千张水獭皮。[②]

就在马拉斯比纳进行环太平洋科学考察的年代，美国的波士顿船主们也开始跻身北太平洋的“毛皮贸易”活动并成为开发美国西部的先驱。

北太平洋“毛皮贸易”的兴起给马拉斯比纳留下了深刻的印象。所以他在航海日记中记述说，西方的“海狼”将捕猎到的水獭皮装上一艘艘开往中国的美国船只上。运载这种货色的船只，周而复始地往返于中国和美洲海岸之间。[③]由于马拉斯比纳认识到“毛皮贸易”所能带来的巨额利润，所以他主张西班牙人也应当投身“毛皮贸易”之中。他一方面如前所述建议用毛皮取代白银来换取中国的水银，另方面他提出在墨西哥、北太平洋和东方之间开展大三角贸易的设想：即用墨西哥生产的铜，换取北太平洋海域印第安人手中的“毛皮”；再将这些“毛皮”运到“东方”出售换取白银；最后再用这部分白银购买东方的香料、奢华产品及纺织物运回墨西哥出售。这样就能充分发挥西班牙在阿卡普尔科、圣布拉斯以及加利福尼亚新建殖民据点的优势，从而将西班牙在美洲和亚洲两地的利益结合在一起。马拉斯比纳进一步指出，这才是消除最近以来导致与英国冲突的根源、划定与俄国之间的势力范围以及维持西

---

① 中国科学院近代史研究所编：《沙俄侵华史》，人民出版社1976年版，第1卷，第223—229页。

② 菲利普斯：《毛皮贸易》(P.Philips, *The Fur Trade*)，诺尔曼1961年版，第42、46页。

③ 巴劳：《阿莱杭德罗·马拉斯比纳航海日记》，第506页。

班牙在那一区域所力争的均势及利益的唯一方略。基于这种具有全球性观点的新认识，马拉斯比纳在沿美洲西海岸航行时，他曾致力于寻找据说能够沟通美洲与中国及亚洲海岸之间联系的“阿尼亚海峡”（el Ania estrecho）并希望通过这一发现能加强与中国的贸易，而且也就在这时，他萌生了中国之行的计划。在1793年他写给友人格雷比的信中他表示希望在这一年当他到达广州时能从英国或瑞典的在华商务处看到友人的回信。[①]然而当马拉斯比纳到达菲律宾后，由于航程的变化他没能造访中国，但在他逐步形成的全球战略思想中，中国已占有重要的位置，而对中国在太平洋区域战略发展中的作用的这种认识又是与阿卡普尔科特有的人文环境分不开的。即在中国—菲律宾—墨西哥—西班牙多边贸易开展的年代在阿卡普尔科所形成的对东方事物的关注与研究的浓郁氛围对马拉斯比纳全球观念的形成影响至深。

由于中国—菲律宾—墨西哥—西班牙多边贸易对拉丁美洲社会具有持久的影响，因此在文学作品中对此也不能不有所反映。像墨西哥诗人贝尔纳多·德巴尔武埃纳（Bernardo de Balbuena）在他发表于1604年的《伟大的墨西哥》一诗中，他写下了大意如下的诗句：

“墨西哥将全球均衡地分成两厢，
它像太阳普照大地，
无处不显露它的形象。
与秘鲁、摩鹿加、中国、
波斯国度、摩尔人以及其他各地，
它都有交往，

① 巴劳：前引书，第564页。

而不论是近邻或是远邦。”[①]

中国的名字出现在该诗中也正说明中国在 17 世纪拉丁美洲社会中的影响。

随着中国—菲律宾—墨西哥—西班牙多边贸易的开展以及中国人在 250 多年间不断踏上拉丁美洲大地，在拉丁美洲的西班牙语中逐渐演化出一些与中国有关的词汇。在墨西哥，由于从菲律宾来到美洲的中国早期移民中很多人不得不从事奴隶般的繁重劳动。因此后来在墨西哥“中国人（Chinos）”一词也被用于泛指从莫桑比克掠夺来的非洲奴隶或其他从事重体力劳动的人。在秘鲁，中国男子与混血种女性的后代被称作“嫁接人（lnjertes）”。直至今日，在西班牙语世界歌颂爱情的歌曲和诗篇中，“中国女娃（Chinita）”常常被当作一种亲昵的称呼用语。[②]

在墨西哥，“中国—普埃布拉女服”一词则源于一个美丽的故事。在前文中我们曾简略提及 1614 年中国姑娘美兰随父母远航海外，途中为海盗劫持一事。后来美兰被辗转卖到墨西哥，由梅尔 · 苏沙将军收养，将美兰带回普埃布拉后，作为将军夫人玛亚列塔的女仆。聪明善良的美兰深为苏沙将军夫妇所钟爱，于是将她收为养女并在法律上享有苏沙夫妇的财产继承权。梅尔 · 苏沙夫妇故去后，美兰将她继承的全部财产奉献给了社会，她自己则以清贫为乐。她长于刺绣并把中国传统的刺绣和剪裁技术传授给邻女。作为这种友谊的结晶，一种兼有中国和墨西哥两种民间服装特色的“中国—普埃布拉女服”应运而生，并在墨西哥受到普遍的欢迎。这种服饰一直流传至今。1688 年美兰去世、享年 87 岁。

① 熊建成编：《第三届拉丁美洲国际学术研讨会》(Juan Hung Hui, *Tercer Simposio Internacional sober America Latina*)，台湾 1992 年版，第 209 页。

② 同上，第 353 页。

她的遗体被安葬在普埃布拉古堡地下，墓碑上刻有如下铭文："她出身于高贵的摇篮。以那种谦虚的品格，令人敬爱地生存了八十七个年头。她的死亡，使大家惋惜、悲痛。1688 年。"①

美兰传奇般的经历表明在中国—菲律宾—墨西哥—西班牙多边贸易开通的年代，中国的商品以及华人来到美洲不仅促进了中国与美洲之间物质的交流和中国古代文明的传播，而且加强了中国人民与拉丁美洲人民之间的友谊。北起墨西哥南到秘鲁，拉丁美洲人民到处都称华人为"拔山奴"（paisano，"同乡人"），正体现出拉丁美洲人民对中国人的深情厚谊。

3. 西班牙

在中国—菲律宾—墨西哥—西班牙多边贸易和中国—菲律宾—西班牙大三角贸易年代，西班牙是中国商品以及华夏文明传向西方的终点。西班牙本身有着十分成熟的文明，尽管从 16 世纪中叶起饱受"价格革命"的冲击，但西班牙的经济基础终究比菲律宾和拉丁美洲要雄厚得多，因此中国商品及华夏文明在西班牙的影响自然不如像在菲律宾与拉丁美洲那样广泛和深刻。但东西方两种异质文明的相遇及碰撞必然会对本位文明产生激励与升华作用。这无论在东方或在西方都是个普遍的规律，在西班牙亦复如此。在中国—菲律宾—墨西哥—西班牙多边贸易与中国—菲律宾—西班牙大三角贸易开通的年代中国商品和华夏文明对西班牙的影响大致可概括为下述三个方面：

其一：西班牙出现"中国热"

在地理大发现以后逐步形成的全球性贸易中，中国商品开始批量地进入欧洲市场。中国商品中所积淀着的华夏文明因素和中国人的智慧曾

① 欧阳民主编：《墨国下加省华侨沿革史》，第 85 页。

激发了欧洲人对美的新追求，粗俗的器物开始遭到鄙弃。欧洲的权贵之家，室内不陈设中国漆柜、屏风、各式白铜烛台以及雕花镂空的家俱，不敢自夸富贵和风雅；妇女沙龙聚会，必手摇中国折扇；迈步出门定要高擎中国遮阳伞。停在权臣贵胄府邸门前的是由中国轿子演化来的轿式马车。中国瓷器风迷整个欧洲上层社会。中国对欧洲的影响是如此的深刻而广泛，以致1600年在巴黎上演的一出戏剧中，其主人公惊呼一股“中国热”正在席卷欧洲。①

由于中国商品经菲律宾和拉丁美洲，或者直接经过菲律宾，从两条商路输入到西班牙，而且这两条商路发轫的年代早，持续的时间长，因而流入西班牙的中国商品绝不比其他西欧国家更少。特别是西班牙贵族从美洲的征服中掠获了大量白银可作为进口中国商品的支付手段，因此上述在欧洲普遍出现的“中国热”在西班牙得到更加典型的体现。

西班牙王室和贵族阶层对充满异国情趣的中国物品的偏爱和追求始自中国—菲律宾—墨西哥一段贸易航路开通之初。当墨西哥殖民当局的最高统治者接触到中国商品后，他们为中国商品工艺之精美而赞叹不已，并选择其中的一些精品作为赠送给西班牙国王及其他王室成员的礼品随“双船队”运回宗主国。例如，1574年墨西哥总督埃尔南多·里盖尔和其他一些官员赠送给菲利浦二世一些珠宝、黄金、丝织品、瓷器和瓷瓶。而菲岛总督于1574年7月17日给菲利浦二世的一封信中还提及一年前他曾送给国王“杯子”和“十四个金杯”，而这一年（1575）将再孝敬给国王“四把剑”；送给王子“两个金链”和“两把剑”。②

上述各类“礼品”引起西班牙王室对中国物品的浓厚兴趣。据记载

① 斯坦纳：《扶桑——开拓美洲的中国人》，第210页。

② 布莱尔与罗伯逊：《菲律宾群岛》，第3卷，第247—249页，第276—277页。

西班牙国王卡洛斯一世曾通过有关方面专门向中国订购印有王族徽记和花押字的瓷器。“纹章瓷”由此遂在欧洲盛行起来。[①]菲利浦二世还曾对一床中国绣花被单赞不绝口。[②]

在这位名声赫赫的国王的收藏物中，仅中国瓷器就有3000件。此外他还收藏有一部分中国画、乐器和精雕的木合以及刀和剑等。菲利浦二世晚年常在埃斯克利阿尔宫中驻跸。据说他的中国式座椅便是从菲岛或墨西哥跨越大洋运送至西班牙的。在上述王宫的图书馆中，菲利浦二世还珍藏一些中国图书和地图。这些书籍和地图主要是菲岛的殖民地官员呈送给西班牙国王的，以便西班牙的最高决策人在制定对华策略时参考。[③]

18世纪，在“洛可可”艺术形式风迷欧洲的时代，中国园林艺术对欧洲皇家园林和宫殿建筑产生了广泛的影响。西班牙也不例外。在塞维利亚著名的阿尔卡萨尔皇家公园中，就建筑有一座中国古典风格的“中国亭”（Pabellon de China）。[④]距马德里48公里的西班牙阿兰乎埃斯皇宫（Real Sitio de Aranjuez）是一座由园林和宫殿组成的综合建筑群体。由于阿兰乎埃斯地处塔霍河和哈拉马河的交汇处，所以皇宫周围的园林区充分地利用了充裕的水源并建成许多喷泉和池塘。在一处为绿荫环绕的池塘中，修建了两座具有中国风格的秀美凉亭，因此该景观被称作“中国池塘”（Estanquellamado de“Los Chinescos”）。此外在宫殿建筑中，还有两座具有中国艺术特点的大厅，即：“中国画宫”（Habitacion de

① 斯坦纳《扶桑——开拓美洲的中国人》，第47、第84页。

② 门多萨：《中华大帝国史》，第40—41页。

③ 拉克：《亚洲对欧洲发展的促进》，第2卷，第1册、第13、15、110页。

④ 安娜·马林·菲达尔戈：《塞维利亚之阿尔卡萨尔王家公园》(Ana Marin Fidalgo, *El Real Alcazar de Sevilla*)，马德里1997年版，第70页。

Pinturas China）和“瓷宫”（Gabinete de Porcelana）。下面我们将对这两个大厅分别做一介绍：

“中国画宫”。该宫殿内四壁上均匀地镶嵌着176幅中国画，因而得“中国画宫”这一称谓。据说这些画在宣纸上的具有民间风格的中国画，是清代一位中国皇帝赠送给西班牙伊莎贝尔二世（lsabel Ⅱ，1830—1904）女王的。这些画的内容反映了中国的民风、民俗和社会生活百态。该宫殿从屋顶上垂下一座中国灯笼式的大吊灯，雕刻精美，显得十分别致。宫室四周摆着东方式样的椅子：背靠和椅腿上画着花卉图案；椅垫是用中国绣花丝绸缝制。整个“中国画宫”给人一种雅致而祥和的印象。

“瓷宫”。该宫殿建于1763年至1765年之间，是一座典型的“洛可可”时代刻意追求东方风格和情趣的建筑。

整个“瓷宫”墙壁为八面巨大的镜子分割成相等的空间。一棵棵藤

阿兰乎埃斯王宫中的“中国池塘”

阿兰乎埃斯王宫中的“中国画宫”

阿兰乎埃斯王宫中的“瓷宫”及细部

萝一样粗大的枝蔓就在些被切割的空间中从墙顶部垂下来。数不胜数的衣饰华丽的中国人物造型（男人、女人、老人、年轻人、小孩、读书人、仕女、武侠、艺人……）与粗大的枝蔓交织在一起，令人眼花缭乱。中国的器物（扇子、各类瓷器和生活器皿）与人物有机地结合在一起并被巧妙地置放在枝蔓当中。轻歌曼舞的鸟雀在枝蔓中似乎时隐时现。特别是中国人凭借想象创造出来动物形象“凤”和“龙”也跃然于“瓷宫”的装饰图案之中，使整个“瓷宫”既充满浓郁的中国情趣（Chinerias），又给人以一种强烈的动感。

由于“瓷宫”墙壁上的枝蔓、人物造型与器物和鸟兽都是由一块块“瓷雕”拼积而成，最后再镶嵌在墙壁上，看上去浑然一体，所以才称其为“瓷宫”。[①]

西班牙国王和王室对中国物品以及富有中国特色的建筑物的情有独钟，事实上对其他贵族和宗教界上层人士对东方情趣的追求起到了一种启示和带动作用。因此不仅那些从菲律宾和墨西哥以及其他拉丁美洲殖民地返回西班牙的高官贵胄在他们的府邸中充斥着各类中国的工艺品和器物，即使是西班牙本土的显贵们在其家中也绝不能缺少富有东方情调的摆设。在名门闺秀手中，中国式扇子和伞是不能离开须臾的。一种被称作“马尼拉大披肩”（Montones de Manila）的丝巾更是妇女们用来增加自身外表魅力的重要服饰。近年，有的西班牙学者已指出，“马尼拉大披肩”原产地为广州，所以正确的称呼应是“广州大披肩”（Montones de Canton）。[②] 1998 年笔者在西班牙进行学术考察期间，曾前往巴塞罗

---

① 卡门·迪亚斯·加莱戈斯：《阿兰乎埃斯王宫》，(Carmen Diaz Gallegos, *Real Sitio de Aranjuez*)，巴塞罗那 1992 年第 3 版，第 19、38—43、54—58 页。

② 熊建成编：《第三届拉丁美洲国际学术研讨会》，第 348 页。

那纺织博物馆参观，而且恰值在这里举行“马尼拉大披肩”历史回顾展。从大披肩图案的演化上来看，也可证明“马尼拉大披肩”原产地如不能确定为广州，但至少可以说是原产于中国。因为在很多大披肩的图案上分明可看出那些栩栩如生的人物是穿着中国民间服饰的中国人；作为背景的花园、院落和居室都具有浓郁的中国民族特色；有的大披肩上更绘有“武松打虎”等中国历史故事的情节。因此这种大披肩原产地为中国是毫无疑问的。后来，为了适应西班牙人的审美需要和情趣，大披肩的图案开始以“欧式”的花卉为主，色彩也趋于明快、亮丽。

在中国—菲律宾—墨西哥—西班牙多边贸易开通的年代也有相当数目的西班牙传教士跨越大西洋和太平洋来到中国宣谕基督教教义。他们从中国寄回欧洲的日记、书信和报告以及杂记等，对中国的山川形势、民俗、民情，尤其是对中国政治、经济、历史文化以及宗教等方面的介绍，对于西班牙的“中国热”的形成，可以说起到极其重要的推动作用。（相关内容详见第四章）。

这些传教士在返回西班牙时，往往随身带回一些中国文物。这类中国文物与那些通过马尼拉帆航和“双船队”输出到西班牙的中国商品相比较，前者具有更高的文化品位，而后者往往偏重实用价值。西班牙奥古斯定修道会于 1980 年建立了一座“东方博物馆”（Museo Oriental），将该会曾在东方宣教的修道士 400 年来带回西班牙的中国物品和来自菲律宾的艺术珍品联袂进行展出，其中绝大多数展品是中国的历代文物：周代青铜器、汉代铜镜、唐俑、宋瓷、明清山水画卷应有尽有。出于传播基督教的需要，这些来华传教士十分注重对中国宗教的研究。所以像道教的宗师老子的雕像、民间传说中的八仙及玉皇大帝等的画像以及佛教观音菩萨等泥塑、甚至连地狱图说，也都有收藏。关于中国民风、民俗的画卷，如牧童回村、河畔停舟、雅士抚琴、文人挥毫以及福禄寿合欢等则反映出中国不同阶层的民众生活方式和情趣。此外展品中还包括一部分中国统治者穿戴的龙袍、官服、达官显爵的印章、反映下级官吏见到上级时跪拜的刺绣等等，这类展品使人感受到中国专制政体对人民的重压。即“东方博物馆”的珍藏展现出古老的华夏文明的一些主要特征。[①]此外，来华的西班牙耶稣会士、多明我会士和方济各会士同样也将相当一些中国文物带回了西班牙。尽管这些文物分散地珍藏在不同的教堂或修道院中，但它们同样起着传播中国文化的作用。这也是促成西班牙“中国热”的一个因素。

西班牙与中国之间这种物质和文化上的交流不仅影响到那一时代西班牙人的一些生活习尚，同时也拨动了西班牙文人的心弦。很多著名的西班牙诗人和作家以他们敏锐的艺术神经立即感受到社会风气的变化和对东方情趣的追求在人们心理上的影响，以致在他们的笔端，“中国”一词不断出现。像西班牙著名抒情诗人唐·路易斯·德贡戈拉（Don Luis de Gongora，1561—1627）在写于1587年的一首谐谑诗中戏称由于他的贫困以致无力向那些他所追求的淑女们馈赠包括“中国珠宝”在内的礼物了。在阿古斯丁·德罗哈斯·比利亚德兰多（Agustin de Rojas Villandrando）的诗篇《快乐的旅途》（*El viaje entretenido*）中他讲述了他在欧洲和其他各地的漫游，而“中国的首都南京”也列在他出访过的城市之中。当然这种表述只是诗人们习用的夸张手法，而且从内容上来看也是失实的。因为在他写这一诗篇时，中国明代的帝都早已于永乐十九年（1421）由南京迁往北京了。我们特别要指出的是西班牙伟大作家塞万提斯在他的著作中曾多次提到“契丹”（Catay）与“中国”（China）。由于受那一时代世界地理知识有限性的影响，塞万提斯和他同一时代的

① 熊建成编：前引书，第211页。

绝大多数欧洲人一样，一直以为马可·波罗笔下的"契丹"与地理大发现以后西方人开始接触到的"中国"是两个不同的国家。尽管西班牙耶稣会士庞迪我在其1602年从北京写给托莱多大主教路易斯·德古斯曼的信中他已论证了"契丹"与"中国"实为同一个国家的不同称谓，但庞迪我的这一新论点很可很尚未为同时代欧洲人所广泛知晓，所以在塞万提斯的著作中，始终把"契丹"和"中国"仍当作两个遥远而又神秘的东方帝国来看待。在1613年他发表的诗作《幸福的下流坯》（*El rufindichoso*）中，在历数这个恶棍所去过的地方时，就包括了"契丹"和"中国"。[①]尤其是在塞万提斯的不朽名著《唐吉诃德》中，他更多次提到"契丹"与"中国"，以及一些与它们相关的事件或传说。例如上卷第十章，有如下段落：

唐吉诃德说："这来你错了。咱们在这四岔路口耽不了两个钟头，就能看到很多披甲戴盔的武士，比赶到阿尔布拉卡去夺取美人安杰丽咖的还多。"[②]

引文中的安杰丽咖为传说中的"契丹"公主；阿尔布拉卡是"契丹"皇帝的城堡。

在《唐吉诃德》下卷第一章中写有如下引诗：

"至于她怎样接位做了中国的女皇，也许别人能用更好的'拨'来弹唱。"[③]

据该书中文译者杨绛考证，上述引诗中的第一行实为由"她把印度的王位给了梅朵罗"这一诗句改写成的。塞万提斯所以将"印度女王"

---

① 上述内容主要参考布拉斯·希埃拉·德拉卡耶：《东方博物馆：中国与菲律宾艺术》(Blas Sierra de la Calle, *Museo Oriemtal:Arte Chino y Felipino*)，巴拉多利德1990年版。

② 塞万提斯著、杨绛译：《堂吉诃德》，人民文学出版社1979年版，上卷，第70页。

③ 同上，下卷，第17页。

改成“中国的女皇”恐怕就是受到“中国热”这一特定时代氛围的影响。

塞万提斯在《唐吉诃德》下卷的《献辞》中写有如下一段：

“最急着等堂吉诃德去的是中国的大皇帝。他一月前特派专人送来一封中文信，要求我——或者竟可说是恳求我把堂吉诃德送到中国去，他要建立一所西班牙语文学院，打算用堂吉诃德的故事做课本；还说要请我去做院长。我问那钦差，中国皇帝陛下有没有托他送我盘费。他说压根儿没想到这层。

我说：‘那么，老哥，你还是一天走一二十哩瓦、或者还照你奉使前来的行程回你的中国去吧。我身体不好，没力气走这么迢迢长路。况且我不但是病人，还是个穷人。他做他的帝王，我自有伟大的雷莫斯伯爵在拿坡黎斯，他老人家不用给我区区学院头衔或院长职位，也在赡养我，庇护我，给我以始愿不及的恩赐。’我这样打发了他，现在也就向您告辞。”

很多学者把塞万提斯在献辞中加进中国大皇帝欲请“堂吉诃德到中国去”以及请他建立西班牙语文学院一段虚构情节仅仅当作是作者开的一个“玩笑”。我们认为这种评论是由于忽略了塞万提斯全球观念形成过程而做出的过于简单的分析。事实上，塞万提斯作为文艺复兴时代的一位巨人，他不仅多才多艺，知识渊博，而且更有一个充满人道主义精神的博大胸怀。他紧跟地理大发现以后开始出现的全球一体化进程，不

中国扇子传入西班牙

中国扇子的西班牙民族化

断扩展自己的地缘视野，把日益扩大的世界纳入到他的思维之中。在《唐吉诃德》一书中，主人公曾这样表白："我从此要走遍世界七大洲，比葡萄牙太子堂贝德罗还走得远。"[①]这段话实际上正反映了塞万提斯本人的愿望和抱负。只要通读《唐吉诃德》全书，我们便可以看到塞万提斯不但通晓"地中海世界"的历史和文化，而且对于"新大陆"和"东方"事物他也积累了相当丰富的知识并有着进一步认识不断扩展的新世界的渴望。因此在前引《献辞》中有关"中国"的一段话既是塞万提斯全球观念形成过程的反映，也是他在西班牙"中国热"盛行年代对时代氛围的感受及适时地表述。

到 18 世纪，从中国传入西班牙的扇子已开始在民间生产，扇面上的图案也逐步"西化"。并且在社会上扇子已得到极大的普及：不仅是出入宫廷或贵胄府邸的贵妇和闺秀们手握折扇，即使是一般市民阶层的佳丽或是村姑，也往往是扇不离手。中国式的遮阳伞在西班牙人中间也使用日广。这种社会时尚的变化，开始引起西班牙伟大的画家弗朗西斯科·德戈雅—卢西安特斯（Francisco de Goya y Lucientes，1746—1828）的关注并在他的绘画中得到充分的表现。在普拉托博物馆珍藏的戈雅名画中，至少有七、八幅，其画面上的女主人公手中都拿着扇子。

① 塞万提斯著、杨绛译：《堂吉诃德》，下卷，第 174 页。

在戈雅一幅名为《遮阳伞》的油画上，在灿烂的阳光下，一对年轻伉俪在山麓的草坪上休憩。坐在草坪上的淑女右手握着一把折扇，而她身后左手叉腰的骑士则右手擎着一把遮阳伞为女友遮挡阳光。从中国传入西班牙的扇和伞出现在同一幅画中，我们不能不惊叹戈雅对社会生活中时尚的变化的敏锐感觉和高超的现实主义的表现手法。

在普拉托博物馆中，我们还看到一幅题名为《鸟雀》的坚直的狭长画卷，犹如中国的条幅。从格式上来看，这在普拉托博物馆中几乎是绝无仅有的。画面上，依依低垂的树枝间，一些鸟雀或在枝头鸣唱或在翩翩起舞，从远处看几乎与中国山水画如出一辙。这幅画是否融入了中国画的技法？

从塞万提斯到戈雅，西班牙旷代作家和艺术家们不仅敏锐而准确地把握了涌动在他们周围的“中国热”这一时代氛围，而且通过他们的作

西班牙大画家戈雅的名画《遮阳伞》

品也反映出直至今日仍存在于西班牙人民心中的对那过往的“中国热”年代的怀旧情结——“中国情结”。莫利亚纳曾指出：“直到今天在西班牙人的情感中，往昔马尼拉大帆船或者说中国大帆船的形象仍栩栩如生，无论在西班牙或是在美洲，很少有哪个家庭中根本没有保留任何祖先购买的遥远异地的物品作为一种菲薄的纪念。”①

其二，中国人来到西班牙

随着中国—菲律宾—墨西哥—西班牙多边贸易的开通，一些中国人跨越了太平洋和大西洋开始踏上伊比利亚半岛，中国人与西班牙人终于在西半球相会。这些中国人与那些途经大西洋和太平洋前往中国传教的西班牙人正好形成反方向的运动，但两者在促进东西方文化交流和中西两国人民相互理解方面的历史作用却又是相似的。

在前往西班牙的中国人中，有的具有一定的文化水平。例如贝纳迪诺·德埃斯卡兰特（Bernardino de Escalante）1577 年发表于塞维利亚的《论葡萄牙人在东方国度及省城所做的航行及有关中华帝国博大之传闻》（*Discurso de la navegacion que los Portugueses hazen a los Reinos y Provincias del Oriente, y de la noticia que tiene de las grandezas del Reino de la China*）是欧洲第二部集中论述中国的著述。埃斯卡兰特本人并没有到过中国，那么该书资料取之于何处？埃斯卡兰特在回答这一问题时，他特别提及当时在西班牙的一位中国文人给他的帮助。著者在自己的书中还附录了这位中国文人即席写下的一些汉字。由于当时的绝大多数欧洲人都从未见过汉字，因此上述附录中的汉字引起西方人普遍的好奇心。其后，在许多西方人论述中国的书籍中，都曾转载过埃斯卡兰特上述著作中所附录的汉字。例如胡安·冈萨雷斯·德门多萨在他的《中华大帝

① 卡耶塔·阿尔卡萨·莫利纳：《十八世纪的总督辖区》，第 532 页。

国史》中，就曾选用了埃斯卡兰特书中所附录的三个汉字，以便让读者知道汉字的“形象”。再如地图学家路易斯·豪尔赫·德巴尔布达（Luis Jorge de Barbuda）在其为西班牙国王所绘制的《中国地图》上，也曾选用埃斯卡兰特著作中所附录的汉字。可以说，在16世纪来到西班牙的中国人曾帮助西方人认识中国。①

在同一历史时期还有一些中国商人携带自己国家的商品途经菲律宾、墨西哥来到西班牙。根据门多萨《中华大帝国史》的记载，1585年一些华商携带着珍异商品，“不但到了西班牙而且又前往更遥远的国度。”②此外，还有一些中国的手艺人也曾随“双船队”来到西班牙。在前文中我们曾提及1635年7月22日墨西哥城的费尔南多·索萨在给市议会的陈文中曾要求将该市的华人理发店限制在12家以下，并且要求将这些华人理发店全部从市中心迁到郊区去。在这份陈文中，还有非常值得我们注意的一句话，即索萨申诉说，他所提出的要求只不过是“西班牙对华人理发师已经采取过的措施。”③这说明当时也有为数不少的中国理发师在西班牙城市中心营业。由于他们的竞争力使西班牙理发师处于劣势，西班牙的有关部门这才不得不限制华人理发点的数目并强制他们迁到市郊去营业。但无论如何那一时代前往西班牙的中国人其数量可能是非常有限的。

其三，输入西班牙的中国商品有利于缓解“价格革命”对西班牙的冲击

“价格革命”对西班牙经济破坏性的影响主要体现在如下两个相关方面，即物价迅猛上涨和生活日用品的严重匮乏。在西班牙经济危机的紧要

---

① 拉克：《亚洲对欧洲发展的促进》，第1卷，第2册，第742、743、818页。

② 门多萨：《中华大帝国史》，第89页。

③ 《远东季刊》，1942年，第1卷第1期，第387页。

关头，那些输入西班牙的中国商品中具有东方情调的高档丝绸和手工艺品，正适合西班牙上层社会的需要；而中国一般商品由于价格十分低廉，因此可满足西班牙普通民众的急切需求。这就是在中国—菲律宾—墨西哥—西班牙多边贸易和中国—菲律宾—西班牙大三角贸易年代，尽管中国与西班牙相距遥远但仍有相当数量中国商品输入西班牙的历史前提。

在输入西班牙的中国商品中，中国丝和中国丝绸对西班牙丝织业的影响本应最直接、最明显，也最有利。

如前所述，自阿拉伯人入侵伊比利亚半岛时期起，格拉纳达一带已逐步发展成为欧洲著名的产丝区，西班牙丝织业也随之兴起，并与西班牙北部的冶金业、中部的呢绒业共同构成西班牙民族工业的三根支柱。[①]然而地理大发现以后，随着欧洲经济重心向大西洋转移，地中海贸易已一落千丈。工业利润急剧下降，导致地中海世界那些丝织业曾发达一时的国家，如意大利，相继出现该产业部门日趋衰落的现象。在热那亚，16 世纪末尚有 18000 台织机在事生产，至 17 世纪初则只剩 3000 台织机在运转。[②]西班牙除受到地中海经济形势恶化的影响外，还由于西班牙大批驱逐格拉纳达养蚕业和丝织业的主要经营者——信奉伊斯兰教的摩尔人，致使西班牙的丝织业更是举步维艰。在 1571 年平定摩尔人“阿尔布哈拉斯叛乱”前，格拉纳达生丝年产值为 4200 万马拉维迪，平定叛乱后的 1577 年，丝产值只为 2200 万马拉维迪。[③]再以另一丝织业重镇塞维利亚为例，在卡洛斯一世在位时，该地具有 16000 台织机的生产能力；到 1621 年只有 400 台织机投入使用；至 1631 年，

① 《剑桥欧洲经济史》(*The Cmrbridge Economic History*)，1978 年版，第 5 卷，第 525 页。

② 埃利奥特：《西班牙帝国 (1469—1716)》，第 112 页。

③ 同上。

仅有50台织机在事生产。[1]西班牙丝织业的不景气，使许多经验丰富的丝织业手工艺人开始前往墨西哥去谋生。可以说，西班牙丝织业尽失往日的光辉。

在这种情况下，中国丝和丝织品中经菲律宾和墨西哥开始输入西班牙，应该说此点为振兴西班牙的丝织业创造了难得的机遇。从理论上来分析：

其一，中国生丝的进口，可以为西班牙大量闲置的织机提供生产原料。一旦闲置的织机纷纷投入使用，会对生丝提出更大数量的需求，这样可刺激格拉纳达一带因摩尔人流亡而荒芜的桑园重新焕发生机，也可使外流的熟练的丝织匠人重返家园。这些手工艺人终究是重振西班牙丝织业的宝贵人力资源。

其二，中国质优而价格低廉的丝织品可以在相当程度上满足西班牙各阶层人民对丝织品的紧迫需求，这样可减少用贵金属作为支付手段从西欧国家进口价格昂贵的丝织品。在西班牙经济危机的年代，减缓贵金属大量流往国外的速率，无疑地有利于西班牙金融市场的稳定。

其三，在世界市场形成的初期，丝和丝织业已取代香料成为国际贸易中需求量大而赢利最为丰厚的商品。当时西班牙在世界范围内拥有最广阔的市场，又由于中国—菲律宾—墨西哥—西班牙多边贸易的开通使西班牙较之其他西方国家无论在直接进口中国的生丝和丝织品方面或是在引进中国丝织技术方面，都享有无可比拟的优势。只要充分利用上述优势，西班牙丝织业就能振兴。丝织业一旦振兴，西班牙就可能成为东西方两个世界丝织品生产和营销的中心，并将把巨大的赢利汇聚到西班

① 巴尔塞洛：《西班牙经济史》(J. L. Barcelo, *Historia Econcmica de Espana*)，马德里1952年版，第225页。

牙，这样又可为实施以丝织业为龙头带动其他产业的发展战略积累雄厚的资本。在这种情况下，西班牙不仅可以摆脱经济危机的困扰，而且将以“世界工场”的面貌站在世界市场的巨澜之上。

上面的推断并非只是一种凭空的臆想。事实上，在中国—菲律宾—墨西哥—西班牙多边贸易开通之初，的确有一些具有远见灼识的西班牙企业家已经朝着振兴西班牙民族工业的方向在努力。其中就包括一些企业家曾利用中国丝与西班牙本土的丝混纺，织出精绸和天鹅绒，从而打入国际市场。[①]再如，西班牙丝织匠人对中国的丝织技术十分感兴趣。前面我们曾提及，菲利浦二世对中国丝绸被单曾叹为观止。而当地丝织业的能工巧匠都来观赏这一被单，以便从中有所借鉴。[②]这一事实说明，向中国丝织技术学习是振兴西班牙丝织业的一种客观需求。

但终究西班牙的产业资本实在是太弱小了，根本无法与以塞维利亚垄断商人集团为代表的商业资本相对抗。而后者则坚决反对通过中国—菲律宾—墨西哥—西班牙多边贸易向拉丁美洲和西班牙进口中国的丝和丝织品。还在该多边贸易的初始阶段（1589），塞维利亚商会就已上书菲利浦二世，抱怨说：“当西班牙船只到达（西属美洲）时，其货物的销售量已经减少。因为市场已为从中国和菲律宾运来的廉价商品所充斥。这一后果影响并损害了王室的利益，同时也是对（西班牙）商业的极大打击。事实已经很清楚，船只（此处指西班牙“双船队”的船只—引者）所载货物已不如从前多，返航时也不再能运回那么多的金银了。”[③]

① 桑斯：《菲利浦二世时代西班牙与美洲贸易》(E. L. Sanz, *Comercio de Espana con America en la Epoca de Felipe II*)，巴拉多利德 1979 年版，第 443 页。

② 门多萨：《中华大帝国史》，第 40—41 页。

③ 舒尔茨：《马尼拉大帆船》，第 405 页。

到17世纪初，西班牙在拉丁美洲市场上的货物销售量已减少一半以上。[①]甚至整个西班牙商船队的销售额还抵不上一艘马尼拉帆船的销售额。[②]中国的丝货更有独占拉丁美洲市场的趋势。中国织工仿照西班牙款式织就的光彩夺目的廉价丝织品在拉丁美洲曾盛行一时，“人们专一选用中国丝货”，结果使“西班牙各丝织场（这些工场曾给王室金库缴纳过大宗赋税）纷纷倒闭、破产；那些在西印度从事贸易的人遭到厄运，因为西班牙的商业活动被从各类商品最重要、最贵重的类别——丝货——中排挤出来，他们为此而蒙受重大的损失。”[③]塞维利亚垄断商人集团上书国王的意图很明确，即在于表明这样的意思：如果对中国货物，特别是丝货不加以限制，势必给西班牙带来灾难性的后果。此外，塞维利亚商人集团还把格拉纳达一带养蚕业没有得到恢复的责任也归罪在中国丝和丝织品的竞争上。

这种论断是否公正与客观呢？且让我们回顾一下西班牙养蚕业与丝织业在上述历史时期所经历的曲折道路吧。为了振兴因驱逐摩尔人而陷于衰败之中的南方丝织业，西班牙王室曾出资鼓励北方农民向南方移居。格拉纳达和塞维利亚一带的丝织场主和丝商则答应每年向王室提供10万杜卡多的“年金”用于移民一事；再者，蚕农和丝织工人是商品粮的消费者，西班牙王室从移民的这种粮食消费中可再征收多达10万杜卡多的税款；还有，在丝市上，丝商每售出一磅西班牙产的生丝，王室可抽取40%的税。[④]可见西班牙王室的利益与南方丝织业的兴衰息息相联。

---

① 布莱尔与罗伯逊：《菲律宾群岛》，第2卷，第152页。

② 《中国丛报》(*The Chinese Repository*)，1839年，第4卷第8期，第172页。

③ 布莱尔与罗伯逊：前引书，第44卷，第255页。

④ 布莱尔与罗伯逊：前引书，第22卷，第283—284页。

但是由于在拉丁美洲市场上“西班牙的丝绸”竞争不过中国丝绸，到17世纪初，由于西班牙货物的销售量已不断减少，原已不景气的丝织业更趋萎缩。格拉纳达一带的产丝区，大片桑田无人管理，桑树逐年枯死。丝织场主和丝商皆濒临破产的边缘，收入锐减。他们每年不但无力向王室提供上述10万杜卡多的“年金”，反而开始欠下王室的债，1627和1628两年间已拖欠王室20万杜卡多的债款。另外，由于丝织业生产的不景气，西班牙王室少征收了3万杜卡多的税款。[①]上述数据已说明格拉纳达一带养蚕业和丝织业的兴衰与西班牙王室的利益是息息相关的。塞维利亚垄断商人集团则利用西班牙养蚕业和丝织业的兴衰与王室利益紧密相关这一点，极力争取王室支持他们限制中国丝和丝织品进入拉丁美洲和西班牙市场的数量的要求。在一些年间，比如1718年，在塞维利亚商会的一再要求和坚持下，西班牙王室终于颁发了禁止中国丝和丝织品进入拉丁美洲市场的谕令并于1720年再次重申此禁令。既然中国丝和丝织品已不能进入拉丁美洲市场，那么很自然地也就切断了中国丝和丝织品进入西班牙的渠道。

然而在中国—菲律宾—墨西哥—西班牙多边贸易开通的年代，中国的丝和丝织品是否真的构成西班牙养蚕业和丝织业的破坏性因素？塞维利亚垄断商人集团又为什么在漫长的年代中始终态度强硬地坚持要限制，甚至完全禁止中国丝和丝织品进入拉丁美洲和西班牙市场？下面我们就这两个相互关联的问题提出我们的看法。

我们首先想指出的是，在大西洋一侧的“双船队”贸易中，塞维利亚（加的斯）垄断商人的商业活动始终是以通过向西属美洲殖民地转销西欧商品来赢利为最终的目的。从下面的资料中我们可以清楚地看到，

① 布莱尔与罗伯逊：前引书，第284页。

在 17 世纪末由加的斯运往美洲殖民地的 5 千 3 百万磅货物中，西班牙本国的工业产品只占微乎其微的比例：

法国商品	25%
热那亚商品	22%
荷兰商品	20%
英国商品	10%
弗兰德商品	10%
德国商品	8%
西班牙商品	5% ①

这一资料显示出在塞维利亚（加的斯）垄断商人集团所控制的对美洲殖民地的出口贸易中，西班牙民族商品的份额只占 5%，而西欧商品竟占到 95%。这一事实表明塞维利亚（加的斯）垄断商人集团所代表的并不是西班牙民族工业的利益，他们事实上已沦为西欧国家工商业集团的代理商。

上述事实还表明，既然塞维利亚（加的斯）垄断商人集团运销到墨西哥和其他美洲殖民地的商品中绝大多数是西欧商品，那么在中国—菲律宾—墨西哥—西班牙多边贸易时代，受到中国优质低价商品冲击甚至被排除在美洲市场之外的所谓的“西班牙商品”，实际上是“西欧国家商品”。这是我们应当首先明确的一个最基本的事实。同样，在西班牙，抑制了格拉纳达养蚕业复兴和导致西班牙丝织业长期处于低迷状态的，并不是在西班牙进口的有限的中国丝和丝织品，而是在西班牙业已泛滥成灾的西欧产品。事实上，西欧商品长驱直入西班牙市场不仅对西班牙的养蚕业和丝织业而且对整个西班牙经济都曾起到过破坏性的作用并由

① 比维斯：《西班牙与美洲社会经济史》，第 3 卷，第 282—283 页。

此造成严重的经济与政治恶果：

其一，无限制地进口西欧商品使西班牙大量贵金属流入到荷、法、德、意、英等国商人手中。

有资料显示，1600 年西班牙从美洲运回本国的贵金属其总数的 1/3 被用来偿付从法国进口的商品。[①]1670 年热那亚商人通过对“双船队”贸易的投资以及提供酒、家畜和服装等商品，该年美洲贵金属 17% 落入到热那亚商人的手中，而在美洲与西班牙的贸易中热那亚商人的投资额已占到 25%。此外，从 16 世纪中叶起，热那亚商人已取代德国南方财团成为向西班牙王室提供贷款的“大户”。对这种贷款要付以高额的利息。所有上述经济活动使大量的西班牙贵金属流入热那亚商人的手中，因此有人慨叹：贵金属出生在美洲，死在西班牙，埋葬在热那亚。[②]在那一时代，西班牙人经常以无可奈何的心情看到这样的场景：一部分美洲贵金属运到塞维利亚以后，由骡队驮运至巴塞罗那，再从那里装船经海路运往热那亚；另一部分运回西班牙的美洲贵金属经陆路由庞大的卫队押送运往法国和尼德兰；还有部分美洲贵金属则由船只从西班牙直接运往荷兰各港口。[③]其后，西班牙的贵金属外流竟发展到这种程度，从美洲运来的贵金属有 2/3 还没有进入西班牙港口，已在海上转装到其他欧洲国家的船上，“西印度财富经加的斯导管甚至没在西班牙人的水糟中留下一点痕迹而消失了。”[④]

“西班牙人养了牛，而其他欧洲国家喝了奶”的这种结果，从短期来看，大量贵金属外流加重了“价格革命”对西班牙的冲击并使西班牙

① 希顿：《欧洲经济史》，第 266 页。

② 斯卡梅尔：《欧洲最初的海上帝国 (800—1650)》，第 203 页。

③ 《剑桥欧洲经济史》，第 5 卷，第 261 页。

④ 舒尔茨：《马尼拉大帆船》，第 396 页。

陷于经济危机的困扰之中。从长时段来看，当西班牙其后认识到发展民族工业的重要性时，由于贵金属在早年业已大量流失，因而感到资金严重短缺，并由此延误了西班牙工业化的进程。这也是西班牙在近代落伍于其他欧洲国家的重要原因之一。

其二，塞维利亚（加的斯）垄断商人集团为了从经销西欧商品中获取巨额利润而一再反对中国丝和丝织品以及其他中国商品进入菲律宾、拉丁美洲和西班牙市场。然而上述中国商品又恰恰为菲律宾和拉丁美洲市场所渴求，同时营销中国商品又是菲律宾和拉丁美洲两地地方性商人集团赢利的重要手段。因此在限制或是鼓励中国商品进口这一问题上，在西班牙、拉丁美洲和菲律宾三个地方性利益集团之间，形成了尖锐的对立，并引发出一系列严重的冲突。

在上述三个地方利益集团的矛盾与冲突中，西班牙王室往往迁就塞维利亚垄断商人的要求，对菲墨一段贸易采取了一系列限制性措施。下面我们仅举数例作一说明：

如从1582年起，禁止秘鲁与马尼拉之间的直接贸易；1593年规定每年从马尼拉前往阿卡普尔科的大帆船不得超过两艘，每艘载货重量不得超过300吨；同年又规定菲律宾输往墨西哥的货物总值不得超过25万比索，而墨西哥对菲律宾的出口总值不得超过50万比索。为了限制秘鲁商人到墨西哥购买中国商品，1604年规定每年秘鲁前往墨西哥的船只为3艘；1609年减少为两艘；1620年仅限于一艘。结果引起菲律宾和墨西哥两地地方势力的不满，因此对西班牙王室颁布的限制性“谕令”他们往往采取“听从，但不遵循”的方针，使“限制”与“反限制”的斗争贯穿于中国—菲律宾—墨西哥—西班牙多边贸易的始终。

在上述“限制”和“反限制”的斗争中，菲律宾和拉丁美洲殖民地的地方势力逐步意识到，“自己”有着与“母国”不同的经济利益，并由此为日后殖民地分立主义势力的抬头埋下了火种。因此，塞维利亚（加的斯）垄断商人集团出于利己的考虑，为了达到限制中国丝和丝织品进入菲律宾和拉丁美洲市场的目的所进行的长期努力，其后果对西班牙来说在政治上也是十分不利的，甚至是十分危险的。

其三，塞维利亚（加的斯）垄断商人集团为了确保他们在经销西欧商品中的利润，曾请求西班牙王室对中国商品进入菲律宾和拉丁美洲市场采取了一系列的限制措施，其后果不仅诱发了殖民地和宗主国之间的"限制"与"反限制"斗争，同时也导致西属美洲殖民地走私贸易猖獗一时。拉丁美洲大规模的走私贸易的兴起事实上起到动摇西班牙对拉美殖民地统治的作用。

尤其是西班牙王室为了维护塞维利亚（加的斯）商人集团的利益而对菲墨一段贸易的限制，使中国丝绸和其他商品输入拉美市场的数量急剧减少，而当地对中国商品的需求量又很大，在这种情况下，荷兰及英国等国的殖民者则利用这个机会对西属美洲展开了大规模的走私战。他们派船运载大量中国商品在拉丁美洲通过走私网络出售，待换回墨西哥银币后，再返回中国，购买丝绸、茶叶、瓷器等商品，然后又再次窜到拉丁美洲，周而复始。这些国家通过走私贸易所谋取到的暴利为日后发展工业积累了资本。西班牙王室对中国—菲律宾—墨西哥—西班牙多边贸易所采取的限制性措施反而为荷、英等殖民主义势力侵入西属美洲洞开了大门，西班牙自己反倒成为这种限制政策的"最大受害者"。[①]

综上所述，可以说在中国—菲律宾—墨西哥—西班牙多边贸易开通的年代，中国的丝和丝织品以及其他中国商品对菲律宾、墨西哥和其他美洲殖民地乃至西班牙都是满足当地人民日常生活需要以及促进上述地

① 《中国丛报》，1839年，第4卷第8期，第172页。

区经济发展的有利因素。特别是对于深陷于经济危机之中的西班牙来说，中国丝和丝织品曾为西班牙重振丝织业创造了机会并提供了物质上的保障。西班牙的丝织业一旦振兴就可带动其他产业部门的发展，那么如前所述，在世界近代史上“世界工场”很可能不是英国而是西班牙。因此我们认为西班牙帝国的衰落并非是一种必然的历史趋势。西班牙不幸的历史命运相当程度上是由西班牙王室所推行的以维护塞维利亚（加的斯）垄断商人的利益为核心的“重商主义”所铸成。当卡洛斯三世认识到西班牙危机的根源并大力推行改革之时，事实上已为时过晚。

在中国—菲律宾—墨西哥—西班牙多边贸易开通之初，西班牙这一“日不落”帝国正值鼎盛时期。大西洋贸易在西班牙的直接控制之下；太平洋被视为西班牙的“内湖”或“西班牙海”。历经400年的沧桑，在大西洋一侧，西班牙的商业资本终于屈从于英国的产业资本；在太平洋一侧，在美西战争中西班牙惨败后将菲律宾拱手让给了美国，从而结束了西班牙在太平洋区间扩张的历史。西班牙这种由盛而衰的巨变内中该含有多少苦涩的经验教训。

对于中华民族来说又何尝不是如此！中国—菲律宾—墨西哥—西班牙多边贸易同样为中国从前工业社会向近代社会的演变提供了难得的机遇。然而明清统治者所推行的逆时代而行的“海禁”政策却使中国最终落伍于时代潮流，处于落后挨打的境地。下面我们就上述历史进程做一概述。

（二）中国—菲律宾—墨西哥—西班牙多边贸易与中国—菲律宾—西班牙大三角贸易对中国经济发展的促进作用

在明清嬗变之际，中国尽管出现了农民大起义以及由于王朝更迭所造成的经济上的一时停顿和倒退，但从整体来看，中国从明中叶起商品经济快速发展的趋势仍在持续着，从而为对外贸易打下了坚实的物质基础。反之，海外贸易又为中国商品经济的进一步发展提供了良好的条件。下面我们将分 5 点来概述中国—菲律宾—墨西哥—西班牙多边贸易以及中国—菲律宾—西班牙大三角贸易对中国经济发展的促进作用。

1. 新的农作物的引进促进了中国农业的商品化

伴随着中国与菲律宾之间贸易的开展，美洲印第安人成功培植的玉米、甘薯、烟草、花生、向日葵、马铃薯、西红柿和南瓜等作物经菲律宾逐渐传入中国（当然，上述作物也有通过其他途径传入中国的），对促进中国的经济发展和改善人民的生活都起到了积极的作用。象玉米，在明清时代已逐步成为中国主要的粮食作物之一；甘薯的种植也极为普遍。另外，上述新引进的作物中，像烟草、花生、向日葵等，都是经济作物。这些作物的扩大种植和生产为中国工业的发展提供了新的原料来源。从某种意义上来看，明清两代上述经济作物在中国的扩大种植是商品经济有了进一步发展的一个标志。经济作物的种植显然是为了进行交换，而不仅仅是为了满足耕种者自己的消费。经济作物的扩大种值使以使用价值为出发点的生产逐步取得了以交换价值为目的的性质，使自给性农业生产与商品交换市场发生了日益紧密的联系。因此我们可以说在明清两代，上述作物的引进和扩大种植推动了中国商品经济的发展，对于动摇自然经济无疑是个有利的因素。试以烟草为例，烟草于明季开始传入中国，“淡把姑烟草，万历末有携至漳泉者……渐传至九边。”[①] 到清嘉庆年间烟草的种植已相当普遍，吸烟也蔚然成风，“数十年前，吃烟者十人而二三，今则山陬海澨，男女大小，莫不吃烟。”[②]除沿海

① 方以智：《物理小识》，卷九。

② 包世臣：《安吴四种》，卷二六。

地区外，象汉中一带，“沃土腴田，尽植烟苗，盛夏日雾，弥望绿野皆此物也。”[①]烟叶收获后，“采其叶阴干之，遂有工其事者，细切为丝，为远客贩去。”[②]烟草显然已经成为一种商品。“烟坊”也随之兴起，如山东济宁的6家烟坊，“每年买卖费至白金二百万两，其工人四千余名。”[③]烟草已成为工业原料。由于种烟“终岁获利过稻麦三倍”，所以“民争趋焉”。[④]于是在农村中出现了越来越多的种烟专业农户，“今种烟之家，十居其半。大家种植一二万株，小亦不减二三千株。”[⑤]在有些地区竟致“与五谷争生死也。”[⑥]而这些烟农的粮食又需仰仗他乡供应，象在福建省，“闽地千余里……今则烟草之植，耗地十之七八……闽田既去七八，所种秔稻菽麦，亦廖廖耳。由是仰食江、浙、台湾、延、建。”[⑦]可见烟草的专业种植又促进了粮食生产的商品化。商品粮的长途贩运又推动了内陆和近海运输业的发展。到17世纪末，烟草已开始出口，中国的烟砖在俄国，与英国的烟草展开了激烈的竞争。1698年4月16日英驻俄领事称，中国出口的烟砖使英国的烟草零售势将微不足道。[⑧]

除烟草以外，象棉花、甘蔗、茶叶等经济作物在明清两代种植也日广，农业专门化的程度不断有所加强，占地亦越多，对商品粮的需求量也日增。在这种情况下玉米和番薯的引进和广泛种植又为中国进一步发

① 岳震川：《赐葛堂文集》，卷四。
② 叶梦珠：《阅世篇》，食货六六。
③ 包世臣：前引书，卷六。
④ 《四川通志》，卷七。
⑤ 《清代文字狱档》，卷五。
⑥ 《四川通志》，卷七。
⑦ 郭起元：《闽省务本节用疏》。
⑧ 加斯东·加恩：《彼德大帝时期的俄中关系史》，商务印书馆1980年版，第307页。

展其他经济作物创造了条件。因此我们说，中国与菲律宾的贸易仅从不断引进新的物种这点来看，可以说对中国农村商品经济的发展起到了有益的推动作用。

2. 促进了中国商业资本的发展，贩海商人进一步融入世界市场

张燮在《东西洋考》中写道："市舶之役，始于唐宋，大率夷人入市中国。中国而商于夷，未有今日之夥者。"[①]这段简炼的文字道出了明季以来海外贸易的一个新特点，那就是中国的海商，以海市为业，"盖富家以财，贫人以躯，输中华之产，驰异域之邦，易其方物，利可十倍。"[②]上述多边贸易为中国的商业资本开拓了新天地，一些贩海商人不但前往菲律宾经商，而且越过太平洋踏上了美洲的土地，甚至经墨西哥到欧洲去进行交易。在中国—菲律宾—墨西哥—西班牙多边贸易中往返太平洋与大西洋怒涛之上的这些贩海商人的商业活动业已成为联结中国国内市场与世界市场的中间环节，他们手中积累的大量财富有力地影响和诱导着国内部分商品生产的方向，使国内工业生产与广阔的海外市场相联。明清时代相当部分商品是专供外销的，"凡福之绸，漳之纱、绢，其航大海而去者，尤不可计。皆衣被天下。"[③]甚至有些工场已根据国外的需要来安排生产，如制做丝边、番袜等，"原系贩卖吕宋，非内地适用之物。"[④]另外从国外的报导中，也可看到为了适应世界市场的需要，中国的丝织业也曾调整过自已的生产。最初运到拉丁美洲的中国丝货和西方社会的需求自然有距离，但中国商人很快了解了市场的要求，对商品式样重新作了设计，"中国人巧妙地仿照最受人欢迎的西班牙款式，

---

① 张燮：《东西洋考》，卷七。

② 《海澄县志》，卷一五。

③ 王世懋：《闽部疏》。

④ 《朱批谕旨》，第一七函，第四册。

以致他们的产品和安达露西亚五彩缤纷的衣服完全一样。”[①]据史料记载，1686年墨西哥和秘鲁的商人为了应合拉丁美洲市场的需要，曾专程带来“样品”，到中国来订做丝绸服装。[②]再以丝袜为例，开往美洲的马尼拉大帆船经常携带上千双丝袜，有时高达5千双。[③]拉丁美洲贵族和士绅所偏爱的长统丝袜和明季以来在中国盛行的布袜极不相同。显然是特制的。1767年“圣卡洛斯号”大帆船驶往阿卡普尔科，该船9名水手随身带着8万把妇女用的梳子到墨西哥去卖。国外妇女有自己的美学标准，这些梳子必然要投其所好，即都是根据特殊要求生产的。[④]在16世纪末的一个文献中曾记载中国商人从菲律宾运回大量的棉花，在国内织成布，再加工成棉服然后外销到菲律宾和拉丁美洲。[⑤]上述史实使我们有理由做这样的推想，即明清时代在中国东南沿海一带的城镇里，出于海外市场的需要，在商业资本的影响或控制下，或直接出资经营的情况下，很可能已经存在颇具规模的专事生产外销商品的手工工场。或者出现这样的生产形式，即贩海商人以包买主的身份把小商品生产者组织起来按海外市场的需要进行定向生产。总之，明清时代中国—菲律宾—墨西哥—西班牙多边贸易对于刺激中国商业资本向产业资本的转换曾起到一定的推动作用，使中国东南沿海的局部地区和部门，其生产的组织本身已经被流通和交换价值改变了。但是流通和交换尚没有影响到生产的全部广度和深度。

---

① 舒尔茨：《马尼拉大帆船》，第72页。

② 同上，第364页。

③ 同上，第36页。

④ 同上，第38页。

⑤ 布莱尔与罗伯逊：《菲律宾群岛》，第8卷，第81页。

3. 促进了中国东南沿海一带的繁荣，并推动了明清时代的移民运动

随着中国—菲律宾—墨西哥—西班牙多边贸易的发展，中国东南沿海一些地区变得更加繁荣。象月港，明成弘之际（1465—1505）已被国人誉为“小苏杭”，海外贸易给月港带来更大的生机，“我穆庙除贩夷之律，于是五方之贾，熙熙水国，刳艅艎，分市东西路。其捆载珍奇，故异物不足述，而所贸金钱，岁无虑数十万。”[①]由此月港成为重要的国际贸易港。对外贸易所带来的税收日益增加：

隆庆年间（1567—1572）	税饷 3000 两
万历三年（1575）	6000 两
万历四年（1576）	10000 两
万历十三年（1585）	20000 两
万历二二年（1594）	29000 两
万历四一年（1613）	35100 两[②]

40 年间税饷增加 10 倍多，成为明政府一笔重要收入，因而月港被称作“天子之南库”。[③]清代，厦门取代了月港的位置，成为经菲律宾对美洲贸易的主要出口港，因而也带来了经济的繁荣，“按厦门贩洋船只始于雍正五年（1727），盛于乾隆（1736—1795）初年，时有各种洋船载货入口，倚行贸易、征税，并准吕宋等夷船入口交易，故货物聚集，关课充盈。至嘉庆元年（1796）当有洋行八家，大小商行三十余家，洋船、商船千余号，以厦门为通洋正口也。”这种贸易的开展，“非特有

① 张燮：《东西洋考·周起元序》。

② 《月港研究论文集》，福建 1983 年版，第 168 页。

③ 张燮：《东西洋考·周起元序》。

利于厦门，闽省通得其益。”[①]

在福建，受自然条件的限制，“有可耕之人，无可耕之地”。[②]再加上封建王朝的剥削与压迫，广大劳苦大众往往被迫与海谋生，“澄民习夷，十家而七。”[③]在贩海贸易中出入波涛幸存下来的人，他们的生活状况有的也能稍有改善，“海澄有番舶之饶……今也入其野，而见屋有新瓦，身有具衣，不致呰窳偷生。”[④]另一部分劳苦者，则在菲律宾定居下来，“华人既多诣吕宋，往往久住不归，名为压冬，聚居涧内为生活，渐至数万，间有削发长子孙者。”[⑤]在菲华人在菲岛殖民社会中，逐渐发展成为一支不容忽视的力量。另外如前所述1610—1670年间踏上美洲大地的华人也已具有一定的规模。[⑥]他们实际上是19世纪中叶大批进入拉丁美洲的华工的先驱。

明清时代在东南沿海地区出现的移民运动是随着海外贸易的不断扩大而兴起的。这一现象与商品经济对自然经济的渗透有关，是中国社会内部阶级结构在局部地区发生了变化的征兆。

4. 大量西班牙银元流入中国，并在相当程度上缓解了中国的财政危机并保障了商品经济的持续发展

美洲大陆发现后，西班牙殖民者从美洲掠夺来的金银在世界市场的形成过程中起到了重要的作用。货币使财富越来越具有普遍性，并把交换的范围扩大到全球。美洲的金银流向欧洲后，又经欧洲流向亚洲；随

① 《厦门志》，卷五。

② 郑杰：《虞台倭纂》，卷下。

③ 张燮，前引书，卷一一。

④ 何乔远：《闽书》，卷三八。

⑤ 张燮：前引书，卷五。

⑥ 伊斯雷尔：《殖民时期墨西哥的种族、阶级和政治》，第76页。

太平洋航线的开辟，又使中国和拉丁美洲两个相距遥远的地区发生了贵金属联系，并有大量白银经菲律宾流入中国并在明清两代的经济生活中起到不容忽视的作用。

在明以前，用银作为价值尺度已酝酿了几百年。明初，民间禁用金银交易，政府发行“宝钞”（纸币）并辅之以铜钱。但明初以来边塞战事频仍，耗资巨大，其后又屯田废弛，盐法无度，财政收支极为艰难。为缓解财政上的困难，明政府遂大量印发纸币，结果“朝廷出钱太多，收敛无法，以致物重钞轻。”①到成化（1465—1486）时，宝钞一贯跌到原法定价值的千分之二。②在纸币大幅度贬值的情况下，把银作为稳定的货币使用已成为社会经济发展的客观需要。明统治者也只有顺应形势。早在英宗正统元年（1436），赋税已开始折银，并“弛用银之禁”，此后，“朝野率皆用银”。③于是白银从此取得了价值尺度、支付手段和流通手段的职能，并在市场上广为流通。到万历九年（1581）明统治者推行一条鞭法，其中规定把赋、役合并，按田亩征收银两。这样白银的使用更加普遍，在商品经济的发展中起到越来越显著的作用。然而中国国内白银生产有限，供不应求，常闹银荒，“皇皇以匮乏为虑者，非布帛五谷不足也，银不足耳。”④因而寻觅新的白银来源实为当务之急。在这种紧要关头大量美洲白银开始源源流入中国。

在中国—菲律宾—墨西哥—西班牙多边贸易开通的年代，有多少美洲贵金属经菲律宾流入中国，已无确切的资料可以作为统计的依据。这

① 《明史》，卷八一。

② 陆容：《菽园杂记摘抄》，卷五。

③ 《明史》，卷八一。

④ 《明经世文编》，卷二九九。

中国福建省出土的西班牙银币

主要是那一时代缺乏科学的统计系统，尤其是沿上述贸易航线走私贸易十分猖獗，更造成统计上的困难。例如：1646 年在阿卡普尔科一艘大帆船满载银货待航菲岛，在复查时发现商人们托运银货的实际重量是他们各自登记重量的 6 倍、8 倍，甚至 14 倍。[①]据美国著名学者厄尔·汉密尔顿估算，白银在大西洋一侧的走私出口量大约占登记出口量的 10% 至 15%；法国学者肖努认为太平洋贸易中的白银走私量远远大于大西洋一侧的白银走私量。[②]但我们通过下列几个数字仍大致可看出美洲白银外流的规模：1602 年墨西哥城市议会在提交西班牙国王的报告中指出，在中国商品畅销拉丁美洲市场的高潮中，即 16 世纪的最后几年，每年流失的白银达 500 万比索，其中，1597 年从阿卡普尔科港运往菲律宾的白银达 1200 万比索。[③]就是在西班牙王室对中国商品的进口加以限制

① 《西班牙美洲历史评论》(*The Hispanic American Historical Review*)，1977 年，第 57 卷，第 490 页。

② 汉密尔顿：《美洲财富与西班牙的价格革命》，第 51 页。

③ 《西班牙美洲历史评论》，1977 年，第 57 卷，第 493 页。

的年代，墨西哥每年运往菲律宾的白银也在 175 万比索到 220 万比索之间，大约占墨西哥每年银产量的 29% 到 35%。[①]自隆庆五年（1571）重开海禁至明末的这七八十年间，据估算，经菲律宾流入中国的银元大约为 6 千万比索，约合 4 千多万库平两。[②]崇祯十六年（1643），有人估计中国有银 2 亿 5 千万两。从美洲输入中国银元大约等于中国原有银量的 1/6。[③]又据德科明估算，从 1571 年至 1821 年从墨西哥输往马尼拉的银元达 4 亿比索，其中至少有 1/4 流入中国。[④]在明清两代如此数量巨大的贵金属渐次流入中国，一方面保障了中国商品经济持续的繁荣发展；另方面在相当大的程度上缓解了中国所面临的严重的财政危机。

在汇聚于中国的大量贵金属中作为流通手段的那部分银元，由于每一种类，其形状、图案、重量和成色大都是划一的，使用极为简便。因而一经流入中国，便渐渐受到欢迎，并在市场上广为流通。最初这种银元仍作“块银”，在称重后使用。到乾隆年间已不再称重，而凭“个数”来使用，取得了“选用货币”的地位。

明清之际，除墨西哥银元外，还有部分荷、英等国的银元输入中国，但以经菲流入中国的西班牙（墨西哥）银元为大宗。这些“番钱”在中国流通日广，对中国经济所起到的作用不容忽视。乾隆初年，“闽广两省所用皆番钱，统计两省岁入内地将近千万。”[⑤]嘉庆元年（1796）中国国内，“番钱之用广于库银”。[⑥]嘉庆十九年（1814），洋钱已在“两

① 博拉：《墨西哥与秘鲁之间早期殖民地贸易与航运》，第 123 页。

② 彭信威：《中国货币史》，上海人民出版社 1965 年版，第 710 页。

③ 同上，第 634 页。

④ 埃姆斯：《在华之英人》(J. B. Eames, *English in China*)，伦敦 1974 年版，第 63 页。

⑤ 《漳浦县志》，卷二二。

⑥ 汪辉祖：《病榻余痕录》，卷下。

西班牙设置在广州的“商馆”

广楚汉江浙闽省畅行无忌……交易半用洋钱,内地银两翻觉难于运转。”[①]甚至“使用情甘加算，因民间买卖希图使用简便。”[②]嘉庆四年（1799）抄查大贪官和珅家产时，搜出洋钱5万8千元。[③]这一事实至少说明外国银元已大量流入北京。鉴于外国银元在中国社会中所起到的重要作用，马克思才把银币比作清帝国的“命脉”。[④]

虽然在中国社会中流行的外国货币多种多样，但最受青睐的却一直是西班牙铸币，当时被称作“本洋”。西班牙铸币在图案上多有两根“柱”，这是源于希腊神话中大力士赫居里斯（Hercules）奋力劈开直布罗陀悬

① 《清嘉庆朝外交史料》，卷二。

② 同上。

③ 彭信威：《中国货币史》，第781页。

④ 《马克思恩格斯论中国》，人民出版社1961年版，第23页。

卡洛斯四世铸币（即“老头”币，亦称“双柱”或“双烛”）

崖的故事。当时国人往往根据上述柱形图案称西班牙银币为“双柱”；又因“柱”类似于“蜡烛”，因此又被牵强附会地称作“双烛”。此外，西班牙铸币正面往往镌刻当政国王的头像，因此在民间常常把刻有卡洛斯四世（1748—1819）头像的银币称作“老头”。由于这种铸币含银量高，因此受到普遍欢迎，从不销熔，在流通中一直当作“个数”来使用，以致其他铸币被称为“荒洋”，而拒绝作为“个数”来使用。随着西班牙王朝的更迭，卡洛斯四世币在流通领域中数量日益减少，于是刻有菲尔南多七世（1784—1833）头像的铸币开始受到欢迎，被称作“新头”。然而在民间交易中，只要使用“老头”便可获得10%至15%的加价；而“新头”则只能加价1%至2%。至于其他国家的铸币，如秘鲁、智利、墨西哥、美国等的铸币都不受欢迎，因此往往被销熔后再做他用。[①]上述事实足以说明在中国—菲律宾—墨西哥—西班牙多边贸易开通的年代，西班牙铸币对中国社会经济的影响。

5. 中国人开始对西班牙有了初步认知

如前所述，中国—菲律宾—墨西哥—西班牙多边贸易和中国—菲律宾—西班牙大三角贸易的开通对中国产生了多方面的影响，因此引起中国朝野上下对上述海外贸易的极大关注，与此同时，很自然地他们也非常想了解与之进行贸易的“他者”的状况，即西班牙是个什么样的国家。

① 亨特：《番鬼录》(W.C.Hunter, *The ‘FanKuae’ at China*)，上海1938年版，第34—36页。

由于受地理知识的局限，明季中国人常常把西班牙人与“佛郎机”（即葡萄牙人）相混。所以《明史》中把西班牙人对吕宋（菲律宾）的入侵都称作“佛郎机”所为。西班牙人对菲岛的入侵史实非常清楚，即如前文所述1565年西班牙殖民者莱加斯比率部入侵菲律宾的宿务岛，后于1571年又侵占马尼拉。其间，西班牙殖民者除用武力征服外，又在菲岛各土著部落中间进行挑拨离间，造成各部落之间的矛盾与冲突，以便渔人取利。西班牙殖民者对菲岛的入侵，久而久之，在中国则演化为一个有声有色的传闻，正如《明史》所载：“时佛郎机强与吕宋互市，久之，见其国弱可取，乃奉厚贿遗王，乞地如牛皮大，建屋以居。王不虞其诈而许之。其人乃裂牛皮，联属至数十丈，围吕宋地，乞如约。王大骇，然业已许诺，无可奈何，遂听之，而稍征其税如国法。其人既得其地，即营室筑城，列火器，设守御具，为窥伺计。已竟乘其无备，袭杀其王，逐其人民，而据其国，名仍吕宋，实佛郎机也。”[①]《东西洋考》、《名山藏》等史书中也有类似的记载。很显然上述记载中夹杂着部分传闻的成分，但反映出东方人民对殖民者狡诈与阴险的本质已有了一定的感性认识。

历史上中国人对西班牙的进一步认识，主要应归功于西班牙来华传教士庞迪我（Diego de Pantoja，571—1618）。他曾为万历皇帝写了一部有关世界地理概述的著作。由于“南京教案”爆发后，他被驱逐出中国，所以上述著述并没有完成。他的部分手稿被另一位意大利传教士艾儒略（Jales Aleni，1582—1649）加以整理和补充，后来以《职方外纪》这一书名出版并在中国士大夫中流传甚广。

地理大发现以后，西方殖民国家对中国周边国家和地区的入侵，直

① 《明史》，卷三二三。

接影响到中国东南沿海地区的经济发展和社会安宁。国际关系的新变化引起中国知识分子先进一翼对外部世界的关心。然而这些新变化是无法用中国陈旧的舆地概念和以中国为中心的世界体系的凭空构想所能解释的。因此了解和认识中国以外的世界成为晚明中国知识分子先进一翼的迫切需求。这就是庞迪我的手稿还不待成书，便已在社会上转辗传抄的原因。待《职方外纪》出版后，更受到中国知识界的欢迎。

由于《职方外纪》是根据庞迪我的手稿整理而成的，庞迪我又是西班牙人。所以在《职方外纪》中把西班牙放在第二卷“欧罗巴总说”之后，作为第一个欧洲国家来叙述，而且用了985个字，叙述尤为详尽。在晚明直至清代，中国人对西班牙的较为客观的认识，主要来自于《职方外纪》一书。

该书在对西班牙的地理方位略做介绍后，立即把中国和西班牙这分立在世界东西两端的两大帝国做了比较，并具体指出：“世称天下万国，相连一处者，中国为冠；若分散地域者，以西把尼亚（西班牙）为冠。”寥寥数语已把中国与西班牙在世界上的地位及特点突出出来。因为庞迪我来华是负有宣教职责的，所以书中写道：“国人极好学，有共学（Colegio，学院），在撒辣蔓加（Salamanca）与亚而加辣（Alcala de Henares）二所。高人辈出，著作甚丰，而陡禄日亚（Teologia，神学）与天文之学尤精。”这一段落，事实上是介绍耶稣会学校及其重点学科的设置。

与此相关联，该书叙述了名城托莱多的概况，该城正是庞迪我早年在耶稣会求学的地方：“多勒多城（即托莱多）在山之颠，取山下之水，以供山上，其运水甚艰。近百年内有巧者，制一水器，能盘水直至山城而不赖人力，其器昼夜自能转动也。有浑天象，其大如屋，人可以身入其中，见各重天之运动，其度数皆与天合，相传制此象者，注想十七年，造作三年，曾未重作一轮。”这里似乎透露出庞迪我早年在托莱多耶稣会中求学生活的余绪。

接着该书又用一段文字介绍了西班牙国王不久前建造的“瞻礼大堂”，它“高大，奇巧无比，修道之士环居焉。其内可容王国之王。水泉四十余处。堂前有古王像六位，每位高一丈八尺，乃黑白玉琢成者。堂内有三十六祭坛，中台左右有编箫二座，中各有三十二层，每层百管，管各一音，合三千余管，凡风雨、波涛、呕吟、战斗，与夫百鸟之声，皆可模仿，真奇物也。又有书堂阔三十步，长一百八十五步，周列诸国经典书籍，种种皆备，即海外额勒济亚国（Grceia，希腊）之古书，亦以海舶载来，贮于此处。其地原系旷野山林，后因造此堂，鸩工住集七年，遂成一城云。”这里无疑地，描绘的正是地处埃斯克里阿尔的圣劳伦索宫。庞迪我曾将该宫殿的版画进呈给万历皇帝。

《职方外纪》的编著者，无论是庞迪我抑或是艾儒略都清醒地认识到，他们所进驻的意欲传教的国度是个具有高度物质和精神文明的古国。如果不能通过他们的笔端，首先使中国的知识阶层了解西方的文明发展程度，那么尽管他们用一些新奇的玩物可能引起部分中国人一时的兴趣，但却不可能发挥长久的作用。因此，在他们向中国展示他们物质文明发展水平的同时，也极力突出欧洲在精神文明方面所取得的成就，其中包括告诉中国知识阶层，在西方也有“智者”或“贤人”。例如，在《职方外纪》中，特别提及：“古一名贤曰多斯达笃（Tostado）者，[①]居俾斯波之位（Obispo, 主教），著书最多，寿仅五旬有二，所著书藉，就始生至卒计之，每一日当得三十六章，每章二千余言（原文如此）。尽属奥理。后人绘彼像，两手各持一笔，章其勤敏也。”

---

① 多斯达笃 (Tostado) 为西班牙名贤阿隆索·德马德里加尔 (Alonso de Madrigal, 1400—1454) 的别名。其拉丁文著述甚丰，1615 年出版他的全集达 24 卷，其中多为警世格言。

在向中国知识阶层推出“古贤者”的形象的同时，书中又例举了西班牙历史上的“明君”：“又有王名亚丰肃者（Alfonso），[①]好天文历法，精研诸天之运，列宿之躔。撰成历学全书，世传岁差本原，皆其考定，制为一定图像，为今历家大用。又将国典分门定类，为七大部，法纪极备。复取天主古今经籍有注疏者，不下千余卷，编阅至十有四次。又纂本国自古史书。夫既身亲国政，又傍及著述，种种如此，后世称曰贤者之王，宜矣！”

接着《职方外纪》编纂者的笔锋一转，开始着力介绍西班牙的当代“英豪”：“此国人自古虔奉天主教，最忍耐，又刚果，且善远海上，曾有绕大地一周者。”这里说的当然是麦哲伦了。在当代“英豪”中，书中更推崇哥伦布，“百年前西国有一大臣名阁龙（Colon，哥伦布）者……率众入海展转数月……果至一地”。接着记载了他征服美洲的“业绩”。[②]

综上所述，我们可以看到《职方外纪》的编纂者，无论是奠定资料基础的庞迪我，或是最后将其整理出版的艾儒略，他们总的出发点都是想通过对中国以外的世界的介绍来打破中国统治阶层所坚持的以华夏为中心的世界体系的虚无构想，从而在与中国官吏和知识阶层的交往中，取得平等对话的地位，进而扩大他们的影响，使他们在中国的传教事业能获得更大的成功。但在客观上，该书无疑地扩大了中国人的地缘视野，增加了他们世界舆地知识，其中就包括了对西班牙的重新认识。

《职方外纪》后来被收入《四库全书》之中。所以影响广泛。至清

---

① 亚丰肃，系指阿尔丰索十世 (AlfonsoX, 1252—1284) 为西班牙历史上卡斯蒂利亚和莱昂两国的国王。史载他治国有方，曾创办闻名欧洲的萨拉曼卡大学并编纂《七法全书》(*Siete Partidas*)，故被称为“智者”(Sabio)。

② 艾儒略：《职方外纪》，卷二。

代，中国与菲律宾的贸易往还不断，因此中国人对于菲律宾的认识有了深化，但对于西班牙，直至19世纪末之前，中国人却始终没有通过亲身考察得出自己的“西班牙观”。

至于中国人对西班牙国名的称呼，在明清时代也是多种多样。在中国的典籍中，有称西班牙为“大吕宋”的。因为在西班牙人入侵菲律宾之前，中国史书常称该岛为“吕宋”。在西班牙人入侵菲律宾之后，中国人仍称该岛为“吕宋”，而称入侵该岛的西班牙为“大吕宋”。在另一些典籍中，根据西班牙在历史上自称卡斯蒂利亚（Castilla）王国，因此以其音译“干系腊”作为西班牙的国名。再一种则是来华传教士对西班牙的汉译称呼。如万历十二年（1584）利玛窦在肇庆初刻《山海舆地图》时，称西班牙为“以西把你亚”。万历三十八年（1610）冯应京编《方舆胜览》时，称西班牙为“以西把泥亚”。《职方外纪》中，则称西班牙为“以西把尼亚”。到晚清，又称西班牙为“日斯巴尼亚”，简称“日国”；西班牙文作“日文”。这种译法，常常与日本国及日本文字的简称相混淆，因此，至1929年才最终将这一伊比利亚国家正式称为“西班牙”，以至于今。

综上所述，随着中国—菲律宾—墨西哥—西班牙多边贸易以及中国—菲律宾—西班牙大三角贸易的开通，中国也越来越紧密地卷入到世界性的贸易漩涡之中。由于中国生产力发展水平当时仍居于世界的领先地位，又拥有最为发达的商品经济作为对外贸易的依托，因此中国在世界市场中居于卖方市场的有利位置上。通过中国—菲律宾—墨西哥—西班牙多边贸易的最初开展，我们可以看到中国商品对世界市场形成与发展的促进作用。而且我们完全有根据地这样说，在世界市场形成的初期，中国的商品经济是促进世界市场形成与扩大的最积极、最富生命力的因素之一。这是我们民族伟大生命活力的具体体现。也是我们民族对近代世界初期所做出的贡献。

中华民族的悲剧恰恰在于在人类社会从前工业社会向近代社会转换的关键时刻，明清统治者既没能利用世界市场上的有利时机坚持推行对外开放的政策，面对西方殖民者的暴力挑衅，更没有做出相应的回答，以致在世界市场中一步步失去原有的优势地位，最终为产业资本所压倒。

中国—菲律宾—墨西哥—西班牙多边贸易由盛而衰的全过程将明清统治者所推行的逆时代潮流而行的政策及其造成的民族悲剧暴露无遗。只要我们回顾一下中国—菲律宾—墨西哥—西班牙多边贸易的发展全过程即可看到：

凡是该多边贸易兴盛发达的阶段（1591—1595年至1611—1615年；1686—1690年至1711—1715年）恰恰是中国封建王朝解除“海禁”的时期。尽管这仅仅是在封建体制的僵硬躯壳上打开了一个小小的孔隙，但却使民族内部蕴藏着的巨大潜能迅速释放出来，并形成促进世界市场发展与扩大的一股强劲的动力，同时使中华民族固有的文明在世界范围内得到广泛的传播。反转过来，世界市场的存在与扩大又为中国经济的进一步发展创造了条件：大量白银滚滚流进中国，为中国资本主义生产提供了物质前提；海外市场对中国商品的特殊需求，又推动了中国商业资本向产业资本的转化。也就是说，上述诸“开放”年代，正是中国资本主义因素普遍活跃的年代。中国市场与世界市场相互渗透影响进程的加强，有利于我们民族的进步与发展。

反之，凡是该多边贸易低落的阶段（1626—1630年至1641—1645年；1646—1650年至1681—1685年；1716—1720年至1721—1725年，以及其后清王朝实行闭关自守的年代）恰恰是中国封建王朝实行海禁政策的时期。由于封建统治者对海外贸易的限制和摧残，致使中国商品的输出额大幅度跌落，因而阻碍了中国商品经济的发展；白银入口量的锐减，又造成流通领域的阻塞；中华民族对外部世界的影响也显著下降。到清中叶以后，中国传统的海外市场逐一旁落西方殖民国家之手。实行闭关政策的结果，导致了社会生活的停滞和退步，并严重地抑制了资本主义因素的发展。这就是中华民族终致落伍于时代潮流的根本原因。

在中国—菲律宾—墨西哥—西班牙多边贸易的发展进程中，尤其在初期，一方面，中国商品经济在世界市场中享有优势地位；然而与此同时，西方殖民国家又不断对中国进行侵扰。即，中华民族既有发展资本主义的有利条件，又面临着西方殖民国家的严重挑战。在这种决定我们民族命运的关键时期，中国的封建统治者认不清急剧变化中的国际形势，对于咄咄逼来的西方殖民势力不是进行针锋相对的斗争而是一味地退缩，妄图通过闭关自守的政策以求一时之安，结果，使中国一度迅速壮大的海外航运队伍蒙受沉重打击，并使中国商品经济在世界市场中的优势地位一步步丧失殆尽。中国自我捆束的年代，正是西方国家利用世界市场得到大发展的时期。历经两个半世纪的演变，到中国—菲律宾—墨西哥—西班牙多边贸易结束时，先进的中国已经落伍于原来处于后进状态的西方国家。上述多边贸易的历史实际上是中华民族在世界市场中浮沉过程的缩影。

中国与西班牙作为中国—菲律宾—墨西哥—西班牙多边贸易和中国—菲律宾—西班牙大三角贸易的两极，其由盛而衰的历史命运又有何等惊人的相似！

因此我们认为中国—菲律宾—墨西哥—西班牙多边贸易与中国—菲律宾—西班牙大三角贸易由盛而衰的历史不仅是中国与西班牙关系史中的重要篇章，也是中西两国人民从中共同总结历史经验教训的重要课题。

| 第四章 |

西班牙来华传教士在促进中国与西方文化交流中的先驱作用

地理大发现开始了全球一体化的进程。随着新航路的开辟，远隔重洋的不同国家或民族相继被卷入到世界贸易的漩涡之中，就此出现了五大洲物质与商品的交换。西方殖民者的征服与扩张活动又使东西方文明以空前的规模和速率处于相互碰撞与融会之中，就此出现了各异质文明之间的大交流。这种全球范围内的物质文明和精神文明的相互渗透，在东西方两个世界都引起了巨大的社会震动。这期间，西班牙来华传教士在促进中国与西方文化交流方面曾起到过重要的先驱作用，并使西班牙成为 18 世纪以前西方最主要的汉学研究中心之一。

一、沙勿略揭开基督教第三次传入中国的序幕并为耶稣会“适应”策略确立了基本原则

历史上，基督教曾于唐代首次传入中国，当时称“景教”。至元代，随着蒙古大军的西征，一时亚欧大陆商道畅通，东西方文明的传播与交流进入了一个繁盛时期。这一历史阶段，基督教再次传入中国，像北京、泉州等地都曾设立主教区。而以沙勿略登上中国上川岛为开端，则揭开了基督教第三次传入中国的序幕。

沙勿略（Francisco Javier）1506 年 4 月 7 日出生于西班牙纳瓦拉省

耶稣会北京会院："南堂"

的哈维尔城堡，1540 年加入耶稣会，并成为十个耶稣会创始人之一。1542 年他以教皇使节的身份前往东方传教，足迹遍及印度、锡兰、马六甲、摩鹿加群岛，并于 1549 年前往日本传教，来往于鹿儿岛、平户、山口及丰后各地，历时 27 个月。

在东方传教的过程中，通过对东方国家和地区文化特点和传统的观察、了解，沙勿略终于总结出一套其后被称为"适应"策略的传教方式，即为了达到使东方各民族归化基督教这一总的目的，耶稣会士应对宣教方式因地制宜地做出一定的变通，以便在不引起与当地土著文化冲突的情况下，逐步地使基督教变成土著居民的信仰。在这一过程中，不是借助军事暴力手段，用基督教文化强行同化土著文化，而是首先要了解当地的文化，进而适应这种文化，并最终通过基督教文化"优越性"的展示，再把当地居民吸引到基督教归化者的行列中来。为了达到上述目的，沙勿略又提出了一些具体做法：传教士们要学会当地的语言，以便了解当地的文化，并进而运用当地的语言文字来宣传基督福音；借助高贵的身份和名义以及通过馈赠礼品来与当地权贵人士相往来，以便在当地社会中立足；传教士必须是品学兼优的"读书修士"，使传播科学知识成为宣传福音的先导；佛教在东方国家有着广泛的影响，只有批驳佛教学说才能为传播基督福音扫清道路；在东方各君主专制的国家，应把争取最高统治者皈依基督教当作宣教的中心工作，只要东方国家的最高统治当局信奉了基督教，那么，他所统治的整个国家也将会基督教化。

沙勿略渴望到中国来实施他的“适应”策略，他深信中国的基督教化将对整个东方传教运动起到重大的促进作用。这是因为他在日本的所见所闻，使他认识到日本文化深受中国影响。此外，他在传教的过程中，有关中国的各种传闻也给他留下了深刻的印象。在沙勿略寄往欧洲的信函中他曾写道：“中国幅员辽阔，境内安居乐业，绝无大小战乱。……中国为正义之邦，一切均讲正义，故以正义卓越著称，为信仰基督的任何地区所不及。就我在日本所目睹，中国人智慧极高，远胜日本人，且擅于思考，重视学术。中国物产丰富，且极名贵。人口繁盛，大城林立，楼台亭阁，建筑精美，部分采用石料。人人皆说中国盛产绸缎。”因此沙勿略萌生了到中国传教的想法。他认为，“如谋发展吾主耶稣基督的真教，中国是最有效的基地。一旦中国人信奉真教，必能使日本唾弃现行各教学说和派别。”[①]为此，1551 年他重返印度，向印度总督阿尔丰索·纳罗尼亚和果阿主教吉阿瓦尼·阿尔布魁尔克提出他欲组织使团前往中国，直接觐见中国皇帝的计划并得到正式批准。

1552 年 8 月沙勿略怀着到中国传教的热望乘“圣十字号”抵达距广州 30 海里的中国上川岛。当时该岛为葡萄牙商人与我沿海居民进行走私贸易的据点。沙勿略抵达该岛后才认识到明政府对外国人入境实行严格的限制，形势极为严峻。但此点并没有动摇他进入中国内陆传教的决心。他一方面精心安排秘密潜入内地的计划，同时考虑好一旦这一计划失败所应采取的应急措施，即于次年当暹罗向中国派出进贡使团时，他想谋得一个席位与该使团一起进京。然而，不久沙勿略突患疾病，于

① 方豪：《中国天主教人物传》，中华书局 1988 年版，第 60 页。

左：沙勿略 右：上川岛沙勿略纪念陵园

12 月初在上川岛去世。

沙勿略并没有完成他的计划，但他提出的企图使整个古老中华帝国基督教化的设想却成为西方传教士一代又一代为之奋斗的目标。其次，沙勿略根据自己在东方传教的经验所提出的“适应”策略被后人奉为经典，并为利玛窦等西方传教士所遵循和发展。利玛窦对于沙勿略作为在东方传教的先驱者的历史作用曾赞誉不止：“沙勿略是第一个耶稣会士发觉了这个庞大的帝国的无数百姓是具有接受福音真理的资质者，他也是第一个抱有希望在他们当中传播信仰的人”。利玛窦认为，沙勿略“对创始者和奠基者的称号是当之无愧的。”[①]至今，在有关天主教的史著中，一般均称沙勿略为“中国宣教之父”。

鉴于沙勿略在东方传教中的功绩，1619 年罗马教廷为他行“升天

① 《利玛窦中国札记》，上册，第 127 页。

宣福礼”。1622年教皇格里高里十五世宣布沙勿略为“圣徒”。沙勿略是继耶稣会创始人罗耀拉（Ignacio de Loyola, 1491—1556）之后第二位享有这一殊荣的耶稣会士。

二、马丁·德拉达：西方第一位汉学家

在前一章论及中国—菲律宾—墨西哥—西班牙多边贸易开通的时代背景时，我们曾提及西班牙奥古斯丁会修士马丁·德拉达曾利用菲岛行政当局同明政府协同追剿林凤的机会，实现了他对中国福建省为时两个多月的走访。回菲岛后，他积极主张对中国进行武装入侵。然而，他和其他菲岛殖民当局提出的入侵中国的计划事实上均被西班牙国王菲利浦二世所否决。但马丁·德拉达并没有放弃通过武力使中国基督教化的想法。这是和马丁·德拉达的个人经历和他对中国的基本认识分不开的。

马丁·德拉达1535年月7月20日出生于西班牙潘普洛纳。11岁到巴黎开始接受完整的教育，其数学、地理学、天文学和语言学均成绩优异。至1553年，拉达返回西班牙，在撒拉曼卡大学进修神学并于同年8月20日加入奥古斯丁修道会。1556年结业后，在托莱多的圣埃斯特万修道院任职。其后的经历众说纷纭，但1563年以前，拉达已到达了墨西哥。因为是年5月墨西哥城圣职人员登记簿上，已有了他的名字。

为了寻找通向香料群岛的航路，1565年莱古斯比率船队离开墨西哥远征菲律宾群岛。拉达则随船队而行，其后作为传教士他参与了西班牙征服菲律宾的活动。因此用武力强迫土著居民信仰基督教的传教方式已扎根在他的意识形态的深处。

在传教之余，他一直坚持科学实践：观察天象、测量子午线并写出一些相当出色的学术论文。有人将他称之为世界第一流的科学家。

然而，这位传教士时刻念及的，却是如何将中华帝国纳入基督教世

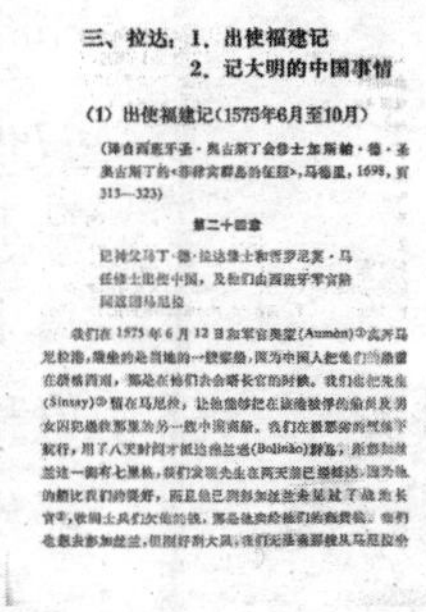

三、拉达：1．出使福建记
　　　　　2．记大明的中国事情

（1）出使福建记（1575年6月至10月）

西班牙来华传教士马丁·德拉达画像。他有关福建的“纪行”已由何高济译成中文，并以《出使福建记》和《记大明的中国事情》为篇名，纳入到《十六世纪中国南部行纪》一书中。

界。所以他十分关心中国的国情。为此他学习了中国的语言文字并写出一部《中国的语法与词汇》（*Arte y Vacabulario de la Lengua China*），这是欧洲人研究中国语言文字的第一部著作，同时也是我们称他为西方第一位汉学家的原因。

当时，很多中国人到菲岛经商。拉达便把和这些中国人的接触当作了解中国的重要方式。1572 年 7 月 1 日在他写给墨西哥总督的一封信中曾提到，他把一个叫康克（Canco）的中国人留在他的家中一连数月，从交谈中他了解了很多中国的概况，这更燃起他前往中国的热望，他甚至想以中国商人“翻译”的身份潜入中国。如前所述由于林凤事件，他终于如愿以偿。拉达的福建之行，使他有机会对中国进行实地考察。返回菲岛后，他就其所见所闻，写了一部《菲律宾群岛奥古斯丁会神甫马丁·德拉达与其同伴赫罗尼莫·马林以及与他们随行的士兵在中国观察与体验到的事物》(*Las cosas que los padres Fr. Martín de Rada, provincial de la Orden de S. Agustín en las Islas Filipinas, su compañero Fr. Jerónimo*

中国士大夫与“西儒”做学术交流

Marín y otros soldados que fueron con ellos vieron y entendieron n aquel reino) 在我们的以下章节将马丁·德拉达的上述著作简称为《中国纪行》)。这部著作的价值和影响主要体现在该书的第二部分。下面我们对这部分章节的特点和内容做一介绍。

《中国纪行》第二部分内容的突出特点有三：首先，福建之行使拉达亲眼观察到中国社会经济最富活力的省份居民的劳动与生活的图景，并使他有机会接触和目睹了明王朝从封疆大臣直至基层小吏的官场百态。因此，他笔下的中国与那些充斥道听途说的传闻以及为了满足猎奇者的趣味而写下的夸大、渲染性的“目睹记”不能同日而语，即他的《中国纪行》具有一定的客观真实性。其次，也是非常重要的一点，拉达从福建返抵菲岛时，带回百余种他在中国购置的中文图书典籍。其内容大致可分为：行政区划、财政、税务、航运、港口、历史、帝王世系、祭祀、宗教信仰、司法、本草、医学、天文学、相邻国家的地理、圣贤传奇、游戏娱乐、音乐、数学、妇产科、建筑、风水、占星学、相术、尺牍类、养马、算命术、朝政和兵器等，共28类。拉达请一些寓居菲岛有文化的华人，将上述图书典籍或全部或部分地译成了西班牙文。通过这些资料拉达对中国文化、社会生活、经济和历史发展进程等方面有了更深层次的了解。

他所拥有的对中国国情的知识，是他的前人所无法企及的。此外，在这部著作中体现了拉达综合与分析问题的能力，他把中国不同典籍中有关行政区划、重要市镇方位和人口数字等记载进行了比较研究，并做出他认为更确切的结论。特别对一些历史悬案他也做出了正确的回答，从而使他的《中国纪行》具有一定的研究成分。

《中国纪行》第二部分共分12章，下面我们将其概括为五个部分，做一综述：

众所周知，自马可·波罗以来，西方人一直猜测“契丹”或“震旦”（Cathay）与中国（China）是否为同一个国家。《中国纪行》开宗明义指出：“契丹”实际上是“中国”或“中华”的另一个称谓。按朝代，亦作“大明”。这是拉达对世界地理学以及东西方交通史研究方面的重大贡献。由于拉达的《中国纪行》并没有广泛流传，很多人是在读了《利玛窦中国札记》之后才得知“契丹”即是“中国”这一结论，所以长期以来许多学者往往把第一个判明“契丹”即是“中国”的功绩归功于利玛窦。如《利玛窦中国札记》的英译者在序言中即指出：“也许（利玛窦）日记内最有意义的历史项目是它揭示了契丹就是中国的另一个名字，而不是欧洲在马可·波罗时代所认为的另一个国家。”由此该学者认为，“他解决了中国—契丹的问题，奠定了一个新的地理时代。”该书的中文译者更认为：“这一重大的发现可以和亚美利哥·维斯普齐(Amerigo Vespucci, 1451—1512)之证实哥伦布所发现的新大陆并不是印度相媲美，堪称为近代初期西方地理学史上最有意义的两大贡献。”[①]通过《中国纪行》我们终于知道是拉达首先解决了“契丹”即是“中国”这一历史悬案。

① 《利玛窦中国札记》，上册，第9页。

其次，在《中国纪行》中拉达不仅阐述了明王朝实行的两京、十三布政使司（简称作十三司，俗称十三省）以及下属府、州、县三级行政区划系统并具体统计出明王朝共下设159府、235州以及1155县。上述数字表明拉达可能参阅过明代罗洪先（1504—1564）编绘的全国及域外综合地图集《广舆图》（该地图集1566年版指明全国共设159府、234州和1114县；据《明史·地理志》所载，明代15省下置“府百四十，州百九十三，县千一百三十八”，另设“羁縻之府十九，州四十七，县六”）。另外，拉达还可能查阅了明代喻时所绘《古今形胜之图》。该图大约刻于嘉靖三十一年（1552），它承继疆域沿革图的系统，对明代省府州县的行政区划、相对位置和沿革的历史均有记载。一幅嘉靖三十四年（1555）孟冬金沙书院重刻的《古今形胜之图》曾流入西班牙侵占下的菲律宾。在1574年7月30日该图送往西班牙之前，马丁·德拉达正在菲岛，他很可能对该图也进行过研究。而据拉达自述，他曾参阅过7种不同著者、不同版本和引用不同资料的中文著作（估计可能是“通志”、“府志”之类的方志），上述数字是经他综合、比较后得出来的结论。在拉达之前，葡萄牙传教士加斯帕尔·达克鲁斯在其《中国志》中也曾论及明代两京、13省的设置，但将明朝省以下府州县三级行政区划的建制及具体规模系统地介绍给西方的，拉达则是第一人。

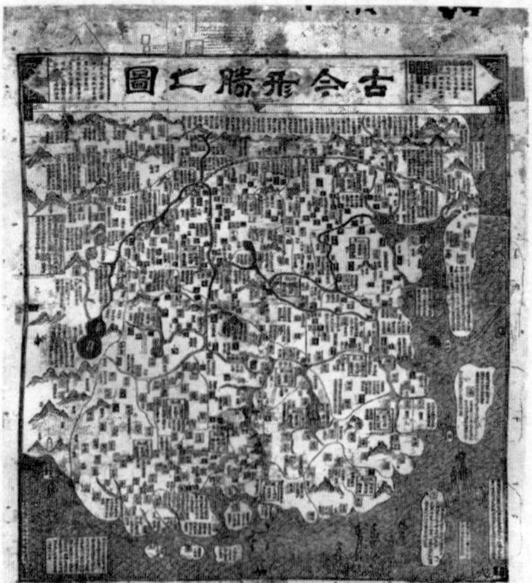

流落到西班牙的中国《古今形胜之图》

在其下的章节里，拉达概括了中国的综合国情：从军队编制、数量、武器装备及其性能、士兵战斗力及士气到各省人口户数目及纳税人口数目；从粮食、矿产种类和产量到社会财富的分配，他一一做了分述。内中指出，15 省共有 9676246 户。这一数字与《广舆图》所载 9356016 户的统计数字极为接近。从马可·波罗时代以来西方人就知道中国是个人口众多的泱泱大国，但直到拉达，欧洲人才第一次对中国人口总数有了具体的、相当准确的“量”的概念。

《中国纪行》接续是对中国历史以及王朝世系的追溯。从盘古开辟天地的神话传说到尧、舜、禹的禅让；从秦始皇一统天下到朱元璋逐元蒙建立明朝，中国几千年的文明史跃然出现在他的笔下。事实上，拉达成为将中国悠久的历史概貌展示给欧洲的第一位西方人。正如中国人在历史上由于对外部世界缺乏真确的了解而认为中国是寰宇的中心一样，欧洲人在相当长的历史年代对欧洲以外的世界也是知之甚少，从而把地中海及其环地中海的地带当作世界的中心舞台，并视基督教文明为人类唯一的文明的体现者。而今，在遥远的东方，一个与欧洲文明迥异但同样闪烁着人类智慧光芒的文明古国的存在，引起欧洲人的惊异。随着对中国兴趣的增加以及了解和认识中国的愿望的日益迫切，便开始了华夏文明西传的历史新篇章。

其下各章，拉达着重介绍了中国人的习俗、衣着、发式、饮食文化、礼仪以及不同社会阶层的行为举止特点。其中，他对中国妇女低下的社会地位以及缠足的陋习表示了批评。其后，拉达对中国的政府机构、司法职能和科举考试体制以及对外政策一一做了概述。他正确地指出，中国当时的中央集权的国家体制与欧洲的封建制度是不同的，中国根本不存在类似欧洲的那种“封建主”阶层。最后，他论述了中国宗教以及一般人对灵魂不死的信仰。

拉达是位语言大师。然而通读《中国纪行》，会使人感到他用语冷镌、刻板，很少流露出个人的感情。至于对中国的某些方面的偏见则是十分明显的。比如对中国科学发展水平的评价，表现出了贬低的意向。因为一位像拉达那样训练有素的科学家，在阅读了有关天文学及数学等中文著作之后，竟得出除了用草药治病外，中国人对物质世界很少有什么认识的结论，这无论如何是有失公允的。造成马丁·德拉达这种“错觉”的根本原因，在于他始终没有摆脱他的种族主义的偏见和殖民主义立场。

在西班牙征服美洲的过程中，十字架与宝剑始终相辅相成。教会势力深知，意欲建立一个笃信天主教的精神王国必须以世俗的王国为依托，任何一个传教士不仅应信奉上帝，同时也应效忠于西班牙国王。他们的历史使命在于，“除向没有受到福音之光感召的人们传播上帝的崇高与光荣之外，也在于寻求西班牙的威严和强大。上帝也在利用西班牙的威严和强大来实现其伟大的事业。”[①]这种把精神王国与世俗王国相结合的理想，就是建立“世界天主教王国”。这也就是所谓的“西班牙主义”。对每个传教士来说，他们都应该深沉而自觉地为实现这一目标而奋斗。

在西班牙将帝国的边界推进到菲律宾之后，以此为基地，建立一个包括中国在内的“东方天主教王国”成为菲岛传教士孜孜以求的梦想：“虽然仁爱之心更迫切地催促我们为菲律宾群岛的民众效力，但是我们知道此外还有许多别的迷途之羊应该尽心领导他们归入公教的羊群之内。……收获的季节已经到来，各种的禾苗都已成熟。”[②]西班牙传教士巴勃罗·德赫苏斯在给教皇格里高利十三的信中更明确表示：“我们心中越来越燃起在神秘的中华帝国宣喻我主福音的热望。”[③]为了达到上述目的，有些西班牙人主张与在美洲一样，用武力征服中国。马丁·

① 门多萨：《中华大帝国史》，第 19 页。

② 裴化行：《天主教十六世纪在华传教志》，商务印书馆 1936 年版，第 141 页。

③ 布莱尔与罗伯逊：《菲律宾群岛》，第 34 卷，第 141 页。

德拉达就是这派的代表性人物之一。

在本书第三章我们已经叙述过，当拉达从福建返回菲岛时，正值新任总督弗朗西斯科德·桑德到任，他同样主张用武力征服中国，以达到传教和贸易双重的目的。拉达在向桑德详述了中国的国情之后，遂使桑德在制定入侵中国计划时有了依据。尽管桑德武装入侵中国的计划被菲利浦二世所搁置，但菲岛殖民当局并没有放弃既定的用武力使中国基督教化的谋略。

马丁·德拉达写作《中国纪行》一书的目的之一，就是为了给西班牙最高统治当局提供用武力征服中国的依据。为了说明征服中国对西班牙的价值，他曾对中国广袤的领土、众多的人口、丰富的矿产做出了一些客观的报道。但为了说明用武力使中国基督教化的必要性与可能性，他又刻意地突出中国崇拜偶像的“异端”倾向，并极力贬低中国的科学发展水平。这就是《中国纪行》一书客观的报道和有意制造错觉这两种矛盾的倾向交织在一起的根本原因。

1578 年拉达随西班牙舰队参加了对加里曼丹的远征。大约于 6 月中旬拉达病故于船上。不论拉达学习中文与报导中国国情的出发点是什么，在东西方接触的初期，他能写出像《中国的语法与词汇》与《中国纪行》这样两部不朽的著作，应该说对“西方第一位汉学家”这样的称谓马丁·德拉达是当之无愧的。[①]

三、16 世纪欧洲人的中国观：门多萨及其《中华大帝国史》

前文我们曾提到，菲利浦二世从全球战略及对华贸易的急迫性考虑，

① 有关马丁·德拉达的生平和《中国纪行》的内容主要引自博克塞《十六世纪的华南》（C. R. Boxer, *South China in the 16th Century*），伦敦 1953 年版。

他将菲岛总督桑德提出的入侵中国的计划搁置起来。同时，在当时的具体历史条件下，西班牙王室在对华策略上还有更深层次的考虑，即担心菲岛殖民当局和菲岛教会直接过问和插手中国事务会助长菲岛的分立主义势力。因此，菲利浦二世在桑德提出入侵中国计划之前，早已开始思考向中国直接派出王室代表的可能性。即试图绕过菲岛殖民势力，通过西班牙王室特使与中国皇帝的直接接触来影响中国的国策和宗教信仰。当1581年西班牙国王菲利浦二世最终决定向中国派出使团时，门多萨被委任为该使团的团长。

胡安·冈萨雷斯·德门多萨 (Juan González de Mendoza)1545年出生在西班牙的多莱西亚·德加麦罗斯 (Torrecilla de Cameros)，自幼受过良好的教育。他17岁去墨西哥，1564年加入奥古斯定会。在修道院中，他一面潜心研究神学、语法和艺术，一面在当地热心地传教，因而，使他具有了在“异域”开拓传教事业的能力和经验。他在墨西哥期间，正逢莱古斯比率船队远征并占领菲律宾之时，墨西哥从此成为西班牙派往菲律宾的传教士和各级官吏的中转站，同时也是他们返回西班牙时的必经之地。那时，有关菲律宾和中国的各种传闻和信息成为墨西哥引人入胜的话题并引起门多萨对东方事物的浓厚兴趣。

1573年菲律宾主教迭戈·德埃雷拉 (Diego de Herrera) 从菲岛返回西班牙，想争取菲利浦二世给西班牙在东方的扩张活动以更大的支持。当埃雷拉途径墨西哥时，他看中了门多萨的才华及其对东方问题的学识，于是选择门多萨与他同行，并于1574年8月12日返抵西班牙。

1574年9月14日菲利浦二世在马德里宫廷接见了埃雷拉和门多萨一行。在听取了埃雷拉有关菲律宾和中西两国关系的详尽汇报后，菲利浦二世当即表示意欲向中国直接派遣使团并决定成立一个专门委员会研究具体方案。

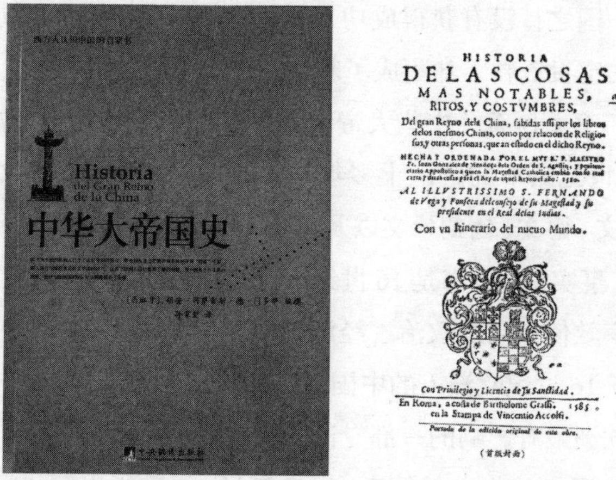

门多萨所著《中华大帝国史》已由孙家堃先生从西班牙文译成中文并由中央编译出版社于2009年出版

不久，有关马丁·德拉达中国之行的报告转送到西班牙。菲利浦二世阅后，责成印度事务院主席安东尼奥·德巴第亚—麦耐塞斯（Antonio de Padilla y Meneses）正式组织派往中国的使团。麦耐塞斯与门多萨私交甚深，而且知道后者在墨西哥的经历及其对东方问题的兴趣和广博的知识，于是推荐门多萨为出使中国的使团长并得到最高当局的认可。这样，1581年门多萨与弗朗西斯科·德奥尔特加（Francisco de Ortega）以及赫罗尼莫·马林（Jerónimo Marín）带着菲利浦二世致中国皇帝的信函和赠礼离开西班牙并于6月6日抵达墨西哥。他们必须在这里等待适合的船只前往中国。

很可能是因为在对待如何使中国基督教化这一重大问题上有分歧，门多萨一行在墨西哥期间并没有受到当地政府和宗教界的欢迎，而从菲岛返回墨西哥的官员也不支持王室向中国派出使团这一行动。在孤立无援的情况下门多萨一行只好于1582年悻悻然返回西班牙。

门多萨的中国之行没有获得成功，然而，他利用在墨西哥期间收集到的有关中国的宝贵资料，却写成了旷世杰作《中华大帝国史》。

1585年，门多萨所著《中华大帝国史》一经问世，立刻在欧洲引起轰动，仅在16世纪余下的区区十多年间，即先后被译成拉丁文、意大利文、英文、法文、德文、葡萄牙文以及荷兰文等多种文字，共发行46版，堪称盛况空前。事实上，该书是16世纪有关中国自然环境、历史、文化、风俗、礼仪、宗教信仰以及政治、经济等情况最全面、最详尽的一部著作。该书体现了16世纪欧洲人的中国观，同时也是《利玛窦中国札记》发表以前，在欧洲最有影响的一部专论中国的百科全书。

《欧洲与中国》的作者赫德森 (G. F. Hudson) 曾指出："门多萨的著作触及到古老中国的生活本质，它的发表可以看作是一个分界线，从此为欧洲知识界提供了有关中国及其制度的丰富知识。"①美国学者拉克认为："门多萨著作的权威性是如此之高，它可以作为18世纪以前所有有关中国著作可供比较的起点和基础。"②法国专事研究基督教史的裴化行指出：甚至《利玛窦中国札记》"在研究中国内情及其学术的团体中，都不能和它争胜。"③

如上所述，门多萨并没有踏上中华大地。他之所以能写出一部影响如此广泛的史著主要是由于他充分利用了他同时代人有关中国的资料和研究成果。

地理大发现以后，很多西方的探险家、传教士、甚至一些"骑士"都曾在其信件、日记、札记以及旅行记中对中国有过记载和论述。但对多门多萨中国观形成颇具影响的，首先是葡萄牙传教士加斯帕·达克鲁

① 赫德森：《欧洲与中国》，第148页。

② 拉克：《亚洲对欧洲发展的促进》，第1卷，第2册，第744页。

③ 裴化行：《天主教十六世纪在华传教志》，第148页。

斯 (Gaspar da Cruz) 的《中国志》（*Tractato em que se comtam muito por estenso as cousas da China*）。

克鲁斯 1548 年从欧洲来到果阿，开始了他的东方传教生涯。1556 年他曾造访中国。虽然在广州一带他只盘桓了月余，但他对中国产生了浓厚的兴趣。他还不遗余力地搜集西方殖民者写下的有关中国的资料。例如，葡萄牙人加莱奥特・佩雷拉 (Galeote Pereira) 于 1539 至 1547 年间曾在中国沿海从事走私贸易，后为明廷拘捕并在狱中关押一年。开释后，他从福州途经桂林、梧州出境。在他的书信里有很多关于中国的资料，克鲁斯对此曾加以利用。但《中国志》最重要的材料却来自中国的地方志以及其他中文著作的译文，这正是其著述价值之所在。

克鲁斯这部著作十之八九论及的是中国问题，这和在他之前，诸如费尔纳依奥・洛佩斯・德卡斯坦赫达 (Fernao Lopez de Castanheda)、若奥・德巴洛斯 (Joao de Barros) 等人仅部分地论及中国的著作有着很大的不同。在《中国志》中，他提到中国的长城、茶、用鱼鹰捕鱼、人工孵鸡、印刷术以及妇女缠足陋习等内容，这些都是马可・波罗游记中所未有记载的。也正因为如此，学术界不断有人著文，对马可・波罗中国之行的真实性表示怀疑。仅从这一点来看，《中国志》在内容的广泛性和真实性方面较之马可・波罗游记又有所前进。在论及中国科学技术水平时，尤其是在农业和航海业方面，克鲁斯认为中国的科技水平超过了欧洲。同时，他对中国人的生活方式也表示了赞许。遗憾的是，当克鲁斯 1569 年返回葡萄牙后，正逢瘟疫流行，《中国志》1570 年 2 月出版时，克鲁斯本人已因染病而亡。人们既处于瘟疫的恐怖之下，《中国志》又是用葡萄牙文写成，在欧洲懂这种文字的人又不多，因而该书在当时的欧洲没有受到应有的重视。门多萨则充分认识到该书的学术价值，因此他在自己的著述中不仅利用了该书的资料，而且在对待中国文化的评价上他也颇受克鲁斯的启发和影响。

然而，对门多萨帮助最大的则是西班牙奥古斯定会修士马丁·德拉达的名著《中国纪行》。该书的内容我们已作过介绍，不再赘言。

我们特别要指出的是拉达出访福建时，曾购买百余种中国图书典籍并将其带回菲岛，交由寓居在当地的华人将这些典籍或整部或部分地译成西班牙文。拉达在写作《中国纪行》时曾利用过这些资料。拉达故世后，上述资料辗转运回墨西哥，并成为门多萨的资料宝库。

门多萨对中国的认识还得助于赫罗尼莫·马林与米格尔·奥尔加。他们二人都曾陪同拉达前往福建。1580年菲利浦二世向中国派出使团时，马林作为使团的成员曾与门多萨同船前往墨西哥，并在那里滞留了10个月。他们朝夕相处，使门多萨有机会向马林请教中国问题。奥尔加后来把他的在华见闻写入《信史》(*Verdadera Relación*)一书中，这又给门多萨提供了一些新的资料。

再有，西班牙方济各会会士佩德罗·德阿尔法罗(Pedro de Alfaro)和其他三名同一教会的修道士1579年在游历广东省之后，曾写有游记。1581年至1584年方济各会会士马丁·伊格纳西奥·罗耀拉(Martín Ignacio de Royola)从塞维利亚出发，途经中国，做了一次环球旅行之后，也曾写有札记。此两书中有关中国的记载给门多萨留下了深刻印象，他把这两部旅行札记附录在《中华大帝国史》的第二部分当中。

综上所述，由于门多萨广泛阅读和接触到16世纪西方有关中国的各类记载，因而他的《中华大帝国史》与其他同时代的同类著作相比较，内容更丰富、更充实、也更全面。特别是他利用了一些中国典籍的译文，使他的著作更具有真实性和可靠性，在相当程度上弥补了他没有亲自造访过中国的遗憾。为了表明这部分中国资料对于他完成《中华大帝国史》写作的重要意义，门多萨如实地将他的这部著作命名为《依据中国典籍以及造访过中国的传教士和其他人士的记述而写成的关于中华大帝国最负盛名的事情、礼仪和习俗的历史》(*Historia de las Cosas más Notables, Ritos y Costumbres del Gran Reino de la China, Sabidas asi por los Libros de los Mismos Chinas, como por Relacion de Religiosos, y otras Personas, que han estado en el Dicho Reino*)，《中华大帝国史》不过是原书名的简称。

再有，门多萨其人不仅仅是一个普通的传教士，事实上他更是一位学者和政治家。他与西班牙政界上层人士直至国王，甚至教皇都有过直接接触。因此，他较之一般的传教士和探险家观察问题时有更高的审视能力。他自青年时代起又一直对东方问题深感兴趣，对中国有较为深刻的认识，因此他的《中华大帝国史》不仅在资料上具有优势，而且体现出他极强的综合能力。对于中国历史和文明的特点，他做出了许多客观、恰当的分析，而不是从种族主义的偏见出发任意曲解，因而在极大程度上避免了片面性和狭隘性。我们还想指出一点，即门多萨的文学才华使《中华大帝国史》具有极高的可读性，他本人也被誉为是第一流的古典作家和驾驭语言的大师。就其文体的优雅和用辞的规范程度来看，人们常把《中华大帝国史》与西班牙古典文学中最脍炙人口的名著《祈祷与沉思录》（*Tratado de la Oración y Meditación*）以及《堂吉诃德》相媲美。[①]

上述所有这些因素都使门多萨的《中华大帝国史》一经发表不仅立即引起轰动，而且具有隽永的魅力。

从《中华大帝国史》的结构和内容来看，该书可分为两大部分。第一部分是对中国国情的综述。该部分共分 3 卷。第 1 卷下列 10 章，重点介绍了中国疆域、地理概貌、气候、土壤分类、省的建制、城镇区划

---

① 门多萨：《中华大帝国史》，第 XV 页。

等概观。第2卷下列10章，主要讲述中国人的宗教信仰以及对超自然力的崇尚。第3卷下列24章，这里主要涉及到中国历代帝王的世系、宫闱秘闻、贡赋、差役、军队、战争、行政管理、司法、科举以及自然科学等概况。该书第二部分是由三篇旅行记构成。即分别记述了1575年拉达等的福建之行；1579—1580年阿尔法罗等的广东之行和1581年伊格纳西奥从塞维利亚经中国的环球旅行。

16世纪末的欧洲人主要是通过《中华大帝国史》的第一部分来认识中国的。在门多萨的笔下：

一、中国是个地域辽阔的文明古国，中国人自称“大明人”。全国划分15个省①，“每省都有比我们所熟知的欧洲国家为大”②；

二、中国境内有完好的道路网，使城镇相连。路面平整、宽阔，“官道”可容15人骑马并行。路旁商店林立，两侧绿树成荫，如同罗马时代的大道一般。有些城市有水道相连，好似威尼斯。北京是世界最大的城市；③

三、中国人富有建筑才能。建筑用材举世无双，一种用“白土”做成的方块④坚硬无比，只有用锄才能将其砸碎。一座座邸宅有如庄园。中国最雄伟的建筑就是长城，长达500里格，是为了防御鞑靼人修建的。在筑造长城的过程中，1/3或2/5的劳工付出了生命。⑤

四、中国物产丰富。蔬菜种类远较西班牙为多。仅橘子就有三个品

① 明朝改行中书省为承宣布政使司，分其境内为南北二直隶，13承宣布政使司，常称15省。

② 门多萨：《中华大帝国史》第31页。

③ 同上，第34—36页。

④ 指砖。

⑤ 门多萨：前引书，第17页。

种，即甜的、酸的和甜酸适度的。糖的质地很好，非常洁白，价格也很低廉。蚕丝色泽艳亮，质量超过西班牙格拉纳达的产品。“天鹅绒、丝绸和布匹价格如此之低，提及此点会使那些熟知西班牙和意大利纺织品价格的人大吃一惊。”中国人普遍穿着丝绸服装。中国农田管理得很好。没有一块荒弃的土地。一块块耕地错落有致，有如花园。矿产也很丰富。“这是世界上最富饶、而物价又十分低廉的国家。”①

五、中国出产的手工艺品极为精致。1582年西班牙国王喜获中国床单，织法之巧妙令菲利浦二世惊叹不止。很多西班牙能工巧匠都来观赏、借鉴。瓷器很便宜，欧洲人原来以为瓷器是用粉碎的贝壳烧制而成。最精致的瓷器是贡品，薄如玻璃。②

六、中国商业发达，买卖兴盛。每条大街往往只经营一种行业。看到第一家商店就知道这一条街是卖什么商品的。中国匠人的手艺都是辈辈相传的。中国货币种类繁多，金、银凭重量使用，而没有一定式样的金币或银币。③

七、中国军队有步兵，也有骑兵。中国也有战舰，4天内可征集600艘。中国士兵在数量上多于欧洲，在器械上处于优势地位，“这些士兵如果在胆识和勇气上能和欧洲各国士兵一样，他们可以征服整个世界”。④

八、中国皇帝具有统治国家的全权。各级行政官吏有效地行使权力。他们是通过科举产生的。中国有完整的法律。官吏和贵族出门要坐轿，而妇女则从不从事社交活动。中国饮宴奢豪。中国人有自己的乐器。⑤

① 门多萨：前引书，第25—28页。

② 同上，第40—41页。

③ 同上，第42页。

④ 同上，第82—86页。

⑤ 同上，第2卷，第I、II、VII、VIII、IX章。

九、中国历史悠久。有独特的教育体系。各类图书十分丰富。中国人富于文明和教养。[①]

十、中国人在科学技术方面有很高的成就。欧洲人一向以印刷术的应用而自豪，“然而，中国人早在德国人谷腾堡 (Johannes Gutenberg) 发明印刷术 500 年前已经用印刷术出版图书了。”门多萨认为印刷术是经俄罗斯莫斯科大公国传入德国的。但他也不否认另一种可能性，即中国图书经海路（红海）传到欧洲，从而给谷腾堡以启发。[②]门多萨特别指出，在中国的所有发明中，最令葡萄牙人和其他西方人震惊的是中国人也有火炮，而且在欧洲人之前已经使用火炮了。但对中国人火炮的效能，欧洲人认识极不相同。拉达认为中国火炮陈旧，制造粗糙。而另一位船长阿尔蒂埃达（Artieda）在致西班牙国王的书信中写道：“……中国人使用着与我们同样的武器。他们的大炮十分精良，比我们铸造的更精致，更坚固。”因为门多萨没到过中国，所以他没有对上述歧义做出自己的判断，但他还是引用了阿尔蒂埃达如下的一段文字：“中国城墙坚固，外面围以深壕（情况紧急时可放满河水），城墙上架着大炮，中国人认为这是最好的防御工事。城墙上，长官率士兵日夜守卫。如不得到城市最高当局的批准，任何外国人是无法靠近该城的。”[③]门多萨摘引这一大段有关中国城市设防的论述，绝不是毫无目的的。这实际上表明，他倾向于认为中国火炮是有威力的。此外，门多萨对于中国造船、造纸以及其他工艺技能都有所介绍，并一一指出优于欧洲的方面。

在有关中国古代科学技术发展水平的评价上，16 世纪的西方人持有两种明显的对立观点。克鲁斯在《中国志》中曾盛赞中国的科技成果，

---

① 门多萨：前引书，第 3 卷，第 XIII、XVI 章。

② 同上，第 3 卷，第 XVI 章。

③ 同上，第 40—41 页。

而马丁·德拉达则认为除了用中草药医病之外，中国人对物质世界很少有什么认识。门多萨显然倾向于克鲁斯的观点，而对中国科学技术的发展水平做出了更为全面的介绍，其评价也更高。像中国的造船水平，克鲁斯着重介绍了中国船队的庞大规模，甚至比喻说，中国皇帝能够用船在中国与马六甲之间搭起一座桥梁，并对中国船只的类型以及龙骨水车的应用做了说明。而门多萨除上述内容外，还进一步阐述了中国造船的舱缝技术，由于填缝使用的添加剂十分合理，不但可以防水还可以防虫，使中国船只使用寿命比欧洲船只长两倍。在论及中国印刷术时，克鲁斯只提及中国已经有 900 年使用印刷术的历史。而门多萨，如前所述，则阐明了中国使用印刷术的来龙去脉，以及印刷术西传的路线。中国在火器的应用方面，门多萨也传达给西方人更多的信息。科学技术水平是衡量一个国家和民族综合国力的重要指示器。门多萨对中国科学技术水平的客观评价无疑对西方人了解、认识中国起到了重要作用。

通过上面对《中华大帝国史》内容的概述，我们可以看到门多萨基本上把 16 世纪中国的形象较为客观、较为真实地介绍给了欧洲。而当时的欧洲国家也确确实实是以此为出发点来制定他们的对华政策的。即，它们面对的是一个具有悠久文明和历史的强大帝国。它丰富的物产、发达的经济、完善的国家体制和强大的国防力量都使西方国家只能把中国当作贸易的伙伴而不是直接的侵略对象。门多萨所得出的中国处于和欧洲国家平等发展阶段，甚至在物质财富生产的某些方面仍优于欧洲的结论，实际上对西方殖民者入侵中国的企图起到一定的遏止作用。

当年《马可·波罗游记》发表后，立即在欧洲引起轰动。但读后，很多人对马可·波罗所赞誉不迭的东方帝国是否真如他所述的那样富饶、昌盛，难免表示怀疑。所以在马可·波罗临终前，有人让他坦白承认游记中的内容纯属虚构。马可·波罗痛苦地表示，他有关中国富有程度的叙述，还不到中国实际富有程度的一半。《中华大帝国史》的发表终于使人们相信《马可·波罗游记》并非是编造的神话。门多萨在致读者的《前言》中明确表示，他写这部书的目的也是为了让人们对马可·波罗所写的“游记”不再抱怀疑的态度。[①]

1585年《中华大帝国史》问世后，虽然引起很大社会反响，但首版印刷中却错误百出，门多萨对此很不满意。在他亲自监督下，于同年又出版了新的西班牙文本，书的质量有了明显的改进。接着门多萨又接受罗马教廷新的任命，成为罗马教皇下属的“宣道士”（Predicador Apostólico）。

由于门多萨曾在墨西哥从事过宣教活动，十分熟悉美洲情况，所以1586年他又受命前往拉丁美洲，在卡塔黑纳一带从事布道活动。在其后的4年间，他的足迹曾遍及新西班牙各重要城市。1589年他再次奉召返回西班牙，在塞尔维亚和托莱多等地负责宣教事宜。1607年，他再度前往美洲，被任命为波帕扬地区的主教，直至1618年在那里逝世。

综上所述，我们可以看到在门多萨完成《中华大帝国史》一书写作后的33年间，他始终没有再次获得出使或前往中国的机会。直至去世，也没能实现他的东方之梦。但值得他欣慰的是他的不朽名著《中华大帝国史》对于东西方文化交流有着长久而深刻的影响：

门多萨的《中华大帝国史》在欧洲曾激起强烈反响。从1585年在罗马首版至16世纪末的短短10余年间竟用欧洲各重要语种出版46次。我们试做如下比较，经金尼阁（Nicolas Trigault, 1557—1628）编纂的《利玛窦中国札记》，自1615年出版至1625年，10年间共再版11次；卫匡国 (Martino Martini, 1614—1661) 的《鞑靼战记》(*De Bello Tartarico*)

① 门多萨：前引书，第3卷，第12页。

1654 年问世至 1674 年，20 年间再版 21 次。那么门多萨的《中华大帝国史》为什么能在 16 世纪的欧洲造成那么大的轰动效应呢？归根结底是它回答了欧洲所迫切需要了解的问题，即中国是个什么样的国家，从而为欧洲国家制定对华策略提供了依据。也就是说，该书迎合了时代的需要。

从 15 世纪末至 16 世纪初，伴随地理大发现而发生的商业激变，为欧洲工农业带来一片生机。但 16 世纪中叶以后，欧洲开始出现经济衰退的征兆。从美洲掠夺来的贵金属大量流入欧洲，造成银价下跌和物价上涨，各类商品极端匮乏。与欧洲经济衰退的景象相反，在同一历史时期的明代中国商品经济正处在蓬勃发展之中，当时只有中国才能为世界市场提供物美价廉的商品。于是欧洲国家又掀起一股争夺中国商品的竞争热。中国精美的丝绸、瓷器以及各类工艺品不断涌入欧洲。通过中国商品的传播，中国文明甚至影响到欧洲人的生活习俗和时尚。所以 16 世纪末，欧洲国家普遍想了解中国的国情。而欧洲各国的统治者更想通过对中国国情的进一步认识，来制定自己的对华策略。正因为如此，1582 年门多萨从墨西哥返回西班牙以后，菲利浦二世和当时印度事务院的主席麦耐塞斯才都鼓励他写出一部有关中国的著作。1583 年他出使罗马教廷，在觐见教皇格里高里十三世（Pope Gregory XIII）时，他讲述了奉命出使中国的前后经历。教皇也督促他尽快写出一部中国史，这就是《中华大帝国史》首版在罗马出版的原因。菲利浦二世为了表彰门多萨撰写这部著作的功绩曾给予他享有这一著作出版特许权 20 年的恩赐。《中华大帝国史》的英文译本 1588 年由帕克 (R.Park) 完成，他是在以建立世界海上帝国为终生奋斗目标的哈克吕特 (R. Hakluyt) 的积极鼓励下完成该书的翻译工作的。《中华大帝国史》荷兰文译本 1595 年在阿尔科莫尔 (Alkmeer) 和阿姆斯特丹（Amsterdam）同时发行，这是在负责海外扩张事务的柯奈里斯·科拉埃兹 (Cornelis Claesz) 直接授命下翻译的。可见《中华大帝国史》的写作、出版与译成欧洲各种文字都有深刻的时代和政治背景。

此外，1585 年即《中华大帝国史》出版的那一年恰逢东方国家第一个使团——日本使团抵达欧洲。1582 年耶稣会东方视察员范礼安 (Alessandro Valignano，1538—1606) 曾到日本巡查，当他返回欧洲前，他选出 4 名日本少年作为日本使团成员与他前往西方。1584 年 8 月 10 日他们在到达里斯本后受到西班牙国王菲利浦二世的接见并列席了皇太子的宣誓仪式。1585 年 3 月 22 日，日本使团到达罗马，并觐见到教皇格里高里十三世。教皇授予他们以罗马"荣誉市民"的称号。在欧洲，正值因日本使团的到来而掀起一股东方热的时候，一部专述东方帝国——中国——的历史以及风俗礼仪的著作问世，自然会大受欢迎。

门多萨这部作品为当时的欧洲人打开了解和认识中国的窗口，使欧洲人从通过充满神秘色彩的传闻来"想象"中国，跨入通过中国的现实来认识中国的时代。这也就是《中华大帝国史》一书的历史意义。

事实上，欧洲很多有识之士也正是通过这部著作开始认识中国的。据记载，英国伟大的哲学家佛朗西斯·培根 (Francis Bacon) 曾阅读过门多萨的《中华大帝国史》，在他对中国的认识上，显然受到该书的影响。例如，在培根《自然史》（1627）一书中写到，在整个世界都迷恋于点金术时，中国则对获得白银较获得黄金更感兴趣。而在《中华大帝国史》英译本第 367 页则写明，在中国，金价如同在意大利一样是经常浮动的，而银价一般比较稳定。此外，培根在其著作中还提及中国火炮的使用以及外国人未经朝廷的特许不得随意入境的法律。所有这些内容，在那一时代仅仅在门多萨的著作中有过论述。

再如，对英国伊丽莎白女王政策颇有影响的外交家瓦特·雷利

(Walter Raleigh) 在其《世界史》（1614 年）中论及中国时，有两处使用了门多萨著作中独有的资料：其一，在谈到印刷术时，雷利写道，德国人谷腾堡有关印刷术的“发明”是受东方世界的启发，而且中国人早已使用了这种技术。其二，当他谈到东方人应当享有的荣誉时，他把率先使用火炮列在其中，并说葡萄牙人曾证实过这点。此外，门多萨曾指出中国人有一个弱点，即自视太高，而认为其他民族都过于愚昧。雷利在论及中国人的性格时也写到他们妄自尊大，把其他民族当作野蛮人。至于在对中国一般国情的认识上，无疑地《中华大帝国史》给雷利提供了一幅更为清晰的图画。

荷兰从事东方探险的先驱，对创建荷兰东印度公司立下殊功的林希霍腾（Jan Huyghen van Linschoten）也是《中华大帝国史》的热心读者。他的名著《东印度之行》（德文版 1596 年发行，英文版 1598 年问世）有关中国的概述可以看到门多萨著作的影响。其中像中国人使用火炮和禁止外国人随意入境的法律，在门多萨之前是任何一个西方人所从没曾提及过的。仅从这两例就可看到《东印度之行》和《中华大帝国史》之间的渊源关系。

法国著名文学家蒙田（M. Montaigne）在其《散文集》中曾有几处论及中国。例如，在第 3 卷中写道：“我们惊呼为奇迹的火炮和印刷术，世界另一端的中国早在一千年之前就使用了。”蒙田还写道：“在社会治理和工艺发展方面，他们拥有某些优于他人之处。中国更不曾与我们进行过交流，但在这些方面却超过了我们。中国的历史使我懂得，世界远比我们所知的更大、更丰富多彩。我还从中国的历史中获知，君主派往各省巡视的官员如何惩罚不称职的人员，如何慷慨地奖励恪尽职守、有所建树的人员。这些人员的政绩之所以良好，原因在于他们不求无过，而求有功，他们不仅仅为了俸禄，更想永远保住官职。”[①]上述内容我们都可在《中华大帝国史》中找到其资料的来源。此外，法国著名思想家孟德斯鸠曾潜心研究过中国问题。《中华大帝国史》也列在他的藏书目录中。[②]

门多萨的《中华大帝国史》不仅把16世纪的中国向西方做了最客观、最全面的介绍，体现了16世纪欧洲人的中国观，而且该书事实上又提出了一个十分严肃的问题，即东方人和西方人应当如何审视和对待对方的文化。

当前随着科学技术的飞速发展，东西方文化以空前的规模在相互碰撞与融会之中，为了探讨异质文化之间相互渗透与影响的规律，地理大发现以后西方传教士在促进东西方文化交流方面所起到的历史作用越来越引起人们的关注。在这个大的历史背景之下，门多萨的《中华大帝国史》又有重新引起世人关注的趋势。1966年西班牙文版本的《中华大帝国史》继1944年版本之后再度印行；1986年附有精美插图的《中华大帝国史》的节本在西班牙出版；由长南实和矢泽利彦加注的日文版本的《中华大帝国史》1965被收入《大航海时代丛书》第6卷中出版，到1991年已重印4次。

门多萨的《中华大帝国史》论及的是中国的事情。16世纪的欧洲人是如何观察中国的，这当然最应引起中国人的兴趣。该书一方面为我们提供了将晚明社会与同一历史时期的欧洲社会进行比较的原始记述，另一方面该书也有一些有关晚明社会经济史的具体资料可供我们参考。它还为我们研究16世纪中国所处的外部环境提供了较多的可能性。在《中

① 上述资料由中国社会科学院世界历史研究所许明龙提供，特此感谢。

② 许明龙：《孟德斯鸠与中国》，国际文化出版公司1989年版，第54—55页。

华大帝国史》问世400年以后，该书已由何高济先生从英文译成了中文并于1998年由中华书局出版。为了使中国读者更真切地了解门多萨《中华大帝国史》的原意，孙家堃教授又从西班牙原文将《中华大帝国史》译成中文并于2009年由中央编译出版社出版，继而《中华大帝国史》又由凤凰图书媒体出版集团译林出版社于2011再版。

四、桑切斯与阿科斯塔：西班牙传教士围绕武力征服中国的辩论

尽管沙勿略为东方传教运动提出了影响深远的“适应”策略，然而并非所有前来东方的西班牙传教士都认同沙勿略所倡导的上述传教理念。此点在菲律宾宗教界表现得尤为突出。因为相当一部分菲岛的传教士都是在征服美洲的前辈传教士的激励之下才前来东方的。他们都把建立一个包括中国在内的“东方天主教王国”作为他们孜孜以求的梦想。为了达到这一目的，这类前来菲岛的传教士都主张如同在美洲一样，用武力征服中国。

马丁·德拉达与菲岛总督桑德提出的征服中国的计划被菲利浦二世搁置后，菲岛的一些传教士并没有就此放弃通过武力使中国基督教化的妄想。尤其是西班牙著名耶稣会士阿隆索·桑切斯（Alonso Sanches）更是持这种观点的代表性人物。1581年桑切斯奉命来到马尼拉传教。他很快就以他的才华和宗教热忱在教友中赢得了敬重。桑切斯渴望有机会前往中国，进而从中国皇帝那里获得在华的传教权。然而在上述历史时期要进入中国则只有借助澳门葡萄牙当局的协助。因为罗马教廷早已把在华传教的特许权，即所谓的“保教权”，授予了葡萄牙。据此，凡是来华的传教士都应宣誓效忠葡萄牙国王，并要从里斯本乘葡船前往东方，抵达澳门后，要服从澳门当局的管辖，并等待进入中国内地的机会。

1583 年罗明坚 (Michele Ruggieri) 和利玛窦 (Matteo Ricci) 已经在肇庆立足。菲岛总督认识到西班牙日后如欲深入中国传教以及与中国建立长期的贸易关系，那么西班牙人不得不依靠澳门的葡萄牙势力，尤其是要借助刚刚进入中国内地传教的罗明坚和利玛窦的帮助。于是菲岛总督委派胡安·巴蒂斯塔·罗曼 (Juan Bautista Roman) 和阿隆索·桑切斯前往澳门。他们二人给澳门神学院院长孟三德（Duarte de Sande）神甫带来了致敬信和赠送给中国传教团的贵重礼物，以供他们日后结交中国官员时利用。

澳门神学院孟三德院长在了解了西班牙人的意图后，立刻给在肇庆的罗明坚和利玛窦写信，希望他们二人能借助与他们相熟的中国官吏的鼎立襄助，为西班牙来使创造进京朝觐中国皇帝的条件。正当罗明坚和利玛窦为罗曼和桑切斯一行进京之事四处奔波之时，澳门葡萄牙殖民当局则正式告诫罗明坚和利玛窦：为西班牙人谋求进京机会和为开通中西贸易所做出的努力，势必影响到葡萄牙人的在华利益。在这种情况下，罗明坚和利玛窦只好罢手。

罗曼和桑切斯一行于 1582 年 7 月 6 日或 9 日乘船离开澳门返回菲岛。10 余日后，所乘之商船遭遇强风暴，船体受损严重。经水手们修复后，该船又重返澳门。这使桑切斯有了进一步了解中国社会的机会。

在桑切斯造访澳门之后，他于 1583 至 1588 年间先后写出三篇《中国纪行》。在这些报导中，他一方面承认中国是个地大物博文明昌盛的国家，但他另方面又认为中国人有所谓的同性恋的“癖好”，骄傲自大，不讲诚信，因此应当用基督教文明来归化中国人。[①]然而想用和平的方

① 欧阳平：《想象中国：十六世纪菲律宾有关中国的概念与策略》（Manel Olle, *La invencion de China—Percepcion y estrategias filipinas respecto a China durante el siglo XVI*），威斯巴登 2000 年版，第 87 页。

式进入中国传教几乎是不可能的，因此他曾明确表示："我以为劝化中国，只有一个好办法，那就是借重武力。"他进而指出，进攻中国要充分利用已经潜入中国内地传教的耶稣会士，他们熟知中国语言，可以充当翻译。[①]当时已经进入中国内地的耶稣会士实际上只有罗明坚和利玛窦二人。桑切斯事实上是想把罗明坚和利玛窦当作西方殖民者入侵中国的内应。那一时期，菲岛殖民当局也力主用武力征服中国，并制定了周密的计划，于是1586年菲岛殖民当局委派桑切斯肩负"特殊使命"返回西班牙，并向王室陈述征服中国的谋略。

但沙勿略所倡导的"适应"策略终究已日渐深入人心，并成为东方传教运动中的主流理念。因而阿隆索·桑切斯的西班牙之行，引起当时在任的耶稣会总会长克劳迪奥·阿瓜委瓦 (Claudio Acquaviva) 和东方视察员范礼安（Alessandro Valignano）的忧虑。他们都担心这一征服中国的狂妄计划，会危及正在长琦、澳门和肇庆等地宣教的耶稣会士的安全和他们在传教事业中所取得的进展。考虑到阿隆索·桑切斯在归途中必然要途经墨西哥，于是范礼安从澳门发出"训令"，让当时正在墨西哥的秘鲁耶稣会士何塞·德阿科斯塔对桑切斯的活动要加以"监护"。

在本书第三章论及中国—菲律宾—墨西哥—西班牙多边贸易对拉丁美洲的社会影响时，我们曾提到，在那一时期在秘鲁享有盛誉的历史学家、耶稣会会士何塞·德阿科斯塔在其所著《西印度自然与道德史》一书中，已表明他对中国的文明已有了一定程度的认识。这是与他的成长之路密切相关的。

1539年（或1540年）何塞·德阿科斯塔出生于西班牙卡斯蒂利亚的梅迪纳，11岁进入耶稣会在该地开办的学校，1556年转入阿尔卡拉·

① 裴化行：前引书，第4辑，第267—268页。

德埃内莱斯的神学院就读，1557—1558.年间，他有幸到葡萄牙的科因布拉大学深造。

科因布拉大学是当时欧洲宗教教育和研究东方问题的最为重要的中心。很多在东方获得盛名的传教士都是出自该校的校门，而且有关他们在东方传教的信息更是源源不断地传回到科因布拉大学。因此，阿科斯塔在科因布拉大学深造阶段，很自然地为东方事物所吸引，并获得了相当多的有关东方的知识。尤其是沙勿略在东方传教的成就在当时的欧洲已引起普遍的关注。1541 年沙勿略到达果阿，到 1545 年他寄自东方的书信便已在欧洲辗转相传。从 1549 年起，沙勿略开始在日本传教，前后共 27 个月。到 1555 年，沙勿略寄自日本的含有他的“适应”策略思想的书信集已在科因布拉出版。[①]东方视察员范礼安组织编撰的《沙勿略传》在欧洲影响颇广。[②]因此，阿科斯塔在科因布拉大学进修阶段，有着受到沙勿略所倡导的“适应”策略思想影响的历史前提。

1569 年，阿科斯塔奉派前往秘鲁总督辖区的首府利马，在刚刚建成的耶稣会学院任神学宣讲师，并在授课中逐步赢得了声望。1576 年他荣获传教省省长一职。就在上述历史时期，“中国热”已开始蔓延到秘鲁社会，并进一步引起阿科斯塔对中国的关注：

如第三章所述，随着中国—菲律宾—墨西哥—西班牙多边贸易航线的开辟，从 16 世纪 70 年代起，不断有大量的中国商品途经菲律宾运往新西班牙（即墨西哥）。

出于秘鲁对中国商品的急切需求，西班牙王室遂在新西班牙的阿卡

---

① 拉克：《亚洲促进欧洲的形成》（D. F. Lach，*Asia in the Making of Europe*），芝加哥 1965 年版，第 1 卷，第 2 册，第 674—675 页。

② 拉克：《亚洲促进欧洲的形成》，第 1 卷，第 1 册，第 327 页。

普尔科和秘鲁的卡亚俄之间又开辟出一条贸易航线，于是中国的丝绸、瓷器和手工艺品开始源源不断地进入秘鲁市场。那时不仅秘鲁贵族的家中充斥着中国物品，甚至连宗教界人士也开始用中国丝绸为自己缝制法衣，并热心于收藏中国的瓷器。中国的手工艺人也于此时来到秘鲁首都利马，并现身于闻名的商业街。每逢节日，利马的夜空都会为中国工匠制作的礼花所照亮。[①]一时在秘鲁社会中涌起一股“中国热”。当时从菲律宾开来的大帆船带来很多东方的信息，阿科斯塔也正是通过来自菲律宾的大帆船接收到了罗明坚等传教士寄自中国的来信，由此，阿科斯塔和中国文化有了接触。[②]

由于从 1582 年起，阿科斯塔在省议会中一直有着上佳的表现，并得到王室的赏识，于是 1585 年他奉西班牙国王之召返回故国。为此，他前往新西班牙，做回国前的准备。在 1586 年至 1587 年之间，阿科斯塔利用在新西班牙停留的机会，大量阅读了新西班牙已经藏有的较为丰富的有关中国和东方事物的图书资料。此外，不断从中国、菲律宾返回西班牙的传教士和官界人士途径墨西哥时带来的有关中国和其他东方国家的最新信息自然会加深阿科斯塔对中国和东方问题的认识。随着中国—菲律宾—墨西哥—西班牙多边贸易航线的开通，中国人也开始踏上新西班牙这片土地。濒临太平洋的贸易港口阿卡普尔科一时间被称之为“唐人城”。[③]这些华人多为商人，但他们之中也不乏有受过儒家文化熏陶的人。阿科斯塔在和他们的接触中，得到许多有关中国的知识。据

① 比利亚尔：《十六至十七世纪西班牙美洲在亚洲的扩张》，第 152 页。

② 费尔敏·德尔·皮诺：《西班牙传教士何塞·德阿科斯塔与东印度的基督教化》（Fermin del Pino Diaz, *El misionero español Jose de Acosta, y la evangelizacion de las Indias orientales*），载《西班牙教会》1985 年第 XLII 卷，第 279、282—283 页。

③ 斯坦纳：《扶桑——开拓美洲的中国人》，第 81 页。

阿科斯塔自己说，他曾就中国文字的特点，向这里的中国人请教过。[①]

当桑切斯来到新西班牙时，由于阿科斯塔负有“监护”桑切斯的责任，因此对桑切斯的言行他格外关注。

在他们的接触当中虽然阿科斯塔从桑切斯那里得到许多有关中国和东方国家的知识，因而受益匪浅，但他却不赞成桑切斯仅仅因为中国的文明不同于西方基督教文明而试图用武力征服中国的主张，并在他们之间围绕是否因为文明的差异就有对中国发动战争的权力这一问题展开过激烈的争论。

当阿科斯塔得知桑切斯正试图鼓动西班牙王室发动入侵中国的战争并把刚刚在中国肇庆立足的罗明坚和利玛窦等传教士也拖进入侵中国的战争时，引起阿科斯塔的极度不安。所以他于 1587 年 3 月把他对桑切斯的印象以及如果桑切斯征服中国的计划果真实施所带来的严重后果写入了他致西班牙国王菲利普二世和耶稣会总会长克劳迪奥·阿瓜委瓦的一份备忘录中。[②]在此后不久，为了完成耶稣会总会长克劳迪奥·阿瓜委瓦和东方视察员范礼安委托给他的“监护”桑切斯的任务，阿科斯塔遂陪同桑切斯一同返回了西班牙。

1587 年 12 月，西班牙国王菲利普二世接见了桑切斯并听取了他有关征服中国的计划。当时西班牙并没能摆脱经济危机的重压，而且为了和英国争夺欧洲的霸权西班牙又正在装备庞大的“无敌舰队”，因此西班牙根本无力发动对中国的战争。此外，阿科斯塔致西班牙国王的备忘录显然对西班牙王室的决策会起到一定的制衡作用。所以桑切斯受菲岛

---

① 埃斯图亚尔多·努湟斯著，孙家堃译：《十六、十七世纪东方各国对秘鲁文化的影响及其表现形式》，载《中外关系史译丛》，上海译文出社 1991 年版，第 5 辑，第 297 页。
② 拉克，前引书，第 1 卷，第 2 册，第 808 页。

殖民当局委托而提出的入侵中国的计划同样被西班牙国王菲利普二世束之高阁。

为了避免利玛窦等在华传教士陷入一场入侵中国的不义战争，也就在阿科斯塔于 1587 年 3 月写出致西班牙国王和耶稣会总会长克劳迪奥·阿瓜委瓦的那份备忘录的同时，他又把他用和平方式传教的观点写给了当时正在中国传教的利玛窦。这封阿科斯塔写于 1587 年 3 月 15 日的致利玛窦的信函保存至今，并已收录在《利玛窦全集》第 4 卷之中，成为研究耶稣会传教策略演变进程的重要历史文献。

我们现将阿科斯塔的这封致利玛窦信函的重要部分附录如下：

“圣奥斯定曾说，发动战争即便是合理的，但不消说它的损害极大而多。若是不合正义，就绝不许可，因为是严重得罪天主的事，而且对无计数的破坏还负有赔偿的责任。因此，应当详加审查，若不知道其合理性与必要性，则战争绝不能开始，更不可建议去行，正如对一个人要进行判决死刑时，其法律的依据与理由的充足必须明显与清楚，而法官也应当以理性去判决。由此可知，决定作战一事该是多么重要，应细心考虑。因为它会给一个国家带来无数的伤亡、浩劫与损害的。

对这种审查与探讨，有两点必须要注意：一方面是法律上的：哪一种战争是合理的，哪一种是不合理的；另一方面，在事实上，有哪些理由及在何种情形之下方能从事战争？此外，还有比这两方面更重要的事，必须重视真正的明智之见，仔细地观察事实与法律方面的依据，再衡量其整个事件的环境，表示其特别的意见，而后才能作成决定。神学家多先根据事实，但是，更好而又最安全的方式，是不要立刻就下结论，除非先衡量其关系，并的确研究很清楚后才下判断，因为俗人们由于私人的利益和要求，都想作战，通常只采取神学家或法学家的表面看法，而宣称那是文人们已证实了的事，而贸然采取行动，这是不对的。

这是我对向中国动武一事的观点，至于可行与否，可让有志之士多加考虑，是否是为帝王合适可行的事。总之，请多指教。

德·阿高（科）斯塔神甫谨书

1587年3月15日　撰于墨西哥。”[①]

阿科斯塔的这封信表明他深受拉斯·卡萨斯[②]的影响，他同样认为战争不仅给被侵略的对方造成严重的灾难，而且对发动战争的民族同样会带来重大的损失。因此，他认为是否发动战争必须要慎重考虑。尤其要判断战争的性质，即是否为正义的战争。他用圣奥斯定的话指出，发动战争若是不合正义，就绝不许可，因为这是严重得罪天主的事，而且对无计数的破坏还负有赔偿的责任。他特别指出，“因为俗人们由于私人的利益和要求，都想作战，通常只采取神学家或法学家的表面看法，而宣称那是文人们已证实了的事，而贸然采取行动，这是不对的。”所以他坚定地说：“这是我对向中国动武一事的观点。”

阿科斯塔这封信的基本理论与拉斯·卡萨斯维护印第安人人权的观点是一脉相承的，即任何人要发动战争都要有充足的理由——即正义性。同时这封信也使我们看到沙勿略所倡导的“适应”策略的影响，即连同拉丁美洲的传教士在内，已有越来越多的西方传教士认识到，天主教传教运动只能通过和平与对话的方式才能取得传播福音的进展。

阿科斯塔所以坚决反对西班牙征服中国的行动，是因他已经认识到

① 原信载于罗渔译：《利玛窦全集》（4），台湾光启出版社1986年版，第496—497页。

② 拉斯·卡萨斯 (Bartolomé de las Casas,1474—1566) 为西班牙多明我会会士。他为维护印第安人的基本人权而进行坚决的斗争，故被称之为“印第安人的保护者”。他的这种精神曾影响到西方传教士在中国的传教方针和策略。从某种程度上来说，沙勿略在东方传教运动中所倡导的“适应”策略的形成与发展，也是和拉斯·卡萨斯坚持尊重土著居民的基本人权以及文明的多样性原则的立场密不可分的。

尽管中国的文明和西方的基督教文明不同，但一个国家仅仅以彼此之间的文明差异为由而发动战争，那是一件完全没有正当根据的事，即完全不具有正义性。至于阿科斯塔对中国文明的认识就体现在他所著《西印度自然与道德史》一书中，而该书于1590年在塞维利亚出版。

由于《西印度自然与道德史》一书在学术界广获好评，阿科斯塔于1594年被罗马学院聘任为神学首席讲师，后任撒拉曼卡学院的院长，至1600年病故。

五、从《明心宝鉴》到《无极天主正教真传实录》：高母羡在促进东西方文化交流中的历史作用

高母羡[①]是西班牙传教士胡安·科沃（Juan Cobo, ?—1592）的中文名字，其出生年月尚不详，目前仅知他是托莱多地区孔苏埃格拉(Consuegra)人，成年后加入多明我会。1587年被派往墨西哥传教，1588年抵达菲律宾。

前已有述，随着中国—菲律宾—墨西哥—西班牙多边贸易的开通，不断有华人来到菲岛经商，其中有些华人留驻菲岛。在高母羡到达菲律宾之时，大约有万余华人旅居此地。菲岛殖民当局为了加强对旅菲华人的管理，特别是为了便于在华人中宣扬基督福音，在菲岛大主教多明戈·德萨拉萨尔的建议下，陆续使旅菲华人集居在“涧内”(Parian)一地。高母羡即被指派到“涧内”，在华人中传播福音。

为了更好地完成自己的职责，高母羡开始刻苦学习中文，而且进步迅速并在当地华人的帮助下于1590年将中文《明心宝鉴》一书译成了西班牙文。据考证，这是第一部从中文翻译成西方文字的著述。

① 高母羡三字原每个字左侧都有“口”字偏旁。天主教史学者方豪在其著作中为行文方便均将“口”字省略，本节我们仿效方豪先生先例，亦略去“口”字旁。

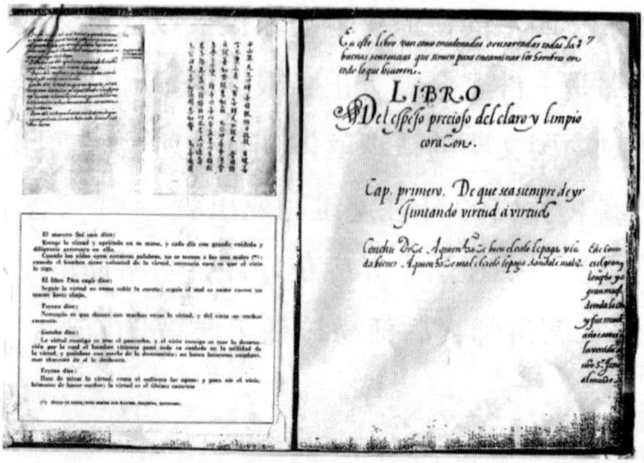

高母羡自中文译成西班牙文的中国启蒙读物《明心宝鉴》

《明心宝鉴》是一本用于儿童启蒙教育的读物，由范立本于洪武二十六年（1393）辑录而成。这是中国历代用于教儿童识字、扩大其知识积累和加强道德教育的一类读物。《明心宝鉴》分上下两卷，内中收录了中国圣贤和历代名家以及在民间流传的有利于道德修养的语录大约700余条。

由于《明心宝鉴》收集的语录是认真筛选的，具有普遍的教育意义，因此受到社会上广泛的欢迎并不断被刻印，流传甚广。不仅在中国国内，在其他受汉文化影响较深的国家和地区，如日本、朝鲜和越南等地，《明心宝鉴》也成为那里人们喜爱的读物。随着华人渐次来到菲岛，《明心宝鉴》也开始在“涧内”流传。

高母羡学习中文时，很可能以《明心宝鉴》为入门读本。总之，当他接触到该书的内容时，儒家圣贤的哲学思想、伦理学观念以及“齐家治国平天下”的理念很可能引起他对中国文明的强烈兴趣并认为有将该书介绍给西方人的必要，这才决定将《明心宝鉴》译成西班牙文。

当高母羡到达菲律宾的时候，正是菲岛殖民当局和宗教界围绕如何使中国基督教化这一重大问题展开激烈辩论的年代。尽管1576年桑德总督提出的入侵中国的计划以及1586年由桑切斯拟订的用武力征服中国的方案均被菲利浦二世搁置起来，但在菲岛殖民当局和宗教界当中，试图用武力征服中国进而使中国基督教化的议论仍不绝于耳。然而在菲岛的上层人士中还有另种见解，即认为像中国这样有着独特文明和国势强盛的帝国是根本不可能用武力征服的。相反地，西方传教士完全可以通过宣扬中国儒家文明和基督教文明的相似之处，利用西方在科学技术上的“优势”，把中国人吸引到信奉基督教的道路上来。也即应实施沙勿略所倡导的“适应”策略。菲律宾的大主教萨拉萨尔就持上述观点。在 1590 年他致菲利浦二世的信中便指出，用武力入侵中国的结果不仅达不到预期的目的，相反地会损害上帝的事业，等于给中国基督教化这一目标制造困难和障碍。[①]

在如何使中国基督教化这一问题上，高母羡和萨拉萨尔达主教持同一立场。他在“涧内”地区与“常来”们[②]接触的过程中，高母羡已逐步认识到什么是中国人的基本品质，即，尽管来到菲岛的华人多是些商人、水手和劳工，但他们都刻苦耐劳，品德高尚。而且他听说在大陆上的中国人要较之这类出海谋生的“常来”在素质上要高得多。高母羡不同意那种认为中国人拒绝接纳外国人进入他们国家的观点。他说那只是因为西方传教士不懂中国语言文字，双方难以交流所致。如果传教士学会了中文，那么中国人就会接纳他们。他指出，精通中国语言文字的罗明坚和利玛窦能在中国立足即可证明此点。可以说，在不同的文化中寻求由此及彼的桥梁始终是高母羡的努力方向。

基于高母羡对中国的上述认识，首先他忠实而又自觉地执行萨拉萨尔大主教的指示，在“涧内”的“常来”中间热心传教。为了使中国人

① 桑斯：《西班牙与亚洲和大洋州的最初接触》(C. Sanz, *Primitivas Relaciones de España con Asia y Oceanía*)，马德里 1958 年版，第 314 页。

② “常来”（Sangley）：菲岛西班牙人对旅菲华人的俗称。

能了解基督教教义的内容和基本精神，他用中文写出《天主教教义》一书（该书于1593年在马尼拉出版，那时高母羡已辞世）。可以这样说，在整个泛东方传教运动中，该书是继罗明坚于1584年用中文写出《圣教实录》以后的第二部由西方人写出的中文著作，同时也是在中国境外第一部用中文写成的宣教之作。因此，从基督教传教史的角度来看，高母羡的《天主教教义》意义十分重大。其次，高母羡认为相当部分西方传士并不了解中国的文化特征，所以看不到儒家学说与基督教教义也有近似的地方。他翻译《明心宝鉴》就是为了使欧洲人了解中国，从而确立用和平方法使中国基督教化的信心。菲岛萨拉萨尔大主教非常赞赏高母羡翻译《明心宝鉴》的作法，并认为《明心宝鉴》的西班牙文本的出版对于东方传教事业影响深远，所以在1590年他将西班牙文本《明心宝鉴》敬献给西班牙国王菲利浦二世，并强调说，该书表明中国人富有理性，尽管他们现时并不信仰基督教，但他们的悟性表明他们是能够接近基督教的，反之，使用武力只能造成相反的结果。[①]《明心宝鉴》后来由米格尔·德贝纳维德斯 (Miguel de Benavides) 神甫带回西班牙并于1595年12月23日呈献给菲利浦二世。中国能否成为皈依基督教的国家以及如何使中国基督教化这些问题当时正是菲利浦二世所关注的焦点问题之一。西班牙文版的《明心宝鉴》值此关键时刻送到菲利浦二世手中，无疑对于他制定对华的策略会起到一定的参考作用。从这一角度来看，高母羡翻译《明心宝鉴》的主要意义不仅在于这是第一部译成西方文字的中文著述，更重要的一点则是在用什么方法使中国基督教化这一激烈的争论中，他为沙勿略所倡导的“适应”策略提供了理论根据。

高母羡一方面主张东方人和西方人应加强对对方文化的理解，彼此

① 桑斯：引前书，第313—314页。

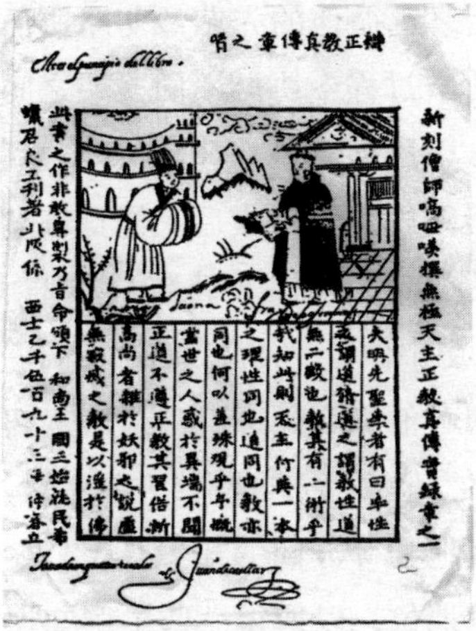

高母羡所著《无极天主正教真传实录》之首页

应当相互尊重。这也就是他用中文撰写《天主教教义》和将《明心宝鉴》译成西班牙文的出发点。但另一方面，他又坚持基督教文明的普世性原则和基督教文明的优越性，而这种优越性主要表现在西方的科学技术上。如果中国人了解了这一点，那么他们就会敬重基督教文明进而向基督教靠拢，并最终会皈依基督教。为此，高母羡又用中文写了一部《无极天主正教真传实录》（《辩正教真传实录》）。该书在论述天主的本性的同时，又用相当篇幅介绍了西方在科学技术方面的成果，该书由此又成为世界上第一部用中文写作的介绍西方科学与技术知识的著作。

高母羡用中文撰写《天主教教义》，将《明心宝鉴》译成西班牙文以及最后又用中文写出《无极天主正教真传实录》，这三个步骤完整地体现了沙勿略所倡导的“适应”策略的主导精神。事实上，高母羡已把“涧内”当作日后在中国大规模开展基督教宣教活动的一个实验基地。

1592年高母羡奉命出使日本，归途中在台湾海域遇难。因此，他在菲岛华人中所进行的宣教实验没能继而在中国本土上实施。高母羡的历史功绩则主要表现在促进东西方两种异质文明的交流上。

六、庞迪我：融入中国社会中的“西儒”

在晚明来华的西班牙传教士中，真正融入了中国社会并被中国知识界以“西儒”相待的只有耶稣会士庞迪我（Diego de Pantoja, 1571—

东西方文化交流的先驱者庞迪我故乡巴尔德莫罗大教堂。教堂外墙上镶嵌有纪念石牌，上刻铭文："在耶稣会士、汉学家庞迪我神甫诞生400周年(1571—1971年)之际，巴尔德莫罗人民对他表示纪念。巴尔德莫罗 1971年4月24日。"

1618）。他始终遵循他的先辈沙勿略所倡导的在东方传教过程中协调不同文明之间的价值取向，以达到传播基督教信仰这一最终目标的策略思想。来华后，他身着丝袍方巾的儒服，谙熟汉语，攻读儒家典籍，在中国知识阶层中做着"合儒"、"补儒"的工作，以期对他们施加影响，最后达到"超儒"的目的。他还通过介绍西方天文学、数学和世界舆地学等方面的知识，用来突出自己的学术地位，以博得一些中国知识分子对他的尊重。在这一过程中，他也通过自己的书信和著作向欧洲传达了有关中国的信息，加深了西方世界对中国的认识和了解。也就是说，尽管庞迪我来华实出自宗教的目的，但是在客观上却对于东西方文化交流，特别是中国与西班牙之间的文化交流，起到了有益的中介作用。

（一）为获取在华传教权而奋斗

西班牙耶稣会士庞迪我在中国历史文献中又作庞迪峨或庞迪莪，字顺阳，1571年4月24日出生在马德里附近的巴尔德莫罗。受耶稣会运动蓬勃发展的影响，庞迪我于18岁前往托莱多加入了耶稣会，并在修道院中受到过严格的教育。1596年他与意大利耶稣会士龙华民（Niccolò Longobardi，1559—1654）一道被派往东方传教，1597年抵达澳门。

庞迪我原被指定前往日本传教，但当时主持东方教务的范礼安神甫考虑到利玛窦在华传教业已取得进展，为了前往北京觐见中国皇帝，正急需助手，于是决定派庞迪我到中国，协助利玛窦前往北京。1599 年底，庞迪我随意大利耶稣会士郭居静（Lazare Cattaneo，1560—1640）神甫潜入中国内陆，并于 1600 年初在南京与利玛窦会合。同年 5 月 18 日庞迪我与利玛窦、钟鸣仁和游文辉等沿运河北上，就此开始了为获取在华传教权而奋斗的历程。

1601 年 1 月 24 日，庞迪我一行到达北京。第二天他们将呈献给万历皇帝的礼品运进宫中。在当时的历史条件下，明廷严格禁止外国人入境，要想达到进入北京的目的，可供选择的方略只有两种：一是向明王朝直接派遣使节；二是借助向中国皇帝呈奉礼品的机会进入北京，再图谋获取传教权。事实上在庞迪我之前西方国家向中国派出使节的努力已均遭失败。在上述历史时期向中国皇帝呈奉礼品以获取传教权成为西方传教士进京的唯一途经。为此，在向中国皇帝敬奉什么样的礼品这一问题上，西方传教士也进行了认真的思考。据庞迪我 1602 年 3 月 9 日致古斯曼（Luis de Gusman，1546—1605）主教的长信——《一些耶稣会士进入中国的纪实及他们在这一国度看到的特殊情况及该国固有的引人注目的事物》中所说，有鉴于中华帝国地大物博，财富无尽，所以选择礼品的标准不在于礼品本身的价值，而在于礼品的新奇性。像呈献给万历皇帝的被放在一个日本能工巧匠制作的匣子中的三棱镜，被中国人视为珍宝。然而，这个匣子的价格是三棱镜价格的 20 倍。[①]而事后证明利

① 庞迪我《一些耶稣会士进入中国的纪实及他们在这一国度看到的特殊情况及该国固有的引人注目的事物》（Diego de Pantoja, *Relacion de la Entrada de Algunos Padres de la Compania de Jesus en la China , y Particulares Succesorses que Tuvieron,y de Cosas Notables que vieron en el Mismo Reino*）塞维利亚 1605 年版，第 14 页。（下文简称“庞迪我：《书信》”）

用西方新奇物品博得中国皇帝的好感，是获取在京传教权的重要手段。

在庞迪我一行呈奉给万历皇帝的礼品中，有两座自鸣钟。据庞迪我在写给古斯曼主教的长信中记述，其中较大的那座自鸣钟放在一个大钟盒内，上面雕刻着金龙，这是由西班牙技师精心制作的。另一座小些的自鸣钟，是纯金制作，出自宫廷最杰出匠人之手。这两座自鸣钟都是用汉字标明时间和撰写铭文。万历皇帝对自鸣钟颇感兴趣，视为天下奇物。然而，8 天后，自鸣钟停转。皇上惊愕之余即令太监田尔耕向利玛窦问究原因。在得知原委后，遂派 4 名钦天监的太监向利玛窦与庞迪我学习自鸣钟的调试方法，于是利、庞两位神甫借机进驻钦天监，3 日 3 夜，教导 4 太监给自鸣钟上弦的“秘密”。[①]

此外，万历皇帝很想知道欧洲宫殿的式样。在庞迪我随身物品中恰有一幅以西班牙埃尔埃斯克利阿尔之圣劳伦索宫（San Lorenzo del Escorial）为题材的铜版画。该宫位于马德里西北，建于 1559—1584 年。这是一个包括希腊十字架式大教堂、陵墓、修道院、神学院、图书馆和宫殿等部分的建筑群。主建筑大教堂最高点达 9.5 米，四周有 16 座大门和 1100 个窗子，气势雄伟，为那一时代具有代表性的建筑。整个圣劳伦索宫布局呈炉箅状。因为劳伦索于公元 258 年在罗马被瓦勒里安皇帝（253—260 在位）处死时，是在炉箅上被焚殉教的。除这幅铜版画外，利玛窦还将一幅威尼斯圣马可宫的画片一并呈献给中国皇帝。[②]

万历皇帝还想知道西方皇帝的丧葬礼仪。庞迪我当即将刚刚收到的西班牙国王菲利浦二世的殡葬图呈示给太监，并让他们转告万历皇帝，西班牙国王死后要安放在一个铅制的棺中，而不像中国那样选用上等木料做棺木。用铅棺可达到长期保存尸体的目的。西班牙专有纪念已故国

① 罗光：《利玛窦传》，台湾光启出版社 1982 年版，第 119 页。

② 庞迪我：《书信》，第 35 页。

王的教堂，装有国王尸体的铅棺移到教堂后再封存在石砌的墓穴里。事实上，前面提到的圣劳伦索宫中，就设有专门安葬已故王族的墓室。①

再有，在呈奉给万历皇帝的礼物中，还有一幅怀抱圣婴的圣母像。据利玛窦记叙，圣母“怀抱婴儿耶稣，施洗者约翰虔诚礼拜地跪在他们面前。这幅在西班牙绘成的画像，形象美丽，赏心悦目，因为它熟练地调用本色，人物栩栩如生。”与该画同时呈进给万历皇帝的，还有圣卢卡所绘制的圣母像和基督画像。庞迪我指出，这三幅画都是油画，而且是精品。后来，万历皇帝将圣母、圣子画像送给了他的母亲慈圣皇太后。②

在呈献给万历皇帝的礼品中还有一架欧洲的“古翼琴”。万历皇帝很想领略西洋琴的韵味，于是令平日为他奏乐的4名太监向利玛窦、庞迪我请教“古翼琴”的弹奏方法。在北上之前，利玛窦已预见到有为皇帝演奏“古翼琴”的这种可能性，于是在他的建议下，庞迪我已向精于演奏此琴的郭居静神甫学习了奏琴的技法。庞迪我此时恰好有机会利用他这一技之长，每天到皇宫教授这几个太监演奏“古翼琴”的方法。这4个太监是否能学会这种弹琴的技巧并能博得皇上的欢心，将决定他们未来的命运。因此，4个太监对庞迪我表示了极大的尊重，学琴的过程大约持续了一个多月。③

庞迪我深入宫中教琴的过程一方面加深了他对中国宫廷生活的了解，另一方面使利玛窦有充足的时间结交京城的达官贵人，争取他们的同情和支持。更重要的是当那4个太监成功地在万历皇帝面前演奏西洋琴的时候，无形中缩短了万历皇帝与传教士之间的距离。再加上其他西

① 庞迪我：《书信》，第36页。

② 同上，第13—14页。

③ 《利玛窦中国札记》，下册，第408页。

方新奇礼物的作用和一些士大夫的说项，万历皇帝终于给予了利玛窦和庞迪我以觐见的荣幸，尤其是，他们终于从万历皇帝处获得了在北京的居留权以及按月收到官府“津贴”的待遇。这无形中使利玛窦和庞迪我有了在京城传教的可能。

（二）传播西方科学知识的功绩

历史上，中国古代天文学曾取得举世瞩目的辉煌成果，在历法的编制上也有突出的特点。但随着时间的推移，历法总要不断地进行修改。万历年间发生十余次日食，钦天监的预报误差甚大。这种对天文现象的推算不合，说明已到了用更先进的科学方法来观测天象和修订历法的时候了。

利玛窦和庞迪我来华后，立即发现中国在天文观测方面已经落后于西方国家。根本原因在于中国文人全部的热情都放在攻读古代的典籍上。庞迪我来华后便发现中国知识界的这一通病。在致古斯曼主教的长信中，庞迪我即指出：“他们不知道，也不学习任何科学、数学和哲学，除修辞以外，他们没有任何真正的科学知识。他们学问的内容和他们作为‘学者’的身份根本不相符合。”[①]所以无论利玛窦或者庞迪我都把向中国的文人传播西方天文学和数学知识当作提高他们自己的社会地位的重要手段，而且很快赢得了声望。万历二十八年（1610）钦天监又误测日蚀，促使明廷主管天文历法的官吏如周子愚等萌发了请西方传教士参与改历的想法。[②]当时利玛窦已经故去。在京都最有名望的传教士就是庞迪我。在这种历史背景下，庞迪我成为西方传教士参与中国历法修订的先行者。庞迪我曾对从广州直至北京的所有各大城市的纬度进行过测量。因此可

① 《利玛窦中国札记》，第 91 页。

② 《明史》，卷三二六。

以说，庞迪我不仅在介绍西方天文、历法知识方面是位先驱者，而且在将欧洲的实勘精神以及测量经纬度的科学方法引进中国方面，他也确实起到一种开其先河的作用。

利玛窦来华后，经常制作日晷分送给士大夫等友人，并博得他们的好感。庞迪我也长于此道。他曾用象牙精心制作两个日晷敬呈给万历皇帝："象牙时刻晷二具，或看日，或看月、看星，皆可测之时刻。臣等学道余闲，频习历法，二物系臣等制造，谨附进御前，以为皇上宵衣旰食之一助。"[①]此外，在利玛窦病故后，为了从皇帝处申请一块墓地，庞迪我在士大夫之间展开了频繁的游说活动，赠送日晷成了他的重要外交手段："他制作了好几份雕刻，用一块象牙同时精美地雕上日、月、星辰图。神父们的贫穷使他不能使用更贵重的材料，但是象牙雕刻很新颖，惹人喜爱，并且大臣们都愿意学会看星象图，这使神父们得以进入他们的宅院和书房。这类访问使他们在大臣中享有很高的威望，而且使他们有机会及时完成他们的事业。"[②]庞迪我把推广、传播西方天文学方面的成就与扩大他们在中国的社会中的影响紧密地结合在一起，而且双双取得了成效。

庞迪我在数学方面同样有很高的造诣。众所周知，利玛窦曾与中国大科学家徐光启合作将《几何原本》译成中文。利玛窦故去后，当1611年徐光启决定增订《几何原本》时，便邀请庞迪我与意大利耶稣会士熊三拔（Sabatino de Ursis，1575—1620）二人相助。这就说明，在向中国介绍西方数学成果方面，庞迪我也是有建树的。[③]

庞迪我还将西方提炼药物的方法介绍到中国。徐光启在家书中记叙:

① 《熙朝崇正集》卷二。

② 《利玛窦中国札记》，下册，第628页。

③ 王重民辑校：《徐光启集》，上海古籍出版1984年版，上册，第79页。

“庞先生教我西国用药法，具不用渣滓。采取诸药鲜者，如作蔷薇露法，收取露，服之神效，此法甚有理，所服者皆药之精英，能透入脏腑肌骨间也。”[1]

总之，庞迪我在向中国介绍西方科学知识方面做出了有意义的贡献。

（三）打开加强东西方世界相互了解的窗口

地理大发现既为东西方文化交流打通了渠道，也刺激了东西方两个世界相互了解的愿望。庞迪我为加强东西方两个世界的相互了解做了不少有益的工作。

首先，庞迪我通过我们多次摘引的致古斯曼主教的长信向欧洲较全面地介绍了中国的概况。该长信可分为7个部分。第一部分，主要讲述庞迪我秘密潜入中国，在南京与利玛窦汇合后，历尽艰辛终于到达北京的过程。第二部分，记述了庞迪我与利玛窦如何通过向万历皇帝献礼，最终获得了在北京的居留权。第三部分，描述了中国的地理方位、四邻以及行政区划和城乡的概貌。第四部分，主要介绍中国的币制、服饰、贸易、国民财富、知识界、婚姻和礼仪，即介绍了中国社会生活的百态。第五部分，论及中国的兵制和武器、士气、社会等级、特权和知识界所享有的荣誉以及中国书刊、绘画等概况。第六部分，概述了中国政府的组成、官职和司法诉讼。第七部分，评论了中国妇女的社会地位并披露了一些宫廷秘闻。

庞迪我这封致古斯曼主教的长信有如下几点特别值得重视：

其一，他指出，当时欧洲通用的地图和地理书籍，都把北京的具体方位定为北纬50度。经他用星盘两次实勘，认定北京地处北纬40度。

---

① 《徐光启集》，下册，第488页。

确定北京的正确纬度在那一时代是一个重要的科学成果。①

其二，庞迪我改正了西方学者认为在中国北部还有一个叫做“契丹”或“震旦”（Cathay）的国家的错误概念。他断言，所谓的“契丹”或“震旦”，实际上就是“中国”的另一称谓；而汗八里（Cambalu）就是北京。

众所周知，自马可·波罗时代以来，西方人一直在猜测“契丹”或“震旦”与“中国”是否是同一个国家。前面我们曾论及西班牙奥斯定会修士马丁·德拉达1575年访问福建后曾写有《中国纪行》一书。该著作开宗明义指出，“契丹”或“震旦”实际上是“中国”或“中华”的别名，按朝代，亦称作“大明”。这是马丁·德拉达对世界地理学研究的重大贡献。然而马丁·德拉达却没有对这一结论做出科学的、使人信服的论证。庞迪我则是从他在北京如下的一段经历证明了“契丹”或“震旦”即是“中国”：

1601年，庞迪我与利玛窦因中国政界的内部分歧使他们受到牵连，一时被关押在“会同馆”中。在会同馆里，他们遇到两支来自西方的商队。他们都是按明朝的规定，每5年一次从陆路来北京纳贡的。庞迪我和利玛窦借机向这些朝贡者询问一些他们路途上的见闻。当问他们，在他们的国家如何称呼这个他们正在向其朝贡的国家时，两支商队的人都回答说，叫“契丹”。而且他们说，除了他们自己的国家以外，所有的莫卧儿王朝统辖下的国家、波斯和其他各国都称中国为“契丹”，而没有别的称呼。当庞迪我和利玛窦进一步问这些朝贡的商人，如何称呼他们当时所在的这座都城时，两支商队的人都回答说：“汗八里”。由此，庞迪我和利玛窦终于证实，所谓的“契丹”就是“中国”；“汗八里”

① 庞迪我：《书信》，第56页

就是“北京”。[1]庞迪我在离开印度前往澳门的途中，他已注意到，各种有关“契丹”的传闻与他以前所获得的有关“中国”的信息，两者就其内容来看是十分接近的。所以他已然倾向于认定“契丹”与“中国”为同一国家。及至在北京“会同馆”中从来自西部的商旅那里进一步得到印证后，他立即写信告诉古斯曼主教这一世界地理学上的新发现。

当庞迪我通过致古斯曼主教的长信向欧洲通报“契丹”即是“中国”这一重要结论时，利玛窦也及时向在印度宣教的耶稣会士通报了上述信息。当时，在莫卧儿王朝宫廷中传教的耶稣会士并不相信利玛窦和庞迪我的论断。

那时作为莫卧儿王朝宫廷耶稣会传教团团长的正是方济各·沙勿略的侄孙哲罗姆·沙勿略（Jerome Xavier，1549—1617）。他在伴随莫卧儿王朝君王在印度各地视察时，不断听说从陆路可以通达马可·波罗笔下所描述的“契丹”和雪域高原西藏。而且据传上述两地居民多信仰基督教。因此他更坚信“契丹”与“中国”根本就是两个不同的国家。如果从莫卧儿通过陆路能到达“契丹”和西藏，那么在西方国家海上争霸日甚一日的情况下，等于为西班牙寻找到一条路程短、危险性小，可与富饶无比的“契丹”相沟通的要道。如果那里的居民果真信奉基督教，那么又可在西班牙与“契丹”之间建立起以一致信仰为基础的联盟。所以哲罗姆·沙勿略会同视察员皮门塔（Nicolas Pimenta）于1599年便已向教皇和西班牙国王菲利浦三世（Felipe Ⅲ，1578—1621）做了汇报，表明他们欲派出传教士去寻找通往“契丹”和西藏的道路。

菲利浦三世对哲罗姆·沙勿略提出的计划表示了坚定的支持。于是皮门塔不顾利玛窦与庞迪我对于“契丹”即是“中国”的论证，于1603

① 庞迪我：《书信》，第58—59页。

年仍派葡萄牙籍耶稣会士鄂本笃（Bento de Góis,1562—1607）率队从陆路去探寻通往“契丹”之路。在途中，鄂本笃与在北京“会同馆”中曾与利玛窦和庞迪我相识的商人们不期而遇。这些商人讲述了利玛窦和庞迪我在北京的各种经历，又向鄂本笃出示了他们保留在身边的北京神甫们用葡萄牙文写的字条。由此，鄂本笃既相信这些商人在北京的确曾和利玛窦、庞迪我相聚过，也更确信，“契丹只不过是中国的另一名字，而撒拉逊人称为汗八里的那个首都就是北京城。”

同年底，鄂本笃一行到达嘉峪关，见到了长城并在行抵肃州后，暂时做一休整。在肃州，通过与中国人的接触和交往，鄂本笃最终打消了他对契丹和中国除了名字之外完全是同一个地方这一点所抱的任何怀疑。

在北京，利玛窦和庞迪我已从印度监督的来信中得知鄂本笃从拉合尔出发寻找前往契丹的道路的消息。1606 年 11 月，他们终于收到鄂本笃托人转来的信，说他已到达肃州。于是利玛窦派钟鸣礼修士到肃州去迎接鄂本笃。

钟鸣礼 1606 年 12 月从北京出发，历经 4 个月的旅程抵达肃州。当钟鸣礼见到鄂本笃时，后者已患重病，11 天后病逝。鄂本笃是地理大发现以后第一个通过陆路到达中国的西方传教士。他的这次历险，通过实地考察再次证明“契丹”即是“中国”。

钟鸣礼返回北京后，将鄂本笃全部历险和他所得出的“契丹”即“中国”的结论，一一向利玛窦做了报告，其后由利玛窦写入了《利玛窦中国札记》中。从此，“契丹”即是“中国”这一历史之谜终于解开。[①]

综上所述，我们可以看到在最终确证“契丹”即是“中国”这一世

① 有关契丹与中国的内容详见《利玛窦中国札记》，下册，第 541—567 页。

界地理悬案过程中，首先是马丁·德拉达做出“契丹”即是“中国”这一科学结论；其次，是庞迪我提出了“契丹”即是“中国”的有力的证据；尤其是在哲罗姆·沙勿略倡议下，由菲利浦三世给予坚定的支持的，由鄂本笃所实施的从陆路到达中国的旅行，最终从实践中证实了“契丹”就是“中国”。所以在证实“契丹”即“中国”的整个过程中，西班牙人起到相当重要的作用。这里顺便再提及如下一段史实：即在西方传教士寻找通达传说中“信奉基督教”的西藏的过程中，1635年在莫卧儿王朝效力的西班牙耶稣会士努诺·科勒斯玛（Nuno Coresma）曾率领由7人组成的探险小分队做寻找通向西藏之路的实地考察。但实践证明，在雪域高原地带并不存在传说中“信奉基督教”的西藏。相反地，当这些基督徒进入藏传佛教盛行的地区后，他们遇到了种种困难。结果考察工作无功而返。西藏自古就是中国领土。西班牙传教士在雪域高原地带的活动当然是中国与西班牙关系史中的一个部分，而且与探寻通往“契丹”之路属于同一历史时期，所以我们将科勒斯玛的探险活动附在这里，略作介绍，而不再另辟章节独立论述。①

其三，从马可·波罗时代起，中国在西方人的眼中一直是个既具有无限的财富，而又充满神秘色彩的东方帝国。尤其是紫禁城中的帝王生活内幕更成为谜中之谜。由于明朝统治者严厉禁止外国人入境，因此，能有机会踏上中国大地，亲眼观察中国社会的西方人极少。据庞迪我记载，当他潜入中国内地时，在广袤的华夏大地上，仅有5名西方传教士，分散在3个会院里。在这些传教士中，又只有庞迪我和利玛窦能够经常出入紫禁城，甚至享有了“觐见”万历皇帝的殊荣。庞迪我致古斯曼的长信中有大量篇幅是介绍中国皇宫的总体结构、皇室的生活、太监的社

① 伍昆明：《早期传教士进藏活动史》，中国藏学出版社1992年版，第三、四章。

会地位和作用等等宫廷内幕的。这些欧洲人闻所未闻的报导，无疑加深了西方人对中国社会的认识。

特别是庞迪我在上述长信中将许多刚刚发生在中国宫廷中的事件，比如围绕万历皇帝继承人而展开的宫廷内斗等事件，及时向欧洲做了传达，使中国与西方国家之间的距离无形中缩小了。

其四，庞迪我这封长信最主要的价值在于它对中国国情做了较为客观的叙述和评价。在地理大发现的时代，随着东西方文化和物质交流范围的不断扩大，欧洲人迫切要求了解东方世界。一批论述中国国情的著述遂应运而生。但这些著者往往并没有亲身到过中国。为了满足猎奇者的趣味，在他们的笔下，充斥着道听途说的传闻，或者把中国描绘为理想的大同世界，或者执其一端而对中国进行过苛的批评，或者把中国说成是一尊不堪一击的泥塑巨人，鼓动西方殖民者对中国发起一场新的十字军远征。而庞迪我由于有机会对中国进行直接的观察，因而在他有关中国的报道中，是十分注意分寸的，或褒或贬，都尽量做到以事实为根据。例如，在谈到中国总体印象时，他慨叹中国领土的广袤，若不亲眼目睹难以相信。中国的城市雄伟壮观，而且从南京到北京，大小城镇相望，有的城市，走上两三个小时竟还走不出城垣。无论南京或是北京，其人口均远远超过欧洲城市的人口，约为罗马、里斯本人口的四倍。中国物产丰富，庄稼一般一年两熟，有的地方甚至一年三熟。这些物产足可以保障中国人的日常生活之需。但庞迪我在盛赞中国拥有巨大财富的同时，又用卖儿卖女的残酷事实，说明相当一部分中国人仍生活在贫困之中。庞迪我认为中国人是非常勤劳的，很少有懒惰之辈。中国人对父母的尊重和尽其孝道，给庞迪我留下了深刻印象。但他也批评了部分中国人对鬼神的迷信。特别是对妇女缠足的陋习他更持批评态度。庞迪我很赞赏中国知识分子的苦读精神和他们在国家中所享有的荣誉，但他认为中国的文人缺乏科学知识。他很欣赏中国人在交往中注重礼节，但他又认为繁文缛节过于细密，特别是宴请，一般要花费5—6个小时，使人不胜负担。中国庞大、复杂的官僚机构，使庞迪我望而生畏，直至他来中国后一年多的时间里仍理不清官职的设置和各职能部门之间盘根错节、层层相属的关系。但庞迪我十分欣赏中国部分官吏恪尽职守的精神，以及为了社稷大业冒死向皇帝慷慨陈词的勇气。然而他又尖锐地指出，这种忠诚对于一个昏君并无价值。他已注意到在这种官僚体制之下所衍生出来的弊端：官官相护十分普遍，行贿成风。至于中国官吏对人民滥施淫威以及对犯人所施加的酷刑，庞迪我则表示了他的愤怒。在涉及到中国的对外政策时，他正确地指出，中国是以睦邻为其政策的出发点的，并不企图征服或奴役其他周边国家，尽管这些国家很小，国力也较弱。他向古斯曼主教阐释说，即使一个地处远方的国家愿意臣服于他们（中国人），他们也不想接受。因为他们认为除了他们自己的国家，其他地方都是洪荒一片，特别是官吏和上层人物是这样认为的。

总之，庞迪我致古斯曼主教长信这一历史文献对中国国情做了相当客观的报道，因而在欧洲引起了重视并受到欢迎。继1604年该历史文献在巴亚多利德出版后，又相继于1605年在塞维利亚、1606年在瓦伦西亚用西班牙文出版。1607年在阿拉斯、雷诺和里昂发行了该文献的法文译本。1607年在罗马，该信的意大利文本问世。1608年，在慕尼黑该信德文版献给了读者，同年拉丁文译本开始在市场上出售。可以这样说，庞迪我这封致古斯曼主教的长信是17世纪《利玛窦中国札记》发表前，第一部由亲历大半个中国的欧洲人写下的最有学术价值的有关中国国情的历史文献，从而拓宽了西方人对中国的认识。

综上所述，可以说庞迪我在加强东西方两个世界的相互了解方面起到了有益的桥梁作用。

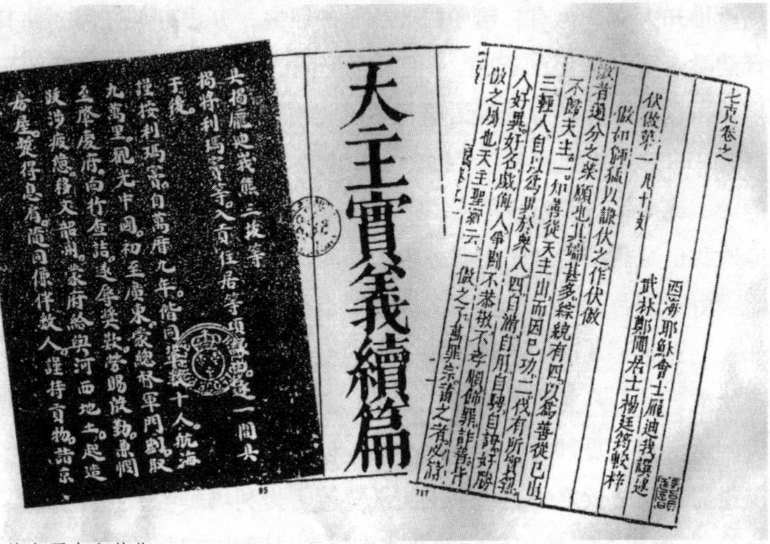

庞迪我的主要中文著作

（四）庞迪我的汉语研究和主要中文著述

庞迪我踏上中华大地之后，立即开始了汉语学习，并不断取得进展。对此，连他自己也感到欣慰，他在《七克·自序》中写道：“中华语言文字迥不相通。苦心习学，复似童蒙。近稍晓其大略，得接讲论。”[①]

在学习和研究汉语的过程中，庞迪我十分注重研究汉语语音学的规律。众所周知，用拉丁字母为汉字注音始自利玛窦的《西字奇迹》（1605年）。1625年法国神甫金尼阁在利玛窦拉丁字母拼音方案的基础上，经修改、扩充，写出《西儒耳目资》一书。

中国著名语言学家罗常培先生曾指出，《西儒耳目资》的重要性首先在于用罗马字分析汉字的音素，使向来被人看成繁杂的反切，变成简易的东西。其次，用罗马字母标注明季的字音，使现在对于当时的普通音，

---

① 庞迪我：《七克·自序》。

仍可推知大概。再有，给中国音韵学的研究，开出一条新路，使其后的音韵学者受到一定的影响。[①]但是金尼阁的成就除借助利玛窦的研究成果外，也从庞迪我等的汉语语音学研究中得到启示。金尼阁在《西儒耳目资·自序》中便提到："敝会（耶稣会）利西泰（玛窦）、郭仰凤（居静）、庞顺阳（迪我）实始之。愚窃比于我老朋而已。"[②]这段话说明庞迪我也是西方传教士中研究中国音韵学的一位先行者。

由于刻苦学习，庞迪我的汉语造诣很高，并用中文撰写著作多种。如《七克》、《庞子遗诠》、《天神魔鬼论》、《人类原始论》、《受难始末》、《天主实义续篇》以及《辩揭》等多种。其中《人类原始论》讲的是亚当与夏娃的故事，是介绍《创世纪》的。《受难始末》实为教友封斋期间必读之书。《天主实义续篇》为利玛窦名著《天主实义》的续篇。《辩揭》是1618年庞迪我遭到反教风潮冲击时所写的一篇辩护书。

在庞迪我的上述中文著作中，最负盛名的当属《七克》（又名《七克大全》），万历四十二年（1614）在北京付梓。当时的名士杨廷筠、曹于汴、郑以伟等曾为之撰序，在该书完稿后，又得到徐光启的润色，所谓"多为公修饰"。该书出版后颇受欢迎，相继于崇祯二年（1629）、崇祯十六年（1643）、嘉庆三年（1798年）、道光十三年（1833年）、道光二十九年（1849年）、同治十二年（1873年）以及宣统二年（1910年）多次再版。

《七克》是一本奉劝人们要加强道德修养的伦理著作。庞迪我在《七克》中指出：人性中常滋生出七种罪恶的意念，这就是：傲、妒、贪、忿、饕、淫和怠。这七种意念都亟待克服。这就是书名《七克》的含意。

① 罗常培:《耶稣会士在音韵学上的贡献》,载《中央研究院历史语言研究所集刊》第一本，第三分册，第268页(1930年)。

② 庞迪我：《七克·自序》。

为克其心之罪根，植其心之德种，就要以谦伏傲、以仁平妒、以施解贪、以忍息忿、以淡塞饕、以贞防淫、以勤策怠。然而修德克欲，又绝不是靠自身的力量所能达到的。庞迪我在《七克·自序》中写道："自有生来，但有一念提醒，莫非天主上帝赐我者；富贵寿安微暂之福，有一隙之明者，皆知出于上帝……迨德成欲克，皆认帝赐也。"[①]也就是说，要想最终克服上述七种罪恶意念的诱惑，必须皈依基督教。实际上，《七克》是一部弘扬天主教宗旨的布道之著。

由于这一著作把儒家的道德观和天主教教义巧妙地揉合在一起，所以在当时中国部分知识分子中颇有读者并受到好评。庞迪我这部著作通篇是用古奥的汉语写成，非一般民众所易懂，因此有人将《七克》用浅显的白话转述，于咸丰七年（1857）以《七克真训》为书名出版。

庞迪我在《七克》一书中，为了阐述刚刚谈到的那七种不良意念所造成的危害，曾列举了一些伊索寓言和《圣经》中的故事，以使世人警醒。此外，庞迪我在该书中还经常引用一些欧洲古代"贤哲"的妙语警句来说明他的观点。为了使中国知识界易于接受他的说教，他又往往把他的观点解释成与传统的儒家学说相近或相同的见解。

众所周知，西方传教士将《伊索寓言》介绍到中国始自利玛窦。在《畸人十篇》中，他曾引用过几则伊索寓言故事。而在《七克》中，庞迪我也仿照利玛窦的先例也曾多次引用的伊索寓言故事。例如，在卷一《伏傲篇》中，在谈到阿庾奉承为人之害时，庞迪我写道：

"听誉者，美言昵心，过时犹忆，欣欣自喜，实德实行要业俱驰矣。故曰智者倾耳以听誉，则愚。既听而自喜，则狂也。人情变态无常。其誉我，欲毁我也。我爱誉，彼以是毁矣。"

---

① 庞迪我：《七克·自序》。

为了讽喻世人，庞迪我在此引用了伊索寓言中著名的《狐狸和乌鸦》的故事。并由这一故事导出对世人的忠告：

“彼面誉尔者，若以尔为智，必知尔不喜誉而弗敢为誉。惟有求于尔不得，且意尔为愚可欺，乃面誉以增尔愚，而得所欲得焉。一已得，且讥尔傲，笑尔愚也。尔奈何倾耳以听虚誉，而取笑讥乎。”①

同样，在该卷《戒好贵》一章谈到人贵有自知之明时，庞迪我做了一个比喻：

“人无有自信所不能为者，与缝人以尺布欲为衣，与履人以寸皮而欲为舄（鞋）。必决起而力辞。居贵人以治人最难为之事，而无人自识其难也。狭不足以为甚有余。惟真能辞者，乃真能任焉。”②

为了引申上述论点，庞迪我又举《树木与橄榄树》这则寓言来做说明。内中讲到众树欲推一王，管理众树。盛含食油的橄榄树、能为人类提供果实的葡萄都谦虚地推辞了这一职位。惟独只能当作柴烧的荆棘愿就这一高位并对众树说：“信然耶，则当来就我影下。惟我所为，谁敢逆者，逆则我辣末（Ramus，即荆棘）当出火焚之矣。”接着庞迪我评述说：“夫有德者，满于膏、丰于实，惧因责任而散也。微特不喜，且畏之；微特不求，且避之。愚者拙者，无美可惧善，不畏不避，则辣末而已。”③

除伊索寓言外，庞迪我在《七克》中还引用了许多《圣经》里的故事来阐释他的伦理观念。如，在谈到人应自谦时，庞迪我引用《圣经》中如下故事：一个颇获声誉的有才智的人和一个“无赖”同时进入教堂。前者感谢上帝赐给自己才华，使他德行出众；后者诚惶诚恐，在上帝面前自认为罪人。而耶稣最后做出裁决：“此人恶（指无赖）愿自悔自下，

① 庞迪我：《七克》，卷一，页一七。

② 同上，卷一，页三五。

③ 同上，卷一，页二五。

入时罪人，出时洁矣。彼夸者，以傲以满，自灭前善也。出时愈污。才智者，以德取傲，傲存而德亡。无赖者，以罪取谦，谦至而罪灭。”①

在《七克》一书中，庞迪我还大量引用了西方“贤哲”的名言，仅第一卷中就有 60 余条。其中，大部分是告诫人们要修身养性的格言。如谈到人应当谦虚谨慎时，他引用了百尔纳的如下警句：“尔思所从来，甚可愧耻；思今所在，甚可叹哭；思所从往，甚可战栗。人恒存此三思，傲当自减矣。”②为了进一步阐述同一观念，庞迪我又引用了圣厄卧略一个精巧的比喻：“积德不以谦，如持浮灰而逆飘风。红炉之炭，不以灰蒙之，须臾而灭。盛满之德，不以谦掩之，须臾而亡矣。”③在谈到什么是真诚的友谊时，庞迪我举了亚历山大大帝（公元前 356—前 323）的故事：“亚历山西国大王也。闻一士有盛德大智，结为密友。同居数月，无所劝责。王谓曰：‘我人耳。岂无罪过。尔不见，不智。见而不我责，何矣？非我所望也。’遂遣之。”④

庞迪我在论述到人应以德报怨时，讲了一个西班牙故事：

“前敝国以西把尼亚有杀寡妇之子者。吏将收之。寡妇知所在，赐以良马资装，令速避去，是人得脱。其子忽见大宝光，谢其母曰：‘死后过失未净，当受多年炼狱之苦。今母以恩报害，以爱报恶，甚感天主心。故赦我罪，免我刑。已升光明天，享大福乐。此恩岂生养我可比哉。’言毕不见。”⑤

类似的故事在《七克》中俯拾即是。

---

① 庞迪我：《七克》，卷一，页八。
② 同上，卷一，页八。
③ 同上，卷一，页三七。
④ 同上，卷四，页一〇。
⑤ 同上，卷一，页九。

张铠论述庞迪我生平的学术专著《庞迪我与中国——耶稣会“适应”策略研究》于1997年由北京图书馆出版社用中文与西班牙文同时出版；该书中文版于2009年由大象出版社再版。

总之，《七克》是一部内容十分庞杂的宣教之著。为了达到宣教的目的，庞迪我深知必须把西方国家描绘为不低于中国文明水准的国度。所以在《七克》中，庞迪我列举了数不胜数的西方“名人”和“贤士”以及他们“齐家治国平天下”的妙论和警句。他还通过大量伊索寓言和《圣经》故事来理喻西方社会理想的道德标准和风范。在庞迪我笔下一段又一段的历史故事和名人轶事，以及风习民俗和社会法治的描绘，竭力宣传以基督教教义为基础建立起来的西方世界是个太平盛世。然而东西方文明之间的巨大差异是无法完全用折中的方式调和的。《七克》中宣扬基督教教义的内容，很快受到一些儒家学者的批评。从东西方文化交流的视角来看，《七克》的真正价值恰恰在于将一些伊索寓言和《圣经》故事以及一些欧洲古代哲人的思想火花介绍到中国来，从而使中国人民开始接触到欧洲文艺和西方哲学的精华。

总之，通过庞迪我的上述社会实践活动完全可以视他为中西文化交流的先驱。

（五）庞迪我与"南京教案"

1610年5月11日利玛窦在京病逝。这对中国传教团是个十分重大的损失。庞迪我借助与他相熟的中国士大夫的帮助，成功地从万历皇帝那里为利玛窦申请到一块墓地，并为利玛窦举行了隆重的葬礼。在西方传教士的眼中，万历皇帝赐给利玛窦墓地，这无异于中国最高统治者承认了基督教的律法，所以认为"这个成就或许比前三十年漫长而艰难的奋斗所做出的任何事情都更重要。"[①]通过为利玛窦申请墓地一事既增加了庞迪我在京城士大夫中间的知名度，也在一定程度上弥补了由于利玛窦病故而造成的基督教在北京社会影响上的真空状态。

为了使"适应"策略在利玛窦故去后仍能贯彻实施，庞迪我先后用中文写出《七克》和《天主实义续篇》等多种宣教之作。为避免渗透在这些著作中的基督教学说引起中国士大夫的反感，或是引发中国文化与西方文化之间的公然冲突，庞迪我在这些著作中所使用的宣教语言总是以人类普遍的思想这种假设为前提，尽量模糊基督教教义和儒家学说之间的界线，甚至着意寻找两者之间的契合点并使一些中国士大夫在读了《七克》等著作之后，竟致把"天学"当作一种近似于儒家学说的道德说教而接受下来。庞迪我也因这些著作一时被一些士大夫尊称为"庞子"、"庞公"。

利玛窦生前，中国传教团共有13名传教士。其中意大利人和葡萄牙人各6人，仅庞迪我为西班牙人。西葡两国又长期对立。为了避免中国传教团内部出现民族矛盾，利玛窦遂在生前已内定意大利来华耶稣会士龙华民为他的继任人。利玛窦故去后，龙华民则继任为中国传教团会长。然而龙华民对"适应"策略却持有异议并对利玛窦的传教方式进行

① 《利玛窦中国札记》，下册，第648页。

了公开的批评，由此在中国传教团内部引起了围绕在华传教策略的纷争。

龙华民急于创建救世功业，所以他不切实际地打算直接上疏万历皇帝，请求准予他们在中国自由传教。他的这种空想根本无法实现。于是他感到在北京的社会条件下很难实现他的理想，于是他开始把他的宣教重心从北京会院转移到南京会院。这样，在中国出现了两个耶稣会宣教中心，即北京会院和南京会院。

在南京会院，龙华民以地理大发现以后恶性膨胀起来的宗教扩张精神为动力，想在中国建立起一个直接从属于罗马教廷的“传教省”。为了维护基督教的“纯正性”，他又推行了一套与“适应”策略相对立的“激进”策略。庞迪我和利玛窦均认为中国人敬天、祭祖和参拜孔子是一种社会习俗，因此对中国教民的上述礼仪行为一直采取一种默认的态度。龙华民则认为上述礼仪是一种偶像崇拜活动，因此，他严厉禁止中国教民敬天、祭祖和参拜孔子，由此在耶稣会中国传教团内部引发了“礼仪之争”，而在中国社会上则激起了中国士大夫阶层对西方传教士的愤怒。龙华民还一反庞迪我和利玛窦文化调和主义的做法，而着力强调基督教教义与儒家学说之间的差异，由此中国士大夫便开始把基督教当作旁门左道而加以攻击。特别是龙华民为了实现他在中国建立“传教省”的抱负，而急欲扩大教会组织，于是开始把宣教的重心从士大夫阶层转向了“闾左小民”。随着群众性宗教活动的日益扩大，开始引起南京官方的警觉。

龙华民这种充满排它性的“激进”策略终于激起南京社会的反教风潮，这就是震惊中外的“南京教案”。在南京首先引发这场反教风潮的是礼部侍郎沈漼。他于1616年率先向万历皇帝上《参远夷疏》，历数南京传教士的反儒家传统的行为，要求将西方传教士驱逐出中国。这一反教风潮很快波及到中国大江南北，庞迪我和利玛窦苦心开创的在华传教事业面临毁于一旦的危险。

庞迪我为了坚持“适应”策略曾和龙华民展开过激烈的争论。在“南京教案”触发后，庞迪我遂与熊三拔合写了《具揭》一文，从“适应”策略的角度再次论证基督教教义与儒家学说的相似性，试图以此缓解汹涌而来的反教风潮。但龙华民所激起的中西两种异质文化之间的冲突业已演变成一种激烈的政治对抗。就连庞迪我本人也难免遭到被驱逐出中国的厄运。1617 年在万历皇帝颁发“禁教令”之后，当时在华传教士庞迪我、熊三拔、王丰肃 (Alphonsus Vagnoni，1566—1640) 和谢务禄 (Álvaro de Semedo，1585—1652) 等都在被驱逐者之列。这样庞迪我不得不离开他居住了 17 年的北京，一步步循着当年北上之路艰难地走向南方。1618 年庞迪我病故于澳门，就此结束了他在华 21 年的传教生涯。

庞迪我是在基督教东方传教运动宣教策略的大调整时期来到中国的。通过对中国国情的深入体察，庞迪我终于认识到耶稣会要想在中国求得发展，沙勿略所倡导的“适应”策略是唯一正确的宣教策略。所以他一直追随利玛窦，在宣教活动中坚持这一策略，并根据中国的具体国情和他们在传教中所积累起来的现实经验，使沙勿略为“适应”策略所确立的那些原则变成了能够迎合中国社会需要的一系列行为规范，从而增加了“适应”策略的可行性，这是利玛窦和庞迪我对东方传教运动所做出的重大贡献。这一系列在中国传教的行为规范，后来被康熙皇帝称之为“利玛窦的规矩”。由于庞迪我认识到是否遵从“利玛窦的规矩”是决定耶稣会在华传教事业前途和命运的头等大事，所以在利玛窦故去后，尽管面对着龙华民一派的强大压力，他仍为贯彻实施“适应”策略而做着不懈的努力。可以说在“适应”策略形成与发展的整个历史进程中，庞迪我是个承上启下的中坚人物。因此，在一些天主教史的著述中，把庞迪我与利玛窦和艾儒略这些名声最为显赫的耶稣会士相并列，称其为中国传教团中的一位“巨人”。

庞迪我曾成功地融入中国社会之中，然而最终又被驱逐出中国。这不完全是他个人命运或机遇的问题，而是东方传教运动中内部分歧所致。这种内部分歧集中体现在“礼仪之争”之中，而西班牙来华传教士与“礼仪之争”关系至为密切。

七、西班牙来华传教士与“礼仪之争”

由沙勿略倡导，经利玛窦和庞迪我使其不断充实和完善的“适应”策略，使基督教的在华传教事业取得了初步的成功并呈示出其进一步发展的前景。但随着耶稣会内部“礼仪之争”的爆发和“礼仪之争”的扩散和深化，使基督教的在华传教事业不断遭到重创，最终导致其不可挽回的失败。

那么什么是“礼仪之争”？西班牙来华传教士与“礼仪之争”有什么关系？这将是我们这一章节所要回答的中心问题。

（一）“礼仪之争”的缘起

由利玛窦和庞迪我在中国实施的“适应”策略有两个基本柱石：其一，用中国典籍中大量出现的“上帝”（或“皇天”、“帝”、“天”和“天命”）一词来译基督教的“天主”（Dios）；其二，把中国人“敬天”、“祭祖”和“参拜孔子”看成是一种社会政治行为，因而允许皈依基督教的中国教民参加这些礼仪活动。前者表明“适应”策略之信奉者在中国文化与西方文化这两种异质文化之间寻找具有同一性的地方的努力。用中国典籍中的“上帝”来译基督教的“天主”就是他们寻找到的沟通中西两种文化的契合点。对中国人“敬天”、“祭祖”和“参拜孔子”等礼仪的默认则表示出部分传教士对中国传统道德和价值观念的理解和尊重，而且这是西方传教士能否得到中国社会包容的先决条件。

但在耶稣会内部对“适应”策略的基本精神和原则并非都持认同的态度。恰恰相反，从中国与日本传教省的上层领导直至中国传教团的内部，对“适应”策略抱有怀疑和批评态度的可以说大有人在。在中国传教团中最具有代表性的人物就是龙华民。利玛窦在世时，龙华民对“适应”策略已有批评性的看法，只是没有公开表示出来。利玛窦去世后，龙华民正式被委任为中国传教团会长。他认为“适应”策略破坏了基督教教义的“纯正性”，尤其是他反对用中国典籍中的“上帝”来译基督教的“天主”，因为龙华民认为中国人并没有把他们的“上帝”视为一尊被人格化的、独一无二的、天地间的造物主和无所不在的神。相反地，中国人仅把他们的“上帝”看作是“天道”和“天命”的一种无形力量。至于中国人“敬天”、“祭祖”和“参拜孔子”，龙华民更认为这些礼仪完全是一种偶像崇拜的具体体现，完全是一种迷信活动。

为了统一耶稣会在华传教中的策略思想，龙华民曾要求中国与日本传教省的视察员巴范济（Francesco Pasio，1554—1612）神甫就上述各种有关的争议问题进行全面审议。巴范济认为此种争论事关重大，所以他曾征询中国业已信奉基督教的著名学者徐光启、李之藻和杨廷筠等人的意见。上述学者回答说，他们的观点与利玛窦的观点是完全一致的。由于巴范济以往的传教活动主要在日本，他虽然倾向于赞同龙华民的主张，但考虑到中国传教事务的特殊复杂性，他把这一争议暂时搁置起来。

尽管巴范济对待中国礼仪问题态度暧昧，但龙华民并不退缩，他仍坚持他的立场并不断阐明他的观点。另一位在澳门传教的耶稣会士卡米略·迪科斯坦索此时也发表文章抨击那种在传教中使用有争议的术语的做法。1615 年弗朗希斯科·比埃伊拉接替巴范济任中国与日本传教省的视察员。他赞同迪科斯坦索的观点，同时他也了解到庞迪我与王丰肃对此是持有异议的，于是他要求他们二人用书面形式表明他们的立场。

庞迪我和王丰肃都做出了书面回答，明确表示他们赞同利玛窦的观点。这样，在中国传教团内部围绕是否能用中国典籍中的“上帝”来译基督教的“天主”以及信奉基督教的中国人是否可以“敬天”、“祭祖”和“参拜孔子”等问题已经形成了两种对立的观点。

由于有了耶稣会一些上层领导的支持，龙华民率先在中国传教团内部挑起了围绕中国“礼仪”问题的争论，结果造成中国传教团在传教策略上的分野。当时在中国传教团当中仍坚持“适应”策略的除庞迪我以外，尚有王丰肃；站在龙华民一边的主要有熊三拔。这种传教策略上的分歧，在中国的北京会院和南京会院造成两种相当不同的结果：

在北京，即使是在利玛窦故去后，庞迪我仍然坚持“适应”策略，在中国知识分子当中始终如一地做着“合儒”、“补儒”的工作并积极参与修改历法等介绍西方科学知识的活动。所以在北京不但巩固了北京会院的社会地位并稳步地扩大了他们在中国社会中的影响。

在南京，龙华民不但推行“激进”的传教策略，在传播福音的过程中又一再强调基督教教义和儒家学说之间的本质差异并禁止中国教民参加“敬天”、“祭祖”和“参拜孔子”等礼仪活动。因此中国具有反教思想的那部分知识分子和官僚开始把基督教当作一种“邪教”加以攻击并要求万历皇帝将西方传教士驱逐出中国，这就是我们前面已经论述过的“南京教案”的滥觞。结果万历皇帝最终颁发了“禁教令”将庞迪我等驱逐出境，使基督教在华的传教事业蒙受重大损失。然而，“南京教案”并没有使西方传教士内部有关“礼仪之争”的辩论平息下来。相反地，上述争论更趋激烈。1618 年熊三拔被驱逐到澳门后，他立即发表文章表示对龙华民的支持。1621 年赫罗尼莫·罗德里格斯（Jeronimo Rodrigues）接替比埃伊拉的职务后，在澳门召开了一次耶稣会士的会议，讨论那些耶稣会内部有分歧的问题。会上大多数传教士仍支持利玛窦的传教策略，于是罗德里格斯发布了一项“通令”，表明他赞成利玛窦在华传教方略的立场。

对此，龙华民采取了绝不妥协的态度，他要求重新裁决澳门会议的决议，并于1623年写成一部拉丁文著述，即《孔子及其教理》，内中对中国礼仪问题系统地阐述了他的观点。该文献后来由西班牙多明我会修士闵明我附录在他的名著《中华帝国历史、政治、伦理和宗教论集》中，于1676年发表，影响十分广泛。

为了解决耶稣会内部这种分歧，1627年在华耶稣会士于嘉定再次聚会讨论中国的“礼仪”问题。与会的大多数传教士仍坚持利玛窦的在华传教策略，而反对龙华民的主张。由于当时在位的天启皇帝突然病故，在嘉定开会的传教士们担心外国人的这种聚会可能引起中国官方的警觉，于是匆匆通过11点决议，重申了利玛窦的主张后，立即散会。这次会议是在嘉定举行的，在天主教史的著述中往往称这次会议为“嘉定会议”。

嘉定会议后，龙华民仍坚持自己反对“适应”策略的立场并于1633年再次发表文章阐述他的观点。另一在华耶稣会士费奇观（Gaspand Ferreira，1571—1649）则立即著文予以反驳。像艾儒略（Giulio Aleni）、曾德昭(又名谢务禄，Álvaro de Semedo)等在中国颇有影响的耶稣会士也都表示反对龙华民的立场。

综上所述，可见在“南京教案”之后，耶稣会内部围绕在华传教策略问题仍在争论不休，其中涉及到如何看待中国教民“敬天”、“祭祖”和“参拜孔子”等“礼仪”问题，更是各执己见。然而这些争论当时尚局限在耶稣会的内部。而且严格地说，从争论问题的层面来看，仍只能说是“礼仪之争”的前奏。但不久，这种争论就扩大到天主教不同的教派之间，由此引起持续近150年的“礼仪之争”。而正式揭开“礼仪之争”

序幕的则是西班牙的来华传教士黎玉范（Juan Bautista de Morales, 1597—1664）和利安当（Antonio Caballero de Santa Maria, 1602—1669）。

（二）黎玉范和利安当与“礼仪之争”

“礼仪之争”从耶稣会士之间的分歧发展到来华的不同教派（多明我会、方济各会与奥古斯定会以及法国外方传教会）之间的争端，有一个相当长的历史过程。

早在范礼安负责日本与中国教务时，他已预感到各教派之间在传教策略上的分歧可能导致整个东方传教事业的毁灭，对此他十分忧虑。这种分歧主要由下述两个原因造成：

其一，在泛东方传教运动中，不同的教派在不同的地缘区域活动，面对着的是具有不同社会发展程度的民族，它们有着各具特色的文化习俗和宗教信仰。因此，在传教活动中，各教派很自然地形成了彼此不同的传教方略。

其二，在传教活动中，来自不同国家的传教士表现出强烈的民族主义情绪。即，他们不但为传播福音而奋斗，而且随时随地不忘自己国家和民族的利益。法国天主教史专家费赖之（Louis Pfister，1833—1891）曾坦白承认：“法国传教团的产生是由于三大因素：一、传播福音；二、发展科学；三、扩张我们祖国的势力。”[①]关于最后一点，连明清之际曾任中国天主教第一任主教的中国人罗文藻也深有感触，他在致罗马教廷的报告中曾直言不讳地指出：“我看到了每个国家都为自己争利。”[②]

为了避免不同国家和不同教派之间的矛盾与冲突影响到整个基督教在东方的传教运动，当时负责东方教务的范礼安采取一种“隔离”政策，

---

① 方豪：《中国天主教史人物传》（中），第269页。

② 同上，第158页。

即尽量由同一个国家的同一个教派的传教士负责某一国家或地区的传教活动。比如在日本，传教活动主要由葡萄牙籍耶稣会士来承担。1580年随着日本传教事业的快速发展急需增加传教士，于是围绕是否允许耶稣会以外的其他教派的传教士来日本传教这一问题曾引起激烈的争论。范礼安的倾向性很明显，但他不愿直接表态。于是他把分歧意见上报给罗马教廷。

1585年教皇格里高里十三世下达“圣谕”决定日本的教务只由耶稣会负责。这种决定限制了其他教派的传教范围和这些教派的实际利益。因此，他们表示了强烈的不满。此外，在东方传教，地缘环境十分复杂，哪一教派在哪一地区传教，用人为的方式也难于限制。不久，其他教派开始突破除耶稣会士以外的传教士不得进驻日本和中国的限制。但前往东南亚的非葡萄牙籍的传教士仍需依照“保教权”的规定，必须从里斯本出发，搭乘葡船，途经果阿，前来东方。

然而急剧变化的国际形势已使上述规定无法实施：西班牙与法国之间的战争使其他国家的传教士难以前往里斯本；西班牙与尼德兰正在进行旷日持久的战争，使置于西班牙国王治下的葡萄牙船只经常遭到荷兰及其盟国英国舰只的拦劫，搭乘葡萄牙船只前往东方已十分不安全。在不得已的情况下教皇保罗五世（Pope Paul V）于1608年1月2日发布“圣谕”，允许托钵传教士（一般指多明我会、方济各会与奥古斯定会常打“赤脚”并沿街乞讨的那类传教士）可自行选择前往东方的航路；到1633年2月22日，教皇乌尔班七世（Pope Urban Ⅶ）又进一步允许各个教派的传教士都可自行选择路线前往东方。[①]自此，不同教派的传教士可以通过不同的路线前往东方，“隔离”政策的藩篱终被打破，于

① 邓恩：《一代巨人》（G. H. Dunne, *Generation of Giants: The Story of the Jesuits in China in the last Decades of the Ming Dynasty*），印第安纳1962年版，第234—235页。

是中国的传教活动又面临新的形势。

在前文中，我们曾集中论述过，在菲律宾的传教士们为了实现“东方天主教王国”的梦想，一直为获取在华的传教权而努力。1608 年教皇保罗五世的“圣谕”颁布后，西班牙驻菲总督阿隆索·法哈多—坦沙（Alonso Fajardo y Tenza）利用这一机遇立即派遣多明我会修士巴托洛梅·马丁内斯（Bartolomé Martínez）前往福州意欲与中国官方商议通商之事。1619 年马丁内斯启程后遇大风浪，船被吹到澳门。返程时，船又遇风浪，在台湾靠岸。这样，尽管此次向中国派使受挫，但西班牙传教士开始与中国台湾有了接触。

事实上，在菲的西班牙殖民者一直想入侵台湾并以此地作为向中国大陆扩张的前沿。1622 年荷兰占领澎湖并引起西班牙人的震惊。于是菲岛总督费尔南多·德席尔瓦（Fernando de Silva）于 1626 年命卡雷尼奥·德巴尔德斯（Carreño de Valdes）率 300 士兵远征台湾。多明我会修士马丁内斯因有到过台湾的经历，所以他和其他一些传教士也随军同行。5 月 5 日他们搭乘二艘战舰和 12 艘小船自菲岛出发，11 日抵达台湾东岸，第二天到达基隆。西班牙人援用殖民者习惯作法，将该城“命名”为圣特里尼达。不久，西班牙人便在这里修建教堂，开始传教活动，同时向淡水、宜兰等地扩展殖民势力。但他们的眼光却始终瞄向中国大陆。

1631 年菲岛总督胡安·德阿尔卡拉索（Juan de Alcarazo）决定再度向福建派使。在台湾传教的多明我会传教士安赫洛·科齐[①]（Angelo Cocchi, 1597—1633）被遴选为出使中国的使者。科齐为意大利人，1597 年生于佛罗伦萨。1610 年加入多明我会并前往西班牙，在撒拉曼卡大学学习神学，后获副主祭称谓。1620 年他和西班牙人黎玉范离开

① 科齐在中国一些宗教史著作中又称其为“高琦”。

加的斯前往墨西哥。在这里他们双双被委任为祭司。1621 年科齐经阿卡普尔科于 1622 年抵达马尼拉。1627 年他又到台湾的淡水传教并开始学习闽南话。正是由于科齐粗通福建方言，他才被菲岛总督阿尔卡拉索选中为出使中国的使者。

1631 年 12 月底科齐乘船离开淡水前往福建。中途遭到海盗洗劫。他侥幸逃命，于 1632 年 1 月 2 日到达泉州。后又被中国教民护送到福州并晋见了当时福建总督熊文灿。由于科齐的委任状在遭海盗抢劫时已经丢失，熊文灿遂不承认科齐为正式使节并让科齐立即返回菲岛。

事实上，这正是熊文灿仕途生涯的关键时刻。他为了避免卷入京城的“党争”，宁肯到福建来平定“海盗”的骚扰。经过他“抚”、“剿”相结合的策略的实施，像郑芝龙及其下属的庞大的海上势力都已经为他收编。虽然他在踌躇志满之余极想上告朝廷，说可以重开“海禁”和扩大海外贸易了，但他终究觉得哪怕有些小股的海上武装集团在沿岸一带游弋，也可能成为他日后的大患。所以他仍想扩大战果，彻底荡平海上隐患。这也是他让科齐返回菲岛的真实原因。

当时在福建还有一日本人正想去菲律宾。于是科齐与他达成默契：那个日本人假作科齐搭船出海前往菲岛；而科齐则在教民的掩护下在福安潜藏下来。他身着中国服饰，梳成中国发式，一边学习中文，一边开始观察中国社会。①

科齐很快注意到，马尼拉的那些皈依天主教的中国人与福安的教民有很大不同。前者多为物质利益驱动而信教；后者则多为有能力、有学识的中国文人。②他的这种初步看法无疑是有根据的。因为在此之前，

① 傅路特：《明代人物辞典》（L .C. Goodrich, *Dictionary of Ming Biography*），哥伦比亚大学出版社 1976 年版，第 1 卷，第 409—410 页。

② 邓恩：前引书，第 237 页。

福建地区的传教活动主要是由利玛窦一派的耶稣会士掌握着，他们之中最有影响的传教士就是意大利籍耶稣会士艾儒略。

艾儒略1610年抵达澳门后，致力于中国语言的学习并攻读中国典籍，由此加深了他对华夏文明的了解。1613年他获准进入中国内地传教后，他一直遵循着利玛窦的在华传教方略，即“适应”策略。为此艾儒略在中国知识分子中广交朋友，他的足迹曾遍及北京、上海、杭州、扬州、绛州等地，很快成为一名有影响的传教士。1620年他应相国叶向高之邀来到福建。艾儒略在与八闽知识界的交往中，以他的聪明才智，特别是以他对中国典籍以及儒家学说的谙熟，引起福建学界对他的敬慕，甚至被称作“西来孔子”。艾儒略又如利玛窦一样，及其注重西方科学知识的介绍。此点又为他赢得了中国文人的几分尊重和赞许。他又利用这种有利的时机极力扩大基督教教义的宣讲范围，在一些地方兴建起教堂并刊印一些利玛窦、庞迪我等用中文写成的著述，所以在福建省由耶稣会士推动的基督教传教运动取得不小的进展。由于他所劝导加入基督教的中国人都是些知识分子中的有识之士，所以他们给科齐留下很深的印象。

科齐来到福建后与艾儒略建立了联系，在他们之间很快形成了一种亲密的友谊。但是艾儒略并不鼓励科齐实施想在中国为多明我会打开传教之门的计划，相反地，他千方百计地劝科齐放弃原来的打算。艾儒略的目的非常清楚，即他不希望多明我会侵占耶稣会的传教势力范围。然而科齐在这点上毫不退让，并想尽快在福建扩大多明我会的传教范围，因此他急需从菲律宾方面得到后援力量。

菲律宾的多明我会见科齐已经在中国立足，又有进一步发展的前景，于是又派该会的黎玉范去台湾，为前往福建传教做准备工作。

菲岛的方济各会也想在中国开展传教活动，遂派迪奥斯（Francisco

de la Madre de Dios）和利安当与黎玉范结伴前往中国。

在上述西班牙传教士中，黎玉范和利安当二人在“礼仪之争”中曾起到突出的作用。正是由于他们二人率先向罗马教廷提出有关“礼仪之争”的系统观点，才引起罗马天主教最高当局对这一问题的空前关注，遂使发生在中国的“礼仪之争”后来演变成基督教内部的一场大论战。所以下面我们分别对黎玉范和利安当的生平和社会活动做一概述。

黎玉范，1597年生于西班牙的埃西哈（Ecija），1614年加入多明我会。1620年他作为一名副主祭参加了圣玫瑰省传教团，偕安赫洛·科齐离开加的斯前往墨西哥。在那里他们从事暂短的传教活动后，又于1621年3月25日前往菲岛。中途历经多方磨难，直至1622年年中才转辗来到马尼拉。1623年他被任命为代理主教，在“涧内”旅菲华人中从事布道工作并开始学习闽南方言。

1628年他由省教区指派曾前往柬埔寨传教，在与当地王室的接触中，他积累了不少在东方传教的经验。返回马尼拉后，正值他的老朋友科齐急需帮助，于是他决定前往中国。[①]

利安当又作栗安当，字克敦。1602年4月20日出生在西班牙的瓦伦西亚。在家乡完成初等教育后，转而就读于撒拉曼卡大学。1618年3月24日他在圣巴勃罗省的卡尔瓦里奥修道院获初级教阶（Friar Minor）。1619年3月25日发完圣愿后，他自愿加入前往日本的方济各会组织。在等待远行的一段时间，他被派到卡斯特罗维尔德（Castroverde）那里传教。1628年他与29名教友前往菲律宾并于1629年抵达马尼拉。1630年8月他在当地圣佛朗西斯科修道院执掌艺术与神学两门课程的教习并开始学习日语，为前往日本传教做准备。这时他意外地有了前往

① 傅路特：《明代人物词典》，第1074页。

利安当家乡帕伦西亚省的帕尔塔纳斯

中国传教的机会，对此利安当自然喜不自胜。

1632年黎玉范和利安当等人为到中国传教而准备学习中国语言文字。于是，他们从菲岛出发前往台湾。因为那时多明我会已经在台湾开拓出传教区。在初步掌握中国语言后，黎玉范与利安当等人于1633年6月23日离开台湾并于7月2日抵达福建省的福安，从此开始了他们在中国传播基督福音的艰难历程。

当他们到达福建时，如前所述，围绕中国“礼仪”问题，耶稣内部已经出现了严重分歧。由于黎玉范和利安当的到来，终于使“礼仪之争”从耶稣会的内部争论一下扩大到不同教派之间。

黎玉范和利安当等人本是来协助科齐传教的，但科齐在创建了福安和顶头两座教堂之后，由于心力交瘁于1633年11月18日病逝。黎玉范感到由他一人主持上述两地的教务，十分吃力，于是他请利安当协助他工作。几乎在这同时多明我会传教士苏芳积（Francisco Dicz）、马方济（Francisco de la Madre de Dios）和贝穆德斯（Bermudez de Alamada）也来到福安。于是多明我会和方济各会双方达成协议：此后，多明我会负责福安教务；方济各会负责顶头教务。在顶头，利安当第一个洗礼的中国教徒就是罗文藻，后来他成为中国第一位主教。

利安当在顶头随从一位叫做塔达埃乌科斯·王（Thaddaeus Wang）的中国学者学习中文写作。一天当他们研究到“祭”字时，王先生对利安当解释说这个字是奉献牺牲的意思，就好像基督徒作“弥撒”。在利安当追问下，王先生又告诉利安当中国信奉基督教的人仍在祭祖、尊孔和敬天。

利安当对王先生的话大为震惊。于是他将上述谈话的内容告知黎玉范，希望他们二人进一步对此事详加讨论。后来利安当与黎玉范在穆洋的一个叫佛朗希斯·缪（Francis Mieu）的中国教民家中听说无论信教或是没有信教的人家都在祖庙中祭祖。利安当与黎玉范都认为祭祖这种礼仪完全是一种迷信行为，因此便禁止他们的追随者从此再参与祭祖活动并不得在家中保留祖宗的牌位。

利安当与黎玉范的“禁令”在中国的基督徒中引起了极大的困惑。缪是由艾儒略洗礼的，所以他给艾儒略去信，询问应如何对待利安当和黎玉范的“禁令”。艾儒略在回信中，对于祭祖等中国礼仪仍持一种包容的态度。他的立场引起利安当和黎玉范的不满。于是他们向在华耶稣会士就中国礼仪问题提出质问。对此耶稣会士林本笃（Bento de Matos，1600—1651）做出了回答。他认为中国人尊孔也只是一种政治性行为，因此应当予以默许。祭祖与尊孔性质相同，所以也应当同意。但如果祭祖时供奉牺牲并向死者有所求，那么这种仪式才是一种祭祀活动。另一位耶稣会士卢纳爵（Ignacio Lobo，1603—?）却表示他对中国礼仪所具有的迷信性质十分关切，在这点上，他赞同利安当与黎玉范的观点。[①]

① 详见傅路特前引书，第 25 页。

这样，耶稣会内部围绕中国“礼仪”问题的分歧逐步暴露在多明我会和方济各会面前。

前面我们已经述及，围绕中国“礼仪”问题自1610年以来，在耶稣会士中已经展开了争论并业已形成两种对立的观点。及至到1635年，由于黎玉范和利安当的介入，涉及中国“礼仪”问题的分歧意见已扩大到不同的教派之间。为了辩明是非以及为了能使在华传教士在“礼仪”问题上取得一致意见，黎玉范、利安当和贝穆德斯于11月前往福州去会见耶稣会的负责人傅汎际（Francois Furtado, 1587—1653）和卢纳爵，同时提出13个问题，希望双方能达成共识。但这次会谈双方各执已见，不欢而散。利安当和黎玉范认为不同教派对中国礼仪看法的分歧将影响到在华整个传教事业，不能不严肃对待。为此，他们决定在中国教徒之中进行调查，以便将涉及到礼仪问题的诸多分歧意见提交罗马教廷的权威部门进行裁决。

从1635年12月22日到1636年1月9日，苏芳积和迪奥斯就敬天、祭祖和尊孔等中国礼仪问题向11位中国教民进行质询。后又于1636年1月21日至2月10日，由4位在福建传教的多明我会会士聚会，就他们对中国礼仪问题的理解进行讨论。在上述基础上，最终形成了两个文件，并决定由苏芳积和利安当带往菲岛，以期上述文件送到菲岛后再由神学家对中国的敬天、祭祖和参拜孔子等仪式是否为迷信活动做出裁决。

利安当和苏芳积乘船行至台湾，后者决定留在台湾。于是利安当携带上述文件的“正本”继续南下菲岛。但途中利安当一行为荷兰海盗所劫持。历尽磨难，于8个月后利安当一行始重归马尼拉，并向上级汇报了中国礼仪之争的实况。

菲岛宗教界上层认为允许中国教民敬天、祭祖和参拜孔子是关系到基督教教义“纯正性”的根本性问题，绝不能采取调和主义态度。所以菲岛宗教界除立即向罗马教廷申诉自己的原则性立场以外，还决定派刚刚返回菲岛的多明我会的黎玉范和方济各会的利安当前往罗马，直接向教皇阐释发生在中国的“礼仪之争”的性质和可能产生的后果。

于是1640年黎玉范和利安当二人搭乘海船驶往欧洲。行至澳门时，利安当考虑到海上航行很不安全，他与黎玉范同行，很可能二人同时遇难，这样对事业不利；此外利安当很可能考虑到自己有关中国和东方国家的知识尚十分有限，这样就限制了他对“礼仪之争”等问题的理解，既然澳门是欧洲在东方传教的重要基地，又是东西方文化交汇之地，所以利安当决定先留在澳门充实自己的学识。而黎玉范则继续他的欧洲之行。

黎玉范去欧洲后，利安当留在澳门的普尔·克拉雷斯（Poor Clares）修道院中从事哲学和法学专著的写作并为6卷集的神秘主义著作《方济各森林》（*Floresta Franciscana*）做注释。澳门为他观察东方国际形势提供了新的视角。他预感到荷兰人很可能要入侵台湾，以控制住通往日本、菲律宾和中国大陆的交通咽喉地带。所以1642年他向菲岛总督表述了他的上述忧虑。事实证明，利安当的判断是准确的，荷兰人继1624年入侵台湾南部后，又于1642年占领了该岛北部西班牙占领统治的地区。

不久噩运再次落到利安当的头上。根据葡萄牙驻果阿副总督1643年5月4日签署的命令，在澳门居留的西班牙人要限期离境。于是1644年利安当和西班牙7名修女被迫搭船前往菲律宾。途中遇风浪，船偏离航线，被风刮至越南的岘港。利安当一行几经磨难后，才又于1645年回到马尼拉。

这期间，黎玉范也于1645年到达罗马，向教廷陈述了多明我会和方济各会对“礼仪之争”的态度并得到罗马教廷的支持。于是教皇英诺森十世（Pope Innocent X）颁布“圣谕”，裁定：此后中国教民不得祭祖和参拜孔子。这等于宣布在“礼仪之争”中，多明我会和方济各会的观点得到了罗马教廷的最终认可。

黎玉范带着胜利的喜悦心情决定返回故国西班牙并想再多劝募一些志愿者前往东方，以便借助英诺森十世的“圣谕”，在中国创建出更大规模的救世功业。

1646 年 6 月 12 日黎玉范率领在西班牙新招募到的 27 名多明我会修道士前往东方。其中就包括后来在“礼仪之争”中发挥了重要作用的闵明我。

闵明我是多明戈·费尔南德兹·纳瓦雷特（Domingo Fernández Navarrete，1618—1686）的中国名字，他出生在布尔戈斯（Burgos）省卡斯特罗赫里兹（Castrojeriz）小镇。后在巴拉多利德（Valladolid）学习神学并加入多明我会。在他的亲属中阿隆索·德纳瓦雷特（Alonso de Navarrete）曾前往东方传教并于 1617 年在日本殉教。很可能受这位传教士至亲的影响，闵明我热情地响应黎玉范的号召，加入到前往东方传教的志愿者行列。

黎玉范率闵明我等于 1646 年 8 月 13 日到达墨西哥。由于当年没有前往马尼拉的大帆船开航，所以黎玉范一行，只得在墨西哥暂住。这期间，如前章所述，黎玉范与普埃布拉主教帕拉福克斯相识。双方对“礼仪之争”又持相同观点，所以围绕这一问题展开了详尽的讨论。闵明我从他们的交谈中开始认识到东方传教运动的复杂性，同时也引起他对“礼仪之争”问题的关注。

1648 年春，黎玉范和闵明我等搭乘马尼拉大帆船“善良耶稣号”（Buen Jesus）前往菲岛。

抵达马尼拉以后，黎玉范立即向菲岛宗教界宣读了教皇英诺森十世有关“礼仪之争”的“圣谕”以及罗马教廷任命他为中国与日本各教会大主教（Archbishop）的“通令”。此外，他还带来教皇封利安当为“宗座代牧区区长”（Prefecto apostolico y Prelado）的任命书。

当时已经在菲岛的利安当接受了上述任命，并认为教皇签署的“圣谕”意义重大，因此他要求将1645年的“圣谕”在日本、朝鲜、满族人统治下的中原地区[①]以及其他相关地区颁发，同时他还要求教皇再度重申1645年“圣谕”的内容，他认为唯有这样才能迫使其他教派的传教士无法曲解这一“圣谕”的精神实质。

罗马教廷关于“礼仪之争”的裁决使菲岛的多明我会传教士和方济各会传教士感到欢欣鼓舞，他们都渴望尽快前往中国，大展宏图。在多明我会省教区的要求下，菲岛总督法哈尔多·查孔（Fajardo Chacón）许诺，一旦有机会便会立刻派出多明我会传教士前往中国，此外还答应方济各会传教士，他们将享有与多明我会传教士同样的机会。

为了适应在中国传教的需要，最紧要的是要掌握语言这个工具。特别是考虑到1645年“圣谕”颁布后，多明我会将要担负起整个中国教区的传教工作，所以黎玉范不再教他的教友们闽南方言而是教他们“官话”。[②]

当时在福建传教的施若翰（Juan Garcia de Leon）急需菲岛教会增派新的传教士以协助他的工作。于是马尼拉教会于1649年7月21日派出一支增援力量，其中就包括方济各会的利安当、文度辣（字道济，Buenaventura Ibáñez）、何塞·卡萨诺瓦（Jose Casanova）和他的弟弟迭戈·卡萨诺瓦（Diego Casanova）以及一个从顶头来的旅居菲岛的华

① 当时满族军事力量已开始进入中原地区。

② 傅路特：前引书，第1075页。

人。增援者还包括多明我会的黎玉范、万济国（Francisco Varo）、蒂默特奥·博蒂格利（Timoteo Bottigli）和曼努埃尔·罗德里格斯（Manuel Rodriquez）。他们历经两周航行后抵达泉州附近的安海。罗文藻受施若翰的委托，来这里迎接他们的到来，并讲述了清军入侵福建后时局所发生的变化。

黎玉范对清军大举南下持欢迎的态度。按照他的逻辑，战争的祸患使普通人更想在精神上寻找寄托。因此，这正是扩大基督教皈依者的最好时机。也正如黎玉范自己所说："当河水变浑，渔人的机会就来了。"[①] 他更认为他经教皇授命已经握有掌管中国教区的全权，而且教皇英诺森十世的"圣谕"可望使在"礼仪之争"中持不同观点的传教士们在思想上能重新统一起来，这样，中国的基督教化便更有希望了。所以他再次来到福建后，便把分散在各地的多明我会修士都召集到福安，传达了1645年"圣谕"的内容，动员多明我会修士们团结奋战。1655年7月黎玉范又决定在浙江开辟新的传教区，于是他率领部分多明我会修士经白石尖来到兰豀，并将此地当作了多明我会在华活动的中心。

当黎玉范借助英诺森十世"圣谕"的精神大张旗鼓组织多明我会修士准备大干一场的时候，方济各会的利安当虽然重返福安这一他曾艰苦创业的地方，但内心却充满矛盾。首先，在他离开福安后，耶稣会士聂石宗（Pietro Canevari，1596—1675）已开始在这带地区传教，对于"礼仪"问题，他们各执己见，二人根本无法在同一教区共事。其次，利安当虽然在"礼仪之争"中与黎玉范观点相同，但利安当认为多明我会做事过于张扬，很难与之长期合作。所以1650年7月14日利安当离开福

① 卡明斯：《礼仪问题》（J. S. Cummins, *A Question of Rites: Friar Domingo Navarrete and Jesuits in China*），英国1993年版，第122页。

安想到朝鲜去开拓一个新教区。

途经天津时，利安当获悉朝鲜使节每两年一次前往北京朝贡。当时朝鲜使节又正在北京，所以利安当急忙奔向北京，想与朝鲜使节结伴而行。当他赶到北京时，朝鲜使节已经回国。利安当遂在一家满人经营的旅馆里暂住。店老板见他是个未经允许进京的外国人，怕因此招来麻烦，所以让利安当立即在北京找一个担保人，否则，他要到礼部去告发利安当。在这种无奈的情况下，利安当只好去求助于德国传教士汤若望。[①]

汤若望（Johann Adam Schall von Bell，1592—1666）号道未，为德国耶稣会士，早年曾在意大利受过完整的教育，尤精天文学和数学。出于对中国的向往，汤若望决定前来中国传教，并于 1619 年到达澳门，其后在中国广东、江西、浙江和陕西等处传教。由于汤若望精通天文学，经中国明代大思想家和科学家徐光启的推举，他曾参与《崇祯历书》的编纂工作。清军入关后，汤若望又在清廷受到重用，他在徐光启主编的《崇祯历书》的基础上完成了 103 卷的《西洋新法历书》的编撰，后由和硕亲王多尔衮定名为《时宪历》并在全国推行。由于汤若望在清朝“新朝定鼎，天运已新”的时刻在修改历法方面多有建树，遂被世祖福临授予“通玄教师”的尊号，后又被封为光禄大夫，恩赏其三代先人一品封典。

正因为汤若望在清廷有如此之高的声望，所以利安当在京都遇到实际困难时便请汤若望相助。汤若望热情地接待了利安当，同时劝他到济南去发展传教事业。因为那里正急需干练的传教士。

利安当听从了汤若望的劝告，1650 年 10 月来到济南，住在耶稣会士废弃的一小屋里。生活稍作安顿后，他拜会了济南府地方官刘达并受到善待。在刘达与两位官吏回访利安当时，发现他的居室完全破败不堪，

① 详见傅路特前引书，第 26—27 页。

于是赞助他 130 两白银，以建住屋。利安当则用这笔钱盖了一间教堂并将其命名为圣弗朗西斯教堂（S. Francis Church）。这是方济各会在中国建立的第一所教堂。

不久文度辣也来到济南，他告诉利安当菲律宾省教区让利安当从速返回马尼拉并将委以重任。此前不久，当利安当走访泰安时，发现那里有千余名中国教徒已经有 8 年未参加过任何宗教活动了。从山东实际情况来看，只能加强那里的传教力量，而不能再向外抽调传教士。利安当有教皇任命他为"宗座代牧区区长"的委任状，他可以不受省教区的节制。因此利安当决定仍留在山东。

1652 年他再次到泰安传教并为 500 余名中国平民洗礼。但是他看到各地的耶稣会士并不认真执行教皇 1645 年颁发的"圣谕"。对此他极端苦恼。他这次再度进入中国，并没有和多明我会的传教团保持联系。他为多明我会传教士热衷于战争以及行为孟浪而感到十分忧虑。上述诸因素都促使他想尽早到朝鲜去开辟新的教区。所以他给菲律宾省教区写信，希望能尽快给他一份到朝鲜开辟教区的委任状。

在等待回音的这段时间，他专心致力于用中文书写传教之著，并完成了三部书稿。其一，介绍有关造物主的真义；其二，论证中国古典文献中有关精神崇拜的虚假性含义；其三，阐述信仰、愿望和兄弟之爱的品德。然而由于经费拮据，这些书稿无法刊印。为此他委派文度辣南下，争取从马尼拉省教区那里获得资助。

文度辣在南方获得资助后，携款北上时，不意在杭州病倒。康复后他虽返回济南，但随身带来的资助款项几乎用尽。这时利安当又从汤若望处得知，朝鲜国王的确对西方传教士持欢迎态度，但朝鲜国王的真意是希望精于天文和数学的传教士协助朝鲜人修订历法，而利安当恰恰无有这方面的特长。因此，他只好放弃到朝鲜传教的夙愿。然而在山东传播福音的工作只是在贫苦百姓中获得一些进展。在1659年3月他写给上级的一份报告中说，在该省一些偏远的城镇他已为一千余人洗礼。但是在知识阶层中的宣教活动可以说是个彻底的失败。尽管许多有才学的中国人拜访过他，甚至围绕一些意识形态问题与他激烈地辩论过，但却没有一个“文人”皈依基督教。此点引起利安当的深思和困惑。

为了获得省教区的津贴，1659年利安当亲自南下，到浙江兰豀与多明我会士维托里欧·利希（Vittorio Ricci）进行现金接交，因为后者已将菲岛省教区拨给利安当的津贴带到了兰豀。路过杭州时，利安当与意大利耶稣会士卫匡国（Martino Martini，1614—1661）就1656年教皇亚历山大七世（Pope Alexander Ⅶ）颁发的对中国礼仪采取容忍态度的“圣谕”进行了针锋相对的辩论。

为了阐述这次争论的性质，我们首先对于亚历山大七世1656年所颁布的“圣谕”做一简要说明。

1645年英诺森十世在有关“礼仪之争”的“圣谕”中赞成了多明我会和方济各会的观点并明令禁止中国教民敬天、祭祖和参拜孔子。黎玉范回中国后要求中国教民应遵照1645年“圣谕”的精神而不得再参与上述诸礼仪活动。在像中国这样有着独特文化和儒家传统的国家，凡是鼓吹不敬天、不祭祖、不参拜孔子的这种主张只能被视为“邪说”和“异端”。事实也是如此，当黎玉范一派传教士贯彻实施1645年“圣谕”后，他们在“礼仪之争”中的观点很快遭到中国部分知识分子的反击和批驳，并掀起了一个规模空前的“辟邪”运动，使多明我会和方济各会在中国的处境空前孤立。也使那些原本对基督教颇感兴趣的知识分子远离了他们。基督教在华传教事业遭到极大的损害。

在华传教的耶稣会士中信奉“适应”策略的那一派已敏锐感觉到英诺森十世1645年“圣谕”给中国传教事业所带来的危害。所以他们决定派卫匡国前往罗马，向教廷阐明他们这派在“礼仪之争”中的观点。

卫匡国1643年来华后，他刻苦学习汉语和中国典籍，对于中国历史和文化他都比较熟悉。所以耶稣会中国传教团中信奉“适应”策略的那部分传教士推举他前往罗马提出他们这一派的申诉。

卫匡国1650年从中国出发，历时三年始达欧洲。1654年才得以来到罗马教廷，并向教皇和红衣主教们阐明了他们的观点并最终使教皇亚历山大七世改变了罗马教廷对中国“礼仪之争”的原来立场，并于1656年重新颁布了一道“圣谕”，内中申明中国传统中的祭祖和参拜孔子都是一种社会行为而不是迷信，因此应容忍中国教民祭祖和参拜孔子。

当卫匡国带着罗马教廷的新“圣谕”返回东方时，多明我会和方济各会正在全力落实英诺森十世“圣谕”的精神。两个内容相反的“圣谕”先后在中国颁布，于是在中国传教团的内部引起严重的混乱。前面我们提到利安当路过杭州时与刚刚从欧洲返回中国的卫匡国所进行的辩论就是典型的一例。

除利安当与卫匡国围绕1645和1656年两个观点完全相对立的“圣谕”进行面对面的争论外，多明我会修士在黎玉范的主持下于1661年在兰谿集会，详尽讨论了中国礼仪问题，认为亚历山大七世颁发的“圣谕”是对中国礼仪实质认识上有误解所致，并于4月20日通过决议：在罗马教廷对“礼仪之争”做出新的、最终裁决之前，在中国的多明我会修士仍将遵照英诺森十世“圣谕”的精神，禁止中国教民敬天、祭祖和参拜孔子。为了使业已皈依基督教的中国教民理解他们这一“禁令”的正确性，黎玉范又专门写了一个小册子，阐述如何在信仰基督教真义的过程中，表现出一个人的赤子之心。与会的多明我会传教士又向罗马教廷呈上一份《陈情与请求》，要求教廷回答他们提出的22个涉及“礼仪之争”的问题。

由于过度劳累，1661年11月黎玉范突患中风，左半身出现瘫痪症候。1662年他拖着病体回到气候较温和的福宁并写下3卷有关“礼仪之争”的著述。1664年9月17日黎玉范在福宁病逝，那里正是科齐建立第一个多明我会传教区的地方。

黎玉范一生勤于笔耕，他写下了大量的书信、随笔、报告和专著，但多未发表。至今仍能在梵蒂冈图书馆中看到他编著的《汉西字典》手稿，共326页。在这部字典中，汉字是按着“罗马拼音”来排列顺序的。此外还附有他写作的《圣教孝亲解》共8页，书后写有“黎玉范”三个中文字。

利安当在杭州与卫匡国辩论后深感对“礼仪之争”所涉及到的理论问题应当进一步加以研究。所以他从南方返回济南后，便专心致志于有关“礼仪之争”中的理论问题的研究。1660年9月4日他呈给罗马教廷传信部红衣主教一份由28个篇章组成的“备忘录”，内中摘引了卫匡国及利玛窦著作中有关中国礼仪的基本论点并与朱宗元的《答客问》及朱用纯的《朱文公家训》等著作中的论点相比较，最后指出：200年来，中国的礼仪很多方面已与迷信合流。为了使罗马教廷尽快了解他的观点，利安当遂再度派文度辣带着他的上述“备忘录”和其他致菲岛省教区的信件南下兰谿，希望从兰谿返回菲岛的多明我会修士能将他的这些文稿尽快转呈给罗马教廷。

文度辣启程后，利安当又写了一份呈给罗马传信部和教皇的内含88个篇章的报告，内中将1645年的“圣谕”和1656年的“圣谕”做了全面的比较研究并最后提出了他个人对于“礼仪之争”的基本看法。该文完成于1661年8月20日。[①]其后于1662年的10月，他又写成《中国

① 傅路特：前引书，第29页。

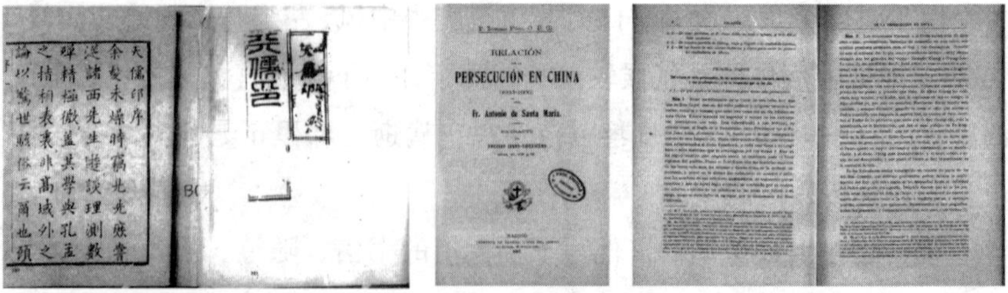

利安当的中文著述《天儒印》及西文著述《在华迫害纪实（1664—1666）》

诸教派的关系》一书。内中包括三部分内容：一、中国古今哲学家的派别；二、在民间流行的诸思想流派；三、耶稣会与其他教派在华的传教活动及其信仰。①

到1664年，利安当的经费稍显宽余，于是他将自己的两部中文著述予以刊印。第一部书名《万物本末约言》，原版书多不为传记家所著录，后由文度辣1680年在广州的杨仁里福音堂再版；第二部，就是广为人知的《天儒印》。

《天儒印》可以视作利安当攻读儒家典籍时所做的随笔，其内容是他把从《四书》中摘出来的一些儒家先贤的名言、名句，与基督教学说（即所谓的“天学”）相对照，再从中找出两者相近似之处，这反映了利安当更深一层的想法，即他实际在暗示，整个的儒家学说中暗含着基督教的天启真理，中国的《四书》中潜存着对上帝这一至尊至圣的造物主的认识，不过尚没有形成明确的概念。比如《中庸》中有如下名言：“万物并育而不相害，道并行而不相悖。”这本是说明华夏文明对其他系统的文明一直是抱着兼蓄并容的开放态度。利安当却解释说：“并育矣，而不相害。孰使之不相害乎。并行矣，而不相悖。孰使之不相悖乎。必

① 谢和耐著，耿昇译：《中国和基督教》，上海古籍出版社1991年版。

有所以然者也，以宰制之。”利安当在这里已指出，正是冥冥中有一至高无上的主宰者，才使万物并育而不相害，道并行而不相悖。[①]又如在《论语》中有如下名句："己所不欲，勿施于人。”利安当则做这样解释：首先，这正是基督教“爱人如己之大旨也”。其次，这句话正体现出天主对人之爱。[②]再如《大学》中有“在止于至善”一语。利安当则解释说“唯天主可云至善，则至善即天主也。”

通过整部《天儒印》可以看到利安当实则是在暗示，整个儒家学说体现的正是基督教的真义。因此，从信奉儒家学说到皈依基督教，中间并无不可逾越的障碍。众所周知，18世纪在华耶稣会士中法籍白晋（Joachim Bouvet, 1656—1730）和傅圣泽（Jean-Francois Foucquet, 1665—1741）均认为在中国古代典籍中所表述的思想和对宇宙的认识不仅与基督教教义和《圣经》相吻合，实际上还是基督教基本文献最早的记载。由于他们从大量中国典籍中试图经过筛选或是逻辑推理的方式找出其中潜藏着的与基督教教义或《圣经》近似的篇章或片断，因此他们常常被称作“索隐”派（Figuristes）。如果我们仔细研究利安当的《天儒印》，我们则可做出这样的结论：利安当实际上应当说是“索隐”派的一个先驱者。

就在利安当专心致志于“礼仪之争”诸理论问题的研究之时，在中国又爆发了一场新的反对基督教的运动，即所谓的“历狱”

前面我们曾经提到德国来华传教士汤若望由于修改历法成绩卓著，因此得到清顺治皇帝的重用，后被授予“通玄教师”的尊号，继而被封为光禄大夫。汤若望在清廷中所享有的高位引起部分具有反教思想的中

① 利安当：《天儒印》，页十。
② 同上。

国士大夫的仇视。杨光先率先上疏顺治皇帝，攻击汤若望参与修历包含谋反之心；他还指出，基督教反对敬天、祭祖和参拜孔子，实为“邪教”。其他同样仇视基督教的士大夫也纷纷响应。在这次反对基督教的风潮中，固然包括这部分反教士大夫本人的世界观问题，但同时也可看出多明我会和方济各会的传教士们在执行英诺森十世“圣谕”的过程中，由于坚持禁止中国教民敬天、祭祖和参拜孔子，事实上他们已经和中国绝大多数信奉儒家学说的知识分子对立起来。也使信奉“适应”策略的那派耶稣会士处于十分被动的地位。

在杨光先等对汤若望群起而攻之的关键时刻，与汤若望有着良好的个人关系，并曾给予汤若望以种种荣誉称号的顺治皇帝驾崩。时年 8 岁的康熙皇帝继位后，实处在鳌拜等四大辅政大臣的制约之下。出于他们的政治上的需要，受顺治皇帝宠幸的汤若望也成为他们打击的对象。杨光先则利用这种政治气候，再度上疏，历数汤若望等西方传教士潜谋造反、邪说惑众、历法荒谬等三大罪状，要求朝廷对他们要严惩不贷。在这种情况背景下，1664 年 8 月汤若望及其他经常出入清廷的西方传教士南怀仁（Ferdinand Verbiest, 1623—1688）、利类思（Ludovicus Buglio, 1606—1682）和安文思（Gabriel de Magalhaes, 1609—1677）等被捕入狱受审。由于在这次反基督教风潮中缘起于杨光先等攻击汤若望在修历中有谬误并有谋反之心，所以历史上常常称这次反教运动为“历狱”。

在审讯汤若望等传教士的过程中，清统治者下令将分散在各省的西方传教士要悉数押至北京，然后从广州驱逐出境。

在这场风暴中，利安当于 1665 年被捕入狱。在官方对其住所进行搜查时，利安当的全部中文著述、书信、手稿、文献和所藏欧洲图书全部被付之一炬。这就是利安当一生勤于笔耕而流传至今的著述非常有限的根本原因。

3月11日利安当被押送北京。18日到达京城后，被关押在“东堂”。在北京候审期间，利安当和自己的同胞多名我会传教士闵明我终于相逢。

1648年闵明我追随黎玉范来到菲律宾后，由于教务的需要，他在马尼拉度过9个春秋。1657年2月14日由于身体原因，他欲经印度返回欧洲。10月他来到印尼的望加锡（Macassar）等候前往欧洲的航船。到1658年5月在这里他与卫匡国意外相逢。这正是卫匡国罗马之行获得成功后，带着亚历山大七世肯定耶稣会在“礼仪之争”中立场的“圣谕”返回中国的途中。闵明我很可能通过与卫匡国的交谈，得知卫匡国带回了肯定耶稣会在“礼仪之争”中立场的新的“圣谕”，而这一“圣谕”将使多明我会处于不利的地位。所以他改变了返回欧洲的计划而毅然决定前往中国。按闵明我的话说，这是天意所使然。

1658年闵明我经澳门、广州历时40天到达福安。当时已有3名多明我会修士在那里传教并建有一所教堂。闵明我来到福安后才取名为“闵明我”，并开始学习闽南话和官话，同时在中国文人的指导下研读中国典籍。据说，闵明我的学业进展神速。

卫匡国返回中国后立即颁发了与英诺森十世“圣谕”内容完全相反的亚历山大七世“圣谕”，由此引起多明我会修士的严重不满。如前所述，黎玉范曾在兰谿召集多明我会修士开会讨论对上述两个“圣谕”的看法。与会者通过致罗马教廷函，内中提出22个问题要求罗马教廷做出裁决。闵明我因故没有出席兰谿会议，但他完全同意上述文献的基本精神，所以他也在文献上签了字。这一文献由在金华传教的胡安·波朗科（Juan Polanco）亲自送往罗马。闵明我这时则被调往金华传教。在宣讲福音之余，闵明我认为他研读过的《明心宝鉴》很富有教育意义，也可作为西方了解中国文明的入门书，所以他开始将该书译成西班牙文。很显然，闵明我那时并不知道他的同胞高母羡已于1590年将该书译成了西班牙文。

1664年9月17日黎玉范病故。闵明我被任命为多明我会中国传教团会长一职。不久，“历狱”爆发，在汤若望等被审讯的同时，在外省的西方传教士也被限期到北京集结。此时闵明我作为一名“要犯”被押解到兰豁，与其他一些传教士汇合后，经杭州来到苏州，从这里沿运河北上，于1665年6月27日到达北京并与其他受传召的传教士一起关在耶稣会会院“东堂”中。正是在这里，闵明我与利安当两位西班牙人相聚到一起。

那时，汤若望、南怀仁、利类思和安文思经提审后，汤若望被判处凌迟；南怀仁等三人杖充。只是由于北京连续出现地震等灾异现象，清朝当政者基于迷信思想认为这是“上天示警”，于是对上述4名传教士从宽处理，被朝廷开释。其他25名从外省集中到北京的传教士们于1665年9月12日被提到大堂受审后，于第二天被逐往广州。

1666年3月25日利安当一行被押解到广州并关押在属于耶稣会士的一座宅院里。这些传教士分属耶稣会、多明我会和方济各会。不同教派的传教士集聚在一起为他们围绕“礼仪之争”展开讨论提供了极好的机会。于是在耶稣会士科斯塔（Costa）、方济各会修士利安当和多明我会修士闵明我的主持下，三派传教士共聚一堂，连续辩论40天。但在涉及到“祭祖”和“参拜孔子”等问题上，这些传教士仍各执己见，分歧依旧。

利安当那时已自知身体日衰，所以想尽快把他经常思考的问题记录下来。在从北京到广州的途中，他用中文写了一篇长文，批驳了杨光先对基督教的攻击。在广州被关押期间他又写下《迫害纪实》（*Relación de la Persecución*）一书，记述了“历狱”的整个过程。由于广州各教派在围绕“礼仪之争”辩论时，众说纷纭，莫衷一是，于是利安当奋笔又写下一长达67页的“呈文”给时任耶稣会中国与日本传教省视察员的路易斯·达珈玛（Luis da Gama），详述了他对“礼仪之争”的系统观点，这就是著名的《论在华传教的几个重要问题》。

这时利安当已经病重不起。他通过对闵明我的接触和观察，认为在“礼仪之争”中，闵明我的观点与他最接近，并深得他的信任。所以利安当又将其保存多年的龙华民 40 年前（即 1623—1624 年）写的一篇有关礼仪之争的拉丁文论文——《孔子及其教理》——交给了闵明我，并托付他要妥善保存。由于龙华民上述《孔子及其教理》一文对闵明我影响颇深，以致人们称闵明我为“龙华民伟大而忠诚的学生”。[①]

1669 年 5 月 13 日利安当病故，被埋葬在广州城外的河南宝岗。罗文藻是第一位由利安当引导而信奉基督教的中国皈依者。他满怀深情地在利安当的墓前树立了一块用拉丁文刻写的墓碑以致纪念。

1667 年康熙亲政后，清廷内部出现了新的权力斗争。为了打击鳌拜一派势力，康熙又重新启用南怀仁等西方传教士。在这种政治气候下，广州当局对拘押在这里的传教士们逐渐放松了管制。

1668 年 9 月耶稣会信奉“适应”策略那一派传教士形成一个决议，要求罗马教廷再次重申亚历山大七世“圣谕”，允许中国教民参加敬天、祭祖和参拜孔子等活动并利用拘留所防守的疏忽，委派殷铎泽（Prosper Intorcetta，1625—1696）前往欧洲，向罗马教廷申诉他们的观点。

闵明我反对耶稣会士们的上述决议和向罗马教廷派代表申诉自己观点的做法，因此闵明我也谋划重返欧洲向罗马教廷阐释他这一派的观点。1669 年 12 月 9 日他悄然离开拘留所潜回澳门。当时在澳门有很多耶稣会士希望利用康熙亲政后的宽松环境能潜入中国。葡籍耶稣会士克劳迪奥·格利玛尔迪（Claudio Grimaldi，1638—1712）利用闵明我离去的机

① 卡明斯：《礼仪问题》，第 159 页。

会，潜进同一拘留所，冒名顶替，自称“闵明我”。在每日中国守卫点名时，每逢叫到“闵明我”，他都应“到”。从此他就以“闵明我”这一名字在中国从事传教活动并以他卓越的科学才能得到康熙皇帝的宠信而追随在皇帝的身旁。所以在基督教在中国传教的历史上，出现了两个“闵明我”的有趣现象。

（三）万济国及其《华语官话语法》

如果说马丁·德拉达、黎玉范和利安当等在汉学的整体研究上有了较大的跨步，那么西班牙来华传教士在汉语语言学的具体研究上也有新的进展，这主要体现在万济国对汉语语法的研究上。

万济国 1627 年出生在塞维利亚。他 15 岁即加入多明我会，并受到完整的神学教育。1646 年在黎玉范的感召下，他毅然决然地追随黎玉范一道前往东方传教。在抵达菲岛后，又于 1649 年和黎玉范及利安当等人一起踏上中华大地。其后，他主要在福建传教，1687 年万济国病故于广州。

万济国是一位天才的语言学家。据说，他来中国后不久，由于勤学苦练，他已能像中国人一样流利地说官话了。还有人说，由于他在语言方面才华出众，使他能出入中国方块字的“迷宫”而游刃有余。[①]万济国在中国的语言研究上最卓越的贡献就是他编写了一部《华语官话语法》（*Arte de la Lengua mandarina*）。

① 欧启奥：《菲律宾圣玫瑰省传教团人物传记简编》（H. Ocio, *Compendio de la Reseña Biografica de los Religiosos de la Provincia del Santismo Rosario de Felipinas*），马尼拉 1895 年版，第 183 页；菲尔南德斯：《菲律宾圣玫瑰省传教团之历史》（P. Fernandez, *Historia de la Provencia del Santismo Rosario de Felipinas de la Orden de Predicadores*），马德里 1958 年版，第 166 页。

万济国（Francisco Varo）

万济国来华时，在来华传教士中，已经有了几部汉语和西班牙语相互对照的字典。此外，像高母羡和黎玉范等人在汉语语法的研究上，也都曾有所建树。可以说这些前辈人的辛苦劳动为万济国的汉语语法研究奠定了一定的基础。但在那一时代，终究缺乏一部正式刊行的系统论述汉语语法的著作，从而构成西方传教士掌握汉语的一大障碍。同时，对于汉语在语法上是否有规律可循，在来华传教士中，也存在着激烈的争论。对此，万济国在他的《华语官话语法》的“前言”中做出了回答：

“一些传教士过去以至于今天，他们都专断地，自以为是地认为，这个国度使用的汉语既没有语法，也无规律可循，几乎找不出一种类型与它的奇异的结构相适应。这些传教士是用他们自己的语气和一种轻蔑的态度做出上述论断的。当有人说，汉语也有规则时，（对这种见解）他们则大加嘲弄。但另些人听了这些传教士的反对意见后，则认为应当让这类人闭起嘴来，并把他们称作远非明智的人。

另外一些传教士则根据他们谨慎的判断，认为中国人无论是在口语上或在书面文字上，都具有很高的语法和修辞的水平。但他们也承认，要把中国人的语法归类成我们（西班牙人）的语法，的确是很困难的，然而困难的事不一定是不可能的事。

那些认为汉语没有语法的人是无法否定认为汉语有一定的规则的那

类传教士的看法的。只要多补充一些附加说明和注释，他们就能写出一部语法书或是语法手册，而新来的传教士就能以此为教本开始汉语的学习了。事实上，我就是借助其他传教士收集的（汉语）资料，以及我自己二十年来的研究和考察，我才编写出这本语法书，而且现在许多传教士已经从这本语法书中受益了。”①

万济国的这部《华语官话语法》实际上是以西班牙人文主义者和语言学家奈布里哈（Elio Antonio Martinez de Javara 或 Antonio de Nebrija, 1444—1522）1492 年出版的《西班牙语语法》（*Gramática de la Lengua Castellana*）一书为范本，并用奈布里哈总结西班牙语语法规则的方法来总结汉语的语法规律的，而且该书成为新来华的传教士学习汉语的基本教材，同时也是欧洲第一部正式出版的较为科学地论述汉语语法的著作。

万济国的这部《华语官话语法》手稿完成于 1682 年 2 月 18 日。他在世时，该书的手抄本已经开始流传，并深受欢迎。在万济国辞世后，该手稿由方济各会会士石铎琭（Pedro de la Piñuela，1650—1704）详加增订并请普拉西特·瓦尔克扎克（Placyd Walczak）刻版后，于 1703 年在广州刊行。此外，出于在华传教的实际需要，石铎琭在万济国的这部《华语官话语法》中，还附录了一篇由方济各会会士巴西里奥·布罗里奥（Basilio Brollo）编写的《解罪条问》，即《忏悔问答》（*Confesionario*）。②

除《华语官话语法》外，万济国还编写了《汉语官话辞典》（*Vocabulario*

① 万济国：《华语官话语法》（Francisco Varo，*Arte de la Lengua mandarina*），广州 1703 年版，第 1 页。

② 安东尼奥·西斯托·罗索：《墨西哥来华传教士及作为著者的石铎琭》（Antonio Sisto Rosso, *Pedro de la Piñuela,Mexican Missiorary to China and Author*），载《方济各会研究》（*Franciscan Studies*），1948 年第 8 卷第 3 期，第 250—274 页。

de lengua mandarina）、《西班牙语与汉语官话双解语法》（*Gramática Española mandarina*）和《通俗汉语官话辞典》（*Vocablario de la lengua madarina con el estilo y vocablos con que se habla sin elegancia*）。后者可能是为了便于传教士在广大民间宣教而编著。[①]

万济国是个传教士，所以他也曾热心地投入到“礼仪之争”的辩论当中，并写出大量的论辩性文章和专著。除了与黎玉范等合作写成《中国礼仪研究》一书外，他还用中文写下了四卷集的《主教明证》（*Chu-kiao ming ching*）。[②]

事实上，万济国《华语官话语法》一书不仅有其历史意义，而且对于当代的海外汉语教学仍具有一定的参考价值。所以该书于 1999 年由柯蔚南（W. South Coblin）和约瑟夫·列维 (Joseph A. Levi) 从西班牙文译成了英文。考虑到该书即使是对中国的汉语教学也同样具有启发性，2003 年，即万济国这部《华语官话语法》刊行 300 年后，该名著又由姚小平和马又清从英文译成了中文并由外语教学与研究出版社出版。该书一经出版，立即在中国汉语教学领域受到欢迎。《华语官话语法》所具有的历史和当代意义，这肯定是万济国和石铎琭当年所不敢想象的。

《华语官话语法》的中文版于 2003 年面世，此图为该书的封面。

① 何塞·安东尼奥·塞维拉：《东方的传教士科学》（Jose Antonio Cervera, *Ciencia Misionera en Oriente*），萨拉戈萨 2001 年版，第 194 页。

② 同上。

（四）石铎琭及其《本草补》

出生在拉丁美洲的早期汉学家中，方济各会传教士石铎琭是唯一一名曾经亲身到过中国传教，并能用中文从事宣教著述写作的汉学家。石铎琭所著《本草补》一书，向“中邦”介绍了域外的诸种药物和药方，由此受到那一时代中国药学家的欢迎，并使石铎琭成为促进东西方文化交流的先行者之一。

1. 石铎琭的生平及其在华传教历程

石铎琭(字振铎)1650年出生在新西班牙(墨西哥)的首府墨西哥城，后加入方济各会并在修道院中攻读神学。

此时，在太平洋彼岸的中国，天主教传教运动业已取得相当大的进展。1650年西班牙方济各会传教士利安当在济南建立起方济各会在华的第一个会院。随着传教事业的不断扩大，利安当深感急需后援力量的支持和足够的资金以扩展传播福音的规模。于是利安当于1662年委托同会的文度辣返回西班牙，设法解决上述难题。

文度辣返回西班牙以后，四处奔波，终至获得西班牙王室每年给予济南会院以1500比索经费的许诺，同时文度辣还招募到8名年轻的志愿者随同他前往东方。于是1672年文度辣一行从西班牙乘船来到新西班牙。途中，有两名志愿者不幸病故。

在新西班牙，文度辣惊悉曾深陷“历狱”之灾的利安当已于1669年在广州病逝。所以他急于返回中国，以继续利安当在济南开创的事业。为了扩充与他同行的方济各会传教士的队伍，文度辣又在新西班牙招募到两名有志到东方传教的年轻人与他同行，其中之一就是石铎琭。

1672年文度辣带领石铎琭一行抵达菲律宾后，由于他急于北上山东，便将石铎琭留在当地的修道院中，继续他的神学课程的学习。至1676

年 2 月，石铎琭经上峰的批准，从菲律宾前往中国传教。同年 6 月 20 日，石铎琭潜入顶头。在这里，石铎琭与先期抵达这里的西班牙方济各会传教士利安定 (Augustinus a S. Paschale，1637—1697) 会合。

利安定（字惟止）是继利安当之后方济各会在华传教团中又一位具有开拓精神的传教士。1637 年，他出生于西班牙马拉加省的马拉贝雅镇，1656 年加入方济各会，1665 年与其他 28 名传教士离开西班牙前往菲律宾传教。1670 年利安定来到澳门后，与多明我会的万济国结伴而行，一起来到福建传教。在此后的 5 年中，利安定的传教活动收获颇多，并在宁德建立起方济各会在福建的第一个会院。[①]

石铎琭来到利安定的身边之后，方济各会在福建的传教活动大有起色。在共同的传教活动中，利安定发现石铎琭有很强的独立工作的能力，于是利安定将石铎琭单独留在福建传教，而他本人则前往山东接续利安当所开创的传教工作。

石铎琭在福建传播福音期间，十分幸运地得到了恰好也在福建传教的万济国的指教。在从师万济国学习汉语的过程中，石铎琭从万济国编写的《华语官话语法》（手稿）中受益匪浅，并深刻认识到一部汉语语法对刚刚来华的传教士学习中国语言的重要性。这也就是后来石铎琭能为万济国编写的《华语官话语法》手稿详加增订并使其刊刻问世的原因。

利安定北上后，石铎琭又与身在广州的他的精神导师文度辣建立起联系。

文度辣再次来华后，得知利安当已于 1669 年病故，所以文度辣决定留在广州传教。由于文度辣的宣教业绩斐然，他先后被任命为方济各

① 安东尼奥 · 西斯托 · 罗索：前引书，1948 年第 8 卷，第 3 期，第 250—254 页；崔维孝：《明清之际西班牙方济会在华传教研究》，中华书局 2006 年版，第 242—248 页。

会中国传教团的会长、中国传教省副会长和会长等职务，并设想以广州为方济各会中国传教团的总部，以澳门为依托，以马尼拉为大本营，并使山东、江苏、浙江、江西、福建和广东几省的方济各会会院能联成一片，从而开创出方济各会在华传教事业的新局面。

由于石铎琭是文度辣亲自从新西班牙带到东方来的传教士，所以他对石铎琭十分器重。因此石铎琭被教廷传信部来华宗座代牧伊大任（Bernardino della Chiesa，1643—1721）遴选为自己的秘书和译员，自此石铎琭陪同伊大任在广东、江西、福建、浙江、江苏和湖广等地做巡回视察，从而加深了他对中国社会的认识。①

由于石铎琭一向埋头苦干并成绩卓著，1699 年，在马尼拉省教区的代表大会上，他被选举为方济各会中国传教团会长，并被认为在他的身上体现了方济各会的理想。②

1704 年石铎琭在厦门附近的漳州建立了一座教堂，这里是与马尼拉进行直接联系的最佳地点。也就在这一年，石铎琭病逝于潮安，时年 54 岁，在会 28 年。③

2. 石铎琭来华后所实施的传教策略

石铎琭来华时，正逢方济各会在华传教团调整其传教策略之时。“历狱”平反后，在华天主教各教派的大多数传教士开始认识到在中国这样具独特历史与文明的国家，若想取得宣教事业的成功，那么必须遵从康熙皇帝所界定的“利玛窦的规矩”，即遵循沙勿略所倡导的“适应”策略，也即在中西文化的调和中隐步地渗透基督教的教义。于是在华的各

① 安东尼奥 · 西斯托 · 罗索：前引书，第 256—259 页。

② 同上，第 260 页。

③ 同上，第 261—262 页。

个教派之间，开始出现相互宽容相待的氛围。这就是石铎琭来华时天主教在华的传教运动的时代背景和特点。

石铎琭来自新西班牙这一印第安人文明的摇篮，而且即使是在被西班牙殖民者征服以后，新西班牙仍是印第安人人口最为集中的地方。因此如何调整西班牙人和印第安人之间的矛盾始终是新西班牙最核心的社会问题。拉斯·卡萨斯维护印第安人基本人权的的立场，在新西班牙宗教界有着深刻的影响。尤其是石铎琭的精神导师文度辣对中国国情的深刻认识，潜移默化地根植于年轻的石铎琭的心中。所以石铎琭来华后，很快地在尊重华夏文明与维护中国人的基本人权方面，找到了切入点，即遵从“利玛窦的规矩”并借鉴耶稣会在华传教的成功经验。

首先，石铎琭在深入广大农村与山区传播福音的同时，他也致力于结交中国上流社会的文人雅士，从而扩大了他在中国的社会基础。比如刘凝（1620—1715）是江西南丰人，为地方名流。由于一生未得功名，常有不得志之感，遂和在当地传教的石铎琭多有交往，并在石铎琭的引导下皈依了天主教。其后，石铎琭曾借助刘凝的帮助使他介绍西方医学的著作《本草补》得以刊刻。由于刘凝曾为《本草补》作序，从而增加了该书的社会影响力。

其次，石铎琭也仿效耶稣会的传教方法，通过赠送西方珍稀礼品结交中国的地方官员，以争取他们对其传教事业的庇护与支持。还在石铎琭初识中文的时候，他已开始携带西方礼品拜会中国官员了，正如石铎琭自己所说：“来到这座教堂之后，我决定前去拜会当地的官员，尽管我的中国话说得不怎么好，但礼节用语却学了很多，而且首要的是必须要使用它们。我拜访了两位政府官员，两位武官，我觉得一切都进行得非常顺利。他们所有的人都接受了我赠送的礼物，最少的那一位也收到3件。后来，他们回访了我，尽管回赠的东西少，但我也接受了。现在我可以自由地行使我的职能。”[①]正是有了中国官方的庇护与支持，石铎琭的在华传教事业才得以一路顺风发展。

其三。刻苦学习中文，致力于用中文写作宣教之著。来华后，石铎琭由于师从万济国刻苦学习中文，所以进展神速。后他又致力于用中文从事布道经文的写作，在来华的方济各会传教士中，石铎琭是用中文从事宣教读物写作最为成功的一位，而且他的著作多次被刊刻，像《初会问答》首刊于1680年，后于1696、1699、1703、1822、1903、1926、1928和1941诸年相继再次刊刻，可见其社会影响之大。[②]

其四。石铎琭继承了方济各会将传播福音与救治病人相结合的传教传统，来华后他在致力于在贫苦大众中传播福音的同时，也对那些处在病痛之中的芸芸众生施以救治。他的这种传教方式很受中国民众的欢迎，一些接受过他们救治的病人在康复后，有的甚至怀着感谢之心而皈依了基督教。方济各会传教士艾佳良（Francisco de Jesus Escalona）就曾说过：“在上帝的圣堂里，行医治病是最温柔、最有效的吸引众生灵改变宗教信仰的方法，有时它所带来的益处远远胜过神学的说教。”[③]可以说将传播福音与医治疾病相结合的传教方式为方济各会在华传教的成功开辟了一条十分有效的途径。

和来华耶稣会士相比较，在传播天文、数学等西方科学知识方面，方济各会自知稍逊一筹。所以方济各会中国传教团决定发挥自己在医学方面的优势，以扩大方济各会在中国社会中的影响。

1672年文度辣重返中国后，便率先在澳门开设了一家西药房；继

① 崔维孝：《明清之际西班牙方济会在华传教研究》，中华书局2006年版，第413页。
② 安东尼奥·西斯托·罗索：前引书，第263—273页.。
③ 崔维孝：《石铎琭神父的<本草补>与方济各会在华传教研究》，载《社会科学》2007年第1期，第13页。

而又于1678年在广州杨仁里福音堂内开设了方济各会在中国内陆的第一家西式医院，集门诊、药房和病房为一体。由于方济各会会士艾脑爵（Blasius García）等医术高超，他们不但能诊治一般内科病证，而且还将西医外科医术带入了中国，因此他们很快便在中国的民众中赢得了声望，甚至连皇室的成员也前来求医，还有的高官向方济各会的医师索要名贵药品，希图进献给皇帝以求圣宠。[①]

上述做法是有成功的先例可循的。1638年由于耶稣会士在秘鲁发现金鸡纳霜有治愈疟疾这一顽症的疗效，于是来华耶稣会士将这种贵重的药材引进了中国，希望借助金鸡纳霜治疗疟疾的神奇效果来提高耶稣会在中国社会中的声望。但出乎他们意料之外的是，第一位接受金鸡纳霜治疗疟疾的竟是康熙皇帝！在康熙病愈后曾重赏敬献金鸡纳霜的耶稣会士，一时西方医学在中国社会中赢得极大的声誉。

很可能受到这种社会氛围的影响，为了提升方济各会在中国社会中的地位，于是石铎琭才将《本草补》书稿于1697年拿出去刊刻。而他的友人刘凝则为该书写了一篇“序”，从而扩大了《本草补》的社会影响。因此，《本草补》的刊刻与面世也可以说是石铎琭实施方济各会在华传教策略的一种手段。

3. 石铎琭所著《本草补》在东西方医学交流中的历史地位

石铎琭的《本草补》一书囊括了他所收集到的来自菲律宾、西班牙和其他域外地区的15种“中邦”所未有的草药和多种药方。内容并不多。然而《本草补》是早期传入中国的有关西方药物的著作，而中国的医家素来又以一种开放的心态希望了解域外的医学的发展状况，所以对《本草补》的内容格外关注。特别是清代大医学家赵学敏（约1719—

① 崔维孝:《明清之际西班牙方济会在华传教研究》,中华书局2006年版,第204—232页。

1805）在其《本草纲目拾遗》中，曾录入了《本草补》中的多种“药条”，所以使《本草补》在中国医药史上更受到重视。

赵学敏所著《本草纲目拾遗》（10卷），引用经典多达600余种；内载药物中，有716种为李时珍《本草纲目》所未曾收录的。此外，《本草纲目拾遗》还吸纳了民间药物511种，可见内容之丰富。所以《本草纲目拾遗》被视为是继李时珍《本草纲目》之后，对中国药学的再一次总结，常被视为李时珍《本草纲目》的续篇。

由于《本草补》中的外来药物有15种被赵学敏在《本草纲目拾遗》中基本照录，这也许就是《本草补》受到中国医药界重视的原因。这既彰显出赵学敏在学术研究中的开放性视野，同时也说明精通药学的赵学敏没有放过对任何一味具有新意的药物的研究。

中国当代医药史学者范行准先生从东西方医学交流的角度对《本草补》一书的历史意义进行了极富启发性的评价，即“自邓玉函（Jean Terrenz, 1576—1630）、罗雅谷((Jacques Rho, 1593—1638)诸人所译《(人身）说概》、《（人身）图说》为西洋初次传入之两部解剖、生理学书，而《本草补》则为西洋传入药物学之嚆矢，与邓、罗之书可称鼎足而三。”①因此石铎琭所著《本草补》对促进东西方医学交流的历史贡献应当予以肯定。

（五）闵明我及其《中华帝国历史、政治、伦理及宗教论集》

前面我们提到，闵明我利用广州拘留所的疏忽，而逃出广州，其后经澳门、果阿等地，于1672年10月初到达罗马。他向罗马教廷呈递了他关于“礼仪之争”基本观点14款的陈文并附有龙华民所著《孔子

① 范行准：《明季西洋传入之医学》，上海中华医学会1957年印，第5卷，第1—2页。

及其教理》一文，其目的在于说服教廷取消1656年亚历山大七世所颁布的允许中国教民祭祖和参拜孔子的“圣谕”。但他的目的在当时并没有达到。为了进一步阐明“礼仪之争”的实质，闵明我开始写《大中华传教团古代以及当代之争论》（*Controversias Antiguas y Modernas de la Misión de la Gran China*）一书。

1674年闵明我返回阔别近30年的故国。在闵明我离开西班牙后的30年间正是往昔“日不落”帝国一步步走向衰败的时期。无论城市或乡村，到处都是满目凋敝的景象，使他心情非常沉痛。这又使他回想起他曾在中国11年的岁月和中国留给他的印象。尽管闵明我到达中国时，正值明、清两王朝更迭，但中国很快从战乱中重新复苏。闵明我所到之处，都是社会安定，经济繁荣发展，使他感到中国较之欧洲国家更先进，更像是人间的“伊甸园”。[①]特别是儒家治国的方略，闵明我认为完全值得西班牙仿效。他认为人们应当从历史当中寻找值得借鉴的东西，而从中国即可得出有意义的启示（Veritable Sermón）。于是闵明我决定在完成《大中华传教团古代以及当代之争论》之前先写出一部《中华帝国历史、政治、伦理及宗教论集》（*Tratados historicos, politicos, ethicos y religiosos del Gran Imperio Chino*），对中国国情做一全面的介绍。这样，该书既可作为《大中华传教团古代以及当代之争论》一书的背景资料，又可为当时西班牙的政治家乃至王室提供一个“齐家治国平天下”的范例。

《中华帝国历史、政治、伦理与宗教论集》于1676年发表，全书由7篇论文组成，共30万字，518页。下面对该书的各部分内容做一简介：

第一部分：介绍了大中华帝国的国家起源、国名的演变、地理方位及其财富和特点（第1—50页）；

---

① 卡明斯：《礼仪问题》，第93页。

第二部分：概述了中国政府的构成和运作方式、社会阶层的划分和历史的主要特征（第 51—128 页）；

第三部分：孔夫子的一些政治和道德的格言（第 129—172 页）；

第四部分：中国人的道德（这部分内容实际上是《明心宝鉴》的译文。第 173—245 页）；

第五部分：对中国知识阶层的分析（第 246—289 页）；

第六部分：闵明我在中国的萍踪（第 290—450 页）；

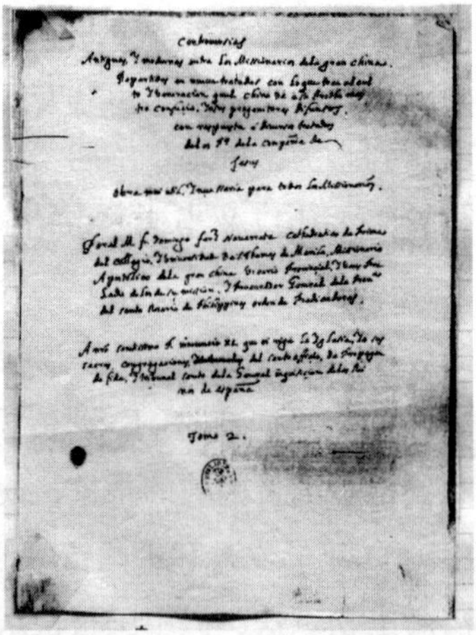

闵明我手迹

第七部分：包括在中国传教的各教派围绕“礼仪之争”向罗马教廷呈递的阐释各自观点的报告和罗马教皇所颁发的相关的“圣谕”，以及闵明我对上述各“圣谕”的看法。龙华民用拉丁文写的《孔子及其教理》也附录在其中（第 451—518 页）。

TRATADOS
HISTORICOS.
POLITICOS, ETHICOS,
Y RELIGIOSOS DE LA MONARCHIA
DE CHINA.
DESCRIPCION BREVE
DE AQVEL IMPERIO, Y EXEMPLOS RAROS
DE EMPERADORES, Y MAGISTRADOS DEL.
CON NARRACION DIFVSA DE VARIOS SVCESSOS,
Y COSAS SINGVLARES DE OTROS REYNOS,
Y DIFERENTES NAVEGACIONES.
AÑADENSE LOS DECRETOS PONTIFICIOS,
Y PROPOSICIONES CALIFICADAS EN ROMA PARA LA MISSION
Chinica; y vna Bula de N. M. S. P. Clemente X. en fauor de los
Missionarios.
POR EL P. MAESTRO FR. DOMINGO FERNANDEZ NAVARRETE,
Cathedratico de Prima del Colegio, y Vniuersidad de S. Thomas de Manila,
Missionario Apostolico de la gran China, Prelado de los de la Mission,
y Procurador General en la Corte de Madrid, la Prouincia del Santo
Rosario de Filipinas, Orden de Predicadores.
DEDICA SV OBRA
AL SERENISSIMO SEÑOR DON IVAN DE AVSTRIA
Año 1676.
CON PRIVILEGIO.
En Madrid: En la IMPRENTA REAL. Por Iuan Garcia Infançon.
A costa de FLORIAN ANISSON, Mercader de Libros.

闵明我所著：《中华帝国历史、政治、伦理及宗教论集》之封面

闵明我这部《中华帝国历史、政治、伦理及宗教论集》在东西方文化交流的历史中曾起到特殊的作用：

首先，该论集在对中国的认识上，无论在深度上或是广度上，都是马丁·德拉达、门多萨和庞迪我等有关中国的著作所无法相比的。拉达仅在福建盘桓两个多月；

闵明我的在华“游记”由何高济、吴翊楣译成中文并以《上帝许给的土地——闵明我行记和礼仪之争》这一书名于2009年由大象出版社出版。

门多萨从未到过中国；庞迪我虽然在中国度过21个春秋，但其间他主要是在北京传教。他们都不曾像闵明我那样在中国省城中长期生活和从事宗教活动，从而能对中国社会现实和民众的情感以及生活习俗了解得更深切。此外，马丁·德拉达、门多萨和庞迪我论述的都是明代的中国国情，尤其是晚明时代的中国。唯独闵明我笔下详述了满族入主中原后的清帝国的概貌。因此为西方国家提供了一幅更为完整、叙事年代更长的中华帝国的历史画卷。

前面我们曾提出这样一个看法，即西班牙是18世纪以前西方的汉学研究中心之一，马丁·德拉达是西班牙第一位汉学家，那么现在可以做这样的补充，即闵明我是17世纪西班牙最有成就的汉学家，或者说闵明我达到了18世纪以前西班牙汉学研究的顶峰。

在西班牙文学史的研究中，往往把卡洛斯一世诞生的华年（1500年）至西班牙伟大戏剧家卡尔德隆（Pedro Pedro Calderón de la Barca，1600—1681）逝世的那一年（1681年）称作西班牙文学上的“黄金时代”或“黄金世纪”。我个人认为其实像马丁·德拉达、门多萨、庞迪我和闵明我等来华传教士以他们隽永的著作都应被列入到“黄金时代”杰出文学大师之列。

其次，“礼仪之争”缘起于耶稣会内部。黎玉范和利安当则把“礼仪之争”从耶稣会内部的争论扩大为基督教不同教派之间的辩论。到闵明我《中华帝国历史、政治、伦理及宗教论集》发表后，更加引起整个欧洲对“礼仪之争”的关注。该书也很快被译成英、法、德、意等多种语言出版。

“礼仪之争”的本质问题在于对中国历史文化的理解。于是，在闵明我及其他西方来华传教士相关著作的激发下，在欧洲，尤其是在法国、英国和德国，出现了一场规模空前的研究中国哲学、历史和文化的热潮。闵明我这部《中华帝国历史、政治、伦理及宗教论集》在最终把“礼仪之争”的争论范围从中国扩大到欧洲；从教会内部扩大到整个社会；从宗教问题的探讨变成对中国文明的整体研究，在上述过程中，闵明我占有不容忽视的历史地位。

其三，闵明我写《中华帝国历史、政治、伦理与宗教论集》的主要目的之一就是试图把中国当作西班牙的一个榜样，以中国政治上的“清明”促进西班牙的政治革新；以中国繁荣富强的景象来唤起西班牙民族重振往日辉煌的激情并最终使西班牙摆脱当前内忧外患的困境。

为了达到上述目的，闵明我在论集中引用了大量儒家治国的名言和警句，诸如孟子的名言：“民为贵，社稷次之，君为轻”等等，用来宣扬中国“仁政王道”的儒家学说。此外，闵明我还列举了许多中国君主惜民、悯民、关心农业生产的事例，以及中国的大臣们如何忠于职守献身公共事业的故事。通过这部分内容既反应了闵明我对中国文化的景仰与更深层次的理解，以及对中国人的深情厚谊，同时也可看出他对自己祖国的振兴所寄以的希望。

由于当时西班牙国内封建势力十分强大，具有启蒙思想的知识分子和政治家尚形成不了一股推动社会改革的力量，因此闵明我的上述良苦用心并没有起到推动西班牙迈向历史新时期的作用。然而进入18

世纪，当法国、德国和英国的启蒙思想家高举理性批判的旗帜向封建主义发起攻势之时，闵明我的《中华帝国历史、政治、伦理及宗教论集》则给他们以极大的启示并为他们提供了锐利的思想武器。像法国的狄德罗（Denis Diderot , 1713—1784）、卢梭（Jean Jacques Rousseau, 1712—1778）、伏尔泰（Voltaire, 1694—1778）、孟德斯鸠（Charles de Secondat, Baron de Montesquieu, 1689—1755）、魁奈（François Quesnay, 1694—1774）和布里索（Jacques-Pierre Brissot, 1754—1793）等人以及英国的洛克（John Locke, 1632—1704）和德国的莱布尼茨（Gottfried Wilhelm Leibniz, 1646—1716）等都曾读过闵明我的上述著作。闵明我在论集中对中华帝国繁荣昌盛景象的描述引起这些启蒙大师对中国和东方文明的向往，他们又进一步将中国理想化，再以中国为典范在理性的高度上对现实欧洲的专制统治制度进行无情的批判，从而推动了欧洲启蒙运动的兴起和反对封建主义的斗争。所以闵明我的《中华帝国历史、政治、伦理及宗教论集》不仅作为体现中西文化交流的一部杰出著作应得到高度评价，而且该书对一代启蒙大师的影响，同样是我们应当予以肯定的。

在结束这一章的写作时，我们深深感到西班牙来华传教士在促进中国与西方文化交流方面的先驱作用是个应当重新加以研究和评价的重要课题。

第五章

我宝岛台湾与中西近代关系（16—17世纪）

在西班牙征服菲律宾之后，开启了中国与西班牙之间以直接交往为主要内容的近代关系。宝岛台湾也自此成为中西近代关系中的重要一环，并起到不容忽视的历史作用。

一、林凤攻打马尼拉之役：台湾融入西太平洋的地缘政治斗争

在第三章我们已经述及中国“海盗”林凤率部攻打马尼拉一事，他实为中国沿海武装走私集团的首领，以“船百余艘”，“拥其党万人”[①]的宏大规模活动在闽、粤一带。林凤又以台湾的魍港为基地，时而从这里向闽、粤一带进行突袭，时而在形势不利的情况下，“遂自彭湖奔东番魍港。”[②]

魍港（亦作“蚊港”，即今“北港”）地处台湾南部。张燮在《东西洋考·东番考》中对魍港当时的情形有如下记述：

“厥初朋聚滨海，嘉靖（1522—1566）末，遭倭焚掠，稍稍避居山后。忽中国渔者从魍港飘至，遂往以为常。其地去漳最近，故倭每委涎闽中，

① 《明万历实录》，卷二六、二八。

② 《明史》，卷二二二。

侦探之使，亦岁一再往。”[①]

上段引文说明，从嘉靖末“中国渔者”已经常在魍港出没。而倭寇垂涎福建一带的财富，更不时到魍港来窥测入侵中国沿海地带的时机。从林凤集团的海上活动来看，事实上魍港已经成为中国海上武装走私集团的一个据点。因为在这一历史时期，魍港，乃至台湾，恰恰具有成为中国海上武装走私集团聚散地的有利条件：

首先，至明中叶，中国东南沿海的商品经济已进入快速发展时期，再加上形成中的世界市场对中国丝绸、瓷器和手工艺品等商品的渴求，遂使可耕地偏少，而人口相对密集的东南沿海一带的部分人群，不断向海外迁居，有的还在海外开辟出自己的居留地。其中有些沿海居民——甚至“海盗”——陆续来到台湾。因为“台湾在彭湖岛外，距漳、泉止两日夜程，地广而腴。初，贫民时至其地，规鱼盐之利，后见兵威不及，往往聚而为盗。”[②]

这些不断迁居到台湾的移民带来了大陆较为先进的捕鱼、晒盐与耕种技术，这不仅为他们自身在新的“居留地”的谋生创造了条件，而且这些生产技术一旦在台湾原居民群落中逐渐传播开来，必定使台湾的生活和生产的整体面貌得到相应的改观。这也正是中国沿海武装走私集团将台湾作为根据地的物质前提。

其次，明中叶的中国海上武装走私集团，并不是单纯以“劫掠”为生的“海盗”。相反地，他们更是在海疆“处女地”上，开拓新的“居留地”的先驱。然而，开拓海外新的“居留地”，需要大量的资金投入到生产当中。从事走私贸易正是聚集资金的最为快捷的方式之一。台湾

① 张燮：《东西洋考·东番考》。

② 《明史》，卷二一一。

靠近福建和广东这两个商品经济最为发达的地区，世界市场所迫切需求的中国商品又主要在这一带地区生产，因此以靠近上述地区的台湾为根据地从事海上走私贸易自然是十分理想的。

其三，在世界市场形成的初期，台湾恰好处在西太平洋几条重要的国际航线的交叉地带，为开展国际贸易提供了最为有利的条件和机遇。当时日本是中国商品最大的买方市场。由于倭寇对中国沿海地带的不断劫掠与侵扰，中国政府遂断绝了日本与中国的双边贸易。这样，日本只有通过葡萄牙窃占下的澳门，或者驾船到吕宋一带，才能获取中国的商品。林凤等海上武装走私集团在台湾开辟出新的“居留地”以后，日本的走私集团认为到台湾的距离较之到澳门或吕宋更近，由此可以带来更大的商业利益，因此他们开始更为频繁地“光顾”台湾。同样，林凤等海上武装走私集团也认为台湾较之大陆距日本和吕宋更近，向日本和吕宋等国转销中国商品也会赢得更多的利润。因此林凤等海上武装走私集团很自然地想把台湾作为国际走私贸易的理想集散地。

事实上，通过海上走私贸易，林凤等海上武装走私集团获利不赀，因而也更刺激了他们从中国沿海地带获取更多商品并从转销中获利的欲望，于是他们频频对中国闽粤各地“进犯”。明廷为了维护其统治地位，遂下令调集大军想一举消灭林凤等海上势力，以永靖海疆。

就在这时，林凤海上武装走私集团在与林道乾为首的另一海上武装走私集团的“火并”中，不但大获全胜并兼并了后者的相当部分武装力量，一时林凤集团的战舰从40艘猛增到95艘，部下更多达万人。[①]像林凤集团这样庞大的海上武装走私力量自然被明廷视为首要的打击目标。于

① 门多萨：《中华大帝国史》（Juan Gonzalez de Mendoza, *Historia del gran reino de la China*），马德里1990年版，第164页。

是明廷命两广提督殷正茂和福建巡抚刘尧诲前往台湾，实施对林凤集团的围剿。[①]

林凤在台湾开拓“居留地”的过程中，虽然不可能不从事农耕活动，但他们仍以海上走私活动为主业，因而与在台湾主要从事农业和渔业生产的大陆移民，以及和当地的原居民发生利害冲突，甚至有时会是产生对抗。陈第在《东番记》中，对于上述的矛盾现象就有所记述：“自通中国颇有悦好。奸人又以滥恶之物欺之，彼亦渐悟，恐淳朴日散矣。”[②]林凤自然会意识到，他们这个海上走私集团在台湾既面临明朝的军事压力，又可能遭到怀有不满情绪的当地居民的袭击。在这种较为孤立的情势下，万一明廷大军压境，他们可能会腹背受敌。或者出于走私贸易的需要，或者为上述这种不利形势所迫，使林凤不得不考虑在离中国海岸较远的吕宋再开辟出一个新的“居留地”。

事实上，林凤集团通过在吕宋的经商活动，对那里的自然环境和当地的民风民俗已有了一定的了解，并选择了在背山临河，又可通向大海的邦阿西楠（Pangasinan）一带开拓出一个新的“居留地”。接受了在台湾与原居民不和的教训，林凤集团在新的“居留地”与当地的原居民保持了相当和睦的关系。在西班牙人入侵吕宋之前，或就在西班牙人入侵吕宋岛的同时，林凤集团已在台湾和菲律宾（在本章中，此后称西班牙人占领下的“吕宋”为“菲律宾”或简称“菲岛”）之间建立了较为紧密的联系。从下面的事态发展，我们便可与我们的上述推论相印证。

当明廷命两广提督殷正茂、福建巡抚刘尧诲率 4 万大军分乘 130 艘战舰对退守台湾的林凤武装走私集团进行合剿时，[③]朝廷便充分利用了

① 谈迁：《国榷》，卷六。

② 陈第：《东番记》。

③ 门多萨：《中华大帝国史》，第 165 页。

林凤集团与在台湾从事农业和渔业生产的大陆移民以及当地的原居民之间的矛盾，造成对林凤集团的腹背夹击之势：“万历二年（1574）六月戊申，福建巡抚刘尧诲揭报：‘……其逋贼林凤（鸣）拥众万人，东走福建，总兵胡守仁追逐之。因招渔民刘以道谕东番合剿，远遁。’”[①]由于明廷大军实力雄厚，又有“渔民”和“东番”的配合，林凤自知不敌，于是只得“远遁”，借以保存其实力。但当明海防大军回师后，林凤则又率众辗转回到了台湾。同年的十月，明廷发现林凤集团又重返魍港，于是总兵胡宗（守）仁和参将呼良朋“传谕番文（人）夹攻，贼船煨烬，凤等逃散。”[②]在明廷所发动的这两次大规模的进攻中，由于成功地利用了林凤集团与台湾的大陆移民和原居民之间的矛盾，所以大获全胜并最终迫使林凤集团逃亡海上。

然而，由于林凤在菲律宾开辟出新的“居留地”在先，因此在与明廷大军对抗失败后，林凤则及时地率部下4000人和妇女1500人分乘62艘大船向菲岛转移。[③]试想，如果林凤不掌握来往台湾和菲律宾之间的“海道针经”之类的航海路线图，而且又没有在菲岛开辟出新的“居留地”，那么，林凤怎敢贸然带领连同家眷在内的如此庞大的人群驶入未知的海洋？

林凤在前往菲律宾的途中，拦截了两艘从菲岛返回中国大陆的华人商船。在船上，林凤发现了大量的贵金属并从这些商人的口中得知，西班牙人已经入侵菲律宾并攻占了马尼拉。船上的贵金属就是该船商人用中国商品从西班牙人手中换来的。这些商人还说，入侵马尼拉的西班牙

① 《明实录》，卷二六。

② 《明实录》，卷三十。李毓中主编/译注：《台湾与西班牙关系史料汇编（1）》，国史馆台湾文献馆2008年版第XVI页。

③ 福尔曼：《菲律宾群岛》(J.Foreman, *The Philippine Islands*)，伦敦1898年版，第47页。

人为数不过70余人，力量十分有限。[①]

林凤在得知这一新的信息后，很可能为了确保自己集团在菲律宾未来的安全和独享商业利益，于是他临时决定先率部攻打马尼拉，待将西班牙人驱逐出菲岛之后，再前往他们自己的“居留地”以安置部下。

在马尼拉，林凤的部下和西班牙殖民者展开了激战。由于西班牙人及时得到了后援，而恶劣的天气，又使林凤的先遣船队出师不利，于是他只好先率众退守邦阿西楠的“居留地”。这就是中国史籍中所谓的“随至吕宋国玳瑁港，筑城据守，且修饰战舰，谋胁番人，复图内逞。”[②]

西班牙殖民者意识到他们所面临的现实威胁，于是争取到部分当地原居民的合作，组成了一支两千余人的武装力量，共同拦住了河口，想困死林凤集团。

这时，明朝把总王望高为剿灭林凤武装集团带兵尾至，并与西班牙人通力合作，在邦阿西楠一地筑起了围困林凤的工事。后，王望高率部来到马尼拉，如第三章所述，王望高与西班牙殖民当局商定，如西班牙人生俘或杀死林凤，则将其人或尸体交还明政府；王望高则答应返程时带西班牙“使节”回福建商议传教及通商事宜。就这样，西班牙神甫马丁·德拉达和赫罗尼莫·马林带着两名士兵于1575年6月12日搭乘王望高的战舰前来中国。关于拉达与马林的福建之行前已有述，不再赘言。

然而，在最为危难的时刻，林凤却巧妙地率众突围，驶向大海，就这样，明朝大军与西班牙殖民者联合剿灭林凤的图谋归于破产。

上述事件给我们以足够的启示，使我们可以进一步推断出林凤还在台湾时，便已在吕宋建立了一个“居留地”：

① 门多萨：《中华大帝国史》，第165页。

② 《潮州府志》，卷七。

首先，在帆船贸易时代的长途贩运中，粮食储备是海员生命的最基本的保障。天启四年（1624）在明廷大军的压力下，进犯澎湖的荷兰人在向明廷大军乞求投降时，他们提出的唯一要求就是让他们“运粮米上船”。[①]可见航海中粮食的重要性。据西班牙的文献记载，西班牙殖民者联合当地的部分部落成员对林凤集团前后共围困了三个多月。其间，西班牙士兵又乘夜色把林凤的粮船放火烧毁。如果林凤集团事先没有在邦阿西楠一带开辟出一个“居留地”，并有了一定的粮食储备，那么林凤集团几千人在无粮可食的状况下，如何能坚守三个月？事实上，不用说林凤集团的几千人，即使是入侵马尼拉的70余名西班牙人为了生存，他们也只好派兵乘船到原居民的村落那里去征敛粮食。[②]再有，当林凤率众突围时，如果不是随船带有充足的粮食供给，他们几千人如何敢于再次驶入茫茫的大海。他们手中所握有的充足的粮食供给也只能是依靠开辟“居留地”过程中的长期积累和储备。

其次，林凤集团在建立新的“居留地”的过程中，已与当地的居民建立了良好的关系。在前引文“谋胁番人，复图内逞”一句中，所谓的“谋胁番人”，也正表明林凤已与邦阿西楠一带的原居民建立了友好的关系，并使当地的居民认识到面对西班牙入侵者，他们与林凤集团的命运是休戚相关的，这才使这些原居民甘愿与林凤集团一道，“复图内逞”。双方要达到这种程度的共识，林凤集团必然要与原居民彼此语言相通。这种外来移民与原住民通过语言这一媒介加强相互了解是有例可循的。比如在台湾的漳泉移民，在与原居民的交往中，“往往译其语，与贸易。”[③]

① 《明实录》，卷四七。

② 门多萨：《中华大帝国史》，第166—168页。

③ 陈第：《东番记》。

语言互通，只能在林凤集团建立“居留地”的过程中逐步形成，而绝非在短时间内可一蹴而就。

其三，在前工业社会，一个国家或一个民族的海上贸易团体，在到达一个新的通商地区后，首要的任务就是要开辟出“居留地”——在西方常常称这种“居留地”为“商站”——无论在东方或是西方，这几乎是普遍采用的方式。在西班牙人入侵菲岛后，便发现日本人已经在那里建立了一个小规模的“居留地”。在马尼拉，华人则也建立了自己人聚居的“涧内”（Parian）；在日本国内，华人聚居于“唐市”一地。因此林凤集团在菲岛开拓一个“居留地”是完全合乎逻辑的。

西班牙人还记述说，林凤在邦阿西楠俨然像“君主”一样，接受“四周居民的贡赋”。[①]其实，这正是林凤在菲岛业已开辟出“居留地”的真实写照。历史上，在中国移民开拓新的“居留地”时，一般也都是由“倡导者”出资，再招募一些新移民或当地的原居民从事生产活动。待有收获后，生产者再向出资者交纳一定数量的“贡赋”。比如郑芝龙在开拓台湾之初，就是“令其垦开荒土，而收其赋。”[②]

综上所述，可知林凤海上武装走私集团曾经以台湾为其据点，并很可能在台湾和菲岛之间建立了实质性的贸易联系，甚至可能在菲岛开拓出一个新的“居留地”。由于发生了林凤攻打马尼拉事件，遂使台湾在西太平洋的地缘政治斗争中所处的战略地位开始凸显出来，并使台湾进入了西班牙殖民者的地缘政治视野之中。

---

① 门多萨：《中华大帝国史》，第 172 页。

② 吴伟业：《鹿樵纪闻》。

二、西班牙殖民势力入侵台湾（1626—1642）

（一）西班牙殖民者侵占台湾北部

在马丁·德拉达和菲岛总督桑德提出的征服中国的计划被菲利浦二世搁置之后，菲岛殖民当局并没有放弃用武力征服中国的妄想。前已有述，1582年胡安·巴蒂斯塔·罗曼和阿隆索·桑切斯受菲岛殖民当局的委派又试图通过澳门进入中国内地传教，但由于受到葡萄牙殖民者的阻碍没能成行，于是桑切斯决定在返回菲岛的途中顺访日本。

还在1570年，即在西班牙人入侵菲岛后不久，便已注意到不断有日本船只前来菲岛从事贸易活动，并已建立了一个规模不大的"居留地"。到80年代，菲岛的西班牙人更发现日本人经常出没在菲岛卡加阳一带地区。西班牙人为了维护他们的在菲岛的利益，遂派舰队前去驱赶日本海上走私团伙。甚至远在墨西哥的西班牙政治家也开始考虑起入侵日本的可能性。也就是说，西班牙人对于日本在西太平洋的活动越来越警惕。[①] 进一步了解日本的国情，这就是桑切斯决定前往日本的真实目的。

1582年7月6日或9日，桑切斯一行搭乘一艘商船离开澳门向日本驶去。大约船行十余日，即7月17日或21日，该船在途经台湾时，突遇强风暴的袭击，并被抛上台湾东南部的一处海岸。船体受到极大的损坏。后来水手们用原船的材料重新打造了一艘体积较小的船只，并驶回了澳门。

返回菲岛后，桑切斯把这段经历写入了他的第一篇《中国纪行》（*La*

---

① 欧阳平：《想象中国：十六世纪菲律宾有关中国的概念与策略》(Manel Olle, *La invencion de China：Percepcion y estrategias filipinas respecto a China durante el siglo XVI*)，威斯巴登2000年版，第87页。

16 世纪台湾原住民

primera relación de Alonso Sánchez sobre China, 1583）之中。桑切斯在文中简明扼要地勾勒出从澳门到日本以及从日本回归菲岛的航线、地理方位和上述三地之间的海上距离。然后，他又着重描述了这带地区的气候特征和强风暴对船只航行的影响。而最重要的是，他记述了台湾留给他的印象。桑切斯指出，该岛所以被葡萄牙人称作“美丽岛”，这是因为从中国大陆沿海遥望该岛时，“可以看到高峻美丽的山峰之故。”此外，葡萄牙人虽然与日本经商已有 40 年，但葡萄牙人始终没有踏上台湾岛。而且，台湾的原居民仍处于未开化的发展阶段。①

桑切斯实际在这篇《中国纪行》中，已为西班牙日后入侵台湾描绘

① 曹永和：《台湾早期历史研究》，联经出版事业公司 1991 年版，第 321—322 页。欧阳平：前引书，第 88、112 页。

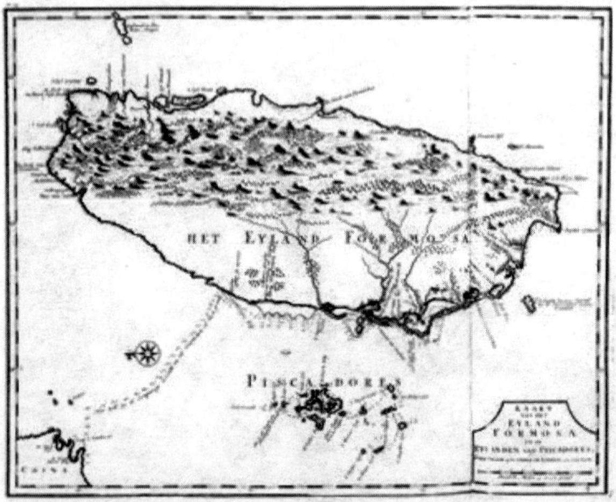

西方殖民者所绘台湾与澎湖岛的示意图

出了一幅蓝图，即从台湾所处的地理位置来看，西班牙绝不能忽视其在西太平洋中的战略地位。桑切斯着重提及台湾原居民仍处于较低的社会发展阶段，实质上是在暗示西班牙很容易在台湾实施军事入侵。

为了实现建立“东方天主教王国”的梦想，西班牙传教士一直渴望深入到中国内陆来传播基督教教义。由于葡萄牙享有在澳门的“保教权”，因此使西班牙人感到这是他们前往中国传教的重大障碍。然而急剧变化的国际形势终于突破了“保教权”的壁垒：前已有述，罗马教廷为了维护自己至高无上的权威，遂急于削弱澳门“保教权”的影响力，于是以荷兰为摆脱西班牙的统治而掀起的独立战争造成前往葡萄牙的船只安全难以保障为缘由，教皇保罗五世(Pope Paul V)于1608年1月2日发布“圣谕”，允许托钵传教士可自行选择前往东方的航路。这为菲岛传教士“绕过”澳门而直接进入中国提供了难得的机遇。

西班牙驻菲总督阿隆索·法哈多—坦沙（Alonso Fajardo y Tenza）

遂利用这一机会，派遣多明我会修士巴托洛梅·马丁内斯（Bartolomé Martínez）乘船前往福州，意欲与中方商议通商与传教事宜。1619 年马丁内斯自菲岛启程后，遭遇大风浪的袭击，所乘船只被吹到了澳门。返程时，船又遭遇险情，被迫在台湾靠岸。这样，尽管此次西班牙向中国派使的计划受挫，但西班牙传教士却开始与中国宝岛台湾有了更加实际的接触。

事实上，在菲的西班牙殖民者一直试图入侵台湾岛，并希望以台湾作为向中国大陆扩张的前沿。此外，国际形势的新变化又加速了西班牙入侵台湾的步伐。

1602 年荷兰人以巴达维亚为根据地创建了荷属东印度公司，在开通与日本的贸易航线的同时，荷兰殖民者又对菲岛的西班牙势力和澳门的葡萄牙势力展开了残酷的“商业战争”。1622 年荷兰进而占领了澎湖列岛。在西班牙人看来，此举距荷兰人侵占台湾已只有一步之遥了。于是菲岛总督费尔南多·德·席尔瓦（Fernando de Silva）于 1626 年命卡雷尼奥·德·巴尔德斯（Carreño de Valdes）率 300 士兵准备远征台湾。

多明我会修士马丁内斯因有到过台湾的经历，所以他和其他一些传教士也随军同行。5 月 5 日他们搭乘 2 艘战舰和 12 艘小船自菲岛出发，11 日已靠近台湾东海岸，第二天在基隆登陆。以此为开端，西班牙人便在基隆一带修建教堂，开展传教活动，同时向淡水、宜兰等地扩展殖民势力，终于在 1626—1642 年间实现了他们对台湾北部长达 16 年的占领。但西班牙殖民者的目光却始终对准着中国大陆，从此台湾遂成为西班牙传教士前往中国大陆的中介地。

（二）台湾与西班牙来华传教士

西班牙殖民者在入侵台湾后，便急于以此为基地向中国大陆派出西班牙传教士。

1631年菲岛总督胡安·德·阿尔卡拉索（Juan de Alcarazo）决定再度向福建派使。此前，多明我会传教士安赫洛·科齐（Angelo Cocchi，又译作“高琦”）曾于1627年被派到台湾的淡水传教。由于那里已有大陆移民的聚居区，于是他开始向那里的华人学习闽南语。由于科齐初通闽南语，所以被菲岛总督阿尔卡拉索选中为出使中国的使者。

1631年12月底，科齐乘船离开淡水前往福建，并于1632年1月2日到达泉州。可以说，科齐是第一位中经台湾来到中国大陆的西班牙传教士。

科齐在福建立足后，急需从菲律宾得到后援力量。于是菲律宾宗教当局遂派多明我会的黎玉范和方济各会的利安当以及马方济（Francisco de la Madre de Dios）等人前往中国。1633年3月9日他们一行首先去台湾，在淡水进行汉语语言培训后，黎玉范和利安当于1633年6月20日抵达福建的福安。马方济则仍暂留台湾。

1634年，另一位西班牙传教士苏芳积（Francisco Diez）也来到台湾。后来，他与马方济一道驶抵福安。

1637年，艾佳良（Francisco Escarona），雅连达（Gaspar Alenda），阿脑伯（Onofre Pelleja de Jesus）和若望兄弟（Juan de San Marcos）等7名西班牙传教士也由菲岛途经台湾来到福建的顶头。

可以说，这是西班牙传教士经台湾前来大陆比较集中的一个时期。人们一般总是简单地把台湾比喻为西班牙传教士来大陆的中介地，但事实上，那些来华传教士都曾在台湾进行过中国语言的学习和在华生活的适应性训练。对于在台湾学习中国语言的艰苦状况，在一些西班牙传教士的回忆录中，曾有生动的记述：

“在那期间，我们在台湾岛学习一种新的、奇异的语言，没有教程，没有词汇表，从那里我们得不到其他任何帮助，我们的负担较之阁员们还沉重……直至今日，这里的教士们都一心扑在语言的学习上，编写一些教程，集中词汇……”①

因此可以说，台湾在西班牙占领时期，不仅是西班牙传教士来大陆的中介地，而且也是中国语言文字的研究和培训中心。这在中国与西方的文化交流史上，是极为重要的一页。

三、台湾与西班牙的贸易

在持续近250年的中国—菲律宾—墨西哥—西班牙多边贸易发展的进程中，由于台湾恰恰地处“马尼拉航线”的必经之地，因此循着“马尼拉航线”往返于太平洋上的西班牙人越来越注重发展菲律宾与台湾之间的贸易关系。

从1571年马尼拉开港到1644年明王朝覆灭，如第三章所示，可以说这是中国—菲律宾—墨西哥—西班牙多边贸易的兴盛发展阶段。由于这一历史时期，中国大陆与菲岛的贸易处于全盛时期，所以尽管台湾与菲律宾之间已有一定规模的贸易往来，但在整个中菲贸易中，并不占有突出的地位。从马尼拉的海关的统计数字来看，每年从台湾开往菲岛的船只数量仍相当有限：

1627：一艘；1628：一艘；1629：二艘；1630：五艘；1631：三艘；1632：二艘；1633：一艘；1634：三艘；1635：三艘；1636：一艘；1637：一艘；1638：一艘；1639：四艘；1640：一艘；1641：一艘；

① 迭戈·阿杜阿尔特：《菲律宾，日本和中国传教团圣玫瑰省之历史》(Diego de Aduarte, *Historia de la Provincia del Santos Rosario de la Orden de Predicadores en Filipinas, Japon y China*)，马德里1963年版，第II卷，第303、360页。

1642：一艘。[①]

然而，在西班牙侵占台湾北部的时期（1626—1642），台湾与菲律宾之间的实际贸易规模可能比海关统计数字所显示的为大，而且这一双边贸易随着西太平洋国际地缘政治形势的变化，而始终起伏不定。

此一时期，尽管明政府实施海禁，但由于中国海商敏锐地意识到，西班牙殖民者为了开辟台湾这个新殖民据点必然对中国的商品有着大量的需求，于是他们通过走私活动不断把粮食、盐、瓷器等生活日用品，乃至建筑材料等等运进基隆和淡水等地，然后再换回西班牙殖民者的银元。与此同时，他们还从当地原居民的手中收购硫磺、藤条和鹿皮等土特产品，运回内陆销售以赢利。正如傅元初所指出："海滨之民惟利是视，走死地如鹜，往往至島外区脫之地曰台湾者，与红毛番为市……自台湾两日夜可至漳泉內港。而吕宋、佛郎机之夷，见我禁海，亦时时私市基隆、淡水之地，奸民阑出者市货。其地一日可至台湾。官府即知之而不能禁，禁之而不能绝，徒使沿海將领奸民坐享其利。"[②]

1630年，中国官方重新发放"文引"给前往基隆、淡水的大陆商船，于是大陆海商前往台湾贸易很是踊跃，仅同年年底即大约有20艘大陆帆船载着棉布、生丝和各种丝织品以及瓷器等生活日用品来到基隆。[③]菲岛的西班牙巨商为了获得中国的生丝和其他日用品也曾驾船挟带大量的银元前来台湾北部。据记载，1629年7月仅一艘从马尼拉开到基隆的帆船就载有20万比索的银元，用以购买中国商品，而当时在基隆的

① 肖努：《菲律宾和伊比利亚的太平洋（16—18世纪）》(Pierre Chaunu, *Les Philippines et le Pacifique des Iberiques, XVI, XVII, XVIII siecles*), 巴黎1960年版，第148—165页。

② 顾炎武：《天下郡国利病书》，第26册，第1263页。

③ 陈宗仁：《西班牙占领时期的贸易活动》，载《艾尔摩莎：大航海时代的台湾与西班牙》，台湾博物馆2002年版，第60—68页。

西班牙驻军一年的现金开支不过1万比索，或者比此数字更少。相比之下，可见当时台湾与菲律宾双边贸易的规模。此外，从1634年起的两年内又有30万比索的银元从马尼拉流入到台湾，用于购买中国的衣料和各种丝货。[①]

在那一时代，大陆商人换得西班牙银元后，主要是购买台湾盛产的硫磺运销内地。据西班牙在台传教士艾斯基维尔（Jacito Esquivel）记载，硫磺主要产于淡水的北投（Quipatao）和塔帕里（Taparri）等地。大陆商人一般用花布或其他物品换取原居民的硫磺。据说两块价值3里尔（real）的花布可以换取两担硫磺。1631年大陆商人运走大约5000担硫磺，而一担硫磺约合5~8两白银。可见利润空间还是相当大的。由于硫磺可用于火药的制作，需求量大而且又有利可图，因此大陆官方也曾派船前来台湾购买硫磺。[②]

然而也如第三章所述，由于留驻菲岛的西班牙人财力原本有限，殖民当局的财政收入在相当大的程度上依靠王室的财政“拨款”来支持。但由于在中国—菲律宾—墨西哥—西班牙多边贸易中，菲岛走私贸易盛行，严重影响到西班牙王室的海关税收，因此在王室对菲岛与墨西哥之间的贸易施行更加严厉的监管的情况下，在1636—1637年间，从墨西哥到马尼拉的大帆船竟至停航。由于西班牙王室的“拨款”无法到达菲岛殖民当局的手中，以致菲岛经济陷于颓势，西班牙大商人的资金也更显拮据。其结果一方面是从台湾运到菲岛的中国商品由于滞销而价格跌落，使从事台湾与菲岛之间贸易的西班牙大商人蒙受重大损失；另方面大陆商人运进台湾的商品远远大于西班牙在台殖民者的实际购买能力，

① 陈宗仁：《西班牙占领时期的贸易活动》，第60—68页。

② 同上。

因此余出的商品被运到日本和荷兰在东方的殖民地等处去销售。由于西班牙在菲殖民统治的弱势状态，反而使台湾逐渐发展成西太平洋区间的一个国际贸易中心。

随着大陆与台湾商业往来日趋频繁，一些中小商人不断随船来到台湾并开始在此定居。此外还有些手工匠人闻听西班牙殖民者正致力于开发台湾北部地区，一时百废待兴，于是他们也来到台湾寻求发展的机会，正如傅元初所指出："我人百工技艺，有挟一器以往者，虽徒手，无不食，民争趋之。"[①]所以在台湾如同在马尼拉一样，也形成了大陆移民的聚居区，当时也被称之为"涧内"（Parian）。这些从大陆来到台湾的移民成为大规模开发宝岛台湾的先行者。

进入17世纪中叶以后，西班牙这个"日不落"帝国已经进入衰落时期，经营台湾北部的被占领地区已经是力不从心。1624年荷兰殖民者入侵台湾南部后，将其殖民统治逐渐向北推进，并准备将荷兰的劲敌西班牙人从台湾北部驱逐出去。在西班牙国势进一步衰落的情势下，1642年荷兰人终于攻占基隆，进而将西班牙殖民者驱逐出台湾北部，从此台湾一时为荷兰殖民者所独占。

四、郑成功征服菲律宾的计划：李科罗"出使"马尼拉

李科罗（Vittorio Ricci，又译作"利畸"）为意大利佛罗伦萨人。1643年李科罗与前往罗马教廷就"礼仪之争"问题提出申辩的西班牙多明我会修士黎玉范相遇。李科罗深为后者的宗教热忱所感染，于是他决意追随黎玉范前来东方传教，并于1648年抵达马尼拉。1654年李科罗又来到厦门传教。

① 顾炎武：《天下郡国利病书》，第26册，第1263页。

当时厦门一带正处在郑成功抗清势力的控制之下。而郑氏家族与天主教素有渊源，因此郑成功对李科罗予以善待，并允许他在厦门和泉州等地传教。李科罗在中国立足后，主要负责教会内部的书信传递和经费的接交工作。

当时西太平洋的国际地缘形势正处于风云变幻之中。台湾为荷兰独占后，荷兰殖民者却一直对强大的郑芝龙海上走私集团的发展动向十分警惕。

郑芝龙为福建泉州南安人。因家庭贫困，年轻时来到澳门寻求发展的机遇。后受洗，教名为贾斯帕（Jazpar），另一说为尼古拉斯（Nicolaus）。[①]其后郑芝龙投身澳门和日本之间的贸易，继而又涉足荷兰与日本以及荷兰与台湾之间的商业往还。在与西方国家进行周旋的过程中，郑芝龙使自己的实力不断扩充，一时拥兵 20 万人，大、小船只超过 3000 艘，逐渐发展成在西太平洋区间——尤其是台湾海峡一带——独霸一方的海上走私集团。

1628 年郑芝龙为明廷招安后，曾率军击溃荷兰东印度公司的舰队。因此荷兰人数度与其他西方殖民势力联合起来意欲剿灭郑芝龙海上势力，但他们却屡战屡败。因此民间有“八闽以郑氏为长城”之说。

此间，正逢福建大旱，郑芝龙遂动员饥民移居台湾，并给予移民十分优惠的资助条件，可以说此举开启了大陆居民大规模移居台湾之先河。1646 年，在清军大举南下的形势下，郑芝龙降清，但郑芝龙之子郑成功（1624—1662）却坚决拒绝了清廷的威逼与利诱，成为东南沿海抗清的主力军。

为了建立抗清的基地，1661 年 4 月 21 日，郑成功率军 2.5 万人，

① 帕莱福著、何高济和吴翊楣译：《鞑靼征服中国史》，中华书局 2008 版，第 224 页。

战船百余艘，从金门出发，进军台湾，并对荷兰殖民治者展开围攻。到1662年1月，走投无路的荷兰侵略军不得不向郑成功投降。

郑成功在台湾确立了统治地位之后，他调动一切资源，积极促进台湾的经济开发，使台湾在很短的时间内，其生产力水平得到了显著的提高。另方面，出于对西太平洋国际地缘政治斗争形势的考虑，郑成功确信，在将荷兰殖民者驱逐出台湾之后，只要再把郑氏的海上势力扩展到菲律宾，那么西太平洋海域的制海权就完全有可能控制在郑成功政权的手中。特别是在菲岛经商和寓居的华人，不断遭到西班牙殖民者的歧视和迫害，尤其是在1603年和1639年西班牙殖民者先后曾两次对旅菲华人进行过大规模的屠杀，造成华人的惨重灾难。对此，郑成功极为愤怒。他想用自己的军事实力对西班牙殖民势力造成一种威慑，以确保在菲华人的权益。于是1662年郑成功委派李科罗出使马尼拉，并责令李科罗把郑氏政权的“照会”当面交给西班牙驻菲岛总督。据说，内中要求菲岛殖民当局臣服于在台湾的郑成功政权，否则将派大军远征菲律宾。

郑成功的照会必然会引起菲岛西班牙殖民当局的极大震惊和恐慌。

首先，从军事实力来看，西班牙人被荷兰人从台湾北部所驱逐，而荷兰在台湾的军队却向郑成功屈膝投降。因此菲岛西班牙殖民当局很清楚，要与郑成功的大军相抗衡是毫无希望的。

其次，在世界市场一片萧条的背景下，与台湾以及其他西太平洋国家的贸易对菲岛的经济发展至关重要。只要郑成功政权切断菲岛的对外贸易往来，就足以使菲岛的经济陷于瘫痪的状态。

再次，在菲岛的西班牙人，历史上与葡萄牙人一直是竞争对手，与荷兰人又有着新仇旧恨，因此在这几股西方殖民势力之间，根本不可能结成反对郑成功政权的军事“联盟”。

面对郑成功发出的征服菲律宾的信息，菲岛殖民当局自然惴惴不安。

李科罗和菲岛西班牙殖民当局有着相同的宗教信仰和共同的利益，他对中国国情，尤其是对郑成功和郑氏政权都有着较为深刻的了解，因此他肯定会和西班牙总督围绕如何回应郑成功的“照会”，进行过详尽的讨论。

关于李科罗和西班牙驻菲岛总督所商讨的“对策”的具体内容，至今尚不甚清楚。但从后续的事态发展来看，所谓的“对策”也只能是：

首先，西班牙殖民当局为了防范旅菲华人在郑成功发动对菲岛的进攻时，作为郑氏大军的“内应”，于是西班牙殖民当局对在菲岛的华人再次进行了残酷地屠杀，而将其他幸存者急速遣送回中国。

其次，让李科罗带回一份西班牙总督回复给郑成功的“照会”，内中可能包含“保证”在菲华人权益的许诺，以及为台湾与菲岛之间的贸易提供更为优惠的待遇等内容。携带这样的“照会”返回台湾，会使李科罗好像是“有功而返”，并将以此“照会”为手段，为菲岛的西班牙殖民者起到缓兵之计的作用。

从客观的角度来看，凭借着李科罗对中国国情的了解，他很可能认为拖延时间将对菲岛的西班牙人有利：

其一，如果清军迅速平定了大陆上的反清势力，那么肯定会继而收复台湾，到那时郑氏政权将很难再存在下去；

其二，李科罗在厦门时已经注意到在郑成功政权的内部，甚至在郑成功与其子郑经之间，业已出现了矛盾的端倪。这种分歧若发展成为“内讧”，则将削弱郑成功政权的力量。

然而就在李科罗尚在马尼拉与西班牙殖民当局商讨对策之时，郑成功已经获悉前述菲岛华人惨遭西班牙殖民者涂炭的消息。他愤怒至极，准备亲自统帅大军直指马尼拉。但就在这种紧要关头，郑成功于1662年6月23日病故于台湾，使这一计划无疾而终。

关于李科罗奉郑成功之命出使菲岛这一事件，尚有很多的疑团至今尚未解开。但我们认为重要的不在于李科罗这次菲岛之行的本身，而最富启发性的则是李科罗出使马尼拉这一事件反映了郑成功政权的一些本质特征：即，郑成功不仅个人在政治上怀有雄才大略，而且他具有开阔的国际地缘政治视野，在他立足开发台湾岛内经济的同时，他始终坚持对外开放的政策；在不禁绝与西方基督教文化接触的同时，又对西方殖民势力的本质深有认识，并勇于采取一种绝不妥协的斗争态度，从而使台湾成为屹立在西太平洋上的反殖民主义的坚强堡垒。从一定意义上来说，郑成功政权代表了17世纪中叶那一历史时期中华民族的发展方向。[①]

① 此节的史实曾参阅方豪：《中国天主教史人物传》（上），中华书局1988年版，第317—320页，以及李毓中主编／译注：《台湾与西班牙关系史料汇编（1）》，国史馆台湾文献馆2008年版，第45—46页。

| 第六章 |

古巴华工与中国—西班牙外交关系的确立——兼论中西之间关于在菲律宾设立领事馆一事的外交谈判

中国与西班牙虽然有着久远的相互接触与交往的历史，但两国之间的正式外交关系却是围绕古巴华工问题的谈判而正式确立的。下面我们首先对古巴华工问题做一综述：

一、古巴华工问题的由来

从 19 世纪中叶起，西方资本主义列强展开了一场掠卖中国人口的狂潮，一时“苦力贸易”甚嚣尘上，仅从 1845 年到 1875 年这 30 年间，被运往拉丁美洲的华工就达 30 万人。

西方殖民主义者为了掩盖他们贩卖中国人口的罪行，制造所谓“自由劳工”、“自由移民”的假象，又强迫这部分被掠卖的中国人在定期的卖身契约上签字、画押，因而这部分中国劳工在历史上被称作“契约华工”。

拉丁美洲的“契约华工”制实际上是历史上印第安人奴隶制和黑人奴隶制的继续和在新形势下的恶性发展。契约华工制的产生是有着深刻的历史背景的：

19 世纪中叶美国正处在资本主义的发展阶段：随着美国不断向西部扩张，从印第安人和墨西哥手中夺得的大片土地有待开发；加利福尼

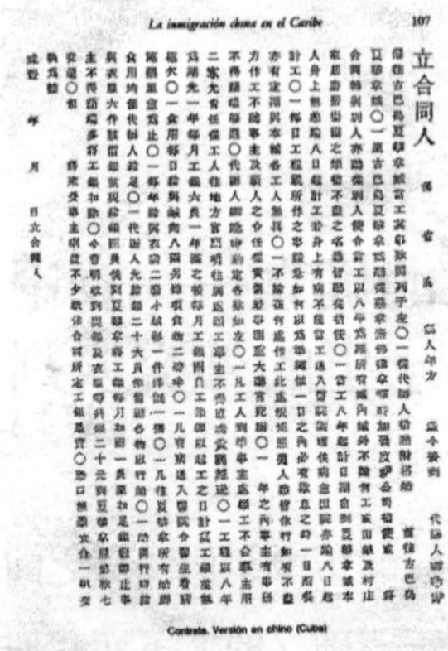
La inmigración china en el Caribe 107

立合同人

Contrata. Versión en chino (Cuba)

古巴华工被迫签立的“合同”

亚发现了金矿，在资本主义世界掀起了一股“黄金潮”，成千累万的人涌向东太平洋沿岸；同时出于美国独霸太平洋以及进一步染指亚洲的战略考虑，修建横贯美国东西部之间的铁路干线日益成为必要。巴拿马运河的兴建也提到日程上来；秘鲁沿海岛屿上丰富的鸟粪层急待挖掘；遍布古巴及南美洲的热带种植园以及宝贵的地下矿藏有待开发……整个美洲到处都迫切地需要劳动力。

在这种情况下西方殖民主义者又开始寻找新的劳动力来源并把目光转向了东方的中国。

1840年鸦片战争以后，中国封建社会在资本主义入侵下，加快了其逐步解体的进程并造成大量的农民和手工业者的破产。他们中间的一部分人流入城市，受外国资本或官僚资本的雇佣，靠出卖劳动力来维持生活。他们中间的另一部分人，则为生活所迫，在走投无路的情况下，不得已只好流落海外，寻找新的谋生出路。

中国广大劳动人民被迫背井离乡流落到海外，在相当程度上是资本主义侵略所造成的，而西方人口贩子又把中国人民的这种不幸当成他们掠夺中国人口的大好时机。当时主要的资本主义国家如英国、美国、法国、荷兰、葡萄牙、挪威以及秘鲁、智利和萨尔瓦多等国都竞先参加了掠夺中国人口的罪恶勾当。西班牙也不例外。西方人口贩子争先恐后地跑到中国东南沿海各省，企图把那些破了产的劳动人民再纳入到他们的奴隶制剥削的轨道中去，任他们来奴役和压榨。这就是拉丁美洲契约华工制产生的历史背景，这也是古巴华工问题的由来。

19世纪中叶，在古巴黑奴接连不断的起义的打击下，古巴的西班牙殖民统治当局于1846年禁止了黑奴贸易。为了补充古巴急需的劳动力，于是开始招徕华工入境。1847年6月3日，悬挂西班牙国旗的“奥坎多”号载运206名华工从厦门港出发，历经131天的航行，在哈瓦那港靠岸。从这天起，大批华工源源不断地被卖到古巴。

西班牙女王伊莎贝尔二世在获悉已有华工开始在古巴入境后，于1847年7月3日颁布《诏书》，正式把向古巴招募华工当作一项基本国策确定下来。她特别强调指出：“那些亚洲人生性温顺、勤劳、节俭而又有节制。他们能吃苦耐劳，适于田间劳作，尤其适于种植甘蔗的劳动。”①

根据上述《诏书》的精神，古巴岛负责移民事务的农商促进会把招募与管理华工的权限，移交给该促进会下属的“白人协会”，并于1848年2月25日向那些业已役用华工的雇主们发出通知，要求他们把华工的劳动状况向农商促进会做一禀报，并就是否应扩大招募华工一事提出建议。

在农商促进会收到的答复中，几乎一致认为华工虽不如黑人奴隶健壮，但从田间劳动到家务操持，“中国人都干得令他们的主人十分满意”。这些雇主们认为，在不能继续扩大进口奴隶的情况下，招募华工的作法，“不但可行，而且堪称上策。”圣埃伦制糖厂的老板佩得罗·迪亚戈在答复中写道：“……如果哈瓦那农商促进会有继续把白人基金用于输入中国移民——依我之见，这是使此项基金获益最多的用场——的善意，我就准备再要他一百名。我的这种态度已经把我对输入中国移民以补充

① 帕斯特拉纳：《古巴解放斗争中的中国人（1847—1930）》（J. J. Pastrana, *Los Chinos en las Luchas por la Liberacion Cubana, 1847—1930*），哈瓦那1963年版，第34页。

非洲黑人之不足的看法，表示得相当清楚了吧！”[①]

农商促进会在详细审阅了华工雇主所呈交的报告后，切实感到，华工已经为雇主阶层创造了相当大的物质财富，完全有进一步扩大招募华工的必要性。于是，在1851年12月10日以“白人协会”的名义做出一项决议：“输入华工不但是适宜的，而且是必须的。此举应当受到农商促进会和政府的特别保护”。[②]从此大批华工被掠卖到古巴，仅1853年至1873年间即达132435人。[③]

随着大批华工在古巴入境，中国与西班牙之间围绕古巴华工的招募、华工在古巴的境遇等问题曾进行过反复的交涉，其间谈判时间之长，谈判中相互交锋之激烈以及谈判中所出现的曲折，在中国近代外交史上都是鲜见的。造成这种结果，有西班牙方面的原因，也有清政府一方的因素。

西班牙政府深知在古巴分立主义情绪高涨的年代，如果它能成功地通过外交途径解决了古巴对华工的需求，那么将会在极大程度上提高宗主国在殖民地的威望，此点对于遏制分立主义运动十分重要。尤其是华工已逐渐成为古巴种植园经济的支柱，如果西班牙政府掌握了招募华工的主导权，那么它就拥有了控制古巴种植园主阶层的手段。所以西班牙政府十分重视围绕华工问题与清政府所展开的外交谈判。但这种外交谈判却困难重重。

首先，在“苦力贸易”时代，贩卖华工能给人口贩子带来巨额的利润。专事贩卖华工的古巴佩雷达—沃尔德罗普公司每贩运一名华工，平均支付50元[④]。华工到岸后的出售价格为120元，即公司可获利70元。

① 帕斯特拉纳：《古巴解放斗争中的中国人（1847—1930）》，第36页。

② 同上，第27—28页。

③ 同上，第31页。

④ 此处的“元”，系为西班牙币制中的“比索”（peso）。

在它与古巴农商促进会签订的一份合同中，应承输送华工 2839 人，实际到岸人数为 2204 人，该公司共获利 122530 元。[①]

双手沾满黑奴血迹的古巴老奴隶贩子佩德罗·苏鲁埃塔见贩卖华工有利可图，他又跑到中国沿海从事起“苦力贸易”。他从中国运出 612 名华工，平均为每名华工支付 50 元。其中 571 名华工在古巴上岸，共获 97070 元，每名华工的售价高达 170 元，也就是说，从每名华工身上牟取了 120 元的高额利润。[②]

1859 年 9 月 18 日《马丽娜日报》曾报导说，在古巴进口的 42321 名华工，平均售价是 185 元。[③]据古巴著名学者何塞·安东尼奥·萨科记载，1861 年 2 月他看到有两批华工在市场上出售，每名卖到 221 元；但到了同年年底，华工的售价已猛涨到 425 元。[④]又据詹姆斯·奥凯利回忆，1872 年每名华工已卖到 500 元，他参观过一艘运载 900 名中国苦力的船只，人口贩子共卖得 45 万元，扣除 5 万元的预支费用，共盈利 40 万元。所以奥凯利无限感慨地写道：“在非洲（奴隶）贸易最盛行的年代也从来没有过这种惊人的收入。”[⑤]

在如此巨大利益的驱动下，为古巴招工的人口贩子们在中国东南沿海一带疯狂从事人口的掠卖活动并造成多起用暴力掠卖人口的恶性案件。这些掠卖中国人口的罪行一方面激起中国人民的愤怒和反抗，杀死这类人口贩子的事件时有发生；另方面也引起国际上正义之士对这类招

① 科比特：《古巴华人传奇（1847—1947）》（D. C. Corbitt, *A Story of the Chinese in Cuba, 1847—1947*），威尔莫 1971 年版，第 25 页。

② 同上。

③ 同上。

④ 同上。

⑤ 同上，第 25—26 页。

工罪行的同声谴责。因此使西班牙在华外交人员在涉及古巴华工问题与清政府进行的外交谈判中，常常处于被动局面。

然而事实是那些专事向古巴掠卖华工的人口贩子是个庞大的多国犯罪集团。他们并不完全是西班牙人。透过当代的一些统计数字，我们可以看到尽管古巴是西班牙的殖民地，但西班牙人直接参与古巴华工贩卖活动的与其他西方国家相比较只占较小的比例：

从 1847 年到 1853 年从事向哈瓦那运送华工的船只数量来看（见下图）共 15 艘苦力船参与其事，其中西班牙籍船只仅 4 艘；英国籍船只却高达 11 艘。再从运送的华工人数来看，由西班牙船运送的华工为 1343 人，仅为同期运往哈瓦那华工总数 5205 人的 26%。①

年	月	船 籍	人 数
1847 年	1 月	西班牙	220
	3 月	英 国	420
1852 年	8 月	英 国	313
	9 月	英 国	349
	10 月	英 国	350
	10 月	英 国	453
	11 月	英 国	355
	12 月	英 国	275
	12 月	英 国	347
1853 年	1 月	西班牙	350
	1 月	英 国	300
	2 月	西班牙	383
	2 月	西班牙	390
	3 月	英 国	450
	3 月	英 国	250

① 陈翰笙主编：《华工出国史料》，中华书局 1981 年版，第三辑，第 97 页。

下面我们再对从1847年6月3日至1857年12月31日运往哈瓦那的华工人数表格做一分析（见下图），从中可以看到在上述10年中，共有65艘苦力船驶入哈瓦那，其中西班牙船只为5艘，只占苦力船总数的8%；从船只的总吨位数来看，西班牙船只的吨位数为总吨位数5%；再从运送的华工人数来看，西班牙船只所运华工只占总人数的8%。①

国　名	船数	船只的总吨位	从中国运出的人数	运到哈瓦那的人数	途中死亡人数	百分比（死亡率）	备注
英　国	26	18549	9606	8215	1591	14 1/3	很多苦力自杀
美　国	9	7832	3910	3538	372	9 2/4	
荷　兰	8	5003	2773	2463	310	11 1/4	轮船约1000吨，运到942人，轮船上死亡58人。
法　国	6	4453	2825	2478	347	12 1/4	
西班牙	5	2038	1770	1489	290	11 1/4	柯德号船上因饮水不良，292苦力中死亡117人
葡萄牙	5	1246	1049	1021	28	2 3/4	
秘　鲁	3	2434	1314	812	502	38 1/4	
不来梅	1	560	249	236	13	5 1/4	
挪　威	1	470	221	170	42	19	
智　利	1	250	209	155	47	23 1/4	
总　计	65	42835	23926	20596	3342	平均14	（上表系自1847年6月3日起至1857年12月31日止的数字）

上述两组数字表明，在向古巴贩卖华工的国际性犯罪活动中，西班牙籍的船只数量的确有限，由它们运送的华工数目也只占较小的比例。

① 陈翰笙主编：《华工出国史料》，第二辑，第170页。

但由于古巴是西班牙的殖民地，因此，凡是在向古巴招工及运输过程中所出现的非人道的罪恶行径往往都加在西班牙的名份上。因此在外交谈判中，西班牙往往处于有口难辩的被动地位。

其次，古巴当地种植园主对华工的剥削造成华工大批死亡。由此也引起华工反抗种植园主的斗争。为了缓和古巴种植园主和华工之间的矛盾，西班牙王室于1849年、1854年和1860年先后三次颁发了管理和使用华工的条例。内中对古巴华工的权利、义务、行为规范、劳动时间、劳动报酬、因病或因伤致残所应获的赔偿以及解除契约后华工的社会地位等问题都有详尽的规定。然而古巴种植园主从不遵从这类规定，他们对华工非人道的奴役不仅引起华工的反抗，而且在国际上也开始激起同情华工的人士对西班牙的抗议浪潮。西班牙处境十分孤立。在这种情况下，西班牙想通过与清政府的外交谈判取得于己十分有利的结果，事实上已极为困难。

在万般被动的情况下，西班牙驻华外交代表又不能审时度势，运用灵活的外交手段，变被动为主动。西班牙国势早已衰落，然而在与清政府的谈判中西班牙的外交使节又摆脱不了"日不落"帝国遗风的影响。正如西班牙学者所指出的，在与清政府的谈判中，西班牙使节太爱虚张声势，想得到只有靠军事力量和强压的方法才能得到的东西。但西班牙当时并不具备上述手段。①

鸦片战争以后，清王朝处于风雨飘摇之中并饱受西方列强的欺凌。但清政府慢慢认识到西班牙并不具有像英、法那样强大的军事力量。所以尽管在与英、法等西方列强的外交谈判中，清政府每每采取投降主义的立场，然而一旦与西班牙进行交涉，则往往壮起胆子要论争一二。中

① 鲍晓鸥：《西班牙与中国》（J. E. Borao, *España y China*），台北1994年版，第12页。

国与西班牙这两个历史上的强国而今都已衰落，但双方又都持着不现实的互不相让的态度，就使双方之间的外交谈判经常处于争论不休之中。

在西方国家之间为了各自的利益，相互也是矛盾重重。西班牙与英国、法国、美国、德国以及葡萄牙等国或相互为宿敌或有现实的纠葛。但在瓜分和侵略中国这一点上却又有着共同的利益。因此在对中国施压时，它们也能相互配合，相互支持。西班牙为了在中国立足就曾借助英国和法国的帮助。像西班牙外交官古梅尔辛多·奥赫阿就是在英法两国帮助下1858年以“大吕宋”（Gran Luzon）外交代表的名义入驻北京。[①]在马德里发出的指令中也要求其在华外交人员要对法国在华的武装力量抱着友好，甚至是合作的态度。[②]事实上，凡是在华招工遇到困难时，西班牙一般也都是求助于其他西方国家出面帮助。然而这些国家对西班牙的诚意也十分有限，在暗中也常常做出许多损害西班牙利益的事。

清政府在与西方国家的交往中也陆续认识到西班牙与英、法、美等国都有利害冲突。因此在与西班牙的外交谈判中，有时也想请英、法、美等国出面主持“公道”以对西班牙施压，最终达到“以夷制夷”的目的。英、法、美等国则希望游刃于中国与西班牙之间，尽可能获取渔人之利。

由于中国和西班牙两国都想争取第三方即西方其他列强的同情和支持，结果导致第三方介入中西外交谈判之中，由此使中国与西班牙之间的外交谈判变得异常复杂和曲折。

当前中国与西班牙两国携手并进已经跨入21世纪。在这种形势下，回顾围绕古巴华工问题中西两国进行外交交涉这段并不愉快的历史，会使我们更加珍惜两国当今业已建立起来的相互信任的友好关系。

---

① 鲍晓鸥：《西班牙与中国》，第14页。

② 同上。

我们非常高兴地看到西班牙学者也越来越注重这段历史的研究。他们谦虚地表示对这段历史的研究仍处于初始的阶段，并且已感到仅仅利用西班牙方面的资料来研究这一两国交涉问题所带来的局限性。[①]作为中国学者，我们同样怀着与西班牙学者共同研究“苦力贸易”历史的强烈愿望。当前在国际范围内，正像贩卖毒品一样，赎卖人口的罪恶勾当也日趋猖獗。中西两国学者对“苦力贸易”历史的研究将会为当代人提供足以使人警醒的启示。历史总是在为现实服务。

至于涉及到清朝末年中国与西班牙之间围绕古巴华工问题所展开的外交谈判，即从《和好贸易条约》的签订到《中国人民前往古巴如何优待条约》签订的这段历史，我们主要是根据中国现存的大量档案资料写成。这恰恰为那些为只能用西班牙方面的资料来研究这段历史而感到遗憾的西班牙学者提供了一个可资比较研究的参照系。

在中国现存的档案资料中，就包含有相当数量的西班牙政府致清政府的外交照会。这些文件表明了西班牙政府在围绕古巴华工问题与清政府谈判中的基本立场。因此通过这类照会也不难总结出西班牙在上述外交谈判中所运用的外交策略。

“苦力贸易”是个复杂的国际问题。在英国和美国的外交和国会文件中对中国与西班牙的上述外交谈判也有相当详尽的记述。我们在研究这段历史时也充分参考了英美两国的外交文献，力争使我们的叙述既详尽而又客观。

二、中国与西班牙《和好贸易条约》的签订

太平天国起义运动（1851—1864）爆发后，西方殖民国家利用中国

① 鲍晓鸥：《西班牙与中国》，第 13 页。

国内阶级矛盾激化的时机，在东南沿海一带再次掀起掠夺中国人口的狂潮。

西方奴隶贩子为了拐骗和掠卖中国人口，在厦门、汕头、黄埔、香港和澳门等地建立了贩卖人口的据点。由奴隶贩子出资，在这些地方开设挂着“商（洋）行”招牌的“卖人行”，并收买、雇佣一批被称作“猪仔头”的丧心病狂的汉奸、流氓为其帮凶。这些“猪仔头”在我东南沿海城市乃至偏僻农村，到处张贴“招工”广告，或出入茶楼、酒肆，用蛊惑人心的词语把美洲描绘成“黄金世界”，想利用劳动人民濒临破产，饥寒交迫的困境和希望摆脱贫困的心理，把那些不明真相的中国人骗到海外去。为了达到他们的罪恶目的，这些“猪仔头”使尽了各种花言巧语，设下了无数骗局，他们“装成巨贾富商，店户堂皇，摆列奇花异草，多方设饵，百计张罗。或称渡引以佣工，或托经商而请伴。或遇行人失路，认为素面之交。或逢远客同舟，投以知心之语。或日间，前途寡侣，遽而欺凌，……无穷诡局，曷可胜言，尚昧危机，即堕其术。”①

当这种欺蒙诈骗的手段为沿海人民识破后，这些拐子手就开始公开野蛮地绑架和劫掠中国劳动人民了。他们如同明火执仗的匪徒一样，经常在路上拦掳单身外出的农民；有时趁行人不备，用棍棒将其击昏，乘机绑架；有时甚至不惜在酒茶之中放入蒙汗药，在受害者昏迷之际，将人掳走。西方人口贩子还从澳门派出船队，到厦门一带加害那些可怜的渔民，把他们从小船上掠走。一时在中国沿海各省造成了极大的恐怖。

中国东南沿海一带的劳动人民身受西方人口贩子掠卖中国人口的荼毒，他们对此不但表示了极大的义愤，而且进行了坚决的回击和斗争。又因为清政府面对西方资本主义国家掠卖中国人口的暴行抱着容忍、姑

① 鲍晓鸥：《西班牙与中国》，第13页。

息、甚至包庇、纵容和公然出卖的态度，因而中国劳动人民发愤而起，决定用自己的方式来惩罚那些罪恶累累的人口贩子：凡是落到人民手中的人口贩子和“猪仔头”无不受到最严厉的惩罚。美国华工史专家斯图尔特在评述当时的形势时，指出：“大约在1859年左右，伴随着苦力贸易的欺骗和暴行达到顶点，以致在百姓中间引起了普遍的恐惧，甚至白天外出也是不安全的，人们惟恐沦为拐子手的牺牲品。人民为他们面临的危险所唤醒并亲手执法，一些拐子手被‘充满可怕的复仇心理’的民众杀死。”[①]仅1857年就有18个拐子手遭到中国人民的惩罚。[②]

在反对外国侵略者拐卖中国人口的斗争中，规模最大的一次是1852年厦门人民反对英国侵略者所开展的抗暴斗争。是年11月21日英商开办的“合记洋行”不但包庇被人民查获了的拐子手，其经理还行凶打伤中国士兵，遂引起厦门人民的愤怒，于次日展开了罢市斗争。厦门18个区的人民要求“合记洋行”交出拐子手。24日更有1500多人在该商行前举行示威。停泊在厦门的英国军舰竟向示威群众开枪，当场打死8人，重伤16人。厦门人民群情更加激愤，四乡农民也闻讯进城赶来支援。清政府惟恐事态扩大，一面向“合记洋行”疏通，让他们交出拐子手，以和缓群众暴怒的情绪；同时对人民进行镇压。厦门人民这场抗暴斗争沉重地打击了外国侵略者，在那以后的几个月里，西方人口贩子在厦门一带连一个华工也“招”不到手。[③]

当时西班牙驻厦门领事在1859年一份呈报给政府的报告中，对于

---

① 瓦特·斯图尔特：《秘鲁被奴役的华人》（Watt Stewart, *Chinese Bondage in Peru*），北卡罗莱纳1951年版，第32—33页。

② 科比特：《古巴华人传奇（1847—1947）》，第19页。

③ 田汝康：《1852年厦门人民反对英国侵略者掠卖华工罪行的反抗运动》，载《光明日报》，1957年7月4日。

那一带地区由于西方殖民者掠卖中国人口而造成的具有爆炸性的危机时局做了详尽的分析。此外，透过这份领事报告，我们也可以看到西班牙政府和其驻华外交使节在古巴华工问题上的政策和策略。基于这一文献的重要性，我们全文做一转录：

“哈瓦那各公司派出的代理人为了从这个国家向那个殖民地（实指古巴）输送苦力或中国移民，犯下了数不尽的暴行，致使帝国的地方当局采取了严厉的措施制裁那些苦力的招募人或中国的招工头，直至把他们处以死刑。

这些地方官吏采取这种近乎残忍的措施是无可指责的，因为这些招工头为了收罗到他们业已应许给代理人的足够的移民，他们采用了不可饶恕的手段。在最近每100名运往哈瓦那的中国人当中，我可以向您保证，其中有90名是像野兽一样被用暴力抓到船上，并送到那极为遥远的地方去的；或者完全是被花言巧语骗来的，既不知道自己要去的国家，也不清楚将来的工作。这种罪恶行径很快在这广阔的沿海地带引起了恐惧，而母亲们要求归还被抓走的丈夫或儿子的呼声又加重了这种气氛。

我上任之后，马上把去年5月13日涉及到移民的有关规定通知给驻在这里的领事们，让他们把这一文件传达给各自的臣民，特别要传达给那些为我们安的列斯（群岛）招募移民的那些人。

毫无疑问，这些目的在于根除上述暴行的有益措施，使那些主要的人口贩子远离了本领事区，同时我们仍严密地监视着他们，使得他们无法实现其通过暴力手段或同样罪恶的欺骗手段而达到的目的。

前几年，厦门和苏阿巴德（Suabad）都是移民大量集散的中心，在今年这个季风季节里（从去年10月份算起），人口贩子们已经放弃了这两个地方，他们租来的船只都停泊在澳门和香港，急待满载远航。迄今为止，澳门只提供了一船移民，而高昂的泊船费用迫使租船的奴隶贩子派出船队到本地区来捕捉可怜的渔民，把他们从小船上掠走，这些作为拐子手疯狂野心的牺牲品的人们却正是他们家庭的支柱。因而造成了许多家破人亡的悲剧。8天前，许多人来到本领事馆，说有一只澳45号船和另一只中国船满载着被抓来的中国人刚从坎波埃（Camboe）镇（离厦门22公里）启航。我已经把这一事件通知了总领事先生，他是唯一能防止这种可耻贸易的人，因为这些中国苦力先是被带到澳门，而后从那里再被弄到哈瓦那。

目前在中国，一场新的战争正威胁着欧洲国家。在这种情况下，我有幸向阁下披露的那些侮辱中国人人格的行为，就使得在华的西班牙人的生命和财产处于一种迫在眉睫的危险之中。另一方面，照这样下去，将来正当贸易也要无法进行了，而且，恐怕今后即使运用领事关系，通过合法途径，出大价钱，也无法为古巴岛的农业提供劳动力了。我荣幸地通知您这些不幸的事件，如果我们在这里有一支舰队，那么局面是很容易扭转的，舍此之外，真是别无良策。”①

在这种严峻的形势下，如果再从厦门扩大招工，必然会引起新的国际冲突，而且西班牙领事所描绘的未来可怕的前景，很可能一下子变成严酷的现实。所以西班牙王室在1859年12月28日颁布的《诏书》中，以招募移民工作“在中国港口遇到了困难”为名义，建议暂时中断“从亚洲向古巴输入移民”。古巴将军（所谓的“古巴将军”系晚清中国官方文献中对古巴岛“总督”的称谓）弗朗西斯科·塞兰诺则根据该《诏书》旨意，于1860年2月10日颁布了停止向古巴招募华工的禁令。为了不损害已经提出招工申请和业已签约的雇主们的利益，禁令中还规定，直至该年年底前，将默许华工入境。②

① 帕斯特拉纳：《古巴解放斗争中的中国人》，第28页。

② 同上，第41—42页。

尽管有了上述禁令，但出于古巴对劳动力的紧迫需求，实际上人口贩子在华招工活动非但没有停止下来，反而越演越烈，并显示出新的特点，即招工范围已不仅仅局限于厦门，而且向南扩展到了南澳、金星门、汕头、黄埔一带并有向澳门集中的趋势。1861 年以后，由于国际和中国国内形势变幻不定，人口贩子在我沿海各口岸的招工活动也时断时续，但通过澳门向古巴掠卖华工的活动却在持继高涨。到 1870 年前后，澳门已发展成为向古巴输送华工的最主要的地区。

如前所述，为古巴招募华工的人口贩子实际上是个多国犯罪集团。他们利欲熏心胆大妄为，根本不受西班牙地方领事的节制。但他们是为古巴招工的，因此他们掠卖人口的罪行使西班牙受到越来越多的责难。所以西班牙想把古巴招募华工的事宜由其在华使节统管起来。然而西班牙没有参与英法联军在第二次鸦片战争中对中国的军事入侵，所以它没能取得像英法一样的在华招工的“合法”权利。①

在这种情况下，西班牙一方面为获取在华招工的条约权利而加紧与清政府交涉，另一方面在现实招工中西班牙只好先请英法在广州的占领军给予协助。如，西班牙曾通过他们向广东地方当局提出设立西班牙招工所的申请。两广总督遂准许西班牙依照英法两国的招工章程试行招工。②至 1861 年初，刚刚组阁的总理衙门咨行南北洋通商大臣

① 为了使这种掠卖中国人口的罪恶勾当合法化，英国侵略者借第二次鸦片战争的机会，强迫清政府在《北京条约》续约第五款中写进如下条文：“定约互换以后，大清皇帝允于即日降谕各省督抚大吏，以后凡有华民情甘出口，或在英国所属各处，或在外洋别地承工，俱准与英民立约为凭，无论单身或愿携家属一并赴通商各口下英国船只，毫无禁阻。”以此为开端，各资本主义国家纷纷与清政府签订了一个又一个所谓“招工”的条约，使西方殖民主义者掠卖中国人口取得了法律的依据。（引文见于能模：《中外条约汇编》第 12 页。）

② 《海关档案》（咸丰十年三月十二日）粤海关监督毓清致税务司吉罗福照会。

和两广、闽浙总督：嗣后凡与中国没有条约关系的国家一律不准在华招工。因此是年冬，当西班牙驻广州领事向新任两广总督晏端书提出再设公所招工的申请时，晏端书答复说："吕宋系无约之国，据请开设公所招工，未便准其开办。"遂予以拒绝。①

1864年秋，法国驻广州领事喇慕代法国商人莎拉叶士申请在广州设立招工公所。两广总督毛鸿宾本已应允，但不久发现法国人所招的工人，事实上是送往古巴哈瓦那的。古巴是西班牙的属地，于是就照会法国："吕宋国并未换有条约，若办招工，必致无约各国纷纷援照效尤，殊多窒碍。该商人莎拉叶士所请招工，往吕宋国属地之处，碍难准行，应请贵领事官按照条约，饬令该商人停止开办。"法国领事喇慕申辩说，中法续增和约第九款内载："凡华民情甘出口，或在法国所属各地，或在外洋别地承工，俱准与法民立约为凭"。其中既有"或在外洋别地承工"的规定，"断未说此船单准到法国及已换约之国所属之地"，所以认为法国向哈瓦那承运华工并未违反有关条约的规定，同时该领事还向清政府提出赔偿的要求，因为"兹本国商人莎拉叶士原依凭贵部堂前次实心允准，已费多资，以备公所。是以本领事府先行申明本国驻京钦差大臣，并请赔补该商人所费之资"。清政府在复照中指出，两广总督初始所以应允招工，是因为法国商人根本没有据实言明是为西班牙招工。造成当前招工受阻的原因，"系该商人隐瞒自误。其率设公所，有违条约，想贵领事官办事一秉大公，不加究罚已属从宽，断无赔偿资费之理也。"②

在与西方国家的交涉中，清政府对西班牙的态度与对英、法相比较，也有一定程度的差别。因为清政府逐渐了解到西班牙的国势远较英、法

① 《总署清档》（同治三年九月初七日）两广总督毛鸿宾为法人拟在省城设公所招工去古巴现饬令停止致总署咨文。

② 有关莎拉叶士该招工案始末可参阅上引咨文及其附件。

矗立在古巴哈瓦那维达多广场上的“旅古华侨协助古巴独立纪功碑”。上面刻有如下铭文：“在古巴的独立战争中，没有一个华人是逃兵或叛徒。”

为弱。在涉外事务上，对英、法，清政府几乎俯首贴耳，言听计从；而在与西班牙的交涉中，往往在一些末节问题上，尚偶尔壮起胆子，争辩一二。在上述莎拉叶士招工问题上，清政府知道法国仅仅是代西班牙招工，这里并不涉及法国本身的利益；其次，在越南问题上，法国与西班牙已开始不和，法国根本不会为西班牙的利益掀起轩然大波。所以清政府才敢于申辩几句。但清政府也知道，如果不给予西班牙以条约国的地位，今后在招工问题上势必会引起更多的麻烦和纠葛。当清政府在小处开罪于西班牙的时候，实际上是已经准备在大处上向西班牙妥协了。1864 年 10 月 10 日，西班牙与清政府在天津缔结了《和好贸易条约》，其中第十款写明："凡有华民情甘出口在日斯巴尼亚国所属各处承工，俱准与日斯巴尼亚国人立约为凭，无论单身或愿携带家属，一并由通商各口前往。"[①]至此，西班牙正式获得在华招工的条约权利。上述《和好贸易条约》也是中国与西班牙两国之间缔结的第一个条约。

三、中西《中国人民前往古巴如何优待条约》的签订

1866年清朝总理衙门与英法驻华公使议定招工出洋章程二十二款，核心内容是限制招工过程中的各种非法行为。其目的是保障西方殖民国家既能招到所需的劳动力，而又不因招工中的暴行引起中国人民的反抗和社会动乱。事后总理衙门又照会西班牙公使，指出西班牙商人日后在华招工亦须按照上述章程办理。同年冬，两广总督瑞麟因在华招工中经常发生外国人利用地方奸匪拐诱内地居民出洋事件，遂向清廷上奏说："如有内地奸民设计诱骗愚民雇与洋人承工……地方官获犯审实，录供解勘，先行正法"。瑞麟的建议经皇帝批准后施行。这说明清政府为了维护它的统治地位，决定用严厉手段镇压扰乱沿海各地治安的拐匪。在这种形势下，广东一带猪仔头暂时敛迹。各口岸的招工人数一时锐减。

1868年古巴人民发动了反对宗主国西班牙的独立战争（1868—1878）。广大华工出于对殖民统治者的憎恨，他们也积极投身到这一战争中来。华工战士英勇献身的精神，使殖民当局深感震惊。所以在对华人聚居地区严加防范的同时，古巴将军于1868年12月31日颁布了新的管理华工条例，内中规定：

① 古巴各省当局必须在1869年2月以前，将古巴各地华工人数清查完毕，并据实上报；

---

① 王铁崖编：《中外旧约章汇编》，三联书店1982年版，第1册，第220页。

② 地方官必须严格控制华工在古巴各埠之间的活动；

③ 华工续立合同和请求出境必须按新定章程办理，对逃亡华工必须严加惩办。

至1870年，古巴独立战争处于胜利发展之势，由于许多华工投身于起义斗争之中，遂迫使古巴将军于8月向西班牙国王上书，内陈：古巴各地华工和各城市中经商的华人，对于西班牙“剿办古巴叛乱大有妨碍，请准许即日停止中国工人入境”。已经入境的华工如不履行原来的契约义务，则应立即将他们押解出境。[①]西班牙国王阿马代奥完全赞成古巴将军的建议，并于1871年4月27日颁布《诏书》，内称，鉴于中国移民对古巴岛时局造成的“困难”和“严重损害”，以及对“侨居法令”和“公共秩序”的破坏，尤其是帮助了“国家的敌人”和不断危害“该岛利益和安宁”，于是宣布：① 停止中国工人入境；② 重立合同的华人，如不照原来规定做工，或“闹事”，均一律驱逐出境；③ 被押解出境的华人如无盘费，可由古巴将军垫给。[②]

古巴起义军的领导阶层在独立战争爆发后，由于没有及时组织力量向该岛经济最为发达的西部地区进军，而仅仅把军事行动局限在偏远的东方一隅，所以，这种战略既不能从根本上动摇西班牙在古巴的殖民统治，也不利于发动和吸引西部地区为数众多的黑人奴隶和华工参加到起义队伍中来。西班牙殖民当局恰恰利用了起义军这一战略上的失误，赢得了重新集结队伍的时机。在对待华工问题上，西班牙当局一方面采取严厉措施对在古巴的华工进行管制，另一方面，又一直为扩大在华招工费尽心计。西班牙政府已认识到，只要有大量廉价的劳动力源源进入古

① 陈兰彬：《古巴华工事务各节》，第三册，第14、16页。

② 帕斯特拉纳：《古巴解放中的中国人》，第80页。

巴，就会加强西部的经济力量，这对于最终剿灭东部省份的起义部队会十分有利。至于在战后的经济恢复中，尤其不能缺少劳动力。因此，力争在中国沿海各口岸扩大招工，已成为西班牙驻华使馆所要达到的直接目标。所以即使在古巴暂时停止华工入境的时期，西班牙在华招工的活动也从未停止过。

1869 年 3 月间，悬挂萨尔瓦多国旗的“吗狗”号船驶入厦门。这条三桅帆船是西班牙商人啤利哦为招工而租赁的。据说，该商人在事前已花费十余万元贿赂了厦门的有关官吏。该船靠岸后，西班牙驻厦门领事巴礼劳出面代该商人向管理厦门通商和海关事务的曾宪德提出了在厦门为古巴招工的申请。曾宪德将此事呈报闽浙总督并得到了总督的批准。然而厦门署税务司美国人荣雅国在对这次招工的查询中，发现一些华工被囚禁在招工所的铁闩门内，而且申诉是被拐骗的。这时，他们的亲属也纷纷来公所想营救出被拐骗的亲人，结果反遭打伤。接着，“二月二十七日夜间，工人数名由‘吗狗’号船跳入海中。有一人闻已淹毙，又闻跳海一人被公所在街市遇见拿去责打，其余则不问可知”。在这种情况下，荣雅国税司又核对了用中文和西班牙文写成的合同，结果发现“日文（实指西班牙文）字义与汉文字义不符”，而且“查所漏者虽仅数字，关系甚为重要。缘合同内载明有此字样，则承工人保护本身者得有根本；若无此字样，则承工人上船前往者苦累无限，特少一不受强迫之词语。”“吗狗”号违约掠卖华工的罪行可以说已经昭然若揭。但清政府官吏视民命如草芥。尽管荣雅国税司已经指出如此之多的疑点，曾宪德竟漠然视之，一任“吗狗”号满载华工出洋。[①]

这种公然掠夺人口的罪行激起厦门人民的无比愤怒。美国驻厦门领

① 周家楣：《期不负斋政书》，卷二，页二六（上）至二八（下）。

事李让礼在致曾宪德照会中记述说：当华人被迫上船时，“敝领事目击厦门山居民成千数百，伫立怒视，伤心坠泪，痛骂不休。如荣雅国税司所言，一旦酿成众怒，势必发愤，烧毁洋楼，杀害洋人。”①

当时厦门一带又出现了仇外的揭帖。这种事态的发展，必然会造成中国人民对外国入侵者的仇恨，甚至会激起事端。这对西方国家的利益显然相悖。所以厦门一些国家的洋行联名向厦门的各国领事投递禀帖，要求设法制止西班牙人口贩子的招工活动。这些禀帖由各国领事一一转呈各自的驻京公使。英、法等国当然不愿西班牙在中国独享招工的利益，所以他们想通过“吗狗”号事件对西班牙有所牵制并将此情行转告清政府。

总理衙门得悉上述事件后，感到十分棘手。如果不作处理，则“外人尤以民命为重，而中国官员转视之漠然，不知检验，不特取笑于外族。”而严加追查，势必会引起与西班牙新的纠葛，所以对下属也只是提出“然既往者已难追悔，未往者当思保全”的告诫。为了在外国人面前做出体顺民情的姿态，总理衙门遂照会西班牙公使，指出西班牙商人在厦门胁迫华民出国佣工的行为违反了1866年章程的规定，同时将外国报纸上关于古巴虐待华工的报道一并抄送给西班牙公使，并说：“嗣后日国商人招工，如系往哈瓦那等处，即勿庸招令华人前往承工。”另外，总理衙门也照会英、法、美、俄四国驻北京公使，申明各国在华招工，必须遵照1866年的招工章程办理。②

西班牙对总理衙门的上述照会感到十分为难。西班牙政府和其驻华外交使节对于西班牙人口贩子的非法招工活动和古巴种植园主虐待华工

① 朱士嘉：《美国迫害华工史料》，中华书局1958年版，第38页。

② 周家楣：前引书，卷二，页二六（上）至二八（下）。

的残暴行为是洞若指掌的，前引西班牙厦门领事馆的呈文已说明了此点。尽管西班牙方面也采取了一些防范措施，但效果甚微。而古巴种植园经济对华工的迫切需求使西班牙政府对此又不能漠然视之。在两难的情况下，西班牙只好将古巴对劳动力的普遍需求加以优先考虑，而在招工进行的过程中再谋求改善华工的境遇。因此西班牙政府对总理衙门的照会没有直接作答，反而于1870年年底再度提出招工要求，拟欲在厦门、汕头和广东省城开设招工公所，为古巴招工。总理衙门在复照中重申，招工应按1866年章程办理，并指出，外国报纸上有关古巴华工被苛待的报导已不一而足，此点应引起西班牙政府的注意。此波未平，接着便发生了另一起西班牙商人为些亚度向两广总督瑞麟申请招工事件。瑞麟事先已经接到清廷有关招工的指令，于是通知西班牙领事和商人说，招工必须严格遵照1866年章程办理。同时他也命令广州府和南海、番禺两县的官吏作好华工上船前的审查工作，切实讯明应招的工人是否情出己愿并已自备川资。西班牙领事见广东省当局已采取了防范措施，知道此次招工未必遂愿，就向瑞麟声明停止招工。①其实，此间正是古巴最高当局停止华工入境的时期。

时过一年，西班牙鉴于古巴的战事仍局限在东部省份，而不会造成全局的影响，于是又恢复了招用华工的政策。西班牙驻华公使白来辣（Juan M. Pereyra）于1871年10月自香港发出照会，向总理衙门表示愿意信守1866年招工章程并要求准许西班牙人在厦门、汕头、广州三地设立公所为古巴招工。②总理衙门复照称，西班牙人在古巴凌虐华工，其残酷程度与秘鲁无异，因此未便再任令西班牙在华招工。此照会因适

① 《海关档案》（同治十一年十一月初二日）两广总督致粤海关崇礼咨文。

② 《明清档》，斯字第40号照会。

逢白来辣前往越南，故未接到。1872 年秋，白来辣返回北京，向总理衙门重提招工问题。总理衙门以古巴虐待华工之事并未停止，故拒绝其在华招工。白来辣在回文中特别指出，中国有关华工在古巴被苛待的消息主要是美国提供的，然而美国对古巴别有觊觎之心，“美国为商人者多，彼即作此招工之事，与本处人颇有争利之情，恐此举并非为人实是为己。再古巴地方美国甚为希冀，但不能明枪，用计暗夺之”。为此，他请总理衙门不要听信美国人的蛊惑之言。[①]的确，美国统治阶级对古巴这颗“加勒比海上的明珠”垂涎已久。出于外交策略上的考虑，美国一直奉行所谓的“熟果”政策，即随着西班牙殖民帝国的进一步衰落，古巴终有一日会如同熟透的果子那样，落入美国手中。古巴独立战争爆发后，美国又想趁机把古巴窃为己有。所以一直在窥测古巴战争的发展趋势，以寻找插手古巴战事的时机。在华工问题上，美国本身就是掠卖中国人口的元凶之一。在美国国内，迫害华人已到无以复加的地步。在这种情况下，美领事馆不断照会总理衙门，言及古巴华工的苦难，其目的无疑是想在国际范围内孤立西班牙以达到为自己开脱的目的。然而美国所论及的古巴华工的悲惨境遇也是实情。

西班牙则极力想利用西美之间的矛盾来摆脱它在古巴华工问题上的被动局面。按西班牙的逻辑，既然古巴华工被虐其事是美国向清政府提供的，而美国与西班牙素有夙怨，因此美国向中国提供华工被虐的信息，其目的在于损害西班牙的外交形象，所以，清政府应视美国提供的情报为虚构。西班牙想以美国与西班牙之间的矛盾为借口，而从根本上否定华工在古巴遭到虐待的事实。

其后，白来辣与使馆代办丁美霞（F.Otin y Mesia）又先后以古巴将军

①　《总署清档》（同治十一年八月十七日）。

曾经把自广州被拐卖到古巴的华人幼童送回中国一事作为证据，极力表明西班牙“办理招工并无不公之事”，并且再三要求准许其在华招工。[①]总理衙门复文指出，古巴华工万余人其处境奴隶一般，甚至“锁毙监禁，重加凌虐，似比驱入陷阱，惨不可言，实为中外各国所痛恨，嗣后岂可再容有如此凌虐情形。且哈瓦那等处相待华人既有如此光景，即不应再招华人前往。查中国属境偶有不甚安靖之处，即不令外国人前往，亦系恐其无辜受害之意。（此处系清政府暗示古巴正处于内部动乱之际，根本不宜招工。）为此照会贵大臣查照并抄录新闻纸附阅。此后，贵国商人招工，如系新闻纸所称之哈瓦那等处地方，即可毋庸招令华工前往承工，免致有凌虐情事”。[②]总理衙门同时也把与西班牙交涉的经过通知给广东和福建督抚，使其有所准备。

1873年初，西班牙领事又代西班牙商人亚比喇向广东省当局提出在省城设立公所为哈瓦那招工的申请。两广总督瑞麟在给西班牙领事的回文中写道：“哈瓦那地方相待华工极为刻薄，合同内虽将章程载明，而彼处之人俟华工到埠之后任意欺凌，甚至将其囚于狱中，无异诱入陷阱，前此华人到彼承工者罕有送回中国，其情概可想见。……今哈瓦那既属如此情形，即不应再令华工前往，所有此次日国商人亚比喇禀请在省城设局招人毋庸议。”[③]

西班牙在广州招工未获进展，其驻华使馆遂向总理衙门提出交涉。西班牙代办丁美霞在照会内再三表白，古巴并无虐待华工之事。相反地，西班牙“因华人做工最为勤敏，耕种甚为得力，故有招工之举……贵国

① 《明清档》，斯字第42号、44号照会。
② 《海关档案》（1873年1月3日），粤海关税务司呈总税务司文，第5号，附件二。
③ 《海关档案》，附件一（同治十一年十一月初二日）总理衙门致西班牙公使照会。

贫民甚众，与其在华结党劫掠，不如出洋承工，除陕甘回匪之外，查别股贼匪，俱因被饥所逼以致结党成事。”这实际上西班牙是在暗示，在招工问题上清政府与西班牙利益本是一致的，清政府不应受其他国家的挑拨而过于为难西班牙。所以，在照会内，他特别告诫总理衙门，“不辨真伪，听信讹言……以领事官（系指其他西方国家在华的领事，尤其指美国）之议论为据，可惜之至”。西班牙代办继而提出，中国准许英国等国招工而不准西班牙一体照办，有违《和好贸易条约》第五十款润及同沾的原则。[①]因此构成对西班牙应享条约权利的损害。[②]西班牙代办见总理衙门坚持不允西班牙招工，即于1873年5月12日向中国方面提出赔偿西班牙商人因在广州招工未遂而蒙受损失的要求，并开具赔偿33万3千8百92元5角损失费用的清单，其态度极为强硬。[③]总理衙门大臣文祥等在回文中拒绝了西班牙的索赔要求，并指出招工问题只有待西班牙切实改善古巴华工待遇之后，方可再议。

西班牙与中国关于招工问题的交涉陷入了僵局。后来，文祥在一次会谈中向西班牙代办表示，两国的争端不如请第三者仲裁解决。丁美霞表示同意。文祥提议请美国公使镂斐迪为仲裁人。丁美霞认为既然“美国官员首先编说日斯巴尼亚不好之言”，自然不能接受镂斐迪作为评定之人。他主张请英国公使威妥玛或法国公使热福理任仲裁人。他的提议

① 中国与西班牙的《和好贸易条约》第五十款载明：“各国所有已定条约内载取益、防损各事，日斯巴尼亚国官民亦准无不同获其美；嗣后中国或与无论何国加有别项润及之处，亦可同归一致，期免轻重之分。”

② 《外务部档》（同治十二年二月十六日），署理西班牙驻华公使力请允照英、法例许招工赴古巴致总署照会。

③ 《总署清档》（同治十二年四月十六日），西班牙公使因不许招工所受损失要求赔偿致总署照会。

也没有被文祥接受。后来在各国公使的调停下，中国和西班牙双方一致同意，邀请美、英、法、德、俄五国驻华公使共同评议华工问题。8月1日沙俄公使——当时的领袖公使——邀集有关各方会谈。席间，威妥玛建议应首先查明古巴华工现状，然后再由五国公使根据调查结果秉公议断。中国与西班牙的代表都赞成这一倡议。接着，西班牙提议组成联合调查团，并且提出，如果调查结果证明古巴华工被虐之事实为谣言，则中国必须立即准其在华招工，而且应当赔偿古巴田主和招工人员因中国禁止招工而蒙受的一切损失。中国代表则主张由中国单方派员赴古巴调查，并且指出中国系因西班牙人在古巴凌虐华工，故此暂停西班牙的招工活动。所以，西班牙没有任何理由指责中国不履行条约，更无权提出赔偿要求。

上述五国虽然都与西班牙有着利益上的冲突，但是，又不肯完全支持中国，因为他们虽然不愿西班牙从在华招工中单独获利，但也不希望中国取得停止西班牙条约权利的主动权。因为此举会对不平等条约特权产生不利的影响，甚至会危及到他们已经享有的在华招工特权。于是，上述五国公使再三劝说总理衙门采取灵活的态度与西班牙谈判。最后于1873年10月22日，中国与西班牙双方达成名为《古巴华工条款》的四点协议：

① 中国可以派委员前往日国古巴地方查明华工情形。到古巴各地方详细查明，均凭中国委员任便自行查访。所有应查各事，可以询问各国驻扎古巴之领事官，亦可请日国官员照料，以昭妥协。

② 两国预请英、美、德、法、俄五国驻北京大臣，嗣后将此事所有一切代为公平定断。

③ 中国委员查明华工情形，呈报于中国总理衙门，由中国总理衙门抄录所呈报者，交与五国驻京大臣以及日国驻京大臣阅看。于公评之

时，将原文交付评定之各大臣处暂存。各国领事官如有将古巴华工情形呈报各本国大臣，拟用其作为凭据者，其文件须交中国总理衙门并日国驻京大臣阅看。如未得其文件交出者，即不得作为凭据。

④ 中国总理衙门、日国驻京大臣应将理论古巴华工一事之来往文件，交与五国驻京评定之各大臣阅看，以便将其两国所说各事，统请五国大臣一同公评定断完结。[①]

总理衙门根据上述四点协议的精神，于 1873 年 9 月 2 日奏派刑部主事选带学生出洋委员陈兰彬于赴美后前往古巴调查华工情况。

陈兰彬，字荔秋，广东吴川人，进士出身，翰林资历。其人“夙抱伟志，以用世自命，挹其容貌则粥粥若无能，绝不矜才使气。与之讨论时事，皆能洞烛几微，盖有远略而具内心者。”[②]所以，清政府认为他是一位干练之才，又因当时陈兰彬正在美国主持中国留学生事宜，而美国距古巴很近，因此，“即札饬该员前往古巴夏湾拿（哈瓦那）地方”。此外，总理衙门还调派江汉关税务司英国人马福臣和津海关税务司法国人吴秉文随同陈兰彬前往古巴。清政府所以派“洋员”随往，主要目的则是“将来查出亦属共见共闻”。[③]

总理衙门派遣调查团的目的是切实查明华工在古巴的真实处境，所以总理衙门将一份详细“节略”交给陈兰彬，内中提出需要调查的事项达五十款。概括起来，大致可分如下四方面：

① 查明华工在承工合同中所承担的义务，及华工从何地以及用何种方式被运往古巴。

① 王铁崖：《中外旧约章汇编》，第 1 册，第 337 页。

② 中国近代史丛刊《洋务运动》（二）第 185 页。

③ 《清季各国照会录》，第四册，日斯巴尼亚第 47 号，第 40 号。

② 查明在古巴城乡劳动及拘押狱中的华工状况。

③ 查明西班牙政府和古巴地方当局管理华工的各项法令是否构成苛例，华工是否能得到法律的保护。

④ 查明古巴当前局势，和当地“叛乱”（实指古巴十年战争）对华工的影响。

当时任中国海关总税务司的英国人赫德在签发给马福臣和吴秉文的指示中特别强调，参加公断的各国公使急待解决的问题是：古巴华工所受的虐待是否已达到严重程度，因而使中国政府有理由停止履行它对西班牙所承担的条约义务。鉴于西班牙有权对调查报告进行反驳，因此调查报告必须是一个公正、全面和无懈可击的文件，即马福臣、吴秉文等人应设法查到古巴华工受到虐待的证据。[①]

事实上，在清政府与西班牙围绕古巴华工问题进行外交谈判之时，古巴华工悲惨的遭遇已然在国际上引起主持正义的人士的愤怒抗议。当时古巴的种植园、制糖厂和制烟厂等役用华工的地方，都已成为埋葬、吞噬华工的炼狱。有的种植园主公开对工头们下达残害华工的命令：“但要作的糖多，不须爱惜工人，打死了一个，明年再买十个。”而工头又狐假虎威，肆虐地残害华工。有个华工患病不但得不到治疗，相反又被诬为“假病”，叫来四个打手捺着，脱裤子打了二百下，尽管已经打得皮开肉绽，却逼着他戴铁链照常干活儿，晚上又继续折磨他，往“破处擦盐及橙水”，疼得这个华工几度昏死过去。[②]另一华工在他的血泪控拆中申诉道：“有一天打我二百下，后来周身都是伤痕，仍然出去叫我做工。我的眼睛先是慢慢的痛，后来全看不见了，现在瞎了七年了。虽

① 《海关档案》，总税务司指示，第 1 号。

② 陈兰彬等：《古巴城乡查讯各华工口供清册》，第二卷，第一七页。

然看不见，仍要做工、挑蔗，若慢仍要打我。”[①]对那些犯了所谓“过错”的华工，监工们更要加以残忍的惩罚，在他们劳动时要“锁脚，在后面用马鞭赶着走”，套在华工脚上的镣是连头颈锁在一起的，铁链、铁镣加在一起足足有 40 斤重。[②]古巴史学家丘法特在《古巴中国人史略》一书中，曾这样描绘当时关押华工的囚室：“里面阴森、凄惨，通风不良，每室有三、四个窗子和一扇门，如同监狱。空旷的屋子中间立有长长一排木枷，上面有很多圆洞，那些该受惩罚的华人，被迫把脚伸进那些洞里，直到第二天外出劳动为止。周围肮脏不洁的墙上，挂满镣铐。”[③]

由于古巴奴隶主阶级拼命地吸吮和榨取这些华工的膏脂，造成了华工的大批死亡。在一所买下 700 名华工的制糖厂里，前后 16 年间，除有 30 人侥幸从虎口逃生外，“存下的百二十人，已死五百余。”[④]从道光二十六年（1846）至同治十二年（1873）“此二十七年中所赴古巴华人共计十四万三千有零”，然而到了光绪十五年（1889）华工人数仅存 4 万余名。[⑤]在华工被迫接受的契约中，规定必须为奴隶主服役 8 年。然而经过 8 年牛马不如的劳动，能够幸存下来的华工不及 1/4。贡萨洛·德奎沙达将军在他的名著《中国人与古巴独立》一书中写到，由于华工“和黑奴完全一样，在 8 年当中每天要劳动 14 个小时，忍饥挨饿，又缺少卫生条件，他们体力日益耗尽，又缺乏食物和照顾，因而合同期满前，有 75% 的华工死去。”[⑥]

---

① 陈兰彬等：《古巴城乡查讯各华工口供清册》，第六卷，第二、三页。
② 同上，第六卷，第二页。
③ 科比特：《古巴华人传奇》，第 19 页。
④ 陈兰彬等：前引书，第六卷，第一、四页。
⑤ 《清季外交史料》，第八五卷，第六页。
⑥ 科比特：前引书，第 84—85 页。

古巴契约华工的悲惨遭遇曾引起世界舆论的强烈反响，像美国等驻华外交官也一再向清政府反映古巴华工的悲惨境遇。在这种情况下，清政府才敢于派陈兰彬等前往古巴调查华工的处境。

陈兰彬在美国与马福臣、吴秉文等会齐后，于 1874 年 3 月 17 日乘德国轮船“斯特拉斯堡号”（Strassburgos）从新奥尔良出发前往古巴。抵达哈瓦那后，他们拜会了古巴将军和地方官绅，又对英、法、德、俄、美、瑞、丹、澳、比、义（意大利）等国驻古巴的领事官逐一进行了礼节上的拜访。自 3 月 26 日起，陈兰彬等先后视察了哈瓦那与古巴各省的甘蔗种植园和制糖厂以及囚禁华工的“官工所”。他们所到之处，华工纷纷前来控诉殖民者的残暴罪行，有的投递禀帖，有的出示身上的伤痕。陈兰彬深为自己同胞的苦难所震撼。在古巴各地调查期间，共录得口供 1176 纸，又收得 1165 名华工单独或联名禀帖 85 张。后来陈兰彬等在他们致总理衙门的申呈内，以深沉的笔触概述了古巴华工被打死、伤死、缢死、剔死、服毒死、投水死、投糖锅死等各种悲惨遭遇。

陈兰彬的调查报告是古巴种植园主虐待华工的血泪控诉书。报告内对于总理衙门所提出的 50 款问题，逐一用调查结果做出了详尽的答复。

陈兰彬一行在古巴调查期间，西班牙驻华使节曾迭次照会总理衙门催问调查工作的进展情况。西班牙知道，一旦陈兰彬的调查结束，古巴华工横遭虐待的真相将大白于天下，西班牙必然处于被动地位。为了争取外交上的主动权，在西班牙时任代理公使的丁美霞获悉陈兰彬的调查团中有美籍随员后，[1]立即向总理衙门大发责难之词：“本署大臣查当初临派此委员之时，经贵衙门与本署大臣订明，查办招工事内，总不得

① 在陈兰彬的随员中有两个美国人，即亨利 · H · 费里（Henry H. Ferry）和萨瑟 · H · 诺斯罗普（Surther H. N orthrop）。前者为随团西班牙语译员。另，此时丁美霞已升任为代理公使。

用一美国之人。其所以订明此层之缘由，久在贵国大臣洞鉴之中，兹本署大臣无须再述。今仍有其国之人，自与所议专条内紧要情节，大有相违。”[①]清政府在答复中指出，陈兰彬应带何人，有自主之权，而且在清政府与西班牙为派遣调查团而签订的章程四条内，并无不准中国委员随带美国人之语。总理衙门的回答当然是合情合理的。西班牙代理公使丁美霞也知道此点，但在致总理衙门照会中，仍坚持说：“夫本署大臣即驻华为本国重任之大臣，凡于大清，大日商定各件内，本署大臣自能指出某人不准挽越其事，况于日国所属地内之事乎。”这无异于在古巴华工问题的调查中，西班牙欲取得左右中国外交行动的权限。

在同一照会中，西班牙代理公使进一步指出：“想贵国大臣与本署大臣皆不愿驹光虚掷。因此欲免以后枉费周折，特预为言明：所有在古巴岛此次查办一切事故，本署大臣均皆视若无，徒为虚费。”[②]这段话的实际意思就是告诫清政府：如果日后陈兰彬的调查报告使西班牙陷入窘境，那么，西班牙就可借口调查团中有美国人参预其事，而从根本上否定这次调查的客观性。西班牙代理公使为了继续向清政府施加压力，不久后又指责陈兰彬没有如期回到北京，这是有意拖延谈判时日，使古巴招工问题迟迟不能解决。因此，照会总理衙门，以“古巴田主人等受许多之亏”为名，要求清政府赔偿损失。[③]

1874年年底，陈兰彬的调查报告送到了北京。内中所述古巴华工苦难，使清政府大为震惊。总理衙门遂奏请将陈兰彬的报告分送各国驻京使馆，并咨行南北通商大臣和各口岸的海关道。西班牙代理公使得知这一消息后，千方百计地想阻止陈兰彬的报告公诸于世。西班牙代理公

① 《外务部档》（同治十三年七月初九日）。

② 《总署档案》（同治十三年七月二十一日）。

③ 《外务部档》（同治十三年十月三十日）。

使深知古巴种植园主对华工的暴行已经在世界各地受到同声谴责。如果陈兰彬的报告再广为扩散，势必引起国际舆论更加强烈的反响，甚至会促成世界范围内对西班牙的抗议浪潮。这是西班牙所竭力想避免的。所以西班牙代理公使在陈兰彬报告尚未散发之前，抢先向总理衙门呈递照会，内中要求清政府“莫将该委员等所查详报者，使局外之人闻知，以昭慎重。”[①]清政府幼稚地认为陈兰彬的报告将会使中方在谈判中处于十分有利的地位，并会得到其他西方国家的同情和支持。所以总理衙门还是将陈兰彬的报告分送给各国驻京使馆。

清政府的此举引起西班牙的愤怒，遂以总理衙门违反了中国与西班牙为派遣调查团而达成四点协议的第三款为由提出质问。第三款内有：中国委员查明华工情形，呈报于中国总理衙门，由中国总理衙门抄录呈报者交与五国驻京大臣，以及日国驻京大臣阅看。于公评之时，将原文交付评定之各大臣处暂存等语。西班牙由此指出，清政府既然将陈兰彬的报告送交给五国以外的其他国家驻京使馆，这就是违反了上述协议。[②]但事实上前引第三款中并没有写明，陈兰彬的报告根本不许送交英、俄、美、德、法五国以外的国家使臣阅看。西班牙也自知仅以此点做文章并不能使西班牙改变被动的局面，所以在上述照会中，西班牙公使及时改变了谈判策略，即将双方围绕分歧点进行争辩，改变为寻找谈判双方利害关系一致的方面。所以西班牙代理公使用一种较为委婉的语气写道：“查贵国所派官员赴日国各地，该处日国官员俱系优礼相待，贵国何不以情谊相报乎？”[③]这实际上是暗示给清政府，中西双方应以相互妥协的态度来处理陈兰彬的调查报告。

① 《外务部档》（光绪元年正月初五日）。

② 同上。

③ 同上。

紧接着西班牙代理公使又以《中西见闻录》刊载有容闳一首描述用华工骨灰炼糖的诗歌，[①]是“作假言编造日国”，因而要求中国“自应令其赔罪”，同时指出，如果用华工之骨炼糖之类传闻一旦在中国社会上传开，必然会诱发出1870年天津教案一类仇外事件。[②]因此提醒清政府，“若不速为设法，以免或又因此而滋事端。”[③]西班牙代理公使在这里无异于告诫清政府：如若再纠缠于古巴华工被虐之事，或者任类似情节在社会上继续传播，这等于发动中国人民起来反对外国人。而这种后果也绝不是清政府所希望的。事实上，在华工出国问题上，清政府与西方殖民国家也有着利益一致的一面。清政府当时正面临日益扩大的农民起义的威胁。为了减少革命浪潮的冲击，清统治者终于打起了所谓“广生计”的招牌，想通过华工的出口，达到“弭内乱”的反动目的。在上述照会中，西班牙把在招工问题上中西双方的利害关系摆得如此明确，清政府再愚盲当然也是能领会的。可以说西班牙代理公使改变谈判策略为中西双方达成妥协创造了条件。

---

① 《中西见闻录》系美国传教士丁韪良（William Alexander Parsons Martin, 1827—1916）于1872年所创刊物。其第二十八号一期曾刊登容闳如下一诗：“肉破皮穿日夜忙，并无餐饭到饥肠；剩将死后残骸骨，还要烧灰炼白糖。”容闳（1828—1912），字纯甫，广东香山人，为中国留美学生第一人。曾著《西学东渐记》。1873年奉清政府指派曾到秘鲁调查华工实况。

② 天津教案：英法联军入侵中国后，法国长期占领天津并修建天主教堂。其教民拐骗人口，强占民地，业已引起广大民众的愤怒。1870年6月教会育婴堂发生三四十名婴儿死亡事件，民众更加愤恨，要求官府调查事实真相。法国领事丰大业持枪向民众行凶，咆哮公堂，被民众击毙。后民众又焚毁教堂、杀死外国传教士多名。教案发生后，在西方列强威逼下，清政府将天津知府、知县革职充军并处死“凶犯”20余人，赔银49.7万两，又派崇厚为钦差大臣前往法国道歉。这就是震惊中外的“天津教案”。

③ 《外务部档》（光绪元年二月初六日）。

其次，在上述交涉中，西班牙当时所以不施加强大压力，试图从根本上推翻陈兰彬的调查报告，而只是希望清政府不以该报告为据，使西班牙在国际上处于被动局面，它还有更深一层的考虑，即1874年葡萄牙政府在国际舆论的强大压力下已经停止了澳门苦力贸易。此举使古巴失去了最大的苦力供应地。如果再因陈兰彬报告与清政府僵持不下，那么在华招工一事就会变得遥遥无期。西班牙改变与清政府的谈判策略其目的就是为尽快获得一项对它有利的招工条约。

再次，西班牙凭借它的外交敏感性，已经预见到在京参加仲裁的五国外交官势必对陈兰彬的报告反应冷淡。清政府不可能从其他西方国家得到同情和支持。因为怎么能设想西方国家会谴责一项他们本身就是积极参与者的罪行。西班牙学者深刻指出，在与清政府的谈判中，西班牙的失败实际上意味着欧洲的失败。[①]在强权之下根本不会存在着公理。事实也正是如此。不久，总理衙门也认识到："与各国使臣从中理论，大抵偏于彼说者为多，总未能就我范围。"[②]所以清政府在各国驻华使节软硬兼施的劝诱下，在古巴华工招募问题上又准备采取妥协的态度了。

1875年2月底，参加公断的五国公使以及总理衙门和西班牙代理公使就古巴华工问题又重开谈判。总理衙门首先就华工在古巴惨遭迫害的事实向西班牙提出责问并请各国公使主持公道。同时声明中国有充分理由禁止西班牙在华招工。西方五国公使出于西方国家在华共同利益的考虑，则一致劝总理衙门，如果西班牙日后能改善古巴华工的待遇，中国仍以允许西班牙继续在华招工为宜。在五国公使的调停下，中国与西班牙双方同意另行谈判关于保护古巴华工的新条例。

① 鲍晓鸥：《西班牙与中国》，第19页。

② 参阅《军机录副》（光绪三年十月十六日）。

在这种情况下，中国和西班牙先后提出各自的议案，各国公使也提出了一些相应的修正意见。有关古巴华工问题的谈判开始有所进展。不意，到3月底，在滇缅边界发生了“马嘉理事件”。[①]英国公使威妥玛向清政府提出强硬交涉，并函告总理衙门，在马嘉理案解决前，他将不再参加五国评定中国与西班牙争议的会议。他同时将这一立场通知了参加公断的其他各国公使。在中英关系紧张的气氛中，威妥玛离开北京，向清政府作出威吓的姿态。[②]另一方面，西班牙国内于1875年春天发生政变，成立仅两年的共和国被推翻，波邦王朝复辟，阿尔方索十二世登上王位。[③]西班牙驻华公使随之易人，丁美霞离京回国。这一连串政治事件使中国与西班牙有关古巴华工问题的谈判陷入停顿状态。

在此期间，陈兰彬于1875年被任命为出使美、日、秘三国大臣，并出国赴任。陈兰彬抵达美国投递国书后，本拟前往西班牙，以便在马德里解决华工问题。这时总理衙门从总税务司赫德那里听说美国可能因古巴问题与西班牙交战；李鸿章也从美国驻天津领事施博那里得到类似消息：美国因为古巴内战过久，难于坐视，已向西班牙提出照会，并且已经命令驻华海军总督将舰队集中在香港附近，以牵制驻扎在菲律宾的

---

① “马嘉理事件”：1874年英国派“探路队”从缅甸进入云南考察滇缅陆路通道。英驻华使馆派翻译马嘉理前往迎接。马嘉理在云南少数民族地区被阻，在被问讯中，马嘉理开枪行凶被愤怒的民众击毙。威妥玛借此事件强迫清政府签订了不平等的《中英烟台条约》。

② 参阅《军机录副》（光绪三年十月十六日）。

③ 1873年2月9日，在西班牙革命形势高涨的情况下，西班牙国王阿马德奥宣布退位，2月11日成立共和国第一届临时政府。至6月8日制宪议会通过宣布西班牙为联邦共和国的决议，由皮·伊—马加尔（F. Pi-y-Margall）出任共和国行政首脑。但随着西班牙革命转入低潮，保皇派力量重新抬头，1875年1月14日流亡国外的阿尔方索十二世（Alfonso XII，1874—1885在位）回国，波旁王朝复辟。

西班牙军队。总理衙门把这些消息通知给陈兰彬，要他相机行事。陈兰彬遂电告西班牙，因西班牙政局动荡，暂时无法至马德里投递国书。①

1876年秋，西班牙新任驻华公使伊巴理（Carlos Antonio de España）抵达北京。这时中英两国关于马嘉理事件的交涉业已解决。五国公使又开始评断古巴华工问题。伊巴理显然急于恢复西班牙的在华招工活动，各国公使领会此点，所以都力劝总理衙门本着和解精神与西班牙谈判。总理衙门表示西班牙虐待华工有据，它的赔偿要求更万难接受，至于在华招工问题，中国可以不咎既往，但须与西班牙妥立保护华工章程。1876年10月26日总理衙门将条约草案送交伊巴理。

西班牙公使这时却突然借口所谓的西班牙"索威拉纳"号（Soberana）于1862年在台湾北部遇风搁浅，遭到当地居民抢劫一案，提出索赔8万余美元的要求。接着，总理衙门接到福建巡抚丁日昌的报告，内称西班牙拟调兵舰来中国示威。与此同时，总税务司赫德也通知总理衙门："近见洋新闻纸，知日使已请本国调兵船三只前来中国，并称日国无理逞强与日本国大致相同，恐其效日本前年逞兵台湾，故事不可不预为之防。"②

然而清统治者腐败无能，海疆防务已废弛多年。如果西班牙果真进犯台湾，这里几乎为不设防的海岛一般。尤其是"台湾口岸太多，随处皆可泊船，即随处皆可登岸，炮台仅设一、二处，而大炮又未置备齐全，实属防不胜防。"在海战可能一触即发的情况下，清朝官吏这才感到，"闽广所造轮船仅是供转运粮饷之用，若与外国新造之铁甲船对敌，实属相去悬殊。前奏请购买中小铁甲船数号，并置办水师一军，以资台防

① 《译署函稿》，第4卷，第29页。

② 此处系指1874年日本入侵台湾事件。1868年明治维新后，日本军国主义分子在美国怂恿下，以琉球人在台湾被杀为籍口，派兵3000人进犯台湾。日军遭到台湾人民重创，处境危难。这时美国却出面向清政府施压，使日本入侵者绝处逢生并获得"赔款"。

御，尚未悉南北洋大臣能否筹有经费。”为了应急，闽抚丁日昌只好向李鸿章求援，望能将“小蚊船龙骧虎卫二号并扬武等船分饬来台，以资防范。”同时要求清政府“密饬南北洋大臣并闽省将军督臣，迅筹饷项，俾资接济。”[①]另方面为尽早了却“索威拉纳”号事件，避免中西两国交战，丁日昌遴派提督蔡国祥和游击吕文经等到菲律宾就“索威拉纳”号案件进行了调查并得知：“该商船系自行沉没，船抵一万五千元，货值二万二千两。并觅得货主谢跻，带同来闽，自称不愿求偿。”[②]

上述事实证明，西班牙不过是借“索威拉纳”号事件挑起事端，向清政府施加压力。也正如西班牙学者所指出的“索威拉纳”号事件实质是为了解决向古巴招募华工的问题。[③]所以，一旦清政府在谈判中摆出调查结果，西班牙公使态度开始软化，改要求赔偿为代船员索取抚恤金。清政府在业已取得外交主动权的情况下，反而以妥协的态度满足了西班牙的要求。1877 年 11 月间，总理衙门通知伊巴理，表示“索威拉纳”号案件可以按照“双方”商定的条件结案，并希望古巴华工问题也能同时解决。伊巴理也表示赞同。这样，保护古巴华工条约十六款遂于 1877 年 11 月 17 日与“索威拉纳”号案件同时议妥，在北京画押。

保护古巴华工十六款的主要内容为第一、三两款。在第一款内，明文废止华工出国承工时立约为凭的办法，也就是说西班牙不得再用契约工制度来奴役华民。第三款规定：“两国定准嗣后彼此庶民出口前往，无论单身，或携带家属，皆以出于情甘自愿为要，总不准或在中国各口，或在他处妄用勉强之法、及施诡谲之计，诱令华民等，不出情愿而往。如有两国人民船主人等，违背此约者，则两国必将其人从严查办，均照

---

① 《清季外交史料》，卷八，页三五。

② 同上，卷一二，页九。

③ 鲍晓鸥：《西班牙与中国》，第 15、19 页。

本国律例，从重定拟罪名。大日国又允所有待各大国同类人之最优之处，中国人民或已在古巴者，或嗣后前往者，亦应一体均沾。”[①]此款则从法律的高度规定出国华人是“情愿而往”的移民，绝不能用强制和骗诱的方法来对待他们，同时，此款使清政府在制止掠卖华工方面有了法律的依据。其他各款对华人应享有的权益也做了明确的规定。这一条约从中国方面看，如果真能实施，无疑会起到保护华工基本权益的作用。从西班牙方面看，这一条约重申了它在华招工的权利，并为日后用预借垫款的方式来招募华工打下了伏笔。因为条约中对华工出国旅费问题未做具体规定。

果然，在上述条约草签后，西班牙立即提出，中方应允许出国华人向西班牙人借贷川资。在当时中国的历史条件下，出国谋生的，多为破产农民。他们糊口尚难，如何能筹集到前往古巴的川资！这就是西班牙欲借川资给欲出国华人的原因。清政府并不反对民人出洋，但它担心一旦允许西班牙人向华人预垫川资会使大肆掠夺华工的旧剧重演，这又势必造成沿海地区的新动乱。所以总理衙门反复与西班牙人交涉，希望西班牙谅解清政府的苦衷。但西班牙方面急于为古巴招工，因此在这一问题上，态度十分强硬。在这种情况下总理衙门终于表示：“华人即自愿出洋，即须自备川资，其中偶有向熟识亲朋借贷，系听其自然之事，不必禁其借，亦不能强之借。”如西班牙方面赞成这一原则，中国方面可以命令两广和闽浙总督，当华民出国时，如确系自身需要而向亲朋借贷川资，则官方不加禁阻，但绝不准搭乘外国船只的华人向外国的船东或田主借贷川资。西班牙使节见清政府已经让步，遂于复照中表示接受这一办法，并愿按 7 月间商定的手续，互换条约。他还要求将条约的原

---

① 王铁崖：《中外旧约章汇编》，第 1 册，第 335—355 页。

来名称《保护华工条约》改为《中国人民前往古巴如何优待条约》。总理衙门表示同意后，双方于 1878 年 12 月在北京完成互换条约的手续。

四、清政府向西班牙和古巴派驻外交使节

围绕古巴华工问题清政府与西班牙曾进行过多年的反复交涉并深感派驻外交使节的必要性，并于 1875 年任命陈兰彬为首任驻西班牙公使，同时也准备向古巴派出常驻领事。但上述两地如前所述，时局一直动荡不安，所以公使和领事一直未能到任。1878 年，由于古巴起义军上层领导人与西班牙殖民当局签订了《桑洪条约》，持续十年之久的古巴独立战争暂告平息，同时，西班牙国内局势也已稳定下来。在这种形势下，1879 年 5 月清政府首任出使西班牙大臣陈兰彬抵达马德里，拜谒了西班牙国王，并投递国书。事后陈兰彬与西班牙外务大臣开始商谈改善古巴华工待遇问题。与此同时，北京的总理衙门也催促西班牙公使尽快实施 1877 年条约。在这种双重努力的推动下，1879 年 9 月 12 日中国首批驻古巴领事人员抵达哈瓦那：户部候选主事刘亮沅任驻哈瓦那总领事；候选同知陈善言任马坦萨斯省领事。他们到任后，立即开始办理古巴华人的注册事宜。古巴各地的华人闻讯都赶来登记，几于日不暇给。至年底已有 43292 名华人登记在案。

1880 年冬，西班牙驻华公使伊巴理也来到古巴。他向刘亮沅提议商订一项关于古巴招用华工的补充条款。刘亮沅告诉伊巴理说：“贵国主意一篇之大旨，不过急于雇用工人耳。中国亦无不愿华人出洋之意，只因古巴从前看待华人太薄，所以有十六条（指 1877 年条约）之设也。今若于十六条之外，又复别立条规，吾恐贵国求之愈急，则中国拒之愈坚。莫如趁此开办之初，将弊政实力剔除，俾中国知十六条之非虚设，华人在此均能自主自由。则中国人民既多，是处工价亦好，利之所在，人必

趋之，将见不招自来。否则，古巴苦况，举国皆知，若非将最关紧要者举办一、二宗，虽势迫刑驱，终无人至矣。”[①]他敦请伊巴理协助中国领事与古巴将军协调一致，以期迅速实施1877年条约中的各项规定。其后，刘亮沅提出三点建议：“一、华人不愿在古巴者，应照约资送回国；一、官工所须概行裁撤；一、该使（指伊巴理）应偕同领事巡查外埠糖寮数处。”[②]伊巴理表示同意，并与刘亮沅到马坦萨斯省视察了一处最大的糖寮。寮内的华工多数尚未“满身”，无论已满身或未满身的华工一般生活多很困苦。他们希望在工满之后，有重获自由的保障。

1880年3月间古巴将军照会中国驻哈瓦那总领事，内称西班牙政府决定备船送回被拐卖到古巴的中国秀才邓振邦、李贞元、守备彦楚安、杨大志和年老有病的华工陈罗等7人，并同时释放仍囚禁在狱中的一些华工。[③]

在这以后，古巴的西班牙当局于1880年—1885年又陆续备船送回自费回国、或由西班牙政府资助回国的华人共1885人（见下表）。

年　份	1880年	1881年	1882年	1883年	1884年	1885年
送回人数	300	298	275	460	296	256

1880年夏天，古巴将军发布告示，明令废除不准华人乘坐马车、住客寓、留发辫等带有种族歧视色彩的苛例。华工所生子女也不再按照黑奴所生子女一般看待。可是古巴各地的“官工所”（拘留所）还没有完全撤消，里面还拘禁着不少华工。刘亮沅等继续进行交涉，要求将关

① 黎庶昌：《西洋杂志》，湖南人民出版社1981年版，第32页。

② 同上。

③ 崔国因：《出使美、日、秘国日记》，卷一，页一三（下）。

押在各处“官工所”里的华工尽数释放，以后也不得再进行拘禁。如果华工与雇主发生争执，只能由当地的司法机关审理。在古巴不论工期已满或未满的华工，都一律须在中国领事馆注册领照，古巴地方当局即凭中国领事馆所发的执照发给他们“行街纸”（也即我们常说的“路条”），而不再以雇主所发的“满身纸”（“契约”期满证明书）为凭证。[①]

陈兰彬和总理衙门方面也曾分别催促西班牙政府和其驻华使馆尽早解决这些善后问题。1880 年 8 月 21 日古巴将军在致中国驻哈瓦那总领事的照会中表示：各“官工所”拘禁之华人，“限此次出示后十日内，尽行一律释放并给与‘行街纸’。”[②]中国总领事馆接到通知后，立即派员分赴古巴各埠，按照“官工所”的底册，将在押的华工逐一当堂点名，即日释放，每人发给“行街纸”一张。各埠总计被释放的华工不下两千余人。后来领事馆又派员深入古巴山区，到各处山庄田寮中去查询，并为那里的华工造册登记，发给“行街纸”。领事馆在一年之内先后为 4 万多华人办理了注册和发放“行街纸”的手续。至此，古巴华人的境遇有了实质性的改善。

1895 年古巴人民再次掀起独立战争。至 1898 年，古巴人民经过浴血奋战，在即将获得独立战争胜利的时候，觊觎古巴已久的美国，为窃取古巴人民的胜利果实，遂以美舰“缅因”号在哈瓦那港被炸事件为借口，向西班牙宣战。不久，美西战争以西班牙的惨败而告终。在这种情势下，古巴终于摆脱了西班牙的殖民统治。西班牙既然已不再是古巴的宗主国，因此中国与西班牙之间围绕古巴华工所展开的外交交涉也由此而告终。

① 黎庶昌：前引书，第 33 页。

② 陈翰笙主编:《华工出国史料汇编》，中华书局 1985 年版，第一辑（二），第 962—963 页。

五、中国与西班牙围绕在菲律宾设立领事馆问题所进行的外交谈判

19 世纪末，除古巴外，菲律宾是西班牙所握有的最重要的殖民地。在菲岛地方分立主义情绪不断高涨的形势下，西班牙王室一方面竭尽全力来抑制菲岛独立运动的发展；另一方面又表现出对菲岛实际利益的某种程度上的尊重，试图通过扩大菲岛自治的权限来弥合宗主国与殖民地之间的裂痕。

在上述历史时期，菲 10 万余华人其社会地位的变迁、经济实力的涨落都与菲岛行政当局的利益息息相关。因此，涉及到菲岛华人问题，西班牙政府是极为慎重的，其主导思想是不能因照顾华人而影响菲岛行政当局的利益，更不能因菲岛华人问题损及宗主国和殖民地之间的关系。

在菲 10 万华人虽只占菲岛居民总数的 2%，但由于他们在菲岛的城乡贸易以及对外贸易中起到举足轻重的作用，因此对华人征收的各种税收构成菲岛殖民当局财政收入中的重要部分。以 1888 年为例，当年菲岛华人占当地居民总数的 1/70，然而华人所缴纳的各类税款却占菲岛行政当局税收总额的 1/20。而且在对华人征税上，表现出明显的歧视性。当时，最高等级的华人店主与同级菲律宾店主纳税比率为 21：1；最低等级的华人店主与同级的菲律宾店主纳税比率为 4：1。[①]有的学者指出："到 19 世纪末，中国移民已经成为菲律宾经济繁荣的必要因素。"[②]但此中，饱含着菲岛华人所付出的血泪代价，这也是个无争的事实。正因为如此，当清政府向古巴派出领事后，菲岛华人遂也产生一种新的希望，即祈盼清政府也能向菲岛派驻领事以保障菲岛华人的利益。

① 黄滋生、何思兵著：《菲律宾华侨史》，广东高等教育出版社 1987 年版，第 210 页。

② 同上，第 264 页。

1880年菲岛华人曾联名向清政府提出在菲设立领事馆的请求。李鸿章责成驻美、日、秘公使陈兰彬就此事与西班牙政府进行交涉。陈兰彬则指令驻西班牙参赞黎庶昌办理此事。黎庶昌多次向西班牙外交部发出照会要求在菲设立领事馆，但西班牙政府却迟迟没有作答。

1881年郑藻如接替陈兰彬任驻美、日、秘国公使。他到任后立即就在菲设立领事馆一事继续与西班牙交涉。西班牙方面答复说1864年中西两国签订的《和好贸易条约》中并没有在菲设立领事馆的条款。如中方欲在菲设立领事馆，西班牙政府则必须事先征得菲岛总督的赞同。由于清政府仍坚持要在菲设立领事馆，于是西班牙政府向菲岛发电，征求菲岛殖民当局对中国在该岛设立领事馆一事的意见。菲岛行政当局根本不愿改善菲岛华人的现状，所以对中国在菲设立领事馆一事采取一种拖延的策略，直至1885年才向西班牙政府表示反对清政府在菲设立领事馆。西班牙政府遂以此为借口，拒绝了清政府在菲设立领事馆的要求。

其后，1885年张荫桓接任驻美、西、秘国公使；1889年崔国因又接替张荫桓之职务。尽管张荫桓与崔国因围绕在菲设领事馆一事继续与西班牙交涉，但终因菲岛行政当局作梗，此事一直没有解决。

1896年菲岛爆发了大规模的革命运动。菲岛华人处境艰难。清政府一时又不能在菲设立领事馆，在这种情况下，清政府便请英国驻菲领事代行保护华人的职责。西班牙不愿其他西方列强插手中西之间的这一争端之中，以免他人渔利，于是在1898年6月，西班牙政府终于同意清政府在菲律宾设立临时性的领事馆。然而随着美西战争的爆发以及西班牙在战争中的失败，并由此结束了西班牙对菲岛的殖民统治，中国与西班牙围绕在菲设立领事馆的外交谈判历时18年，终于告一段落。

第七章

19 世纪末叶中国与西班牙相互之间的新认知

一、19 世纪末叶中国人的西班牙印象——兼论黎庶昌及其《西洋杂志》

尽管清政府围绕古巴华工问题与西班牙曾进行过多年的外交交涉，但清政府对西班牙这个国家的国情并无真正的了解。大凡只知西班牙国力与英法等列强相比明显不如。所以在与西班牙的外交谈判中，清政府尚敢争辩一二，而不像对英法那样处处屈从。中国一般民众则从古巴华工的悲惨遭遇中得出西班牙是个强横不讲人道的国家这类结论。

晚清中国驻西班牙参赞黎庶昌所著《西洋杂志》的封面。这一封面上的斗牛场面系西班牙大画家戈雅所绘。

那么 19 世纪末叶的西班牙究竟是个什么样的国家？这只是在清政府派驻西班牙的外交使节到任后，通过他们的亲自观察，才逐步对西班牙的国情形成一个较为具体的概念。这突出表现在清政府驻西班牙参赞黎庶昌所写的《西洋杂志》一书中。

黎庶昌 1837 年出生在贵州省遵义，是个富有才学的文人。在鸦片战争后中国国势日衰的情况下，他深感救亡图存的必要性。因此一旦他步入外交界，有了放眼看世界的机会，他便开始把他从国外观察到的使他有所感悟的事实都一一记载下来，希望能从中找到可资国人借鉴的内容。《西洋杂志》就是黎庶昌出使英、法及西班牙等国家之后写成的一部随笔。由于他作为清政府派驻美、西、秘外交大臣陈兰彬的副手，长期在西班牙任参赞之职，而且他在任期内又围绕古巴华工问题和在菲律宾设立中国领事馆问题，曾与西班牙反复进行过外交交涉，因此他对西班牙社会和国情格外关注，并有较深的认识。在《西洋杂志》中，他用相当长的篇幅记叙了他对西班牙政治、经济、军事、文化和民俗诸方面的印象，这基本上代表了那一时代，即 19 世纪最后 20 年，中国人对西班牙的最新认知。

黎庶昌为人谦和、含蓄，但观察问题却视野开阔而且敏锐。他的这种特点也反映在他的这部随笔当中。从文风上看，他笔触细腻，叙事富于条理性，不太表露出他个人的情感或做慷慨激昂的陈辞。但在平和的叙事中，仍可看出他的是非观念和爱憎分明的立场。尤其在一些重笔段落中，读者完全能从他含蓄的表述中，理解到他所要表达的“真意”究竟是什么。

在《西洋杂志》中，黎庶昌没有直接论述西班牙的国情，而是在书中适时地全文载录了西班牙国王阿尔丰索十二世 (Alfonso XII, 1874—1885 在位) 的国情《诏词》。黎庶昌的用意显然是用西班牙人之口述说西班牙之事，以便给人一种客观的印象。通读这一《诏词》，可知当时西班牙正力图摆脱内忧外患的困境，以期走上繁荣富强之途。然而要实现这一目标，仍任重而道远。阿尔丰索国王在《诏词》中这样写道：

“本国尊我为主，业已六年。是数年中，百姓遭乱甚苦，地多荒芜。今年幸平靖，实愈初愿。所有绅富巨室，悉能自主，国中安谧，贸易流通。各项公司，本利日盛。倘此百年之内（今已八十年），无乱党再叛，当可长享太平。近来各部大臣厘剔庶政，深信其进益不少。然前途尚远，尚宜竭力襄赞。”①

从上述《诏词》中可知，西班牙当时江河日下的国情与清帝国的衰势确有相似之处。西班牙国王倡议举国一致为重振西班牙往日光辉所表现出来的励精图治的精神，也正是黎庶昌寄希望于清统治者的地方。黎庶昌深知以他卑微的社会地位来看，尽管他到处奔走呼吁，他的政治理想也未见会为最高统治者所理会。相反地，西班牙国王的这份《诏词》或许对清统治者能有所触动。我们认为这就是黎庶昌在《西洋杂志》中全文载录阿尔丰索十二世《诏词》的良苦用心。

黎庶昌素有富国强兵的理想。及至出任外交官之后，他更感到作为一个弱国使者的屈辱处境。在其《上沈相国书》中，他写下了他面对西方强权外交时的内心感受：“独至一遇公事交涉，则各国俱颇自尊大，纯任国势之强弱以为是非，斯固未可尽以理喻。徒执礼仪以相抵制，彼具视为漠然。私谓朝廷处此时事，宜常有鞭挞四海之意，并吞八荒之心，然后退而可以自固其国。”②

此时的黎庶昌已然尝到“弱国无外交”的苦涩。那么，一个国家如

① 黎庶昌：《西洋杂志》，湖南人民出版社 1981 年版，第 24 页。

② 同上，第 182 页。

何才能富国强兵，重振军备？黎庶昌实则希望清政府能以西班牙为借鉴。在阿尔丰索十二世的《诏词》中写得清清楚楚：

“水陆两军，当使武备精严。现行之新法，贵重之器械，宜及早制备。海内划一，各邦不尽大国，虽在极小弱者，犹思自奋。所惜日国（即指西班牙——引者）前因经费支绌，如炮台、军械等类，渐就废弛。现在设法整饬，以求完善，并宜筹划备调之兵。水师尤关紧要，务使能在海内与各国齐驱并驾。此须诸议臣、绅士一心报国，庶可日起有功。”①

也就是说，黎庶昌从西班牙国王的《诏词》中，看到了他自己的政治理念，所以他希望国人通过这篇《诏词》，在重振大清国兵备和国威的过程中，能受到启发，并在建国方略方面能达成举国的共识。

黎庶昌在观察西班牙社会时，对其君主立宪体制之下的政党政治颇感新奇：“其各部大臣议院绅士，皆显然判为两党，相习成风，进则俱进，退则俱退，而于国事无伤，与中国党祸绝异。”黎庶昌还具体记述说：“日国宰相干那瓦司（即卡诺瓦斯），保党也；其前任宰相刚波斯（即坎波斯），公党也。”②特别是黎庶昌在任期间，有两件事使他对西班牙的多党政治感触颇深：一是，国王阿尔丰索十二世生有一女。按惯例，该公主应承袭阿斯图里亚“郡主”的封号。但“干那瓦斯倡议，以后太子则封，公主则否，议院符合其说，此例逐废。”对于西班牙国王来说，“君主以已家事不得已曲从之，而心滋不悦。君后意尤以为慊。”③

① 黎庶昌：《西洋杂志》，第24—25页。

② “干那瓦斯”即安东尼奥·卡诺瓦斯·德尔·卡斯蒂略（Antono Canovas del Castillo, 1828—1897）为保守党领袖。“刚波斯”，即马丁内斯·坎波斯（Martinez Campos, 1831—1900），为西班牙政治家和军事家，曾协助阿尔丰索十二世复辟。作为卡诺瓦斯反对党的是“萨加司达”，即普拉赛德斯·马泰奥·萨加斯达（Pracedes Mateo Sagasta, 1827—1903），他是自由党的领袖。

③ 黎庶昌：《西洋杂志》，第55页。

这一事件表明在君主立宪制的制约下，即使是国王也不得不顺从“民意”。从这段记叙中透露出黎庶昌对政治民主的渴求。二是，由于西班牙议会主要两党在处理国家财政问题上出现分歧意见，由此“干那瓦斯辞退文上，君主立即批准。至十二点钟，各部院大臣俱已更换矣”。萨加司达（即萨加斯达）接任宰相后，“所有部院大臣，及各省地方官、各国出使，或辞或退，几于举国更张。”[①]

西班牙政治生活中的上述两件事，即君权的有限性和政党的轮换执政，无疑地使黎庶昌既感到新奇，更感到这种政治形式中包含了他自己的某种政治上追求。所以他对西班牙的政党政治表示了一种赞赏之意。然而黎庶昌当时并没能认清西班牙这种政党政治的实质及其虚伪性的一面。

事实上，1874 年波旁王朝虽已复辟，但西班牙纯粹的专制制度已被废除，资产阶级君主立宪制度的新时期业已开始。这主要是历经第四次革命（1854—1856）和第五次革命（1868—1874）以及第一共和国的建立（1873—1874），西班牙国内阶级力量的对比已经发生了重大的变化。大地主和大资产阶级这两个主要政治集团为了防止革命的再度爆发，而力图在西班牙实现稳固的保守制度。在这种利害关系一致的前提下，他们之间终于实现了一种明智的妥协并希望借鉴普鲁士的成功经验，使西班牙古老的国家制度现代化。为此在 1876 年的西班牙宪法中确立了君主立宪制的国家体制。

为了适应君主立宪制体制的需要和体现大地主和大资产阶级之间的妥协，1875 年上半年卡诺瓦斯组建了“保守党”，它代表着资产阶级和大地主的利益。该党实力强大，对西班牙政局的影响十分深远。同

① 黎庶昌：《西洋杂志》，第 55—56 页。

一年秋季，萨加斯达成立了保皇自由党，正式名称是“君主立宪党”。它的主要成员是城市资产阶级、知识分子和部分持进步态度的官吏和军人。在议会中，后者扮演反对党角色。在此后长达 24 年的漫长岁月中，两党几乎平分秋色地轮流执政。这种体制既确保了西班牙政局的稳定，又造成一种虚伪的民主假象，并在很大程度上抑制了革命力量的重新集结。但是在这种表面上活跃的民主体制之下，西班牙没有进行任何具有实质意义的社会改革，因此国家处于停滞不前之中，国力日衰，终致在 1898 年的美西战争中遭到惨败。

上述西班牙社会的潜在危机和政党政治的虚伪性，黎庶昌当时是很难观察得到的。这也是不能苛求于他的。黎庶昌在《西洋杂志》中虽没能揭示出西班牙政党政治的实质，但他对君主立宪体制（宪法、议会、选举、党派、责任制内阁、反对党、政治危机和政府的更换）的介绍，这对于当时渴望维新的中国开明官吏和知识分子来说，却具有相当的现实意义和富有启发性。

除西班牙的政党政治外，黎庶昌出于他对富国强兵理想的追求，他十分注重西班牙“实业”的发展状况。在这部随笔中，他用很长的篇幅介绍了“马得利（德里）农务学堂”的概况。该学堂不仅设有教室、学生宿舍，更有实验园地。有的实验室陈列着动植物标本；有的可进行化学试验；有的设置有显微镜，借此可以观察到“毫发之细”的微观世界。此外，为了使学生了解生产葡萄酒的全过程，学堂中还附设了一个酿制葡萄酒的车间。为了使学生熟悉农业生产过程，学堂还开辟了农具陈列室。学堂附近又有一方圆十数里的实验园地，“归学徒自种”。黎庶昌还特别提及，当该“农务学堂”开学之际，连西班牙国王偕王后都亲自到场祝贺。黎庶昌所以如此详尽地叙述“农务学堂”的概况，其用意完全在于以此为例，以促使中国政府也重视农业生产，而清政府尤应仿效西班牙王室对这类新型学校加以倡导和培植。农业终究是富国强民之本。

黎庶昌对西班牙举国上下对文学艺术的重视印象十分深刻。他在西班牙期间，恰逢该国戏剧大师卡尔德隆（Pedro Calderon de la Barca，1600—1681）逝世200周年。使黎庶昌大为感动的是西班牙对这位已故的戏剧大师居然举国怀念不已，其纪念活动规模之大，内容之丰富，群众情绪之高昂，所有这些都远远超出黎庶昌最初的想象。[①]此外，黎庶昌也曾参观过国马德里“油画院”（恐怕是指普拉多博物馆）。他对于“开院之日，君主亲临阅视”这一点感触颇深。在《西洋杂志》中，黎庶昌运用他传神之笔描述了几幅西班牙名画的内容和留给他的印象。在参观西洋画之余，他对中国艺术与西方艺术的各自特点也做了比较：“西人作画，往往于人物山水，必求其地其人而貌肖之，不似中国人之仅写大意也。所记略得仿佛，惜乎其神妙之处皆不能传，庄生所谓以指喻指之非指者也。”[②]

透过西班牙对卡尔德隆的纪念活动和对美术精品的珍藏的介绍，黎庶昌实际上表露出他对清政府漠视文化事业的不满情绪和无可奈何的心理。后来，当黎庶昌出使日本时，他发现很多中国图书典籍流落到海外异邦，对此他深感痛惜。于是他个人出资，把流散在日本而国内业已失传的26种古籍辑录为《古逸丛书》并在国内出版，为祖国保存文化遗产做出了重要的贡献。

黎庶昌在《西洋杂志》中也有些段落是记叙西班牙异域习俗的。其中就包括把西班牙“斗牛之戏”惟妙惟肖地介绍给了中国人民。他首先告诉国人，“斗牛之戏”为西班牙所独有，并“为国俗一大端”。然后

① 黎庶昌：《西洋杂志》，第129—131页。

② 同上，第107—108页。

他介绍了“斗牛场”的壮观景象。最后又向读者描述了“斗牛”的整个过程。黎庶昌可能担心国人会认为“斗牛之戏”过于残忍，所以他说斗牛较之古罗马时代徒手武士与猛兽之间的格斗已是一大进步，而且斗牛一旦成为一种国俗，“终不能改”。[①]事实上，“斗牛”这项活动一直持续到今日，西班牙人对“斗牛之戏”仍乐此不疲。

黎庶昌在《西洋杂志》中所写下的对西班牙的目击记，基本上代表了 19 世纪最后 20 年中国人的西班牙观。黎庶昌虽然缺乏对西班牙社会的深入观察和分析，但他传达给中国人的有关西班牙的总体感观，较之以往通过“域外”传闻所得出的有关西班牙的印象，已不能同日而语。即，中国人通过自己的观察，对西班牙的认识已经真切得多了。

二、19 世纪末叶的西班牙汉学家

前面我们曾提到，随着西班牙来华传教士踏上中华大地，通过他们对中华帝国的体察，曾写出了一批有关中国历史和文化的著述。他们可以说是西班牙汉学研究的先驱者。由于 18 世纪以前，欧洲人在一定程度上是借助西班牙的汉学著述来认识中国、了解中国的，因此，西班牙事实上成为那一时代欧洲最重要的汉学研究中心之一。

在欧洲资产阶级革命如火如荼的年代，法国、德国、和英国的启蒙思想家掀起了一股研究中国的新热潮。他们详尽地介绍了中国的哲学思想，政治体制和经济繁荣发展的概况，并进一步对中国社会加以理想化，其目的则在于借助中国这一“典范”，对欧洲封建制度进行无情的理性批判。在这一过程中，西班牙正处于一个新的衰退时期。尽管闵明我早在一百年前已提出过以中国为“模式”以振兴西班牙的设想，但事实上

① 黎庶昌：《西洋杂志》，第 123—124 页。

那一时代的西班牙并不存在使他的理想变成现实的土壤。以理性批判为中心内容的启蒙运动在西班牙虽有所反响，但尚掀不起巨澜。西班牙的汉学研究也自此一落千丈。

进入 19 世纪，特别是在西班牙的外交使节进驻到中国以后，他们出于西班牙国家利益的需要和他们个人职业上的兴趣，又开始以新的视角来重新认识中国和了解中国，并从外交使节中涌现出一批具有 19 世纪意识的西班牙汉学家。

其中较有代表性的是爱德华·托达（Eduard Toda）。托达是加泰罗尼亚人，1875 年涉足外交界。一年后，当他 21 岁时，被委任为西班牙驻澳门副领事。后他途径苏伊士运河来到香港，继而于 1876 年 4 月到澳门上任。1878 年奉调至香港，1880 年旋即调往上海，直至 1882 年任期届满返回西班牙。

托达在与中国的接触中，对于 19 世纪下半叶的中国社会深有感触，并在马尼拉、里斯本和巴塞罗纳等地的报刊上发表了许多文章介绍和评论了当时中国积弱积贫的现状。此外，托达还是位文物收藏家。当他返回西班牙时，还随身带回 15000 件他在东方收集到的钱币和证章等纪念品。后来托达将这些珍品捐赠给了马德里考古博物馆（Museo Arqueológico Nacional de Madrid）。

1883 年托达回到加泰罗尼亚以后，他曾应加泰罗尼亚科学旅游协会（Associacion Catalanista d’Excursiones cientifiques）之邀，举行过有关中国问题的讲座。他的演讲内容陆续刊登在当地的报刊上，对于西班牙人认识 19 世纪末叶的中国，起到有益的作用。

另一位西班牙在华外交官兼为汉学家的是恩里克·加斯帕尔（Enrique Gaspar），他也曾致力于中国问题的研究。加斯帕尔是瓦伦西亚人，28 岁跻身外交界，36 岁来华。先后曾在澳门、广东和香港任职，直至 1885 年返回西班牙。

加斯帕尔是位职业外交家，同时又是位剧作家。在华期间他有四部剧作问世，即《公共管理》（*Administración pública*，1880）；《语言》（*La lengua*,1883）《问题》（*Problema*,1882）和《大戏剧》（*La gran comedia*, 1884）。由于身在中国，他也很关注中国社会的变化。在华期间他对中国的印象主要写在《中国信札》（*Cartas de China*）和专著《中国之旅》（*Viaje a China*）等书中。

无论是托达或是加斯帕尔，他们有关中国的报导都没能在当时的西班牙社会中引起较大的反响，这是因为：

其一，中国在 19 世纪末叶正处于被西方列强瓜分的危难时刻。在上述二位作者的笔下，气息奄奄的中国与门多萨和闵明我著作中所盛赞的东方繁华帝国的形象，根本不能同日而语。或者说，对于同样处于内忧外患之中的西班牙人来说，中国已不再对他们有任何激励的作用。最典型的例子就是费尔南多·加里多（Fernando Garrido, 1812—1883）曾试图塑造一个具有反教权思想的中国人的形象，但未获成功。加里多是位著名的共和派政治家，法国空想社会主义者傅立叶学说的坚定信奉者。他经常通过创办刊物来宣传他的政治理念，但也曾因此而被关进牢房。为了阐述他的政治主张，他曾仿照 18 世纪启蒙学者的先例，在他的著述中塑造了一个叫做“达加尔·李考”（Dagar-Li-Kao）的中国人的形象。这位“中国的先知”游历了包括西班牙在内的许多欧洲“野蛮”国家。加里多试图通过李考对欧洲事物的批判，来表达他自己的政治理念。但“人微言轻”。既然中国已衰落到弱肉屡被强食的悲惨境地，这位“中国的先知”李考的“高见”还有什么可供他人借鉴的价值？所以加里多塑造的“达加尔·李考”这一形象并没有到达他预期的目的。加里多塑造“欧洲批判者”李考这一形象的失败，也多少解释了托达和加斯帕尔有关中国的报道在西班牙并没能引起广泛反响的原因。

其二，19 世纪末叶正是西班牙民族承受着历史重压的年代。美西战争中的惨败引起西班牙有识之士的深刻的反思。于是“98 年代”作家群体应运而生。在西班牙对本民族的命运和未来前途尚且琢磨不定的艰难岁月，对于遥远的东方中国的关注，自然不可能放在一个十分重要的位置上。对于此点自然不难理解。这也是托达和加斯帕尔有关中国的报道不可能在西班牙得到广泛注意的另一原因。

但这并不等于说在中国—菲律宾—墨西哥—西班牙多边贸易以及中国—菲律宾—西班牙大三角贸易年代，在西班牙人民当中所形成的“中国情结”，已随时间的推移而消逝得无影无踪。恰恰相反，在一些西班牙作家的笔端，间或地仍响起早年“中国热”时代的回音。像佩雷斯·加尔多斯（Perez Galdos，1843—1920）在其名著《福尔图娜和哈辛塔》中曾描绘了“马尼拉大披肩”。[①]在前文中我们曾指出，所谓的“马尼拉大披肩”实应为“广州大披肩”。它体现了中国文化在西班牙的影响。

至 19 世纪末叶，中国与西班牙两国人民都处在沉重的宿命重压之下，他们都在为了明天而进行深刻的历史反思。这一时期，虽然中国与西班牙两国的交往处于低谷之中，但随着中国和西班牙两国人民的新觉醒，中西两个伟大的民族必然会迎来两国关系史中的新时期。

① 黎庶昌：《西洋杂志》，第 129—131 页。

第八章

20 世纪的中国与西班牙

进入 20 世纪，中国与西班牙的相互关系经历了由低谷逐渐向高峰推进的曲折历程。下面我们将就 20 世纪中西关系史中最富积极意义的事件做一回顾。

一、中国抗日战争与西班牙内战期间中西两国人民的战斗友谊

中国人民和西班牙人民都是背负着各自沉重的历史包袱迈入到 20 世纪。因此，在世纪之初，当两国人民在埋头寻求各自的民族解放道路的关键时刻，尚缺乏强劲的动力使两国关系走出低谷。

30 年代伊始，国际形势已发生了急剧的变化，席卷世界的经济危机使资本主义国家内部的阶级斗争空前激化。德意日法西斯趁机迅速崛起，并在东方和西方形成两个战争策源地。中国和西班牙首当其冲遭到法西斯的侵略，因而由此引发的中国的抗日战争（1931—1945）和西班牙内战（1936—1939）都是反法西斯性质的战争。

出于反法西斯斗争目标的一致性和对西方列强炮制的“不干涉”政策险恶实质的深刻认识和憎恶，遂在中国人民和西班牙人民之间建立起一种相互支持、相互声援的战斗友谊。这也是中西关系史中永远值得铭记的一页。

（一）中国人民对西班牙内战中反法西斯力量的声援和支持

中国人民从抗日战争的切身体验当中充分认识到法西斯的反动本质和它的凶残性，同时也认识到反法西斯斗争的国际性质。因此，在抗日战争中，中国人民一方面和日本法西斯进行着殊死的搏斗；另一方面，对国际范围内一切反法西斯的斗争都曾给予同情和支持。

西班牙内战爆发后，中国人民坚定地支持站在欧洲反法西斯斗争最前沿的西班牙共和国政府，并对西班牙内战形势的发展表示出极大的关注。

1937 年毛泽东和朱德总司令曾从延安分别致函西班牙共产党和西班牙人民，向他们表示敬意。在朱德的信中他深刻指出：“同志们，我们与你们的阵线是一致的，我们的敌人是共同的……你们与我们的胜利将是国际法西斯的死亡！”

1938 年 7 月和 11 月，中国共产党中央委员会又曾两次致电西班牙共产党和西班牙共和国政府，对西班牙人民的浴血奋战表示声援。

中国各界知名人士也纷纷对德意和西班牙国内的法西斯势力进行口诛笔伐，表示出他们最大的义愤；而对西班牙人民英勇不屈的斗争精神则加以高度的赞扬。中国文豪鲁迅 1937 年 4 月在他创办的《译文》杂志上曾刊出《西班牙专集》；在享有极大知名度的《世界知识》杂志上，著名民主人士胡愈之撰写了《环绕西班牙战争与欧洲危局》一文，对西班牙内战局势的发展做出了精辟的评述；权威作家郭沫若在《西班牙精神》一文中，对西班牙人民不畏强暴英勇战斗的精神进行了热情的讴歌。在中国备受中国人民尊敬和爱戴的国务活动家宋庆龄，运用她世界性的威望和影响，号召各国妇女支持中国和西班牙的反法西斯斗争。1939 年 3 月在香港一次国际妇女集会上，她指出：“在中国和西班牙，无论你们承认也好，不承认也好，两国英勇的人民正在为世界各国人民而战斗着。你们现在帮助中国和西班牙就是帮助了你们自己。”[①]

中国的舆论界更是以同仇敌忾的心情注视着西班牙内战形势的发展和国际外交发展的动向。在中国广有读者和影响的《新华日报》、《新中华》、《解放》、《抗敌报》和《晋察冀日报》等报刊杂志上都曾刊载大量有关西班牙内战的消息和述评。《解放》杂志1936年第10期就曾开辟为《西班牙专号》；该杂志1937年第45期又刊出《西班牙反侵略战争二周年特辑》和中共中央致西班牙人民电。《新华日报》在西班牙内战期间，共发表有关文章多达200余篇。

1936年11月6日至1937年3月18日西班牙共和国武装力量保卫马德里之战，成为民主阵营与法西斯势力之间的生死大搏斗，并引起全世界的关注。马德里保卫战战局的发展也牵动着亿万中国人的心。在延安和其他城市曾不断举行声援西班牙人民的群众集会；在报刊上，中国著名的国际形势观察家连续发表文章，分析马德里保卫战的意义和对战局发展趋势的评估。马德里保卫战的最终胜利给中国人民极大鼓舞，很多中国军事评论家又将马德里保卫战与中国抗日战争相比较，希望从中能引申出有利于中国反法西斯斗争的经验和教训。毛泽东在《为动员一切力量争取抗战胜利而斗争》一文中，号召中国人民在“认识西班牙现在胜利地保卫马德里的经验，坚固地团结起来，为保卫祖国而作战到底。”[②]

西班牙人民反对法西斯的斗争得到世界上一切怀有正义感的人们的同情和支持。为了以实际行动支援西班牙人民，1938年9月底，国际

① 易玛编辑：《西班牙》，（Inma Gonzalez Puy, *España*），1993年第3期，第32页。

② 《毛泽东选集》，人民出版社1966年版，第340页。

纵队正式组成。在西班牙内战期间来自50余个国家大约4万余名反法西斯战士与西班牙人民并肩战斗，并立下赫赫战功。在国际纵队中，大约有百余名（一说300余名）中华儿女，他们组成了“国际纵队中国支队”，为西班牙的反法西斯斗争英勇奋战，有的还光荣献身。当时西班牙的报刊上曾不断报导这些中国战士的英雄事迹。有的中国战士冒死抢救伤员，其动人的情景还被拍成照片登在西班牙的杂志上。

为了表彰“国际纵队中国支队”战士的英雄壮举，中国抗战领袖朱德、周恩来和彭德怀还将一面锦旗赠送给他们。锦旗上用中英两种文字写着：

“国际纵队中国支队：

中、西人民联合起来！打倒人类公敌——法西斯蒂！

朱德、周恩来、彭德怀同赠”

该锦旗现在在中国革命博物馆中陈列。

当年，这面锦旗由中国海员经上海、马赛送到西班牙前线，并辗转交到国际纵队中国支队战士的手中，给他们以极大的鼓舞。

国际纵队中国支队的战士虽然为西班牙人民的解放事业做出了无私的奉献并为中国人民赢得了荣誉，但他们大多没有留下自己的姓名。经

左：西班牙内战期间国际纵队中国支队战士冒死抢救伤员

右：朱德、周恩来和彭德怀赠送给国际纵队中国之队的锦旗

一些专家学者多年追踪研究，现在大致可知下列中国国际战士的名字，他们是：陈阿根、林济时（原名谢维进）、张长官、张瑞书、刘华封、张里奥（Leon）、刘景田、李封宁、严家治、张树生、陈文饶、张纪（缉）、张阿金、易当康、毕道文（T.O.Bik）、杨春荣和郎（Lang）、文（Wing）、刘（Liu）及李培康（音译 Li PeiKan）等。①让我们永远铭记这些留下姓名或无名的中华儿女在国际反法西斯斗争中所创立的不朽功绩。

（二）西班牙人民对中国抗日战争的支持与声援

进入20世纪，西班牙仍笼罩在美西战争中惨遭失败的阴影之中，国内形势动荡不安，社会生活陷于停滞的状态。为了探寻西班牙未来的发展道路，继“98年代”作家群体之后，西班牙又涌现出被称作“27年代”的一批富有批判精神的知识分子，他们之中最有代表性的作家就是费德里科·加西亚·洛尔卡（1898—1936）。他的不朽诗篇表达出他对自己家乡和人民的挚爱，以及对祖国命运的深切关怀和痛苦的思考。在洛尔卡的博大胸怀中，即使是对中国人民，他也怀有很深的感情。透过他的笔端使我们感觉到自中国—菲律宾—墨西哥—西班牙多边贸易开通以来，西班牙人心中的那种剪不断的“中国情结”在他诗人的情怀中仍不时激起波澜，以致他写出：“他在自己的心里，带来中国海的一条鱼”这样的浪漫诗句。②此外，洛尔卡还为他的养女伊莎贝尔·克拉拉写了一首美丽的诗篇：《欧洲的中国歌谣》：

“小小的姑娘
走在桥面上
手中拿着折扇

① 《环球时报》1998年11月22日第8版；《人间》（台湾）1990年卷，第120—124页。

② 加西亚·洛尔卡著，赵振江译：《血的婚礼》，外国文学出版社1994年版，第1页。

河水多么清凉。
诸位先生
华服盛装
桥上无栏杆
他们在张望。
小小的姑娘
穿着花边裙
手中拿折扇
意在找夫君。
那些先生们
都已结过婚
金发苗条女
洁白的语音。
蟋蟀叫叽叽
声音来自西。
小小的姑娘
足踏绿草地。
蟋蟀叫声声
藏在花丛中。
（那些先生们
都向北方行。）”①

在这首《欧洲的中国歌谣》中，楚楚动人的小小的姑娘手中拿着的“折扇”，正是在中国—菲律宾—墨西哥—西班牙多边贸易开通的年代，

① 加西亚·洛尔卡著，赵振江译：《血的婚礼》，外国文学出版社 1994 年版，第 23 页。

从中国传入到西班牙和其他欧洲国家的典型物品，透过这首诗歌使我们感觉到从塞万提斯直到洛尔卡，“中国情结”始终在西班牙人民的心中涌动着。

1937年延安举行支援西班牙共和国的游行，横幅标语写道：“向英勇的西班牙人民致敬”。

洛尔卡的理想和政治主张自然不能为西班牙法西斯所容。所以在西班牙内战爆发后不久，即1936年8月19日夜，这位诗人惨遭法西斯分子杀害。这种惨无人道的暴行更加激起西班牙人民对法西斯的仇恨，因此也使心怀“中国情结”的西班牙人民更容易理解远在东方的中国抗日战争的意义以及中国人民的利益和西班牙人民的利益的一致性。所以在整个西班牙内战的艰苦岁月中，西班牙人民对中国的抗日战争始终如一地表示坚定的支持。西班牙共和国政府、西班牙共产党以及西班牙人民曾以各种形式向抗日烽火中喋血奋战的中国人民表示衷心的祝愿和声援。

1938年10月，西班牙共产党中央委员会在致中国共产党的电文中写道：“……我们认为你们反对日本帝国主义、反对压迫者的斗争，就是我们自己的斗争，就是为着民族自主与独立反对战争挑拨者的斗争。”

1938年12月《新华日报》刊登了西班牙共和国政府军向中国人民以及中国军队表示致敬的信函共14件，其中直接写给八路军朱德总司令的信函就有4件。[①]

西班牙的报刊上也刊登了《怒吼吧，中国》，以及《中国，另一

① 易玛：《西班牙》，1993年第3期，第32页。

个西班牙》等文章或述评，对抗日战争中英勇奋战的中国人民表示敬意并号召西班牙人民支持同样为反对法西斯而斗争的中国人民。[1]西班牙文化界知名人士也发表宣言，表示坚决支持中国人民的抗日战争。在这一“宣言”上签字的就有西班牙著名画家毕加索。[2]

1939年，朱德、周恩来和彭德怀赠送给国际纵队中国支队的那面锦旗被辗转送到西班牙前线，并被悬挂在国际纵队中国支队营房的墙上。

我们想特别指出的是一些曾经在西班牙内战中做出过贡献的其他国家的民主战士后来从西班牙来到中国，又投身于中国的抗日战争并做出了杰出的奉献。加拿大著名外科医生白求恩就是他们当中的一位。1936年白求恩应“援助民主西班牙委员会”之邀，来到西班牙。他深为西班牙人民无畏的战斗精神所感动，于是他创立了“流动输血队”，在长达千里的前线，为救助伤员而奋战。当他得知中国抗日战争前线急需外科医生后，他又不远万里，于1938年来到中国。正如他在写给妻子的一封信中所说：

“西班牙和中国都是同一场战争中的一部分。我现在到中国去，因为我觉得那儿是需要我最迫切的地方。那儿是我最能够发挥作用的地方。”[3]

① 《环球时报》1998年8月22日，第8版。

② 易玛：《西班牙》，1993年第3期，第32页。

③ 泰德·阿兰、塞德奈·戈登著，巫宁坤译：《手术刀就是武器》，三联书店1979年版，第201页。

国内出版的反映国际纵队中国支队战斗历程的主要著作：《起来！中国胜利了》、《西班牙反法西斯战争期间的国际纵队与中国》和《橄榄桂冠的召唤》。

白求恩来到中国后，把他在西班牙内战中积累的经验和所实施过的战地救护伤员的方法在中国抗日战争的前线广泛推行并取得明显的成效。特别是他组建的“志愿输血队”对挽救伤病员的生命起到至关重要的作用。他个人更是不顾生命的安危日以继夜地从事抢救伤员的工作，直至把自己的生命奉献给中国人民的解放事业。为了表彰白求恩大夫毫无自私自利之心的国际主义精神，毛泽东曾写有《纪念白求恩》一文，号召中国人民学习他高尚的情操和品德。

除白求恩外，保加利亚的甘杨道（Lanto Kaneti）、德国人白乐夫（Rolf Becker）等 20 余位在西班牙内战中出生入死的医生，在西班牙内战结束后，他们怀着对法西斯的仇恨和对中国人民的深切同情，于 1939 年来到中国。因为他们来自西班牙，所以尽管他们之中没有一位是西班牙人，但中国人民仍亲切地称他们为“西班牙医生”。[①]历史将永远铭记

① 张至善编：《起来！中国胜利了》，北京师范大学出版社 1994 年版，第 1—6 页。

在反法西斯斗争中所凝铸的中西两国人民之间的友谊。

二、面向 21 世纪：中国与西班牙之间经济贸易合作与文化交流发展的新态势

自 1973 年中国与西班牙建立外交关系以来，已度过 40 个春秋。西班牙国王胡安·卡洛斯一世与王后索菲娅陛下两次访华以及中国最高领导人对西班牙的多次访问为中西两国之间的友好关系奠定了稳定的基础。在中西两国政府的直接指导和关怀下，中国与西班牙之间的经贸合作与文化交流都取得了长足的进展。

（一）中国与西班牙经济贸易合作发展现状与未来展望

中国与西班牙两国在总结各自历史经验的前提下，先后都推行了政治与经济体制的根本性改革。这样既为本民族的振兴找到了正确的方向，也为中西两国经济与贸易的交流与合作铺平了道路。

由于第二次世界大战前后西班牙国内形势和它在国际上所处的特殊环境，使其经济带有明显的自给自足的特点并陷入僵化状态。

在战后欧洲经济复兴的带动下，西班牙从 1959 年开始，实行稳定经济与金融的政策，对外加强贸易往还并适时地开发旅游资源和大量引进外资，由此逐步实现了工业设备的更新，从而推动了国家工业化进程并最终摆脱了以高度保护和官方干预为特点的进口工业替代政策，使西班牙的国民生产总值以超过 10% 的年平均速度大幅度增长。从居民人均收入来看，50 年代末西班牙人均收入只及英国人均收入的 47.2%；1960 年为 42.7%；到 1973 年已达到 67%。随着西班牙工业的发展，在同一历史时期农业人口已由占全国总人口的 50% 减至 20%。达到上述农业人口下降的比例，法国用了 3/4 个世纪；德国用了半个世纪；意大

利用了 1/3 个世纪；西班牙则只用了 20 年的时间，可见社会变化速率之快。[①]

以 1959 年为开端至 1973 年这段历史时期，西班牙所推行的革新与开放政策使西班牙经济充满了活力并引起国际社会的广泛关注，被视为西班牙近代经济发展史中的一个转折点，因此也有人将西班牙经济的这种飞跃称之为“西班牙经济奇迹”。

然而西班牙经济的上述变化与外部经济环境的刺激或者说拉动密切相关，即当外部经济环境处于顺畅发展之时，西班牙经济往往处于快速发展之中；如果外部经济环境处于逆境之中，西班牙经济则会出现下降的局面。因此有的学者称西班牙的经济是种“带动型经济”（economia de arrastre）即受外部经济环境的影响十分突出。[②]此外，在 1959—1973 年西班牙经济快速增长的过程中缺少技术力量和足够资金储备的弱点逐渐暴露出来。产业调整也势在必行。事实上到 70 年代初，西班牙传统的优势产业部门如冶金、造船和纺织等，其产品的外销市场渐趋饱和状态；而西班牙对电讯和电器产品的需求则日益扩大，这些产品又主要依靠进口。这种趋势的继续发展将使西班牙的进出口贸易失衡。就在这种关键历史时期，全球性的能源危机更使西班牙受到严重的冲击，结果导致西班牙通货膨胀率居高不下，失业率上升，生产徘徊不前。1980—1981 年国内生产总值平均年增长率不到 1%。西班牙政府在这种困难的情况下及时地制定了“中期战略”，对支柱性生产部门促使其进行适应现代化要求的产业调整，同时，紧缩货币、抑制通货膨胀、调整汇率、

① 何塞·路易斯·加西亚·台尔加多：《转变时期西班牙经济与民主》（Jose Luis Garcia Delgado, *Economia Española de la Transicion y la Democracia*），马德里 1990 年版，第 XV11 页。

② 同上，第 4 页。

刺激个人消费并根据经济形势的发展充分发挥利率的杠杆作用。在这一系列宏观调控措施的带动下，西班牙的经济再度进入良性发展状态。这期间，西班牙又于1986年加入了欧洲共同体。从此，使西班牙可从12个成员国实行商品自由流通中受益，但西班牙也要迎接在更大范围内开放自己市场的挑战。由于西班牙实行“中期战略”在前，产业布局和结构已经进行了调整，所以加入欧洲共同体以后，随着金融市场的开放和巨额直接投资的到来，西班牙的经济又出现了新的快速增长的趋势。因此1973年末至1986年，被认为是西班牙经济充满创造力的时期。① 1987年—1988年西班牙国民生产总值增长了11%，这是经济合作与发展组织成员国中最高的增长率。西班牙经过30年的艰苦努力，国情已发生了根本性的变化。从西班牙国民人均收入来看：50年代，人均收入为350美元；80年代，8000美元，进入90年代，已高达10000美元。西班牙已经步入世界十大工业国的行列，重新塑造了现代化、稳定的国家形象。

二战后，在一段历史时期内，西班牙为了突出自己的欧洲国家属性，曾奉行“欧洲的、西方的”外交政策。进入80年代，国际形势发生了重大变化，世界正在朝着多极化的方向发展。面对这种新的形势，每个国家都必然从本民族的根本利益出发，重新调整自己的对外政策和发展经贸关系的重点。欧盟国家在稳定、安全、自由和团结的原则基础上，也都在努力发展全方位的外交关系。西班牙也复如此。历史上，西班牙曾在太平洋区域具有举足轻重的影响。至今，西班牙与拉丁美洲沿太平洋岸的国家仍保持着传统的友谊，伊比利亚—美洲一体化进程正在深化。如果西班牙再能加强与中国的友好合作关系，那么西班牙将会在太平洋

① 何塞·路易斯·加西亚·台尔加多：前引书，第X1页。

区域发挥更大的作用，这完全符合西班牙的民族利益。而推行全面改革开放的中国又为发展中西经贸关系展现了十分令人鼓舞的前景。

1978 年在邓小平的领导下中国进入了改革开放的新时期。1980 年，中国开始建立深圳、珠海、汕头和厦门 4 个特区；1982 年将海南岛开辟为最大的特区。在取得对外开放的初步经验后，1984 年 5 月又将中国沿海 14 个城市（大连、秦皇岛、天津、烟台、青岛、连云港、南通、上海、宁波、温州、福州、广州、湛江和北海）列为对外开放城市；1985 年初，长江三角洲，珠江三角洲和闽南及漳、泉金三角地带对外开放。进入 90 年代，中国开放区域不断向西北方向延展并向与中国毗邻的 11 个国家开放了 140 余处通商口岸。至此，中国全方位开放的格局已经形成。所以中国对外贸易额逐年增长。1989 年进出口总额已达 1116.3 亿美元，较 1988 年增加 8.6%；外贸出口总额 ,1991 年又较 1990 年增加 17.5%。

由于中国政府对于外国投资者在税收、贷款、利润的汇寄以及原材料的供应等方面实行优惠政策，于是吸引来大批外国的投资者。1979 年至 1991 年中国政府批准利用外资协议金额为 1214.7 亿美元，实际使用 796.27 亿美元。1989 年，在华投资的外商企业达 21781 家，其中 1500 家为外商独资企业。1990 年在华外资企业达 29000 家，而 1991 年仅新增外资企业即达 12000 家，投资协议金额 120 亿美元，实际投资 43.7 亿美元。外商在华投资规模的不断扩大是国际资本对中国经济前景充满信心的一种表现。

1992 年春，中国改革开放又进入一个新阶段。上海浦东开辟为新的特区。黑河、绥芬河、珲春和满洲里又加入开放城市行列。随着“八五”计划和“十年规划”的实施，中国迫切需要引进外资和扩大与外部世界的经贸往还。

总之，从 20 世纪 80 年代末到 90 年代初，无论从国际形势来看，或是从中国与西班牙两国的政治与经济实际状况来看，可以说为中西两国发展双方的经贸关系创造了良好的条件。事实上，中国与西班牙两国政府也都有利用这一难得的历史机遇扩大经贸往来和增加相互投资的愿望。在实践中，双方的进出口贸易尽管有起伏，但从总体来看，还是呈现出上升的趋势。西班牙方面的统计数字显示，西班牙对中国的出口，1988 年为 250 亿比塞塔，1995 年增长至 1110 亿比塞塔，即增加了 4 倍。其中又以 1992 年至 1994 年增长幅度最大。

西班牙从中国的进口物品，1986 年为 340 亿比塞塔，到 1996 年

到 1996 年已上升至 3050 亿比塞塔。10 年间增长 9 倍（见下图）。

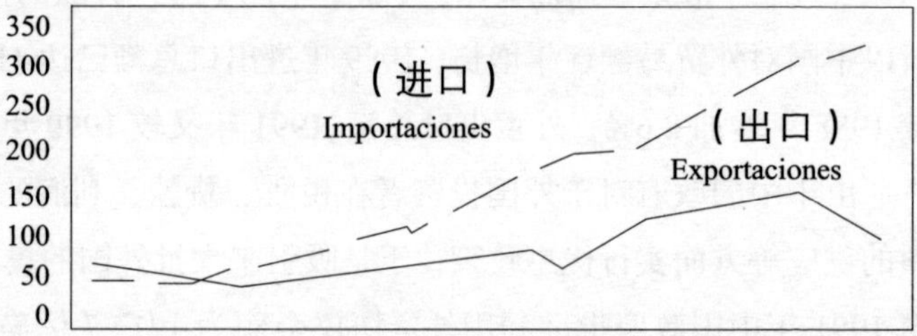

	1986	1987	1988	1989	1990	1991	1992	1993	1994	1995	1996
（出口）Exportaciones —	44	32	25	27	30	34	28	82	104	111	69
（进口）Importaciones —	34	31	45	63	75	119	166	179	239	292	305

Cifras en miles de millones de pesetas. 单位：亿比塞塔

西班牙与中国贸易

从统计数字来看，中国与西班牙之间的贸易增幅是相当可观的。[①]

① 恩里克·方胡尔·马丁和优兰达·费尔南德斯·洛敏:《在中国经济改革中的西班牙》（Enrique Fanjul Martin &Yolanda Fernandez Lommen, *España en la Reforma Economica China*），西班牙 1997 年版，第 120 页。

但如果做一横向比较，则可看到西班牙对华贸易的数额在中国对外贸易总额中只占很小的比例，而且远远落后于其他欧洲国家的对华贸易规模。以 1988 年为例，西班牙对华贸易进出口总额为 42513 万美元，只及同期联邦德国对华贸易总额的 0.086；意大利的 0.18；英国的 0.27；法国的 0.28；荷兰的 0.38；比利时的 0.69。在欧洲国家中，西班牙仅名列第 12 位。即使到了 20 世纪 90 年代中期，中国与西班牙之间的进出口贸易，较之西班牙与其他国家的进出口贸易，仍占比较次要的地位。从西班牙的统计资料来看（见下图）：

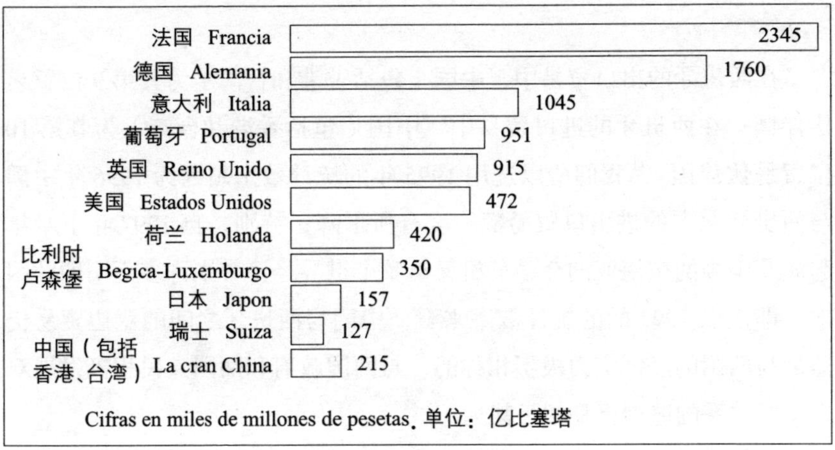

1995 年西班牙出口贸易

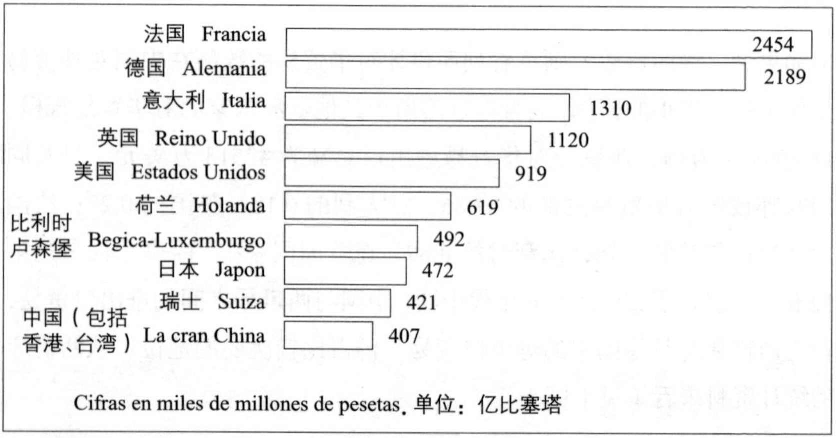

1995 年西班牙进口贸易

在西班牙的出口贸易中，中国（包括香港和台湾）为其第 9 位贸易伙伴国；在西班牙的进口贸易中，中国（包括香港和台湾）为其第 10 位贸易伙伴国。[①]我们所以选用 1995 年的统计数字是因为 1996 年中国与西班牙双方的进出口贸易额一度有所下降；特别是自 1997 年下半年起波及至今的东南亚的金融危机又给整个世界经济带来许多不明朗的因素。即使以 1995 的的统计数字来看，中国与西班牙之间的双边贸易仍然是与两国的经济实力极不相称的，与两国政府和两国人民积极发展双边友好关系的愿望更是相距甚远。

下面谈一下西班牙在华投资问题。20 世纪 80 年代末和 90 年代初，国际形势发生了深刻的历史性巨变。出于对国际形势变化趋势的清醒认识以及推动中西两国关系进一步发展的愿望，西班牙政府坚持正确的对华立场，终于实现了西班牙对中国的政府贷款和西班牙外长的对华友好访问，从而打破了某些西方国家对中国的制裁。中国人民将会铭记这段

① 1995 年西班牙对华出口额为 110 亿比塞塔，仅为同年中国进口额的 0.6%。恩里克·方胡尔·马丁和优兰达·费尔南德斯·洛敏：前引书，第 125—126 页。

难忘的历史。我们认为西班牙向中国提供的政府贷款对于西班牙对华投资起到了重要的推动和保障作用。1985年至1992年，西班牙政府向中国提供了三批混合贷款，总计15亿美元，用于中国100多个大、中、小型项目。还有一笔3.2亿美元的专项贷款，用于武汉钢铁厂项目。与其他发达国家相比，西班牙是向中国提供政府贷款最多的国家之一，而且贷款条件比较优惠。混合贷款由50%的政府贷款和50%的出口信贷组成。政府贷款的年利为0.55%—2%，偿还期为20—30年，含10年宽限期。出口信贷实行DECD（经济合作与发展组织）统一规定的条件。

上述贷款应用于中国国民经济的许多领域，如能源、通讯、化工、钢铁、纺织机械、制革、水泥、食品加工等方面。应用西班牙政府贷款的项目投产后，对于促进中国技术进步、调整产业结构、改善基础设施、提高企业的生产能力都起到了极积作用。[①]但通过使用西班牙政府贷款的“各项工业所占西班牙投资之比”这一指标，则可发现，使用西班牙政府贷款比例最高的是食品加工类占30%、电讯占24%、运输占21%、冶金占8%、航海业占6%，其他占11%。[②]

事实上，在改革开放的中国，令中国人妇孺皆知的西班牙名牌产品，至今也仅限于“高乐高”和“大大”泡泡糖等少数食品。食品加工业和食品绝代表不了当代西班牙的工业发展水平和它值得骄傲的产业类别。此外，除利用西班牙政府贷款的项目外，中国很少主动引进西班牙技术或寻求与西班牙合资建厂。西班牙企业集团在华直接投资也并不十分顺畅。特别是一些大型工程项目，尽管西班牙企业集团拥有技术上的优势，但在与中方谈判中往往中途受挫夭折。上述种种事实说明中国的企事业

① 《国际经贸消息》，1992年5月5日，第3版。

② 易玛：《西班牙》，第5期，第8页。

家并不十分了解当代的西班牙。而西班牙的企事业家对改革开放的中国，也有个加深认识的过程。

为了加速中西两国的经贸合作步伐，增加相互了解是十分必要的。为此，1992 年 5 月 5 日，在中国颇有影响的《国际经贸消息》上专门刊出《中国西班牙经济合作与贸易增刊》，内中对西班牙的经济和工业部门以及有实力的企业集团进行了系统的介绍。1994 年，为了打开西班牙通向中国之门，在北京又隆重举行了“以开创、提高和拓展双边贸易”为宗旨的“94’西班牙工业技术博览会”，西班牙有实力的公司 184 余家参展；7 天观众达数万人。[①]

西班牙来华企业家已开始认识到，在中国改革开放的大潮中，与其他发达国家的投资者相比较，他们是后来者。其他西方国家，更不必说日本等国，早已经在中国立足多年。他们既已熟悉了中国的社会环境，也更了解在中国投资的程序和一些不成文的“惯例”，甚至有的国家和集团在中国一些地方已有了一定的社会基础。这正是他们在中国得以发展的前提。有鉴于欧盟其他国家都在中国设有自己的代表机构并已形成压力集团来支持本国企业，所以，在西班牙驻华大使胡安·莱尼亚和商务参赞何塞·路易斯·加西亚—塔比亚的联合倡议下，由在北京、上海、大连和天津等地的 35 家西班牙企业共同参与成立了在华西班牙企业机构联合会”（Asociación de Empresas Española de la RPCH），其宗旨就是“努力使中国了解西班牙并推进西中两国企业间经济合作关系的发展。”[②]此外，西班牙企业家在投资策略上也有新的举措，即选取天津作为重点投资地区，俟取得经验后再向其他地区扩展。

---

① 易玛：《西班牙》，第 4 期，第 5—17 页。

② 同上，第 6 期，第 5 页。

西班牙企业家所以选择天津为投资重点地区，首先是因为在利用西班牙政府贷款期间天津是获西班牙政府贷款比例较高的地区。[①]像 TR 西班牙联合技术公司（TECNICAS REUNIDAS）在天津的乙烯工程中所取得的成功以及努德莱斯巴食品有限公司（NUTREXPA FOOD CO.LTD）在开拓“高乐高”市场上的有益尝试，都给西班牙企业家在天津实行集中投资以信心。与此同时，通过经贸及技术合作的实践，也开始在中国树立起当代西班牙的形象，使中方对西班牙的工业水平和技术水准得到了确认。这样，就为双方在天津地区实现更大规模的经贸交流与技术合作奠定了基础。

西班牙经济学家恩里克·方胡尔在论及西班牙在天津集中投资的优点时，还特别指出天津的地理位置十分理想，距北京仅 120 公里，交通方便，拥有活跃的港口和国际机场，天津还是中国当时的三个直辖市之一，拥有 1000 万人口，又是中国的经济和工业中心。再有人口达一亿的河北省又成为天津的广阔腹地。从政治上来看，除直辖市拥有的特惠外，天津还可得到西班牙官方的更多关怀，访向北京的西班牙高层人士可以顺便访问天津。所以方胡尔认为选择天津作为西班牙企业家集中投资的地方是明智之举。[②]

我们认为方胡尔先生的分析十分深刻。但选取天津作为西班牙在华集中投资区更不应忽视如下各种因素：

其一，天津是对中国未来经济发展具有重要战略意义的“环渤海经济区域”的中心城市。在环渤海经济一体化进程中天津起着举足轻重的带动作用。1986 年在国家经委指导下“中国渤海地区市长（专员）联席会”

① 易玛：《西班牙》，第 3 期，第 8 页。

② 方胡尔和费尔南德兹：前引书，第 176—178 页。

已在天津成立，以便加强丹东、大连、营口、盘锦、锦州、锦西、秦皇岛、唐山、天津、沧州市、沧州地区、滨州、东营、潍坊、烟台、威海和青岛等17个地市之间的横向联系。

在5000公里环渤海海岸带聚集着如此密集的城市在世界上也是罕见的。这一地带人口达6839万，资源丰富，海陆空交通十分便利，科学技术发达，投资环境良好。21世纪中国经济发展的重心很可能向环渤海地带转移。[①]西班牙选取天津为重点投资区就为进一步与环渤海区域的经济合作做好了先期准备。

其二，在世界趋于多极化的今天，区域性贸易集团起到越来越大的作用。其中，亚太经合组织、欧共体和北美自由贸易区处于三足鼎立之势。在亚太地区东北亚处于发展最快之列，而环渤海地区实为东北亚的“黄金地带”。该地区优越的地理位置使它具有非常强的辐射能力：在国内，可带动东北、华北和西北广大内陆地区的经济发展；在国际上，可与俄罗斯的远东部分、蒙古、朝鲜半岛和日本列岛建立最密切的经济联系，同时这里又是走向太平洋十分便捷的起点。如果西班牙与天津实现广泛的经济合作与技术交流，进而再把这种合作扩大到整个环渤海地区，那么这就为西班牙在东北亚和西太平洋区域发挥更大作用创造了条件。

环渤海地区的大连、天津、青岛、日照市等港口都是“亚欧大陆桥”的桥头堡。如果西班牙在天津以及环渤海地区形成集中投资区域，那么完全可以与中国合作，在天津或环渤海的青岛等港口城市与巴塞罗那、瓦伦西亚和加的斯之间开辟出一条新的“亚欧大陆桥”。这条新的“丝绸之路”必将把西班牙与中国更加紧密地联系在一起。

综观近年来中国与西班牙的经贸合作与技术交流的历程，会使我们

---

① 《光明日报》，1993年5月5日，第4版。

更为乐观地展望21世纪两国在经贸方面互惠合作的前景。

（二）成长中的西班牙华人社会

在第三章我们曾述及，远在16世纪，华人已开始踏上伊比利亚半岛的大地。但在西班牙社会中形成一定规模的华人群体，则是在20世纪80年代末至90年代初这一段历史时期。华人向西班牙较大规模移居的原因，我们认为这主要是西班牙经济形势发生了根本性的变化，西班牙人的生活水平日益提高，因此对海外华人形成一种新的吸引力，使他们愿意到西班牙去寻求发展空间。其次，西班牙政府对移民采取一种较为宽松的政策，绝大多数西班牙人对华人又抱着友善的态度，这也是海外华人愿意移居西班牙的又一原因。而中西两国友好关系的发展则是最根本的原因。

西班牙华人主要来自浙江省的青田和温州一带地区。近年，也有部分来自上海和北京等地的华人移居西班牙。目前，西班牙华人大多从事餐饮业和小商品的经营，特别是餐饮业。华人经营的中餐馆几乎遍及西班牙各地。华人开办的中餐馆以周到的服务、雅致的环境、色香味俱佳的菜肴和低廉的价位，赢得了西班牙人的青睐。西班牙人素有尊老爱幼的优良传统。周六、周日往往要合家欢聚。华人餐馆所营造的和谐、随意的气氛，恰恰适合西班牙人举家相聚的心理要求，这也是华人餐馆受到西班牙人欢迎的重要原因之一。华人餐馆一般都和周围的居民建立了一种相互信任的关系。“外卖”，即电话预定、服务上门，已是一种相当普遍的形式。可以这样说，华人餐馆正像独具西班牙特色的“酒吧”一样，已逐渐融入西班牙人的社会生活之中。

西班牙华人所经营的小商品销售业已有一定的规模。这类小商品店铺以经销中国出产的物美价廉的日常生活用品为主。这些店铺主人一般都洞悉西班牙人的生活习惯和习俗以及居家度日的普遍需求。所以在为普通西班牙人家庭提供经济而又实用的商品服务方面，这些小商品店发挥了不可替代的作用并深受西班牙人的欢迎。

近年，除餐饮业和小商品的营销外，西班牙华人不断开拓自己的经营范围，像装璜业、服装业、美容美发业、旅游业以及移动电话寻呼台等领域，都已有华人涉足。此外，也有些华人开办了律师事务所、中医医院、驾驶学校和语言学校等。从事进出口贸易和较大规模营销业务的华人公司也在创办。在寻求自身发展的过程中，有些公司已成为联接中国市场与西班牙市场的桥梁和纽带。

随着西班牙华人社会的发展与扩大，一些华人、华侨组织也相继成立，像西班牙华侨华人协会、西班牙华人总会、西班牙华侨工商会、西班牙华侨华人妇女联合会、西班牙瓦伦西亚华侨华人协会、西班牙巴斯克华侨华人协会、西班牙南部华侨华人协会、巴塞罗那华侨华人联谊会、西班牙中餐业联合会、西班牙华侨华人国际商业贸易联合会、西中文化艺术交流会、青田同乡会、温州同乡会、西班牙爱心委员会和西班牙佛教妙法协会等。这些社团在加强西班牙华侨华人的团结，维护华侨华人的正当权益等方面都发挥了极积的作用。

马德里华人小商品店一瞥

西班牙华侨和华人在加强与西班牙人的互惠合作和友谊的同时，也充分发扬了爱国爱乡的优良传统，特别是 1998 年中国长江流域和松花江流域发生特大洪灾之时，西班牙华侨华人紧急动员，在很短的时间内便募集到 4240.3 万比塞塔的捐款并迅速转交国内有关部门。这是西班牙华侨华人对国内最大的一笔捐款，表示出他们对祖国的热爱和对同胞的关怀。

西班牙华人社会的扩展是与中西两国友好关系的和谐发展分不开的，同时西班牙华人社会的成长和壮大也必将对中西两国关系的加强起到积极的推动作用。尤其在中西两国的经贸合作方面。前面在分析西班牙在华投资过程中所以遇到一些困难时，我们曾指出，其重要原因之一就是："中国的企事业家并不十分了解当代的西班牙；而西班牙的企事业家对改革开放的中国也有个加深认识的过程。"在近年移居西班牙的华人当中，相当部分人经历了中国改革开放以来的历史性巨变，他们对当代中国社会有着更深的了解。他们离开故国的时间较短，与中国社会仍有着千丝万缕的联系。他们旅居西班牙以后，对西班牙的社会，特别对西班牙经济的发展特点和技术水平已逐步有所认识。在海外开拓生存空间的过程中，他们业已积累了相当丰富的跨国经商的经验并练就了捕捉商机和信息的敏感性。因此，这部分旅居西班牙的华人，对于中国与西班牙两国的经济在哪些部门享有各自的优势和在哪些领域存在着互补性，他们都能做出较为客观的分析和判断。这是推动中西两国经贸合作的重要前提。我们认为在相当长的历史时期内，西班牙华人在西班牙对华投资和技术输出等方面会起到很难替代的引导作用。事实上，在不久的将来，旅西华人在促进中西两国经贸合作方面的中介和桥梁作用就会显现出来。可以这样说，选取天津和环渤海地区作为西班牙在华投资的集中地带以及发挥旅西华人的中介和桥梁作用，将成为推动中西两国面向21世纪的经贸合作的两个重要杠杆。

（三）中国与西班牙之间文化交流日趋频繁

原西班牙驻华大使胡安·莱尼亚曾指出："国家之间的全方位的、带战略意义的关系，不可缺少文化联系。"[①]

中国与西班牙建交40年来，随着两国在政治和经济领域双边关系的不断加强，在文化交流方面也日趋频繁，甚至可以说盛况空前。这种可喜现象的出现既体现出中国与西班牙两国政府对双边文化交流的重视和关怀以及两国使馆文化官员的不懈努力，同时也与中西两国学者和文化艺术工作者的积极参与分不开的。中国与西班牙之间的文化交流促进了两国人民的相互了解和友谊，并为确立中西两国面向21世纪的和谐与友好关系奠定了更加牢固的基础。下面我们将就近年中国与西班牙两国文化交流的进程作一概述。

在中国改革开放的新时期，也迎来了翻译与介绍西班牙文学名著的高潮。可以这样说，西班牙文学发展史上，其最重要历史时期中，其最主要作家的最具有代表性的作品，几乎都已先后译成了中文，有时甚至出现一部名著有几种不同译本相继问世的盛况。

在西班牙"黄金时代"的璀灿明星中，无疑最耀眼的巨星当属塞万提斯。他的名著《唐吉诃德》早在1933年已由中国前辈学者林纾和陈家麟共同用意译的方式将其译成中文并以《魔侠传》这一传神的书名出版。其后傅东华又于1939年将《唐吉诃德》从英文转译成中文出版，其影响十分广泛。中国著名学者杨绛译自西班牙文的两卷本的《唐吉诃德》自1978年由人民文学出版社出版以来，一直被广大读者视为典范。

① 易玛：《西班牙》，第6期，第1页。

而在1995年这一年，更出现了四种《唐吉诃德》的新译本，即由陈建凯、郭先林自英文译出由甘肃人民出版社出版的《唐吉诃德》、由刘京胜翻译由漓江出版社出版的《唐吉诃德》、由董燕生翻译由浙江文艺出版社出版的《唐吉诃德》以及由屠孟超翻译由南京译林出版社出版的《唐吉诃德》。此外，以《唐吉诃德》原著为基础，节译、转译、缩写、改编的《唐吉诃德》更不下10余种，使唐吉诃德的形象在中国广泛流传。

塞万提斯的其他名著，像《塞万提斯训诫小说集》等也被多次译成中文。而1997年8卷本的《塞万提斯全集》的出版，可以说是中国西班牙文学界具有里程碑意义的一项工程，也是中国学者为纪念塞万提斯诞生450周年而呈献的一份厚礼。在1998年第三届全国外国文学图书奖的颁奖名单中《塞万提斯全集》（8卷）名列特别奖的榜首。

西班牙“黄金时代”戏剧大师洛佩·德维加（1562—1635）的不朽名著《羊泉》曾于1962年在中国上演并由此引起中国人民对这位可与莎士比亚齐名的戏剧家的关注。近年，维加的《园丁之犬》、《塞维利亚之星》、《爱情与荣誉》、《最好的法官是国王》以及《奥尔梅多的骑士》和《比塞奥公爵》等名篇业已介绍给中国人民。晚于维加的另一位西班牙戏剧巨擘卡尔德隆（1600—1681）的名剧《人生如梦》也于1991年在中国出版。

在“黄金时代”文学中最贴近西班牙社会现实生活的“浪汉小说”早已为中国读者所熟知。作为这类小说的先驱，著者业已佚名的《小癞子》，继杨绛1962年首次译成中文后，又有两种新译本先后付梓。西班牙浪汉小说的集大成者克维多（1580—1645）的《骗子外传》1990年由吴健恒译出并由重庆出版社出版；选录克维多和其他一些西班牙浪汉文学作家精品的《西班牙流浪汉小说选》已由杨绛等译出并于1997年由人民文学出版社出版。早于克维多的作家罗哈斯（1476—1541）的名著《赛莱斯蒂娜》已有1990、1993、1997年三种译本。与上述浪汉小说内容相近似的莫利纳（1584—1648）的名篇《堂胡安·特诺里奥》也于1992年译出。该著作中的主人公胡安后来在英国诗人拜伦笔下已成为具有世界意义的典型人物。

西班牙历史上的98年代作家产生在19世纪末西班牙社会矛盾突出、社会变革激荡不停的时代。98年代最负盛名的经典作品基本上都已译成了中文。下面试举数例：像加尔多斯（1843—1920）的《萨拉戈萨》、《玛丽亚·奈拉》、《慈悲心肠》、《特拉法尔加》、《葛罗丽娅》、《福尔图娜和哈辛塔》、《乞丐之爱》、《阿尔玛伯爵夫人》、《佩菲塔夫人》、《三月十九日与五月二日》及《纳萨林神父》等富有代表性的作品均已有中文译本。

另一位在中国读者中广泛受到欢迎的西班牙小说家便是伊巴涅斯（1967—1928）。早在30年代他的名著《四骑士》已由中国著名翻译家李青崖译成中文。在近年，他的主要作品如《芦苇和泥淖》、《不速之客》、《橙园春梦》、《血与沙》、《五月花》、《春尽梦残》、《鲟鱼》、《酒坊》等的中文译本均已奉献在中国读者面前。

此外，象巴尔德斯（1853—1938）的《修女圣苏尔皮西奥》、《玛尔塔与玛丽雅》；乌纳穆诺（1864—1936）的《迷雾》、《图拉姨妈》；克拉林（1852—1901）的《独生子》、《庭长夫人》、和《堂娜贝尔塔和其它故事》；阿拉尔孔（1833—1890）的《三角帽》；巴罗哈（1872—1956）的《冒险家萨拉卡因》、《种族》和《布恩雷蒂罗之夜》等著作也已介绍给中国读者。

西班牙文坛继“黄金时代”、“98年代”之后，于20世纪又出现了“27年代”作家群体。其中最富代表性的人物就是加西亚·洛尔卡，他被认为是继塞万提斯之后，在世界上最具广泛影响的西班牙作家。直至1936年他被法西斯杀害之前的18年暂短创作生涯中，洛尔卡共完成7部诗集、12个剧本、一部散文集和一个电影文学脚本的创作。20世纪30年中国著名诗人戴望舒就曾介绍过洛尔卡的诗作。50年代人民文学出版社又出版了由戴望舒翻译的《洛尔迦（卡）诗抄》。近年在翻译与介绍西班牙文学的高潮声中，赵振江翻译并出版了洛尔卡的《血的婚礼》（1994年外国文学出版社出版）。这实际上是一部由西班牙诗人哈维尔·埃赫亚选编的洛尔卡著作精品集。至于入选篇章的标准，埃赫亚做了如下说明：“我唯一的想法是把加西亚·洛尔卡那些最使我着迷的诗篇，把他那些使我最受启迪的诗篇，把那些永不磨灭地铭刻在我的记忆和心灵中的诗篇，选入这个集子。”可以这样说，赵振江翻译的《血的婚礼》中包容了洛尔卡创作生涯中最具典型性和代表性的作品，“是当代诗歌百花园中一些最美丽的花朵。”[①]那么，在以《血的婚礼》作为书名的洛尔卡作品选集中，究竟包含了哪些名篇呢？如该书目录所示，如：《吉卜赛谣曲集》、《深歌集》、《伊格纳西奥·桑切斯·梅西亚斯的挽歌》、《塔马里特短歌集》、《诗人在纽约》等名篇尽在精选集中。此外，洛尔卡的剧作如《马里西娜·皮内达》、《血的婚礼》和《叶尔玛》等也包括在该选集之内。今年恰逢洛尔卡诞辰100周年。《血的婚礼》这一洛尔卡著作选萃的译者赵振江又在《环球时报》上发表了《洛尔卡：三种不同的声音》一文，对洛尔卡表示纪念之情。在文章结尾处，作者这样写道：“加西亚·洛尔卡没有死，像他这样的诗人是不会死的，他永远活在所有善良人的心中。”[②]

在西班牙近代文学领域中，那些荣获诺贝尔文学奖的西班牙作家的

① 易玛：《西班牙》，第6期，第1页。

② 参见《环球时报》，1998年6月7日，第7版。

名篇更是倍受中国读者的青睐。像贝纳文特（1866—1954）的《不吉利的姑娘》、《不该爱的女人》；塞拉（1916出生）的《峰房》、《为亡灵弹奏》等脍炙人口的名著均已有中文译本。此外像获诺贝尔文学奖的西班牙诗人希门内斯（1881—1958）和阿莱克桑德雷（1898—1984）两人的诗歌选集业已以《悲哀的咏叹调》这一中文译名出版。

西班牙地方性文学是西班牙文学的重要组成部分并充分体现出西班牙文化多元性这一鲜明特色。近年中国学者也开始踏入西班牙地方性文学的研究与翻译领域，像廖燕平已将加泰罗尼亚著名作家胡安·贝鲁丘的《吸血蝙蝠追捕记—自然界的传奇》译成中文，并由中国文联出版公司于1997年出版。

为了加强中西两国在文学艺术领域的合作，西班牙文化部已决定资助在华出版《西班牙文学名著》丛书。目前，由董燕生、沈石岩和赵振江任该“丛书”的主编。这一工程将包括现代西班牙最具代表性的作家的作品100余种。

与大量西班牙文学作品译成中文的盛况相比较，目前对西班牙文学和文学史的研究与评论明显滞后。第一部对西班牙文学进行综述的是由万良浚和朱曼华同著的《西班牙文学》，于1931年由商务印书馆出版。这已是60年前的事。其后孟复对西班牙文学史也有过介绍，但仍显得过于简略。在当前，文美惠所著《塞万提斯和〈唐吉诃德〉》和张书立所著《塞万提斯》可以看作是研究西班牙文学的一个新的起步。西班牙历来有研究汉学和中国问题的传统。在汉学研究方面，西班牙人在整个西方世界曾起过先驱者的作用并使西班牙成为18世纪以前欧洲研究中国问题的中心之一。其后西班牙的汉学研究虽然一度消沉，但近年随中西关系的加强又日趋活跃起来。

在中国典籍与古典文学的研究与翻译方面西班牙汉学家多有建树。

其中尤以卡梅洛·埃洛杜伊的成就最受人们的推崇。他 1901 年出生在比斯开省，1926 年来华，曾在芜湖等地传教。在华岁月，使他逐渐熟悉了汉语和中国的典籍，于是转入汉学研究，其中对中国古代思想史尤有精深的研究。1961 年他完成了《道德经》的艰难翻译工作；1967 年他发表了《庄子：道家的文学家、哲学家和神秘主义者》；1968 年又出版了《东方政治中的人道主义》一书。1972 年他的《道家思想中的七十四个概念》付梓。1974 年他的译著《中国浪漫诗歌中颂歌选萃》问世，这是中国《诗经》的选译本。特别是埃洛杜伊对《易经》和《墨子》这两部中国博大精深的典籍进行了多年的研究。1983 年和 1987 年他先后将《变化之书》和《墨翟：具有普遍之爱的政治家》两本专著奉献给了社会，这是他对上述两本中国典籍的翻译、注释和评述，在西班牙学术界很有影响。埃洛杜伊由于在汉学研究方面成绩卓著，所以被誉为西班牙第一流的汉学家。

另一位西班牙汉学家安东尼奥·多明格斯其经历和埃洛杜伊相近似。他也是作为一名传教士来华的，后致力于汉学研究。他最主要的贡献是将西班牙汉学研究先驱者高姆羡 1593 年用中文撰写的《无极天主正教真传实录》译成西班牙文，由桑托斯·托玛斯大学于 1953 年出版（1986 年又再版）。由于该书是第一部由西方人向中国人介绍西方科学知识的著作，而且书中西方传教士与“大明学者”的对话又反映出东西方文化最初接触阶段，各自的立场和观点，对于探讨东西方文化交流的规律十分有助益。所以该书译成西班牙文以后引起西方学术界的注意。有些西班牙青年学者还选择该书作为研究的课题，比如西班牙萨拉戈萨大学的何塞·安东尼奥·塞维拉就以对该书的研究作为博士论文的选题。

上述两位汉学家和他们的前辈汉学家有一个共同特点，即他们原本都是来华传教士，其后，在和中国人和中国文化的接触过程中，逐步认识到华夏文明的不朽价值，于是一步步走上汉学研究的道路。而当今的西班牙汉学家往往为中国古代文明和中国现代的社会巨变所吸引，由此引起他们进一步认识中国的历史和现实生活的渴望，于是走上研究汉学的道路。他们之中很多人都曾在中国或学习或工作过。在他们转入对汉学的专门研究之后，由于他们的勤奋工作，已有相当部分中国古代和近现代的名著被译成西班牙文，使西班牙人民有了一座可以通达中国人精神世界的桥梁。

到目前为止，中国古典文学名著如《西游记》、《红楼梦》、《儒林外史》、《金瓶梅》（西班牙节译本改书名为《金莲》）和《聊斋》等均已译成西班牙文。其中，劳雷亚诺·拉米莱斯的《儒林外史》西班牙文译本荣获了西班牙国家翻译奖。[①]《红楼梦》三卷本西班牙文译本从1988年起由格拉纳达大学逐册出版。由于该校聘请北京大学西班牙语系系主任赵振江参与了全书的翻译工作，因而使该书的译文更加贴近原文，尤其是《红楼梦》中的大量诗词的西班牙文译文基本上体现了原著的神韵，因此受到学术界的好评。西班牙年轻汉学家恩莲专攻中国古典诗词的研究并将李白、李清照等的作品译成了西班牙文。

此外，刘勰的经典传世之著《文心雕龙》由格拉纳达大学中国语言与文学教授亚利西亚·雷林克译成西班牙文并做有注释。她对该书的杰出的翻译与研究不仅填补了西班牙汉学研究中的一个空白，而且标志着西班牙年轻一代汉学家的汉语语言及汉学研究水平达到了一个新的高度。

对中国古代思想史著作的翻译和研究近年也有新进展。马蒂·布鲁

---

① 易玛：《西班牙》，第6期，第36页。

格拉夫与菲纳·桑格拉斯合译的《四书》于1968年出版。胡安·伊格纳西奥·普雷西多的专著《老子，一本论道之书》于1978年问世。我们特别想指出的是旅西华人学者萧继銮于1990年将《孙子兵法》译成了西班牙文。在此之前，这部世界最著名的军事法典已有25种语言的译本（汉语、西夏语、女真语、满语、蒙古语、维吾尔语；日语、朝语、越南语、泰语、缅甸语、马来语、泰米尔语、印地语、印尼语、法语、英语、俄语、德语、希伯来语、希腊语、捷克语、意大利语、罗马尼亚语和丹麦语）。国际学术界长期引以为憾的是在世界上使用广泛的语种中，仅阿拉伯语和西班牙语译本一直阙如。萧继銮所译《孙子兵法》不仅结束了该书无西班牙文译本的历史，而且开启了西班牙人用本民族的语言来研究《孙子兵法》的先河。该书译者在该译本前附有孙子的传记，以便于读者了解孙子的生平和时代背景并介绍了孙子的兵法思想。译者在前言中特别指明，他的译本有两个特点：一个是直接从中文译出；二是根据1972山东省银雀山出土的《孙子兵法》汉简译出。上述两点十分重要，对《孙子兵法》中文版本的这种选择不仅保障《孙子兵法》译文更贴近原文，而且更接近原著的精神面貌。从此，西班牙人终于能够通过西班牙文的《孙子兵法》来研究中国古代的军事思想了。

近年，西班牙汉学界还扩大了对中国近现代文学的研究和介绍。1978年胡安·伊格纳西奥·普雷西多和萧继銮合译了鲁迅的《呐喊》；塞尔希·皮托尔译出了鲁迅的《狂人日记》；玛丽亚·特雷沙·古斯曼翻译了巴金的《家》，其他诸如《芙蓉镇》、《男人的一半是女人》、《向西朝圣》等也相继被介绍给西班牙人民。西班牙很多文化机构和政府部门也都热心于对中国文学的介绍。1993年4月马德里自治大学亚洲—东方研究中心组织了一次题为“中国经典诗词中的语言美学现象”的学术研讨会。1996年马德里自治大学亚洲—东方研究中心和费尔南多·

列洛基金会在西班牙外交部国际合作署的支持下，配合《价值》杂志的“中国诗作专集”的出版又组织了一次题为“关于中国当代诗词”的座谈会。几乎与此同时《西方杂志》特别刊出了一期中国文化专集。[①]

中国与西班牙之间在艺术交流方面也进入了一个新时期，并越来越显示出这样一个特点，即在中国艺术与西班牙艺术这两种不同风格和特点的艺术之间，明显地出现了相互借鉴与融汇的趋向，在某些艺术家的创作过程中，这种趋向尤为突出。

在向西班牙人民介绍中国艺术方面，旅西华人艺术家起到了有益的中介作用。50 年代萧劲在学习西班牙绘画技巧的同时曾不余遗力地向西班牙绘画界介绍了东方艺术的特质。张宝清寓居马德里 50 年，为了加深西班牙人民对中国艺术的理解，他曾在西班牙举办过系列讲座并于 1994 年完成《中国艺术介绍》一书的写作，从书法、绘画、雕刻、建筑、园林、青铜器、玉器、家具、陶瓷、漆器等诸多方面论述了中国艺术的发展历程和中国美学的特点。较年轻一代的旅西华人画家也在成长之中。其中徐宗挥（1955 年出生于浙江）以中国艺术为基础又吸收了西班牙抽象艺术的营养，最终把中国的书法演化成一种抽象艺术。西班牙的《南方日报》1987 年 6 月 25 日曾刊载专文介绍徐宗挥的独具特色的抽象艺术。徐宗挥的代表著集中在他的《画集》中。

近年，许多中国艺术家曾在西班牙举行过画展。1990 年 10 月 2 日至 11 日中央美术学院邢啸声在西班牙举行《啊！西班牙！邢啸声诗书画展》，其后他又举办多次艺术讲座。特别是他本人又是研究西班牙艺术的专家，并将西班牙艺术大师的作品不断介绍给中国人民，所以，在西班牙《国家报》的一篇署名文章中，称邢啸声为“中国的西班牙文化艺

① 易玛：《西班牙》，第 6 期，第 36 页。

术大使。”①

在邢啸声举办诗书画展之后，1993年9月在西班牙人类学国家博物馆又举办了《中国现代画家画展》，同时还展出了敦煌壁画的复制品。1996年6月和7月在巴塞罗那中国总领事馆组织的中国文化周期间，先后举行了邓林及北京画院的四位画家的水墨画、书法以及冰雕精品展。②然而在西班牙影响最大，对中国艺术介绍得最全面的则是1991年在巴塞罗那“圣达·莫尼卡”中心举行的《中国艺术千年展》。在展品中有百余件中国历代珍藏的艺术真品。在国外举办像这样规模和规格的展览，几乎是绝无仅有的。仅这一事例足以说明中国与西班牙两国政府对彼此之间文化交流的重视。

在西班牙艺术家中热衷于中国艺术，并已取得一定成就的，也已不再是个别人了。比如伊萨贝尔·塞维·费尔南德斯1997年出版于巴塞罗那的《中国的艺术与文化》是一部介绍中国艺术的百科全书，正适合于当前西班牙人民渴望了解中国艺术之需。1996年毕业于浙江美术学院的巴罗玛·发顿在中国学习书法期间业已从东方艺术的借鉴中逐步形成自己独特的艺术风格，并于1993年12月份在北京美术馆举办了她个人的西班牙书法作品展。1996年她的学术著作《中国书法》在西班牙出版。③又有消息说，西班牙教育学家玛丽亚·莱塞亚已把《苦瓜和尚画语录》译成西班牙文，这将在西班牙艺术界引起新的反响。

中国艺术所以在西班牙受到重视和欢迎，以及西班牙一些年轻的艺术家所以专攻中国艺术并执着地探求东方艺术的真谛，这既不是一个偶

① 《国家报》，1988年10月14日末版，第72页。

② 易玛：《西班牙》，第6期，第36页。

③ 同上。

发现象，更不是一时的“猎奇”的冲动。事实上，这是从地理大发现以来，人类一体化进程在现代社会形态下不断加速的必然反映。具体来说，这是在人类一体化进程中，东西方文化交流带有规律性的反映，即这是一种带有趋向性的现象。

在西班牙，首先认识到东方艺术的永恒魅力，并在自己的创造中融入东方艺术的精神和其表现手法的，恰恰是那些具有世界性影响的西班牙艺术大师们。

西班牙著名版画家塔皮埃斯在答北京《世界美术》问时，曾这样说：

“……现代艺术（我想，我尤其如此）在了解了中国书法家作书的方式之后，坚定了信念，并受到很大的鼓舞。这不是因为我们学会了中国文字的方块字。我连一个中国字都不认识。我们，特别是围绕各种抽象表现派而成长起来的艺术家们，多亏中国的书法家们，才懂得了借运笔方式而产生的这种感情语言。区别可能在于：对你们来说，这是强化书写文字表现力的手段；而对我们来说，则最终成为一种独立表现的途径。”①

约安·米罗无疑是20世纪最重要的艺术家之一。作为超现实派中最超现实的大师，他对西方艺术无论在理解方面或是在表达方面都达到了极致的程度。然而作为他创作最成熟时期的最本质的特征却是他的“东方精神”和“东方风格”。

从40年代起，米罗便进入“一个缓慢而激烈的审美与形式上的演变过程。”1966年和1969年在他两次访问日本之后，东方艺术使米罗的心灵为之震憾。从此，米罗便开始采用东方艺术源于禅学审美观念的造型艺术手法与表现方式，从而加速了米罗艺术革新的进程。即“东方”

① 摘引自：《世界美术》，北京，1988年第2期。

决定性要素影响着米罗最后岁月中的大部分的绘画和刻印创作。米罗曾两次访问日本，而没有来过中国。那么米罗与中国艺术有何渊源？众所周知，在历史的长河中，中国艺术对日本的艺术有着持久和全方位的影响。因此，透过日本艺术不难追溯到中国这个东方艺术的重要源头。正如马略尔卡皮拉尔与约安·米罗基金会会长巴勃罗·J·里科所指出的：

“如果说，米罗在用墨于宣纸上作画的特别技巧和性灵歆动的书法艺术上，寄托自己最大的造型艺术趣味，那么他的这些绘画手法与效果，确然是有其亲缘关系与共同的源头：中国。”

巴勃罗·J·里科更进一步指出：

“虽然米罗是通过日本而认识与领会到东方的审美原则，但是他对人与自然之间的关系所怀的深厚兴趣，却不偏不倚地落在中国传统艺术的一个最根本的要求上：和谐协调，浑然一体。”①

米罗自己也曾坦言他从中国哲学思想中所受到的启发：

“但当一位观众，在我的人物身上认出自己，他不会感到有什么东西把他同别人隔开，而会感到有什么东西使他同别人，同所有的人，不论是白人还是黑人，南（方）人还是北（方）人，黑人还是中国人，更接近。孔夫子的一句话，令我深为震惊：‘性相近，习相远’。”②

米罗是位具有世界性影响的艺术大师。1993年恰为米罗诞生100周年。加泰罗尼亚自治州政府宣布1993年为“米罗年”。这一倡议在世界各地得到广泛的响应。很多人便是通过米罗的绘画开始了解到东方艺术的魅力的。中国艺术所以在西班牙受到欢迎，年轻一代的西班牙艺术家所以要学习中国艺术，我们认为除近年中西两国友好关系不断有所加

① 详见《米罗·东方精神》，北京1995年，第15页。

② 同上，第48页。

强这一因素外，更重要的原因很可能就是像塔比埃斯和米罗这样的艺术大师作品中所体现出来的“东方精神”在推动年轻一代的西班牙艺术家把目光投向中国及中国艺术。

正像西班牙艺术大师成功地借鉴东方艺术的精神和表现手法，使西方传统艺术有所创新一样，中国的艺术家在继承华夏传统艺术精髓的同时，也在吸收西方艺术的特长，以丰富自己的创作手段。尤其像从委拉斯凯兹和戈雅到毕加索和达利这些西班牙艺术大师的作品无不为中国人民所珍爱。对于中国艺术家来说，这些西班牙艺术大师的成果更是学习与借鉴的典范。特别像塔皮埃斯和米罗在融汇东方特质方面的杰出成就和经验，对中国艺术家来说更是富有启迪作用。中国和西班牙政府考虑到中国艺术家和中国人民的这种客观的需要，因此对于中西两国艺术家在中国举办塔比埃斯版画展和米罗画展的倡议和努力给予了极积的支持。特别是 1995 年先后在北京和上海举办的《米罗・东方精神》绘画及雕刻作品展览，其规模宏大，反响强烈。是年 3 月 30 日，西班牙国王胡安・卡洛斯和王后索菲娅曾亲临北京美术馆主持《米罗・东方精神》的开幕式，场面十分盛大，令人难忘。

很多中国青年艺术家都渴望到西班牙去观摹西班牙历代艺术大师的传世精品，同时也希望有机会学习西班牙画派独特的创作理论和艺术表现方式。有鉴于此，旅西华人学者张宝玮和叶济盛（音）特意创办了“马德里画室”，每年都接待 2~3 名中国年轻的艺术家到西班牙去进修。

前面我们曾提及邢啸声曾向西班牙介绍过中国艺术。此外，他本人也致力于对西班牙诸多艺术领域的研究。他的近著《西班牙雕刻》已于 1998 年由江西美术出版社出版。该书讲述了自远古直至今日，伊比利亚半岛雕刻艺术的演变过程并着重介绍了历代有代表性的雕刻家及其代表作，以期探讨西班牙雕刻创作的兴衰之道和雕刻传统的特色所在。作者热情赞颂西班牙民族在雕刻领域同样表现出来的伟大创造精神，以及从中体现的民族自尊心。

在当代各种大众艺术传媒中，无疑地电影和电视起着其他艺术形式难以比拟的重要作用，即传播的速度快而且能深入千家万户。当今在中国与西班牙的文化交流中，电影和电视已成为促进两国人民相互了解的重要桥梁。

西班牙电影艺术已有百年的历史。至今西班牙已成为具有世界影响力的电影大国之一。西班牙的电影类型多样化，题材广泛，在电影语言、电影美学和哲学方面别具一格。西班牙的成名导演既承继有西班牙传统文化的深厚底蕴，又以开放的态度不断吸收和引进影视艺术中的现代意识及其表现手法。在这一前提下，西班牙涌现出一批象路易斯·布努艾尔、卡洛斯·绍拉、佩德罗·阿尔莫多瓦等世界闻名的导演大师。

在中西两国政府关怀下，在中国已举办过三届西班牙电视回顾展，而且每届都各有侧重点。1991年举办的西班牙电影回顾展主要向中国观众介绍了70年代以来，特别是80年代的西班牙电影作品。1995年和1997年先后举行的第二届和第三届西班牙电影回顾展，着重放映了90年代初和1995年及1996年的西班牙电影代表著。通过这三届回顾展，中国观众对于西班牙电影的发展历程、现状和未来的发展趋向已有较为完整的概念。

上述三届西班牙电影回顾展都是由中国电影资料馆主办的。该馆外国电影研究室主任傅郁辰，20世纪80年代初曾在巴塞罗那大学专攻世界电影史。近20年来她一直致力于西班牙电影史的研究并在中国《当代电影》、《世界电影》和《文艺报》等杂志上发表过多篇文章，着重论述了西班牙电影的特点及西班牙电影在国际上的地位。其中，对于西班牙著名导演卡洛斯·绍位、佩德罗·阿尔莫多瓦等的电影美学思想以及西班牙90年代新生代的代表作品都有专文论述。在国外，傅郁辰还被推举为巴塞罗那电影研究中心主编的《电影史》的编委。

西班牙电影界也曾热情地参加中国主办的国际电影节活动。1993年在上海国际电影节和广州“金鸡奖”颁奖会上，曾放映过西班牙影片《归途茫茫》、《十四个车站》和《艾斯特拉达上尉的遗孀》等影片，并受到中国观众的热烈欢迎。1994年荣获奥斯卡最佳外国语影片奖的西班牙故事片《美好时光》曾在北京上演。1997年西班牙艺术家在上海国际电影节上又奉献了一部新片《女演员》；由比拉尔·米罗导演的《幸福之鸟》则在第四届世界妇女代表大会主办的国际妇女电影展上放映。如果再加上1991、1995和1997举行过的三届西班牙电影回顾展，可以这样说，中国观众几乎每年都可以欣赏到西班牙的电影佳作。通过这些影片也加深了中国人民对西班牙社会，尤其是西班牙人民的生活和内心情感世界的了解。[①]至于对中国专业电影工作者来说，西班牙的电影则为中国艺术家学习与借鉴外国电影的成功经验创造了条件。事实上，每次西班牙电影的放映活动或是西班牙电影回顾展，常常伴之以中西双方专业人员的学术交流活动。例如在1991年举办的第一届西班牙电影回顾展期间便举行了为期3天的西班牙电影研讨会，仅中方便有80余位电影工作者参与了这次学术交流活动。

改革开放以来，中国电影艺术得到空前发展，异采纷呈，并屡屡在国际上获奖。因此西班牙人民对中国电影和中国的电影艺术怀有浓厚的兴趣。中国艺术家则更是以十分积极的态度参加了西班牙组织的国际电影节活动。1991年在圣·塞斯蒂安艺术节上，张艺谋导演的《大红灯笼高高挂》获最佳摄影奖。1992年同样在圣·塞斯蒂安艺术节上，放映了《秋菊打

① 易玛：《西班牙》，第4期，第58页；第6期，第35页。

官司》一片。1994年宁瀛执导的《找乐》获埃乌斯卡尔·麦地亚奖。[①]另一些中国电影则在西班牙各影院公开放映，如《红高粱》、《菊豆》、《有话好好说》、《霸王别姬》等等。中国亦曾在西班牙举行过中国电影周，像1988年在中国电影周上便上演了《恋爱季节》等新片。为了深入研究改革开放以来中国电影艺术的特点和发展趋向，巴塞罗那大学曾举办过“中国电影讲座”。

在影视艺术的国际合作方面，中西两国艺术家也在做着新的努力。由中西两国合拍的电视片《新的中国·古老的河》在西班牙国家电视台播出后，引起极大的轰动。首次播出观众达75万人，这是通常收视率的两倍。

该片的核心内容是介绍中国的母亲河长江及三峡。透过长江壮丽的山水画卷展示了中华民族世代奋斗不息的历程。这部严肃、客观的文献片不久将译成英、法、德、荷、意、葡等语种在13个欧洲国家放映。该电视剧预示着中国与西班牙两国艺术家在影视方面的合作将有广阔的前景。[②]

音乐与舞蹈是最能反映一个民族文化传统乃至民族性格的艺术形式。近年中国与西班牙的艺术家们不远万里带着各自民族的艺术瑰宝奉献给对方的观众，从而加深了两国人民的友谊和相互理解。

作为中西两国歌舞和音乐艺术交流之始，便是1988年7月何塞·塔马约率西班牙轻歌剧精英团在广州和北京的成功演出。由于该团有蜚声全球的男高音歌唱家普拉西多·多明戈加盟，其演出活动引起了极大的轰动。在人民大会堂的演出中，多明戈连唱8首风格各异的西班牙歌

① 易玛：《西班牙》，第4期，第60页；第2期，第41页。

② 《中国电视报》，1992年5月25日—5月31日，第39版。

曲，受到听众热烈的欢迎。在不断的掌声中，多明戈又加唱了一曲《我爱你，美人儿》把演唱会推向高潮。1989 年 4 月，西班牙享誉世界的著名女高音歌唱家卡瓦列来华访问，并在北京音乐厅举行了个人演唱会，使中国观众终于有了聆听卡瓦列女士美妙歌喉的机会。卡瓦列能熟练地掌握不同国家声乐名曲的演唱技巧，令听众赞叹不已。尤其是卡瓦列演唱的西班牙轻歌剧选段，其富于民族性的旋律，令听众心驰神往，并由此开始领略到与意大利、奥地利和法国歌剧色彩迥异的西班牙轻歌剧的曲式和风格。多明戈和卡瓦列的来华演出对中国观众来说既是一种艺术上的享受，也加深了对艺术多元化的认识。①

在多明戈与卡瓦列成功访华演出之后，中西两国艺术家之间的往还日趋频繁。下面试举数例：1992 年 8 月由 21 名西班牙音乐舞蹈演员组成的“马德里村”艺术团来华演出，在北京和辽宁省几个城市的精彩表演获得中国观众的热列欢迎。10 月份，西班牙著名女钢琴家罗莎·托雷斯在北京音乐厅演奏了西班牙作曲家的作品，使中国听众欣赏到旋律优美的西班牙音乐。随着通俗音乐的不断普及，很多中国青年人热衷于吉他的演奏。西班牙是世界上弹奏吉他最为普遍、技艺颇为高超的国家。因此能向西班牙演奏家学习吉他的弹奏方法是中国吉他爱好者的强烈愿望。1992 年的 10 月，西班牙著名吉他演奏家何塞·恩里格斯在中央音乐学院举办了西班牙吉他演奏会，并为“安德烈斯西班牙电影回顾展塞戈维亚”西班牙吉他中心揭幕。

弗拉门科舞可以说是西班牙民族性格的集中体现。1993 年根据中西双边合作计划，西班牙佩帕民间舞蹈团参加了沈阳举办的艺术节，使中国观众终于欣赏到弗拉门科舞的风采，并对西班牙艺术家表示出热烈

① 《中国电视报》，1992 年 5 月 25 日—5 月 31 日，第 39 版。

的欢迎。该舞蹈团路经北京时，应邀在华侨大厦加演了一场。同一年，世界闻名的西班牙歌唱家胡利奥·伊格莱西亚斯在上海举行的东亚运动会上也做了精彩演出。①

由于佩帕民间舞蹈团的弗拉门科舞演出获得极大成功，1994年由布兰卡·德尔雷伊率领的弗拉门科舞蹈团又应邀来华献艺。该团由三位表演艺术家、三位吉他手和三位伴唱演员组成。他们在北京保利大厦进行了两场题为“动情的弗拉门科舞”的演出，向更多的中国观众介绍了西班牙这一传统舞蹈中的瑰宝。1996年西班牙坎波里奥舞蹈团又来华访问并参加了上海宝山举行的国际艺术节。

在西班牙艺术家频频来华访问的同时，中国艺术家也不断造访西班牙，带去了中国的歌舞艺术。继1992年中央乐团成功访问西班牙之后，1993年四川川剧团又前往西班牙演出。川剧独特的艺术表演形式和艺术手法深为西班牙人民所青睐。1994年中国女高音独唱家许平在西班牙曾举行过多场演出。在她的曲目中，包含了几首中国传统歌曲，使西班牙听众有耳目一新的感觉。1998年又有湖南等两个杂技团同时在西班牙进行巡回演出。

近年，在中国与西班牙两国政府的关怀下，在文化教育事业方面，双边合作也有新进展。根据中西两国政府的协议，每年双方互换留学生12名。此外，西班牙政府还在旅游、语言培训、学术考察等领域单方面向中国青年提供奖学金并向一些大专院校赠送了相当一部分图书。

中国的西班牙语教学活动已有相当大的规模。1953年当时的北京外国语学院率先创办西班牙语系，到20世纪末全国已有10所大专院校设置了西班牙语专业。仅北京，就有北京大学、北京外国语大学、北京

① 易玛：《西班牙》，第3期，第40页。

第二外国语学院、对外经贸大学和首都师范大学等 6 所著名大学开设了西班牙语课程。此外，在上海、广州、南京和西安等地也有几所大学在教授西班牙语。历年以来，中国已培养出相当一批精通西班牙语的人才。1998 年 8 月 24—27 日在北京召开了“北京’98 国际西班牙语研讨会”，许多国家的西班牙语学者齐聚北京，就共同关心的问题展开了讨论。

中国与西班牙高等院校之间的校际交流活动也日趋活跃。像西班牙格拉纳达大学、马德里自治大学和巴塞罗那自治大学都曾向中国派出专家教授西班牙语，其中，在 1990—1991 年度还在广州外国语学院开设了博士班。北京大学和北京外国语大学等院校也曾不断派出自己的资深学者前往西班牙开设中文和中国文化等方面的课程。

出于加强对中国了解的需要，1988 年巴塞罗那自治大学建立了西班牙第一个中国研究中心。近年，在马德里自治大学成立了亚洲—东方研究中心。巴塞罗那另一所大学，即旁佩乌·法布拉大学在人文系开设了中国语言文化硕士班，目前有学员 30 余名。

综上所述，中国与西班牙建交 30 年来，无论在经济贸易合作方面或是在文化交流方面，都已经取得了长足的进步。中国与西班牙两国政府正充满信心将更加和谐与友好的双边关系带进 21 世纪。

“他在自己的心里
带来中国海的一条鱼。”
——加西亚·洛尔卡

| 第九章 |

迈入 21 世纪的中国与西班牙

《中国与西班牙关系史》一书的前八章系统地回顾了从公元 1 世纪至 20 世纪中西两国人民长达两千年的相互交往的历史。时间永不停步，历史潮流滚滚向前。21 世纪的钟声迎来了中国与西班牙友好关系的新时期。

一、中西建交后的第三个十年：友好基石的奠定

（一）西班牙政府“2000 年至 2002 年亚太战略计划”的制定及中西关系的新发展

2000 年 6 月 25 日至 29 日，西班牙首相何塞·马丽亚·阿斯纳尔对中国进行了正式访问。在临行前的记者招待会上，阿斯纳尔首相说，只要看一下这个由 50 名政府要员，50 名记者和 200 余名企事业家组成的庞大代表团的阵容，就可知道西班牙对于发展与中国的友好关系的重视程度。

众所周知，自 1973 年中西两国建交以来，西班牙政府一贯对中国抱有友好的态度。西班牙认为中国不但在亚洲，而且从全球政治的角度看，都是维护世界稳定的决定性因素之一。因此一直以积极的态度促进中西两国的友好关系。在 20 世纪 80 年代末和 90 年代初国际风云变幻

的年代，在某些西方国家对中国实行所谓的“制裁”的形势下，西班牙仍实现了对中国的政府贷款和西班牙外交部长对中国的友好访问。此外，在台湾问题上、在中国申办奥运会和加入世界贸易组织等重大问题上，西班牙始终给予中国以积极的支持。因此中国人民以极大的热情期待着西班牙首相的这次国事访问。

在阿斯纳尔首相抵达北京伊始的6月26日，中国朱镕基总理和来访的阿斯纳尔首相举行了会谈。双方高度评价中西两国在经贸技术和文化领域的合作成就。朱镕基总理特别指出，在许多涉及中国根本利益的问题上，西班牙一直对华采取友好政策。对此他表示了感谢。他还提到，西班牙所提供的7笔政府优惠贷款，对两国经贸关系的发展起到了积极作用。朱镕基总理期望中西关系在未来的岁月中能有更大的发展。阿斯纳尔首相则表示了促进中西双边合作关系的诚挚愿望。他希望双方对中西关系的进一步发展能做出长远的规划，开拓新的合作领域，寻求新的合作方式，以求得进一步的突破。他还提出建立“中国与西班牙论坛”的具体倡议。

同日下午，江泽民主席在中南海会见了来访的阿斯纳尔首相。江主席对西班牙政府坚持一个中国的立场以及在其它问题上采取对华友好的态度给予积极评价。江主席还向客人介绍了中国西部大开发战略。阿斯纳尔首相表示，西班牙在国际领域视中国为朋友。西班牙密切关注中国的改革开放进程，愿意研究和参与中国西部的开发。

当晚，朱镕基总理陪同阿斯纳尔首相观看了霍金·科尔特斯舞蹈团演出的《灵魂》一剧。朱镕基总理高度赞扬了西班牙艺术家的精湛演出。

在京期间，阿斯纳尔首相还和吴邦国副总理共同主持了中国与西班牙企业家研讨会，并为中国与西班牙双方合资兴建的八王坟长途客运站的“首相访问纪念碑”揭幕。此外，阿斯纳尔首相还在百忙之中亲切地与中国从事西班牙问题研究的专家和学者们进行了座谈。①

西班牙首相阿斯纳尔对中国的国事访问极大地推动了中西之间业已存在着的友好关系。

同年的11月，西班牙王储费利佩·德博尔冯—格雷西亚访华。朱镕基总理在会见费利佩王储时充分肯定了中西之间的友好关系并对王储的来访表示了热烈的欢迎。费利佩王储则着重介绍了西班牙政府制定的“2000年至2002年亚太战略计划”(Plan Marco Asia Pacifico，2000—2002)。他强调指出，中国是这一战略计划的重点。②

那么,什么是西班牙政府制定的“2000年至2002年亚太战略计划”?

“2000年至2002年亚太战略计划”是西班牙全方位外交政策的重要组成部分。在上个世纪80年代，西班牙政府把使西班牙融入欧盟作为外交工作的重点，并达到了预期的目的；到90年代，西班牙又为加强与拉丁美洲以及地中海和东欧国家的关系而努力；进入21世纪，西班牙则开始把扩大西班牙在亚洲和太平洋区域的影响，放在了对外关系的重要位置上。

西班牙这种外交政策上的调整反应了西班牙的国家现实利益。进入21世纪，亚太地区将成为世界上经济和贸易最为发达和最富活力的一个地区。这里拥有世界一半以上的人口并创造出世界三分之一以上的生产总值。此外，亚太地区还是对外部资金极富吸引力的投资区域。然而当代西班牙在亚太区域的影响却十分有限。因此“2000年至2002年亚太战略计划”首先指出，为了国家的战略利益，西班牙整个社会都应认识到亚太地区的重要性。如果西班牙不采取及时的，有效的措施以改变

① 《人民日报》2000年6月27日，第1、6版。

② 《人民日报》2000年11月7日，第1版。

西班牙在这一地区的被动局面，那么西班牙就有被排除在这一地区之外的现实危险。因此“2000年至2002年亚太战略计划”要求西班牙的所有民众组织、经济及社会团体和机构要充分利用他们的经验和能力，用渐进和相互协调的方式，以实现扩大西班牙在亚太地区影响的这一战略目的。西班牙政府制定的上述战略计划对于加强西班牙与亚太国家的关系起到重要的保障作用。①

前已提到，2000年6月26日，阿斯纳尔首相访华期间曾与中国从事西班牙问题研究的专家和学者举行座谈。其间，中国社会科学院历史研究所张铠和北京第二外国语学院孙家堃共同提出意欲从事西班牙来华传教士研究和编辑、出版《西班牙来华传教士文集（16—18世纪）》（十卷本）的计划。这一计划的目的和意义就在于客观评价西班牙来华传教士在东西方文化交流中所起到的先驱作用，并从他们的跨文化的活动中引申出展望人类文明未来走向的有益启示。此外，开展对西班牙来华传教士的研究，十分有利于通过对中西文化交流史的回顾，而取得加强当代中西两国友好关系的信心。

2000年11月28日，西班牙驻华大使欧亨尼奥·布雷格拉特向前述研究计划的提出者转来西班牙国际与安全部部长拉蒙·吉尔卡萨雷斯2000年11月15日发自马德里的来信，内中表达了西班牙首相和西班牙政府对前述研究计划的支持，并提供了可以和中方合作的西班牙学者的名录。布雷格拉特大使更期待这一计划能够成功地实施。

上述来信体现了西班牙“2000年至2002年亚太战略”的基本精神，这对于计划提出者来说，无疑也是一种激励和鼓舞。但他们也冷静地预

① 参见“亚洲之家”秘书长哈乌梅·吉涅：《“亚洲之家”：有关在外交事务中增强（西班牙）在亚洲的张力的战略总体思考（2002—2004）》。

见到落实上述计划的重重困难。这不仅需要中西双方在学术上已较成熟的同仁们的紧密合作，而且更需要年轻一代学子的积极参与。但他们相信这一跨文化工程终将会完成。

（二）中西关系中的华彩乐章

2001年是中国喜事连篇的一年。同时也是中国与西班牙友好关系大放异彩的一年。

2001年7月13日北京赢得了2008年奥林匹克运动会的主办权，从而圆了中国人民怀抱了百年的梦想。早在1908年，《天津青年》首次提出中国人何时能举办奥林匹克运动会这一问题。到1990年9月3日，邓小平在视察亚运会场馆时指出："办了亚运会还要办奥运会。"其后，中国在1993年9月在蒙特卡洛举行的申请奥运会主办权的大会上以两票之差落选。当时邓小平鼓励中国人民要为争取奥运会的主办权而继续努力，他语重心长地指出："要紧的是办好我们自己的事情。"

在改革开放的大潮中，中国人民取得了举世瞩目的伟大成就，并赢得了世界人民的广泛赞誉。因而在2001年7月13日中国一举赢得了2008年奥运会的主办权。在中国人民举国欢庆的时刻，中国人民并没有忘记在中国争取奥运会主办权的过程中，西班牙政府给予中国的一贯支持以及萨马兰奇主席对中国人民所怀有的深厚感情。7月14日江泽民主席致电国际奥林匹克委员会主席萨马兰奇，对他为国际奥林匹克运动发展做出的贡献致以崇高的敬意。在7月17日江泽民主席对俄罗斯进行国事访问时，在莫斯科的中国大使馆中，江泽民主席与萨马兰奇先生亲切会见。这体现了中国人民对萨马兰奇先生的尊重与情谊。[①]

① 《人民日报》2001年7月14日第1版；2001年7月17日第3版。

“中国人民的好朋友”萨马兰奇

同年11月6日，胡锦涛副主席到达马德里，开始对西班牙进行国事访问。11月7日，西班牙国王胡安·卡洛斯一世在王宫会见了到访的胡锦涛副主席。西班牙国王着重向胡锦涛副主席介绍了西班牙政府制定的“2000年至2002年亚太战略计划”的内容，并指出，西班牙一直把中国作为其外交关系中的重点。胡锦涛副主席则向西班牙国王转达了江泽民主席对国王陛下的诚挚问候并表达了中国对于加强中西友好关系的愿望。11月8日胡锦涛副主席访问了西班牙的历史文化名城巴塞罗那并会见了加泰罗尼亚自治区政府主席普霍尔和巴塞罗那市市长克洛斯。胡锦涛副主席对加泰罗尼亚和巴塞罗那市与中国一些地区业已建立起来的友好关系表示欣慰，并希望这种互利关系能得到进一步的发展。胡锦涛副主席对西班牙的成功访问极大地推动中西友好关系的发展。[①]

2001 年 11 月 9 日至 13 日，在卡塔尔首都多哈举行的世界贸易组织第四次部长级会议上，中国终于正式加入了世贸组织。在中国为加入世贸组织而进行的长达 15 年的努力过程中，西班牙政府始终给予中国以宝贵的支持。

为了配合西班牙政府制定的“2000 年至 2002 年亚太战略计划”，会址设在巴塞罗那的“亚洲之家”（La Casa Asia）遂应运而生。在 2001 年 12 月 11 日举行的“亚洲之家”的第一次会议上，约恩·德拉利瓦 (Ion de la Riva) 被推举为该学术团体的主席。

“亚洲之家”深刻认识到自己所肩负的历史重任和所面临的挑战，尤其是该学术团体的领导层深知，由于西班牙缺乏对于亚太地区政治、经济、社会和文化现实状况的充分认识，此点已经构成西班牙发展与亚太地区关系的最大障碍。这就要求“亚洲之家”一方面要寻求西班牙所有的研究机构、学术及文化单位的通力合作；另方面则要加强西班牙与亚太地区各国积极与富有成果的联系。同时“亚洲之家”还把完善体制，筹措经费和提高学术水平，当作增强“亚洲之家”活力的三根支柱。自“亚洲之家”成立以来，已对西班牙有关亚太地区的学术研究起到了积极的推动作用。[②]

（三）在连连喜事中迎接中西建交 30 周年

中国加入世贸组织后，中国经济发展的新趋势引起西班牙经济界的广泛关注。在 2002 年“亚洲之家”组织的学术活动中，对此也有突出

① 《人民日报》2001 年 11 月 9 日第 1 版、第 3 版。

② 参见吉涅的前引文。

的反映。比如，2002 年 6 月 17 日在巴塞罗那举行了以《21 世纪的中国：加入世贸组织后中国经济与市场的展望》为题的研讨会；2002 年 6 月 26 日在巴塞罗那又举行了以《亚洲市场的免税：中国和新加坡》为题的研讨会；在 2002 年 9 月 5 至 6 日在巴塞罗那举行以《加入世界贸易组织的中国》为题的研讨会。[①]

西班牙另一个从事太平洋事务研究的学术机构便是西班牙太平洋研究会 (Asociación Española de Estudios del Pacífico)。在 2002 年 6 月 6 日至 8 日举行的该研究会第 6 次代表大会上，围绕 37 个重点研究课题进行了讨论。其中与中国相关的课题有：由西班牙国际关系中心恩里克·方胡尔负责的《中国经济展望》；由庞佩乌·法布拉大学多罗斯·福尔奇负责的《16 至 17 世纪中国形象的塑造》；由西班牙驻华使馆文化专员易玛负责的《中国的前卫文化》；由庞佩乌·法布拉大学欧阳平和西班牙太平洋研究会塞昂·雷塔纳共同负责的《有关东亚的伊比利亚规划（16 至 17 世纪）》；由加利西亚国际分析与文献研究所胡利奥·利奥斯负责的《中国的政治形势》；由布尔戈斯大学塞肯利负责的《东亚的中国人》等。从上述研究课题的设置可以看到，从事中国问题研究的西班牙学者人数日众，而研究的范围也在日益拓宽。[②]

2002 年恰逢西班牙著名耶稣会士沙勿略在中国上川岛去世 450 周年（有关沙勿略的生平和业绩请参阅本书第四章）。在当前复杂多变的国际形势下，国务活动家们自然十分关注世界政治和经济格局的发展趋势，然而对于亿万的普通人们来说，他们则更加关心人类文明的未来走向。那么世界未来的文明是越来越走向全球化或是越来越向民族化回归，

① 参见吉涅的前引文。

② 参见《西班牙太平洋研究会通讯》第 32 期。

抑或是像某学者所宣扬的那样人类可能陷入“文明冲突”之中？在当代的科学和技术条件下，一场突发的大规模的“文明冲突”甚至会使人类倒退到洪荒时代。在这种氛围下，国际学术界不能不十分重视对历史上东西方文化交流规律的探讨。

沙勿略早在 450 多年前已经倡导在不同的文明之间要进行和平与平等的对话，这就是被后人称作“适应”策略的理念。“适应”策略不仅在历史上对于东西方的文化交流曾起到过积极的推动作用，而且即使是在当代，仍可从中引申出许多具有现代性的启示。因此，沙勿略所倡导的“适应”策略理念越来越引起人们的关注。又由于沙勿略在西班牙是一位十分具有感召力的历史文化名人，因此，当沙勿略在上川岛去世 450 周年到来之际，自然会在当代西班牙人的心中激起一种怀念之情。西班牙驻华公使曼努埃尔·皮内罗于 2001 年 8 月曾专程到上川岛去拜谒沙勿略的陵墓，并对上川岛进行了访问。

1552 年当沙勿略踏上中国上川岛时，那里还只是一个人口稀少的荒凉小岛。而今，上川岛已成为拥有两万人口、经济发达、社会稳定、充满生机与活力的旅游开发综合试验区。由于上川岛人能以尊重文化多元性的理念为出发点，对沙勿略的陵墓作了妥善的保护，并用心良苦地保存了沙勿略陵墓周围古朴的自然环境和庄严肃穆的历史氛围。对此，皮内罗公使向当地政府表示了感谢。当今上川岛没有污染的自然环境和蓬勃发展的社会现状都给皮内罗公使留下了深刻的印象，并使他看到上川岛与西班牙进行经济技术合作的未来前景。皮内罗公使对上川岛所属的台山市的负责人表示，他将尽力促成一个西班牙城市与台山市结为姐妹城市。2002 年夏，西班牙一个摄影小组来到上川岛，并拍摄了一部记录上川岛风光和沙勿略陵墓的电视片，目前该电视片已在西班牙播放。这既是西班牙人民对他们所尊崇的先贤沙勿略的纪念，也是对中西人民之间的友谊的赞颂。

在沙勿略在上川岛去世450周年之际，为了对沙勿略的生平和他的历史功绩做出客观的评价，本书作者写出《沙勿略与上川岛——兼论沙勿略所倡导的“适应”策略在东西方文化交流中的历史地位及作用》一文，并已在澳门理工学院中西文化研究所主办的《中西文化研究》（创刊号）上发表。

2002年中西友好关系中的又一盛事，便是由北京十月文艺出版社出版的《奇想联翩的绅士堂吉诃德·德·拉曼恰》新译本的问世。中国著名的东方学学者季羡林称誉该新译本为“二绝、二美”。“二绝”，系指该书是塞万提斯的不朽名篇；而该书新译本中，又附录有西班牙超现实主义美术大师萨尔瓦多·达利专门为《堂吉诃德》一书所绘制的30余幅插图。“二美”，系指该书译者孙家孟在翻译过程中倾心遣词造句的功夫和新译本装帧及印刷的精致。

在2002年5月22日由中国人民对外友好协会、文化部、新闻出版署以及西班牙大使馆共同举办的艺术珍藏本《奇想联翩的绅士堂吉诃德·德·拉曼恰》的首发式上，中国人民对外友好协会会长陈昊苏在发言中首先对塞万提斯表示了崇高的敬意。他认为，《堂吉诃德》在世界小说的发展历史上，是一座百尺丰碑。世人还在创造或者已经创造了许多新丰碑，但《堂吉诃德》这样的丰碑永远是独一无二的，无法取代的。陈昊苏特别指出，堂吉诃德不仅是一个给人生以启迪的不朽的文学典型，而且即使是对当前变幻不定的国际形势而言，人们也可从堂吉诃德这一形象中得到有益的启示。陈昊苏表示他深信世界上明智的政治家及富于团结精神的民间人士都会在塞万提斯在经典作品《堂吉诃德》所表达的深刻思想的鼓舞下，继续为人类社会实现伟大的成熟而努力奋斗。

在同一首发式上，在西班牙驻华大使欧亨尼奥·布雷格拉特的致辞中，他首先传达出这样一个信息，即在刚刚结束的由 54 个国家 100 余位作家参加的有关人类历史上最佳文学创作的评选中，《堂吉诃德》荣登榜首。他说，人们绝不会为这种评选结果而感到惊异。虽然《堂吉诃德》是特定时代的作品，然而这部小说的意义却超越了时代的界限，它涵盖了各个时代的生活。4 个世纪以来，它打动了每位读者的心。布雷格拉特大使动情地说，塞万提斯是人民的作家，而堂吉诃德的事业是崇高的和无私的。《堂吉诃德》可以说是一部自由的颂歌。在致辞的最后，他向《堂吉诃德》新译本的译者、出版者和各位来宾表示了感谢，同时他期待着在未来，中西两国的翻译界和出版界能通力合作，以便将各自的文学遗产奉献给两国的人民，用以增进中西人民之间的相互了解。

中国从事西班牙问题研究的学者也在各尽所能地为推动中西两国的友好关系而努力。前不久，中国社会科学院世界历史研究所和欧洲研究所已各自成立了西班牙研究中心，并正在对西班牙的历史、文化、政治与经济进行全方位的研究。

2003 年是中西建交 30 周年。西班牙王后索菲娅陛下对中国进行了友好的访问，从而把中西建交 30 周年的庆典活动推向了高潮。中西两国人民正满怀信心地迈向中西建交的第四个十年，而且深信那将是一个硕果累累的十年。

二、中国与西班牙建交后的第四个十年：中西关系正处于“历史上最好的时期”

自从中国与西班牙建交进入第四个十年，双边关系实现了质的飞跃。特别是 2005 年中国国家主席胡锦涛对西班牙进行了国事访问；2007 年西班牙国王胡安·卡洛斯一世访问了中国，自此，中西关系取得了全方位、多层次的快速发展，两国全面战略伙伴关系不断得到充实，目前正处于“历史上最好的时期”。下面我们将就中西建交后第四个十年双边关系所取得的丰硕成果作一历史回顾。

（一）马德里中国文化中心与北京塞万提斯学院的建立

跨入新世纪，马德里中国文化中心与北京塞万提斯学院的建立为加强中西两国的友好关系，为促进中西两国人民的相互了解与友谊搭建了新的平台。

1. 马德里中国文化中心的建立

中西两国政府于 2005 年签署了《中华人民共和国政府和西班牙王国政府关于互设文化中心的协议》。该协议规定，中国将在西班牙首都建立马德里中国文化中心，而西班牙则将在中国首都建立北京塞万提斯学院，待时机成熟后，上述文化中心再延伸至其它城市。

马德里中国文化中心是中国政府在海外设立的第 10 个文化中心。中国政府于 2010 年在马德里市中心萨拉曼卡区购置了文化中心大楼，2012 年上半年开始对大楼进行改造和装修，并于本年 9 月正式启用。

马德里中国文化中由两栋独立的四层大楼、一个花园和 28 个停车位组成，建筑面积达 3000 平米。楼内设置有一个现代化展厅、一个长度 12 米由高等级超白玻璃橱窗构建的画廊、一个 110 个座位的剧场、一个图书馆、一个多媒体教室、10 个教室（可同时容纳 120 人上课）、一个厨艺教室、一个大型舞蹈武术培训教室、一个音乐教室和若干用于艺术手工教学的工作作坊。此外，还附设一个对外营业的中国茶馆等。

马德里中国文化中心尽管正在建设之中，但中西双方对其正式启用寄予了厚望。2013 年 5 月之前的所有场地日程已经排满。2012 年第四季度，在该中心举办了浙江文化节，包括现代丝绸展、旗袍时装秀、彩蝶女乐演奏、民俗风情摄影展等项内容。其间，中心还与西班牙国家装饰艺术博物馆合作举办了题为“丝绸之路——中国古代丝绸艺术”大展。2013年上半年，将在马德里中国文化中心举办中国非遗展、农民画展、渔民画展、中国书法精品展等，国内木偶剧团、民间艺术演出团也将在中心剧场演出。2013年春节期间该文化中心还举办了春节系列文化活动，春节品牌的各类文化活动成为2013年马德里中国文化的特色项目。此外，还将在马德里中国文化中心展厅和剧场举办中西建交40周年的庆祝活动。

承担海外文化传播重任的马德里中国文化中心，在正式启用之前已经预招了120名汉语班学员和60名武术太极班学员，包括了学前儿童、在校学生和其他年龄段的学生。该文化中心还将在年内开设中国烹饪、汉字书写艺术等课程，每周还将放映中国电影等。[①]可以想象马德里中国文化中心必将在中华文化走出去的过程中起到重要的辐射作用。

2. 北京塞万提斯学院的建立及其在促进中西文化交流方面所开展的主要活动

（1）北京塞万提斯学院的建立

西班牙在华文化中心——北京塞万提斯学院已于2006年7月4日在北京正式建立。北京塞万提斯学院与全球其他70多个姐妹学院一样，旨在推广西班牙语教学、传播西班牙及其他西语国家的文化。

北京塞万提斯学院现在拥有一栋面积达3200平方米的现代化4层建筑——“塞万提斯学院大厦”，其中包括一个礼堂、一个展览厅、一个图书馆、20个教室和一个多媒体教室。其中以西班牙著名诗人安东尼奥·马查多（1875—1939）的名字命名的图书馆藏有近1600册图书。

① 上述资料系由中国驻西班牙使馆提供。

北京塞万提斯学院从2006年正式建立起，在那里学习西语的中国学生人数每年都增加50%以上。迄今已经培养了上万名优秀的西班牙语人才；每年还要举办2次“对外西班牙语水平证书考试”（DELE）并开展了对外西班牙语教师的培训（ELE）。此外，北京塞万提斯学院还资助了西班牙驻上海领事馆的“米盖尔·塞万提斯图书馆”，并在天津成立了“中国·天津塞万提斯空间”。

北京塞万提斯学院的成立得到中西两国政府的高度重视。西班牙王储费利佩·德博尔冯—格雷西亚亲自出席了北京塞万提斯学院的揭幕典礼。西班牙国王胡安·卡洛斯一世于2007年访华期间，曾亲临北京塞万提斯学院并与中国的“西班牙学学者”亲切会见。

2009年1月31日中国总理温家宝在西班牙访问时，曾参观塞万提斯学院总部，并发表了热情洋溢的演说。他深刻地指出：“文明的多样

北京塞万提斯学院外景

性是人类社会发展的基本取向。不同文明的相互交流推动了人类的相互交流和共同进步。中西两国的文化交流从来没有中断，近年来更趋活跃，形式不断丰富。双方举办了一系列重要的文化活动。不久以前，互办中国文化周和西班牙年，分别向两国人民展示了精彩纷呈的传统和现代文化。中西两国在教育领域的交流与合作也在广泛进行。在中国学习西班牙语的学生有近千名，中国有16所大学开展西班牙语教学。2005年两国还举办了中西大学校长论坛。2006年塞万提斯学院在北京开设分院，成为促进中国和西班牙文化交流的重要窗口。这些都进一步加深了两国人民的了解和友谊，希望两国的文化工作者，特别是青年学生携手努力，不断密切两国文化交流，为中西友好世代相传做出新的贡献。”

2011年4月12日，在中国访问的西班牙首相萨帕特罗在北京塞万提斯学院和中国研究西班牙文化的学者见面并发表演说。他指出，西班牙和中国因各自历史悠久的文化而彼此吸引，文化交流为两国搭建了一座沟通的桥梁。而语言在沟通不同民族的理解当中起到无可替代的作用。当前，世界上21个国家、超过4亿人在说西班牙语。西班牙语不仅是交流的工具，还是经济发展和创造财富的手段，西班牙国内生产总值的15%来源于与西班牙语相关的文化产业。萨帕特罗尤其高兴的是，自中国首个塞万提斯学院于2006年在北京成立以来，已经成为吸引西班牙语学生和爱好者的文化中心。他认为中西之间的文化与经济交往必将扩大，此点毫无异议。

（2）北京塞万提斯学院——促进中国和西班牙文化交流的重要窗口

从2006年至今，北京塞万提斯学院每年均要举办一系列的文化活动。尽管塞万提斯学院的宗旨是推广西班牙的语言和文化，但在北京塞万提斯学院所组织的西班牙文化传播项目当中，都尽其可能地找到与中国的历史和文化的契合点，因而对于促进中西两国人民之间的相互了解

西班牙国王及王后与在北京塞万提斯学院学习弗拉明戈舞的中国小学员合影

与友谊起到了十分重要的作用。这类活动的内容若按时间的顺序加以排列，那么 400 年来中西之间友好往还的轨迹则清晰可见。

事实上，从 16 世纪中叶起的 400 年间，不断有西班牙的传教士和其他信守文明多样性的先驱者不远万里来到中国，在中西文化的交流中起到重要的开拓作用。现代文明的建立恰恰应归功于中西文化的最初碰撞。21 世纪新时代的学者们怀着对先驱者们的崇敬，正沿着这条道路朝着多元文化的未来前进。为此，北京塞万提斯学院举办了《先驱者：沟通此岸与彼岸的桥梁》的系列讲座。其主要项目如下：

①《16 世纪至 17 世纪的先驱者》

2011 年 5 月 11 日，北京塞万提斯学院邀请巴塞罗那旁佩乌·法布拉大学的欧阳平教授做了以《16 世纪至 17 世纪的先驱者》为题的报告。他指出，中西两国关系始于 16 到 18 世纪的西班牙来华传教士。他们来华后，刻苦学习中国语言、熟读中国的典籍、适应中国的礼仪和习俗，在和中国知识分子的接触中，他们极力寻求儒家学说与基督教教义之间的近似之处，并热心介绍西方较为先进的数学和天文学以及世界舆地知识，从而受到中国知识分子的欢迎，他们竟至被称作是“西儒”。这些传教士通过平等的对话逐步把部分中国人吸收到基督教信奉者的行列。尤其是这些传教士通过他们寄回欧洲的书信记录下他们对中国的最初印象，由此打开了西方人认识中国的窗口。事实上这些传教士成为沟通东西方文化的使者，并加深了中西人民之间的了解和友谊。欧阳平教授的报告引起与会者对当代不同文明之间应如何和谐相处的深刻思考。

②《二十世纪初期电影事业的先驱：安东尼奥·拉莫斯及其同仁》与《阿贝拉多·拉富恩特——20 世纪 20 年代上海富有远见的建筑师》

西班牙天才的摄影家安东尼奥·拉莫斯于 20 世纪之初来到上海创业。他第一个将四马路的“青莲阁”用于电影的放映。之后，1908 年他创办了上海第一座电影院——虹口大影院。此后他又陆续开办了多家影院，他还成立了一家电影制片和发行公司，使他成为那一时代中国的“电影大王”。

另一位西班牙人阿贝拉多·拉富恩特是个多产的设计师。在上个世纪初叶的上海，他曾设计建造了多家影院、酒店、小教堂、清真寺、大教堂、一家医院和几个俱乐部，以及当时外国侨民居住的豪宅。他的建筑设计一时成为上海时尚的标志。

而且上述所有拉莫斯创办的影院几乎都是由拉富恩特所设计、建造。这两个西班牙人的合作在当时上海的城市发展史上留下了难忘的一页。

③《西班牙内战期间国际纵队中的中国志愿者》

2009 年是西班牙内战结束 70 周年。尽管西班牙内战期间国际纵队所建树的丰功伟业，已经有很多专著记述，但“国际纵队中国支队”的历史却至今鲜为人知。近年，由于奥地利西班牙内战参与者富华德和严斐德所著、张至善、王燕生等翻译的《起来！中国胜利了——“西班牙医生”在中国》、张至善编译：《西班牙反法西斯战争时期的国际纵队与中国》和倪慧如、邹宁远著：《橄榄桂冠的召唤——参加西班牙内战的中国人（1936—1939）》等三部著作的相继问世，终于使国际纵队中国支队的光辉业绩得到了彰显。

前两部著作的编译者张至善是北京师范大学教授，他用数十年的时间收集了大量有关国际纵队中国支队的资料，为重建国际纵队中国支队的历史作出了贡献。

倪慧如和邹宁远是两位美籍华人科学家。当他们发现在国际纵队中也有华人参加时，他们便把收集有关国际纵队中国支队的资料当成自己的使命，在接续的 10 年中，他们奔走于五大洲相关的各个国家，通过书信问讯、走访、查阅档案资料……可以说是历尽艰辛，终于完成了《橄榄桂冠的召唤——参加西班牙内战的中国人（1936—1939）》这一史诗的写作。

上述三部书告知世人：在西班牙人民的反法西斯斗争中，大约有百余名（一说300余名）中华儿女曾经组成“国际纵队中国支队”并为西班牙的解放事业立下赫赫的战功。这些优秀的中华儿女有的负伤，还有的光荣献身。

2009年1月20日北京塞万提斯学院举行了以《西班牙内战期间国际纵队中的中国志愿者》为主题的讲座，邀请西班牙和中国双方的专家、学者和当年“国际纵队中国支队”战士的亲属共聚一堂，共同回忆西班牙内战中所形成的中西人民之间的战斗友谊，并深情地缅怀那些国际纵队中国支队和其它国际友人的历史功绩。

④《烽火中的瑰宝》

1933年在抗日战争爆发的前夕，中国故宫博物院为避免馆藏珍品遭到日寇的洗劫，遂决定将近百万件国宝实施大转移。自此之后的15年间，故宫博物院的文物工作者冒着生命危险，行程数万公里，将馆藏精品由北京辗转运抵四川、贵州，直至抗战胜利后，才陆续完好地运回南京，从而谱写了一曲保卫中华民族文化遗产的壮丽史诗。

在1936—1939年西班牙内战期间，普拉多博物馆的工作人员为了保护民族艺术瑰宝，历尽艰辛，通过各种方式不断将这些国宝向瑞士、法国等国家转移，终于使普拉多博物馆的珍品得以完好保存，为西班牙乃至世界人民做出了重大贡献。在《烽火中的瑰宝》这一讲座中，通过研讨会和播放纪录片等形式，使中国与西班牙的文物工作者有机会共同回忆了那段不平凡的历史。

⑤《毕加索：材质的诗句》

2008年8月9日至10月31日在北京塞万提斯学院举办了毕加索

的陶艺作品展览：《毕加索：材质的诗句》。

毕加索本人对中国艺术充满感情，在中国绘画的技法上他也有很高的造诣，并和中国著名画家张汀、张大千以及王雪涛等有过交往。当王雪涛邀请毕加索来华参观访问时，毕加索却说："不敢啊，那儿坐着一位了不起的齐白石！"可见毕加索对齐白石作品中所融会的中国传统艺术的特点早有所知，并深为仰慕。

因此，《毕加索：材质的诗句》展览的细心的参观者在毕加索第三阶段的陶艺作品中，若发现不少类似中国水墨画的线条和笔触，就不该惊奇了。

《毕加索：材质的诗句》这一展览拉近了中国观众与毕加索艺术的距离，同时通过这一展览再次证明了艺术越是具有民族性，它也就越具有世界性。

⑥《可再生艺术——万物从未消失，一切皆可再生》

这是由北京塞万提斯学院和上海塞万提斯图书馆共同组织的一次别开生面的艺术展览。展览的组织者希望借此机会引发公众对于过度主义文化及其影响和后果的反思。

面对现代社会的消费文化及其衍生现象，可再生艺术的表态十分明确，那就是带着人们从日常用品中寻求到幽默感，填补艺术与手工艺之间存在的传统鸿沟，批判建立在消费主义至上的社会模式，宣扬环境保护，让可再生艺术进入平常百姓的生活，鼓励公众发挥创造力和自主性，为我们日常生活中所产生的垃圾和废弃物赋予全新的面貌与生命。即，再生艺术所面对的是一个世界性的课题。

在当今中国，一些领域出现的过度消费现象与中国朴素的传统形成了鲜明的反差。因此，中国的艺术家通过自己作品促进社会对上述问题的觉醒，尤其富有意义。

为促进西班牙和中国的跨文化的对话，《可再生艺术展览》的主办方特别陈列了白宜洛、刘广云和孙佳欣这三位中国艺术家的再生艺术作品。他们将废弃的物料重新加以利用，创造出一系列犀利而敏锐的再生艺术作品。

这一展览不仅说明在历史上中西文化之间曾经相互沟通，而且在当代，面对世界性的难题，中西两国的艺术家同样心灵相通，并为人类的未来前途作着共同的思考。①

（二）西班牙的“中国艺术节”和中国的“西班牙年”

中国和西班牙两国均有悠久的历史和灿烂的文化，而且两国文化特征相似，共同语言和契合点甚多，两国人民有相互了解的愿望，双方文化交流有着良好的基础。为进一步推动两国关系的发展，增进两国人民的互信和了解，2005年底，胡锦涛主席与萨巴特罗首相在马德里共同签署了《中华人民共和国和西班牙王国联合公报》，宣布中西两国建立全面战略伙伴关系，并决定在2007年举办西班牙“中国艺术节”和中国“西班牙年”。

下面我们将对西班牙“中国艺术节”和中国“西班牙年”的主要活动分别作一介绍。

1. 西班牙“中国艺术节”

西班牙“中国艺术节”于2007年元月启动，历时9个月，活动的内容涵盖京剧、昆曲、音乐、舞蹈、展览、2个电影周和一个大型多媒体采访团，共计400多位来自中国的艺术家和新闻工作者参加了艺术节的各项活动，他们的足迹几乎遍及西班牙全国各地。

---

① 上述有关北京塞万提斯学院活动的资料均由北京塞万提斯学院院长易玛提供。

“中国艺术节”基本上做到了月月有活动。这样既保持了演出的频率，又突出了重点，呈现出高潮迭起之势。这些艺术活动向西班牙受众展现了传统和现代共存、东方与西方相互交融，而又异彩纷呈的中国文化。

西班牙“中国艺术节”于2007年初于马德里市中心体育馆拉开了序幕。中国残疾人艺术团《我的梦》的演出使8000多名现场观众为之动容。

《千手观音》以翩翩的舞姿展现出聋人艺术家心中的梦想，带给观众“无声”的震撼；无臂演员黄阳光表演的舞蹈《秧苗青青》演绎出多彩的人生。中国残疾人艺术团部分演员和20多位西班牙学生同台合唱的《WE ARE THE WORLD》将晚会推向了高潮。

之后，中国残疾人艺术团还参加了马德里的新年庆典活动，他们的演出通过电视直接传播给西班牙全国的观众，各主要媒体对此也进行了大量的报道和评论。西班牙索菲娅王后还亲自发来贺信，祝贺演出的成功。

2007年年初，兰州歌舞剧院又献演了再现丝路风情和大漠敦煌的大型舞剧《大梦敦煌》。该剧为期一个多月多达26场的巡演感染了马德里、巴塞罗那、圣·塞巴斯蒂安、马略卡岛等主要城市和地区的广大观众，巡演引起很大的反响。

其后，天津歌剧舞剧院民乐团、中国南京小红花艺术团、遵义杂技团和北方昆曲剧院等文艺团体纷至沓来，为西班牙观众献上一场又一场风格各异，而又充满东方风情的艺术盛宴。特别值得指出的是，7月20日，上海京剧院在西班牙“古典戏剧之都”阿玛戈罗市剧院举行了《王子复仇记》的访西首演。京剧《王子复仇记》是对莎士比亚经典名著《哈姆雷特》的改编。该剧尽管用的是京剧的“型”，表现的却是莎翁的“魂”。

所以京剧《王子复仇记》可以说是东西方文化的一次精彩的融合，因此受到西班牙观众的热烈喝彩。

2007年9月18日，北京现代舞团在马德里市中心美术宫剧院上演了《北京意象II》，演员以丰富的肢体语言，把中国文化元素演绎得淋漓尽致，受到了西班牙观众的广泛好评。

中国驻西班牙大使邱小琪夫妇、文化参赞庄丽肖以及中国西班牙年特命大使布拉沃夫妇、西班牙首相府文教事务主任玛丽娅·费尔南达艾女士共同欣赏了这场演出。西班牙“中国艺术节”在辉煌的成功和西班牙观众依依不舍的氛围中缓缓落下帷幕。

2. 中国的“西班牙年”及其他重要的中西文化交流活动

西班牙政府高度重视2007年中国“西班牙年”的活动，并为此作了精心的准备和安排。2月26日在西班牙外交部隆重举行了2007年中国“西班牙年”的启动仪式。西班牙政府第一副首相德拉维加、外交和合作大臣莫拉蒂诺斯以及中国驻西班牙大使邱小琪等相继在启动仪式上致词。他们一致相信，通过2007中国“西班牙年”活动必将深化中西两国全面战略伙伴关系，促进两国人民间的相互了解和友谊。

为举办“西班牙年”活动，西班牙政府拨出3亿欧元专项经费投入驻华使馆，希望通过一系列活动，向中国人民展示一个真正的西班牙，一个现代、文明、热情的西班牙。

在接续的“西班牙年”活动中，像“从祖叙到伊夫鲁展览”、“西班牙未来艺术节上海、杭州展”、“安达卢西亚现代艺术博物馆展览”、“‘都市贡献’安达卢西亚经典摄影作品展”、“西班牙骑士文化与艺术：马德里皇家武器博物馆珍品展”、“西班牙国家芭蕾舞团：《弗拉明戈印象之旅》”、“2007电影艺术节”、“西班牙文化之旅：寻找西班牙面孔”以及“中国和西班牙校长论坛”等等接踵出现在中国观众面前，其反响十分热烈。通过这些具有西班牙独特魅力的活动，极大地加深了中国人民对西班牙文化和民族性格的了解和认识。在此期间最为重要的活动有：

（1）西班牙国王胡安·卡洛斯一世为在京举行办的《从提香到戈雅：普拉多博物馆馆藏艺术珍品展》揭幕

恰值西班牙在中国举行"西班牙年"之际，应国家主席胡锦涛的邀请，西班牙国王胡安·卡洛斯一世于2007年6月24—29日对中国进行了国事访问。

访华期间，卡洛斯一世国王和王后陛下一道为在北京举行的西班牙《从提香到戈雅：普拉多博物馆馆藏艺术珍品展》揭幕。建于18世纪的普拉多博物馆被认为是世界上最伟大的博物馆之一，亦是收藏15—19世纪西班牙绘画作品最全面、最权威的美术馆。卡洛斯一世国王和王后陛下亲临普拉多博物馆艺术珍品展的揭幕式从而把中国"西班牙年"活动推向高潮。

（2）中文话剧《唐吉诃德》在国家大剧院公演

继"西班牙年"之后，作为中西文化交流的重点活动之一，便是2009年9月3日在国家大剧院所举行的由西班牙古典名著《唐吉诃德》改编的中文话剧《唐吉诃德》的首演。

该话剧的导演孟京辉是当前亚洲剧坛最具影响力的著名实验戏剧导演，他以独具个性的创造力，多元化的艺术风格，开拓了中国当代戏剧的新局面。

在中文话剧《唐吉诃德》的导演过程中，孟京辉极富创造性地运用当代中国戏剧语言对《唐吉诃德》这部西方经典作品作了全新的阐释，使这部作品融入了浓浓的中国审美理念和哲学思想。可以说，中西两种异质文化的交汇在话剧《堂吉诃德》的创作中达到了极致。

孟京辉在谈执导《堂吉诃德》的感想时指出，堂吉诃德的理想主义的疯狂幻想和堂吉诃德用自己的非物质的东西战胜了自己的世界以及周边的世界的这种精神力量是具有震撼力的。后来堂吉诃德的疯狂演变成一种体系。一种思想如何变成一个体系是值得思考的。所以孟京辉认为应当将堂吉诃德的形象展现给世人。孟京辉还认为，理想是现代人很需要的，大家好像很需要一个堂吉诃德式的理想主义的抒发。

（3）第 16 届北京国际图书博览会西班牙主宾国馆开馆

此外，作为中西文化交流的另一盛事，便是 2009 年 9 月 3 日，第 16 届北京国际图书博览会西班牙主宾国馆正式开馆。西班牙主宾国馆展览面积达 1000 平方米，展出了西班牙出版界的多部精品以及旅游、设计、教育、儿童各类最新出版物。其中，2008 年西班牙国家文学奖、塞万提斯文学奖等诸多获奖作品尤其引人关注。

北京国际图书博览会是中国出版人与世界各国出版人扩大交流、加强合作、增进友谊、共享成果的盛会。主宾国西班牙以完美独特的展示和精彩纷呈的活动成为当届国际图书博览会的一大亮点，并起到使中国人民能更好地“梦想西班牙、思考西班牙、解读西班牙”的作用。①

（三）西班牙孔子学院的建立及其在促进中西友好关系中的建树

1. 西班牙孔子学院的建立

中华民族的振兴业已引起举世的关注。为了了解中国的发展道路，世界范围内已然掀起一股学习汉语的热潮。据估算，海外学习汉语的人数已超过 3000 万人；此外还有 100 余个国家或地区的 2500 所大学在教授中文。

---

① 上述有关中国“西班牙年”活动的资料均由北京塞万提斯学院院长易玛提供。

2010 年 4 月 15 日国家汉办主任许琳出席创办巴塞罗那孔子学院的签字仪式

为了满足国际上了解中国和学习汉语的现实要求，并进一步推动中华文化走出去战略，中国政府于 1987 年成立了“国家对外汉语教学领导小组”（简称为“汉办”）。为了增进世界人民对中国语言文化的了解，发展中国与各国的友好关系，以及为了给全世界汉语学习者提供方便和优良的学习条件，中国教育部在北京设立了“孔子学院总部”，并通过总部的授权在国内外设立了以开展汉语教学为主要活动内容的“孔子学院”。孔子是中国传统文化的代表性人物，选择孔子作为汉语教学品牌是中国传统文化复兴的标志之一。

设在北京的孔子学院总部于 2007 年 4 月 9 日挂牌。境外的孔子学院都是其分支机构，主要采用中外合作的形式开办。据“汉办”许琳主任介绍，截至 2011 年 11 月，中国在全球 105 个国家和地区建立了 350 多所孔子学院，还有很多孔子课堂。即占全世界 86% 人口的国家基本上都兴建了孔子学院。

在西班牙，2007年11月26日设在马德里的西班牙第一所孔子学院在上海外国语大学的合作下成立。

其后，2007年11月28日在中国东北师范大学的参与下，西班牙瓦伦西亚大学孔子学院成立；2008年10月30日与北京大学携手，格拉纳达孔子学院落成；2010年4月15日由巴塞罗那自治大学、巴塞罗那大学、亚洲之家和北京外国语大学联合创办了巴塞罗那孔子学院；2011年5月21日在长春大学的合作下，拉斯帕尔马斯孔子学院正式成立；2011年10月10日与湘潭大学联手，莱昂大学孔子学院建成。

上述建立孔子学院的西班牙大学一般都开设过汉语专业，并涌现出许多杰出的汉学家；而参与孔子学院合建的中国大学，又拥有一批优秀的“西班牙学学者”。可以说，西班牙孔子学院在建立之初已经具备了良好的发展基础。

2. 西班牙孔子学院得到中西两国政府的关心和支持

西班牙各孔子学院的建立无不得到中西两国政府的关心和支持：

2007年11月在马德里孔子学院建立之日，当时在西班牙进行国事访问的中国国务院副总理回良玉和西班牙教育大臣卡夫雷拉一同为马德里孔子学院揭牌。在庆祝盛典上，时任中国驻西班牙大使邱小琪在致辞中说，马德里孔子学院与北京塞万提斯学院一起，是中西两国政府共同推动的文化项目，旨在促进两国人民与社会的相互了解、加强两国源远流长的文化交流、推动双方面向未来的互利合作。卡夫雷拉发表讲话说，孔子学院在西班牙首都揭牌，毫无疑问将对两个民族之间、两种语言之间、两种文化之间的相互了解产生深远影响。在中国开办的塞万提斯学院满足了众多中国百姓认识和了解西班牙语言和文化的愿望；而马德里孔子学院的建立将为更多的西班牙人提供接触博大精深的中国语言和文化的机会。

2011 年 11 月 28 日当西班牙瓦伦西亚大学孔子学院喜迎建院 4 周年之际，中国驻西班牙大使朱邦造专程前来祝贺。他特别指出，瓦伦西亚优越的地缘政治条件对发展中西经贸关系至为重要："瓦伦西亚港是欧洲海路最便利的通道，不但可以连接中国与欧洲，同时也连接了中国和北非以及拉丁美洲。相信通过双方的经贸文化交流，能更加提升双边经济。"朱邦造大使的讲话无疑会加深人们对于创建孔子学院战略意义的更深层次的认识。

西班牙国家领导人对孔子学院同样给与支持和鼓励。2011 年 10 月 10 日在西班牙首相萨帕特罗的见证下，举行了莱昂大学孔子学院的揭幕式。莱昂大学是萨帕特罗的母校。当他看到在母校开设孔子学院时，萨帕特罗感慨地说，今天莱昂和中国通过孔子学院这座坚固的桥梁连接到了一起。莱昂大学孔子学院将成为一扇让过去和现在的中国精髓进入西班牙的大门。

为了满足学习汉语的西班牙学生阅读中文图书的强烈愿望，2009 年，在国家汉办和孔子学院总部的支持下，中国驻西班牙使馆向 50 多所中小学赠送了 2.5 万册中文图书，这是两国建交以来最大的赠书项目。在马德里著名的拉米洛·马埃斯都中学，中国驻西班牙大使朱邦造向该校赠送了 500 册中文图书。面对参加赠书仪式的青少年，朱大使动情地说：

朱邦造大使向西班牙中学赠送 500 册由中国国家汉办提供的中文图书

“希望这些书籍能够成为大家阅读中国这本‘大书’的一个索引，更希望同学们在了解中国的基础上，成为推动中西友好的小使者。”

为了配合西班牙孔子学院传播中华文化的重任，中国国家汉办和孔子学院总部相继派遣南开大学艺术团和扬州大学艺术团赴西班牙巡演，给西班牙观众带去了一场场色彩缤纷的体现中国传统文化特色的视觉盛宴。

3.　西班牙孔子学院成为传播华夏文化的平台

为了实现“有朋在远方”这一孔子学院的使命，西班牙各孔子学院一方面努力提高汉语教学水平，另方面又举办了多姿多彩的活动来激励西班牙学生学习汉语的积极性。

（1）在西班牙推行汉语水平考试（HSK）

为了鼓励西班牙汉语学习者的积极性，提高应用汉语的实际能力，国家汉办在西班牙推行了“汉语水平考试（HSK）”。随着汉语热的升温，参加这种考试的人数不断增加。2004年，参加此项考试的，仅13人；2009年首次超过200人；2010年参加汉语考试的人数已近1200人。可以说，汉语水平考试（HSK）有力地促进了西班牙的汉语学习热潮。

（2）西班牙第一届孔子学院暨汉语教学大会在马德里召开

为了总结西班牙汉语教学的现状以及孔子学院下一步发展策略与措施，2008年6月16日在中国国家汉办支持下，由中国驻西班牙使馆与亚洲之家共同举办的西班牙第一届孔子学院暨汉语教学大会在马德里隆重召开。

与会的代表就孔子学院的合作方式、汉语在中小学推广及在正规教育体系中的地位、汉语课程标准与HSK考试、汉语教师的培训和提高汉语教学质量等问题进行了热烈的讨论。这次大会对于西班牙孔子学院开展汉语教学起到了重要的推动作用。

（3）举办汉语教材展

为了提高孔子学院学生的汉语水平，必须有一套系统的汉语教材。2011年11月8日，西班牙格拉纳达大学孔子学院汉语教材展开幕。

据格拉纳达大学汉学家胡安·何塞的介绍，本次展出的汉语教材大致可分成4大类，即成人汉语教科书、少儿汉语教科书、汉语工具书和汉语教学电子出版物。

本次汉语教材展持续了3周，其间该孔子学院还组织了与中国文化相关的系列活动，包括举办介绍汉字演变的专题讲座，展出书法以及少儿绘画、手工作品等项目。对当地汉语爱好者来说，本次展览无疑是一场中国语言和文化的现实展示。

（4）第一届伊比利亚美洲汉学研讨会隆重召开

第一届伊比利亚美洲汉学研讨会于2012年6月25—26日在巴塞罗那召开。来自中国、西班牙、墨西哥、古巴、哥斯达黎加、哥伦比亚、智利和阿根廷的汉学专家和学者共150人汇聚一堂，充分交流了最近十年来有关当代中国社会、经济、文化、汉语教学以及西汉翻译研究等领域的学术成果，与会学者共发表了近百篇学术论文。

与会代表一致表示，这个国际学术会议为西班牙和拉丁美洲地区的汉学研究、汉语教学以及西汉高级翻译研究提供了一个互相了解以及相

西班牙马德里孔子学院举行汉语水平考试

互交流的宝贵平台，同时，对这些领域的未来发展起到了一个良好的推动与促进作用，并希望今后能够在西班牙与拉美国家之间继续轮流举办这样的国际研讨会。

（四）西班牙的“汉语年”

为落实中西两国政府关于互办“语言年”活动的共识，2010年由中国教育部、西班牙教育部和中国驻西班牙大使馆主办，由中国国家汉办和孔子学院总部承办的西班牙“汉语年”正式启动。

1. 西班牙“汉语年”在马德里艺术剧院揭幕

2010年4月12日晚，西班牙“汉语年”在马德里艺术剧院揭幕。西班牙教育大臣安赫尔·加维隆多、中国教育部副部长郝平、中国驻西班牙大使朱邦造等400余人出席了这一盛会并共祝西班牙“汉语年”能起到不断加深中西两国人民的友谊和互信的作用。

开幕式上，南开大学艺术团表演了精彩节目，而西班牙马德里孔子学院和中国南开大学艺术团的学生同台演唱的北京奥运会主题歌曲《我和你》，把西班牙“汉语年”开幕式推向高潮。

2. 举行《“孔子与塞万提斯”：中西文明论坛》

由中国孔子学院总部和西班牙塞万提斯学院总部联合举办的《“孔子与塞万提斯”：中西文明论坛》是西班牙“汉语年”的重要活动之一。2010年4月14日，中国驻西班牙大使朱邦造在出席《“孔子与塞万提斯”中西文明论坛》时致辞说，2009年温家宝总理访西期间与萨帕特罗首相共同商定举办的西班牙“汉语年”现在已如期开幕。中西两国都有着悠久的历史和灿烂的文化。中国传统文化倡导“和而不同”、“兼收并蓄”；西班牙文化也以其开放性和包容性著称于世。该论坛以孔子与塞万提斯这两位中西文化巨擘命名，正是因为他们留存下来的文化遗产集中体现了各自民族文化的精髓，成为各自国家文化最响亮的名片。

出席这一论坛的国家汉办许琳主任在致辞中指出，孔子学院作为中国与西班牙文化教育交流的重要平台，同塞万提斯学院有着很多的相似点，也开展了各方面的交流与合作；西班牙人民对中国文化的喜爱与热情令人感动，西班牙文化的多元与中国文化的独特必将成为两国互相学习、共同进步的不竭动力。

3. 格拉纳达大学孔子学院开办“中华经典讲座”

西班牙各孔子学院不仅专注于汉语教学，同时也致力于加深西班牙学生对中国传统文化本质特征的认识。为此，在西班牙“汉语年” 举办之际，各孔子学院纷纷举行“中华经典讲座”。像格拉纳达大学，特请北京大学赵振江教授讲解了唐诗的特点和在中国古典文学中的地位，并对中国与西班牙诗歌的格律和表现方式进行了比较。此外，北京大学王锦民教授对中国经典的形成及其意义进行了阐释。他指出，每一种伟大而悠久的文化都有自己的核心经典。中国的经典在2000多年的时间里形成了完整的体系，处在这个体系中心位置的，就是孔子编订的六经。在孔子之后，经学一直是中国传统文化的核心部分，被尊称为“人文之首”。这些不断丰富的经典成为中国人的宇宙观、人生观和生活智慧的根本。王锦民教授在向西班牙听众介绍中国古代哲学的特质之后，又就孔子与国家、儒家思想与普世价值、中西哲学异与同等议题，与听众展开了广泛的交流与讨论。

除举办“中华经典讲座”之外，为了寓教于乐，瓦伦西亚大学孔子学院还曾举办过太极拳和书法培训班，吸引了来自学校内外的中华文化的爱好者的踊跃参加。这些活动不仅使学员们领略了中国传统文化的魅力，同时也为孔子学院今后开展多元文化活动奠定了基础。

4. 中国国家汉办和孔子学院总部为西班牙学子举办“夏令营”并为西班牙中小学校长安排访华之旅

2010年夏季，两批200余名来自西班牙各地的学习汉语的学生先后汇聚于中国国家汉办和孔子学院总部，参加西班牙“汉语年·夏令营”活动。这是中西两国建交以来最大规模的人员交流项目。

“汉语年·夏令营”的学员除在华进修汉语课程外，还游览了北京的名胜古迹，使他们近距离地接触到中国的传统文化。此外，他们还参观了汉办文化体验中心，观摩到京剧行头、剪纸、书法、中国传统乐器等多种文化项目，同时，他们还参加了和中国同龄人的排足球比赛活动，由此，在两国的青少年之间搭建起友谊的桥梁。

为加强中西两国语言文化交流，增进西班牙中小学校长和教育行政官员对中国的了解，进一步推进汉语国际教育和交流工作，在国家汉办、驻西班牙使馆教育组和西班牙教育部共同组织下，2011年11月，西班牙中小学校长代表团访问了重庆市清华中学、桂林市回民小学等学校，促成了相互间的深入交流，并为以后的合作奠定了基础。

5. 西班牙“汉语年”闭幕

2011年10月10日在莱昂大学孔子学院举行了西班牙“汉语年”的闭幕式和西班牙“汉语年”的成果展。

自2010年4月西班牙“汉语年”开幕以来，中国驻西班牙使馆与西班牙教育部、地方教育机构、大中小学、文化中心和中文教学机构等密切合作，在各孔子学院的积极配合下，开展了150多项语言文化推广活动。其中，中国驻西使馆主办了西班牙汉语爱好者的作品展览和有近百名选手参加的汉语桥比赛，并在马德里、巴塞罗那、瓦伦西亚等地举办了有200多名教师参加的汉语教师培训讲座。此外，还有3000多观众欣赏了北京舞蹈学院的巡回表演。尤其是中国驻西使馆分别向60多

匹克运动之外，奥运就没有意义了。”在恢复中国奥委会的合法席位之后，他又坚定地支持中国申办奥运会：“我有一个坚定的信念：21 世纪的奥林匹克运动不能没有伟大的中国。”为此，他曾做出不懈的努力。2001 年 7 月 13 日，正是萨马兰奇在莫斯科亲自宣布北京获得了 2008 年奥运会的举办权。萨马兰奇深信中国人有能力举办一次成功的奥运会：“我从来没有怀疑过中国人的组织能力，这届奥运会将给整个奥林匹克运动树立新的标杆，而且是后来人很难超越的标杆。”

2001 年 7 月 16 日，在莫斯科举行的国际奥委会第 112 次全会上，萨马兰奇正式退休，随即被授予“国际奥林匹克委员会终身荣誉主席”称号。

2008 年 7 月 31 日，就在北京奥运会拉开帷幕的前夕，时年 88 岁高龄的萨马兰奇再次来到北京，准备参加即将开幕的北京奥运会。当萨马兰奇看到北京奥运会成功举行后，他充满感情地说：“中国的成功就是我自己的成功。”

中国人民对萨马兰奇充满尊重，并把他视作是中国人民的好朋友。萨马兰奇更是十分珍惜中国人民对他的友好感情，并表示说：“我在全世界取得过许多荣誉学位和荣誉称号，但最珍惜的是被称为‘中国人民的好朋友’。”2010 年 4 月 21 日，89 岁的萨翁不幸辞世。中国人民将永远怀念这位“中国人民的好朋友”。

近年，中西两国人民仍沿着萨翁搭建的友好平台使中西两国的体育交流活动继续下去。

在中国的体育事业中，足球是一项长期滞后的体育项目，而西班牙的足球运动却高居世界的顶端，并在 2010 年南非世界杯上荣获冠军。中国人十分欣赏西班牙的足球技艺，中国足协还聘请了西班牙著名球星何塞·卡马乔作为中国国家足球队的主教练。

中国人深知，足球的振兴必须从娃娃抓起。由万达集团实施的“中国足球希望之星”活动其宗旨是把有前途的少年送到西班牙的足球俱乐部进行系统的训练。

此外，2011年中国足球超级联赛冠军广州恒大足球俱乐部还成立了“恒大皇马足球学校”，并聘请西班牙皇家马德里足球俱乐部的教练负责训练工作。

中国女子水球队为了迅速提高运动水平，聘请素有“水球教父”之称的西班牙人胡安·贾内·吉拉尔特为主教练。他为中国女子水球队带来了巨大的转变。在北京奥运会上，中国女子水球队获得了第5名的好成绩。在2011年7月16—31日的上海世界游泳锦标赛上，中国女子水球队勇夺银牌，创造了新的历史。2012年8月，中国女子水球队在伦敦奥运会再次获得第5名。胡安·贾内·吉拉尔特对中国女子水球的跨越式发展功不可没。

这些西班牙教练可以说都是萨马兰奇精神的后继者。

2. 上海世博会中的西班牙“藤条篮子”

第41届世界博览会于2010年5月1日至10月31日在中国上海举行。这届世博会创造了世界博览会历史上最大规模的记录；超越7000万的参观人数也是史无前例的。

1992年，西班牙的塞维利亚曾成功举办过世博会；2008年，萨拉戈萨又举办了专题世博会。可以说西班牙人对举办世博会有着丰富的经验，并对上海世博会表现出极大的热情。2007年11月13日，上海世博会事务协调局与西班牙在上海正式签署了西班牙的参展合同。

为了激发西班牙人民对上海世博会的热情，2009年11月17日，马德里市政府专门举办了上海世博会的推介会。

在上海世博会举办期间，外形酷似“藤条篮子”的西班牙国家馆曾引起世界各地观众的称赞。该馆占地7600多平方米，为上海世博会面积最大的自建馆之一。整座建筑采用天然藤条“编织”而成，表面的藤条板略带抽象地拼搭出“日”、“月”、“友”等汉字，表达出设计者对中国文化的理解。

整个西班牙馆共分三个空间，其第三空间展出的是吉祥物“小米（格林）宝宝”的形象，观众可以和小米宝宝一起畅想未来，因此“小米宝宝”也成为世博会最受观众喜爱的卡通形象。

在西班牙馆另一引人注目的建筑即是“生态气候树”。该建筑内部中空，参观者可在一个比室外更为舒适的温度和环境里参观、休息，或者通过显示屏了解马德里这座城市和当地的市民生活。

上海2010年世博会西班牙馆主体建筑

在上海世博会期间，西班牙馆每天都在展馆的圆形剧场中举办名为“激情西班牙”的歌舞秀。由50余名来自西班牙的知名艺术家每天均要上演两场包括哑剧、现代舞、弗拉明戈舞、魔术以及牵线木偶等在内的极富西班牙特色的剧目。

7月3日，当西班牙足球队捧得南非世界杯大力神杯的喜讯传来，从四面八方涌来的人群使西班牙馆顿时化成一片红色的海洋。

为了使中国人民更全面、更真实地认识西班牙，借上海举办世博会的契机，西班牙馆邀请阎连科、劳马、周嘉宁、张悦然和陈众议等5位中国著名作家前往西班牙观光游览。这些作家撷取他们自己的感受，终成随笔《西行·西行》一书，并请马德里自治大学的达西安娜·菲萨克教授作序。该书现已由人民文学出版社出版。

对于上海世博会西班牙馆所体现的当代意义，朱邦造大使曾给予深刻的解读：上海世博会以“城市，让生活更美好”为主题，必然进一步提高城市人的生活品质，引导一种全新的生活方式，进而提高绿色城市的环保意识。西班牙馆的“藤条篮子”和“生态气候树”就是这一主旨的完美诠释。对这些进步理念的展示将有利于世界各国和各文明之间的和谐共处，并为人类的未来做出理想的规划。这也是中国倡导的“和谐世界”和西班牙推动的“文明联盟”的要义。

（六）中国与西班牙经贸关系的新发展

近10年来，中西两国经贸关系也进入了快速发展时期。2004年中西双边贸易额为72.23亿美元；2005年突破100亿美元大关，达到105.24亿美元；2006年又创新高，达到145亿美元。

若将2008年与2004年相比，中西贸易额增加了近三倍。目前，西班牙是中国在欧盟内的第6大贸易伙伴；而中国则是西班牙在欧盟以外的第一大贸易伙伴。

随着中西贸易的快速发展，中国和西班牙的相互投资也在逐年增长（见下附图表），2011 年西班牙在华投资项目累计超过 1800 个。中国在西班牙的民营企业更高达 12000 家，不过一般规模较小，并以餐饮业和经营百货的“百元店”为主。目前中资企业在西班牙注册的有 30 余家，直接投资 12.7 亿美元。

为了给西班牙企业在华投资与合作提供信息和服务，“中国西班牙商会”于 2000 年 6 月 26 日在北京成立，并出版了《中国西班牙商会年鉴》。出于同样的目的，一本系统介绍西班牙投资环境，以服务于中国投资者为宗旨的实用手册，即《中国企业西班牙投资指南》已于 2011 年 10 月 25 日在马德里首发。

西班牙在华投资

西班牙—中国 * 投资　（百万欧元）

	2006	2007	2008	2009	2010	2011
中国在西班牙投资	4.39	4.12	1.59	3.89	3.80	57.70
西班牙在华投资	152.60	655.12	858.76	150.09	1,682.11	161.72

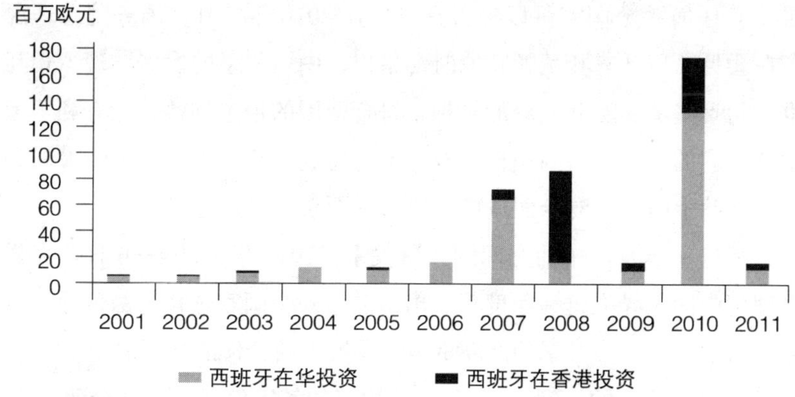

来源：Datainvex: www.comercio.es

西班牙驻华大使馆
经济商务处

自2008年以来，世界性的金融危机给中西两国的经济发展带来空前的挑战。

就西班牙而言，正如西班牙首相萨帕特罗所指出，2008年席卷整个世界的金融危机给西班牙经济造成重创。特别是希腊于2009年底率先爆发主权债务危机之后，由于西班牙需要大额融资以偿还到期的主权债务和资助各大自治区及银行，因此西班牙经济变得颇为脆弱，国际风险评估机构标普、穆迪等均多次下调西班牙的主权债务评级。

这次全球性的经济危机同样也波及到中国。由于海外市场萎缩、能源等原材料价格上涨、而且贸易保护主义又有所抬头，这些消极因素对中国的经济发展同样造成了负面的影响。

在这种全球性经济危机的冲击下，2009年中西贸易总额下降至183.6亿美元，即较之2008年下降了29.8%。

但终究中西两国的经贸合作关系已经有了较为稳固的基础，这为双边携手共同应对世界经济的困局创造了极为有利的条件。

中国政府深刻认识到，在世界一体化的进程中，面对全球性的经济危机没有任何一个国家可以独善其身。在2010年8月，国务院总理温家宝在会见西班牙首相萨帕特罗时即指出，中西关系的发展体现了相互尊重、同舟共济、互利共赢的精神，符合两国的根本利益，也有利于增进中欧之间的相互了解与信任。双方要坚持这一正确方向，着眼大局和长远，推动中西、中欧全面战略伙伴关系不断取得新进展。

为了进一步发展中西之间的经贸关系，2011年1月4—6日李克强副总理把中国领导人这一年度首次出访的第一个国家选择为西班牙，充分显示出中方对中西关系的高度重视和发展中西合作的强烈愿望。

李克强副总理的访问见证了15项协议的签字仪式，涉及金额达75亿美元。“传递信心、扩大合作、增进友谊”，李克强副总理的这次出

左：西班牙外交家欧亨尼奥·布雷格拉特先后三次出任驻华大使（1987—1991；1999—2003；2011—），他的学术专著《中国的第二次革命》在国际上广有影响。

右：2011年11月24日布雷格拉特大使出席了中国社会科学院主办的以“欧洲债务危机及欧洲经济治理”为主题的“论坛”，并发表演说。

访宗旨得到了完满的实现。

在上述大背景下，西班牙更把发展对华关系看作是西班牙外交政策的重中之重。西班牙资深外交家欧亨尼奥·布雷格拉特继1987—1991年和1999—2003年两度出任西班牙驻中国大使之后，又于2011年3月第3次出任西班牙驻中国大使。随着他的到任，西班牙首相萨帕特罗于2011年4月再次访问中国，希望和中国政府共同寻求应对全球性金融危机的方略。所以萨帕特罗把他的这次中国之行称之为“经济外交”之旅。这次访问促成中西两国企业签署了总价值10亿欧元的协议。此外，中国政府继续购买西班牙的国债，事实上，中国已是西班牙国债的长期投资者。自欧债危机以来，中国持有的西班牙国债从4%提升到12%。这在一定程度上缓解了西班牙所承受的金融危机的压力。中国与西班牙之间的贸易增速也十分喜人，2011 年 1—11 月西班牙对华出口增长了 55.7%。2011 年双边贸易额达 273 亿美元，同比增长 11.7%，即中国与西班牙之间的贸易已基本上恢复到 2008 年金融危机爆发前的水平。特别值得一提的是，中国在西的投资目前更是出现了积极迹象，2011 年中国在西直接投资为 1.3 亿美元，比上年增长了近 15 倍。双方在金融、电信、新能源等领域的合作也不断深化。

在欧元区债务危机的阴影下，西班牙人民党在 2011 年 11 月 20 日举行的议会大选中胜出，人民党主席马里亚诺·拉霍伊当选为政府首相并于 12 月 20 日宣誓就职。尽管拉霍伊面临着国内债务负担沉重、经济增长缓慢和失业率居高不下的经济现状，但他仍乐观地表示，他很清楚自己未来任务的艰巨性，并告诫他的支持者，不要期待有奇迹出现，克服债务危机是 4600 万西班牙人的战争，全国上下必须团结起来赢回欧洲的信任。

（七）迎接中西建交的第五个十年

中国与西班牙建交即将跨入第五个十年。为了回顾与总结中西建交 40 年来的成功经验和规划更加美好的未来，应西班牙众议院议长波萨达的邀请，中国全国人民代表大会吴邦国委员长于 2012 年 5 月 23 日起开始对西班牙进行正式友好访问。这是中国全国人大委员长第一次访问西班牙，受到西班牙方面最高规格的接待。其间，尽管胡安·卡洛斯一世国王处在手术后的恢复期，他仍和吴邦国委员长亲切会见。

在会见中，吴邦国委员长表示说，中西长期友好，相互支持，是相互信赖的好朋友。中西关系涉及领域之广、合作水平之高，在建交之初是难以料想的。在当前国际形势正经历复杂深刻变化的情况下，深化中西全面战略伙伴关系，不仅有利于促进各自国内经济社会的发展，也有利于维护世界的和平、稳定与发展。中方高度重视发展同西班牙的关系，愿与西方共同努力，深化政治互信，加强各领域的务实合作，不断提升中西关系水平，更好地造福两国人民。

胡安·卡洛斯一世国王回应说，西班牙王室和历届政府积极致力于发展对华关系。希望双方加强在贸易、文化、旅游、航空等领域的合作，特别是要扩大相互投资，这不仅有利于提升西中经贸合作水平，而且有助于提升全球对西班牙和欧洲经济的信心。西班牙王室愿继续为促进西中友好事业发展做出积极努力。

其后，在吴邦国委员长和拉霍伊首相、波萨达众议长和加西亚参议长等西班牙领导人的会谈中，双方均高度评价中西人民之间的友谊，并对进一步提升两国关系做出了具体的规划。

1. 以中西建交 40 周年为契机，进一步推动中西全方位的合作

吴邦国委员长在与西班牙首相拉霍依的会见中，对西班牙新一届政府重视发展对华关系表示赞赏。他指出，当前，中西关系正处在历史上最好的时期。良好的政治关系应当促进经贸关系的发展，经贸合作的深化也必将为国家关系发展注入新的活力。特别是在当前全球经济复苏不平衡、欧洲主权债务问题凸显的情况下，中西双方更有必要加强务实合作，以合作抗风险，以合作促发展。

西班牙首相拉霍伊完全赞成吴邦国委员长的建议，他表示，西班牙高度重视发展与中国的友好合作，他特别指出，西班牙现在是，将来永远是中国的好伙伴、好朋友。对中方在西班牙经济困难时期给予的帮助，拉霍伊首相表示了感谢。

在会谈中，双方一致希望以中西建交 40 周年为契机，推动中西全方位合作取得新的、更大的发展。

2012 年 5 月 25 日吴邦国委员长与西班牙参议长加西亚举行了会谈，

双方在谈及中西经贸关系的未来发展前景时，加西亚议长特别强调，西班牙在拉美有独特影响，愿在促进中国与拉美友好交流与合作上发挥桥梁作用。这说明中西双方的最高层领导都已从各自国家发展战略的高度来看待中西合作共同开拓第三方市场这一问题，并有着高度的共识。

2. **积极加强中西两国地方上的交往与合作**

吴邦国委员长在与西班牙参众两院议长的会谈中，充满感情地说，西班牙之行给他留下一个很深的印象是，双方领导人在所谈及的问题上有着高度的共识，在增进政治互信、加强务实合作、密切人文交流上有着强烈的愿望，都希望通过加强合作共同应对危机，促进共同发展。这既反映了两国关系的高水平，也为中西关系未来发展指明了方向。他强调指出，他的这次访问一个重要方面就是推动两国地方上的交往与合作。对此，西方表示了同样的愿望。

事实上，中西两国地方之间的合作已经取得了可喜的成果，像青岛与毕尔巴鄂、上海与巴塞罗那、广州与巴塞罗那以及瓦伦西亚，都已相互结为友好城市。

为了了解西班牙地方一级政府的运作情况，吴邦国委员长还特地走访了西班牙最具发展潜力的安达卢西亚自治区。在参观中，他盛赞该地区享誉世界的太阳能等可再生能源的开发和利用技术，他希望中西双方发挥各自的优势，加强在农业、旅游和可再生能源等领域的务实合作，并表示，中方欢迎安达卢西亚自治区积极开拓中国市场，同时鼓励有实力的中国企业到这里投资兴业，为中西全面战略伙伴关系的发展注入新的活力。

而安达卢西亚自治区对深化同中国有关地方的交流与合作同样怀有浓厚的兴趣，并愿进一步密切经贸、科技、文化、教育、旅游等领域的合作，促进双方经济社会发展，加深人民之间的了解和友谊，为推动两国关系不断迈上新台阶贡献力量。

可以说，吴邦国委员长的西班牙之行为中西两国地方上的交往与合作揭开了新的一页。

3. 发挥经济与科技互补性优势，提升中西贸易和双向投资的水平，在互利共赢的基础上将开拓第三方市场作为中西两国的国家发展战略

当前，中西关系正处在历史上最好的时期。良好的政治关系必然有利于促进双边经贸关系的发展。吴邦国委员长的这次西班牙之行实际上为中西之间的未来发展做出了远景规划。

（1）充分利用中西两国在新能源产业开发和应用上的互补性，大力推动产业结构的优化

中国第十二个五年规划的重点目标之一，就是要把大幅度降低能源消耗强度作为约束性指标，进而加大可再生能源的供给能力。为此，则必须积极推动能源科技革命的突破性进展，以实现产业结构的优化。

西班牙新能源的应用十分广泛，管理先进，太阳能、风能的开发和有关技术皆居于世界的领先地位。

因此，吴邦国认为，在这一领域，中西两国的合作大有可为。中方可借鉴西班牙可再生能源发电运行与管理的经验，继续引进西班牙的先进技术设备，共同实施示范性的合作项目，以促进中国相关产业的优化升级。

为此，吴邦国在访问安达卢西亚期间，曾专程考察了赫马索拉尔太阳能电站。这是世界上第一个投入商用的太阳能发电企业。他对企业负责人表示，中国西北地区光热资源丰富，开发利用太阳能条件得天独厚，希望双方积极探讨联合建设示范工程，更好地把西班牙企业的先进技术同中国的资金和市场优势结合起来，在深化合作中实现互利双赢。

（2）在互利共赢的基础上把开拓第三方市场当作中西两国的国家发展战略

尽管中西经贸与技术的交流达到了新的高度，但双方的实际交易额仍较有限。据西班牙工贸部统计，2010 年中国对西班牙的直接投资为 220 万欧元；双边贸易额为 215 亿欧元。这一数字若与 590 亿美元的中国对外直接投资总额以及 29727.6 亿美元的进出口总额相比较，显然极不相称。这说明，中西两国的经贸和科技交流的规模还有极大的扩展空间。要改变现状，其可行性方略之一就是在互利共赢的基础上把开拓第三方市场当作中西两国的国家发展战略。

李克强副总理在 2011 年 1 月访问西班牙期间即曾提出，“愿在平等互利的基础上开展第三方市场”。这个“第三方”实际上主要是指拉丁美洲。中国驻西班牙大使朱邦造在其后的记者招待会上对此做了进一步的阐释：“由于西班牙和拉美在文化、传统和人文上的相似性，中方高度重视中国和西班牙及拉美的三方合作。”他还表示，“希望今后继续推动三方合作，利用对方的优势开拓第三方市场，形成三方受益、互利多赢的模式。”在平等互利的基础上开拓第三方市场的这一发展战略，既是出于当前应对全球性金融危机的现实需要，也是为了拓展中西合作的新天地，而内中更包含着深沉的历史反思。

本书第三章曾指出，在地理大发现以后的 3 个世纪中，中国和西班牙是屹立世界东西方两端的两大帝国。在 1565—1815 年的 250 年间，以拉丁美洲为枢纽，在中国与西班牙之间建立了跨越太平洋与大西洋的多边贸易体系，中国的丝绸、瓷器和精美的手工艺品与西班牙握有的贵金属成为推动世界市场形成与发展的两大动力。

在西班牙的盛极时期，太平洋被称作“西班牙海”或“西班牙内湖”。至于中国，自马可·波罗时代起即被西方人视作是文明高度发达和拥有神话般财富的国度。然而由于中西两国没有跟上工业革命的步伐，以致深陷因落后而挨打的境地：西属美洲殖民地尽管赢得了独立，但又落入西方列强的掌控之中，战乱不断，社会贫穷落后。

迈入20世纪，中国、西班牙和拉丁美洲国家终于开始了民族振兴的伟大征程。当今，中国、西班牙与拉丁美洲国家在反思民族历史的同时，不仅珍惜今天相互之间的友谊，同时更准备携手迎接更加美好的未来。因此，中西携手在互利共赢的基础上开拓拉丁美洲市场的发展战略，既有历史脉络作为拉近三方人民的纽带，又具有现实的需要和可能性。

事实上，在李克强副总理有关中西合作共同开拓“第三方市场”的战略提出后，西班牙方面已经开始积极地探索中西合作共同开拓“第三方市场”的路径。西班牙驻华大使布雷格拉特2011年12月6日访问深圳时，他一方面考察了深圳华为、中兴通讯等企业在成为西班牙电信选定的网络设备供应商之后双方的合作情况，另方面他还邀请更多的深圳企业前往西班牙寻求发展机遇。他还特别指出，通过西班牙可以辐射包括拉丁美洲在内的整个西班牙语国家的新兴市场。

为了使中国的企业家深入了解拉丁美洲是西班牙背后的“延伸市场”的实际含意，西班牙驻华大使馆商务参赞司嘉伟透过媒体向中方介绍了

2011年9月17日中国驻西班牙大使朱邦造（中）出席旅西侨界“辛亥百年·华侨丰碑”图片展。

西班牙与拉丁美洲在经济上的独特联系。他指出，因为传统因素，西班牙在拉美的银行、电话公司等系统都有长期、固定的投资项目，像拉美的电信市场多为西班牙电话公司所控制。中国的华为和中兴等设备供应商，只有在与西班牙电话公司达成协议之后，才能进入拉美市场。对于中国企业来说，通过西班牙这个平台，可以更加便利地进入拉美市场。

事实也是比如，2011 年初，中国联通与在拉美国家拥有庞大的市场和网络的西班牙电信公司实现合作后，便获得该公司的一个董事会席位，此外，两家公司还各自出资 5 亿美元互相参股，这样中国联通便有了以更大的规模在拉美寻求发展的机会。同年 10 月，中石化更斥资 71 亿美元收购了西班牙 REPSOL 在巴西的石油分公司 40% 的股份，并与其共同进入拉美国家市场。这些案例都说明中西合作开拓第三方市场的战略的生命力。

基于中西合作共同开发第三方市场的战略构想已广为中西两国的政治家和企业家所接受，2011 年 11 月 7—8 日在瓦伦西亚自治区首府所举行的环球中国商务会议（GCBM）上，与会者突显了对拉丁美洲—西班牙—中国这条贸易中轴线的现实意义的关注，并集中研究了上述地区间的商业潜力和投资流动性等问题。至于瓦伦西亚是否能作为中国投资的中心，也引起了与会者的热议。当然，会议上最为引人瞩目的亮点则是中国驻西班牙大使朱邦造和西班牙驻中国大使布雷格拉特同时出席了这次盛会。这反映了中西两国政府对于在互利共赢的基础上开拓第三方市场的战略的重视。

| 结束语 |

光荣绽放：迈向中西建交的第五个十年

2012年6月22日，胡锦涛主席在出席20国集团领导人第7次峰会后，经停西班牙特内里费岛时，应约与西班牙国王卡洛斯一世通了电话，并致以亲切问候。胡锦涛主席表示，中西两国是好朋友、好伙伴，两国人民有着深厚的友谊。长期以来，两国政治上相互信任、相互支持，经济上优势互补、互利合作，人文上密切交流、成果丰硕。2013年是中西建交40周年，中方愿同西班牙共同努力，推动中西全面战略伙伴关系取得新进展，更好造福两国和两国人民。

西班牙国王卡洛斯一世对胡锦涛主席经停西班牙特内里费岛表示欢迎，并向中国人民致以良好祝愿。卡洛斯一世国王表示，西中关系非常好，西班牙人民感谢中国给予的友谊和支持，他本人始终是中国人民的好朋友，希望双方以2013年建交40周年为契机，加强交往和合作，使两国关系迈上新台阶。在最高领导人的亲自规划下，中西两国人民深信不仅将迎来硕果累累的中西建交40周年的喜庆之日，而且会以更加坚定而乐观的心态迈向光荣绽放的中西建交的第五个十年。

主要参考书目
（按作者姓氏首字母音序排序）

A

阿利普：《菲律宾与中国十个世纪的交往》(E. M. Alip, *Ten Centuries of Philippine Chinese Relation*)，马尼拉 1959 年版。

埃利奥特：《西班牙帝国（1469—1716）》(H. Elliot, *Imperial Spain, 1469—1716*)，伦敦 1963 年版。

埃姆斯:《在华之英国人》(J. B. Eams, *English in China*)，伦敦 1974 年版。

安娜·马林·菲达尔戈：《塞维利亚之阿尔卡萨王家公园》（Ana Marin Fidalgo, *El Real Alcazar de Sevilla*），马德里 1997 年版。

奥尔特曼与洛克哈特：《墨西哥早期的省》(I.Altman & J. Lockhurt, *Provinces of Early Mexico*)，洛杉矶 1976 年版。

B

巴尔塞洛：《西班牙经济史》（J.L.Barcelo, *Historia Económica de España*），马德里 1952 年版。

包松：《赤字政府——墨西哥和菲律宾之间的“拨款”(1606—1804)》(L. E. Bauzon, *Deficit Government--Mexico and the Philippine Situado. 1606—1804*)，东京 1981 年版。

鲍晓鸥:《西班牙与中国》(J. E. Borao, *España y China*), 台北 1994 年版。

贝利与纳萨蒂尔:《拉丁美洲文明发展史》(H. M. Baily & A. P. Nasatir, *Latin America: the Development of its Civilization*), 美国 1960 年版。

贝尼特斯:《菲律宾史》(C. Benitez, *History of the Philippine*), 马尼拉 1954 年(改写)版。

比尔希略·罗埃尔:《殖民地社会经济史》(Virgilio Roel, *Historia Social y Económica de la Colonia*), 利马 1970 年版。

比利亚尔:《十六至十七世纪西班牙美洲在亚洲的扩张》(E. de la T. Villar, *Expansión Hispañoamericana en Asia, Siglos XVI-XVII*), 墨西哥, 1980 年版。

比维斯:《西班牙与美洲社会经济史》(J. V. Vives, *Historia de España y America Social y Económica*), 西班牙 1974 年版。

比尤德莱伊:《东印度公司的瓷器》(M. Beurdeley, *Porcelain of the East India Companies*), 伦敦 1962 年版。

波斯坦主编:《剑桥欧洲经济史:中世纪贸易与工业》(Postan, *The Cambridge Economic History of Europe: Trade and Industry in the Middle Ages*), 剑桥 1952 年版。

伯恩斯与拉尔夫:《世界文明史》(E. M. Burns & Ph.L. Ralph, *World Civilization*), 纽约 1974 年版。

博克塞:《十六世纪的华南》(C. R. Boxer, *South China in the Sixteenth Century*), 伦敦 1953 年版。

博拉:《墨西哥和秘鲁之间早期殖民地贸易与航运》(W. Borah, *Early Colonial Trade and Navigation between Mexico and Peru*), 加利福尼亚 1954 年版。

博拉：《墨西哥殖民地时期的养蚕业》（Woodrow Borah, *Silk Raising in Colonial Mexico*），加利福尼亚 1943 年版。

卜德：《中国物品西人考》（D. Bodde, *China' s Gifts to the West*），华盛顿 1971 年版。

布尔努瓦：《丝绸之路》（Luce Beulnois, *La Route de la Soie*），巴黎 1963 年版。

布拉丁：《波旁王朝时期墨西哥的矿工和商人 (1763—1810)》(D. A. Brading, *Mineros y Comerciantes en el México Borbonico*, 1763—1810)，墨西哥 1975 年版。

布拉斯·希埃拉·德拉卡耶：《东方博物馆》(Blas Sierra de la Calle, Museo Oriental)，巴亚多利德 1990 年版。

布劳代尔：《资本主义和物质生活 (1400—1800)》（F. Braudel, *Capitalism and Material Life, 1400—1800*），芳达纳 1974 年版。

布劳代尔：《菲利浦二世时代的地中海和地中海世界》(Braudel, *The Mediterranean and the Mediterranean World in the Age of Philip II*)，纽约 1976 年版。

布雷德利：《拉丁美洲与太平洋彼岸之关系》（A. Bradley, *Trans-pacific Relation of Latin America*），纽约 1941 年版。

布莱尔与罗伯逊：《菲律宾群岛（1493—1898）》(E.H. Blair & J. A. Robertson, *The Philippine Islands, 1493—1898*)，克利夫兰 1903—1909 年版。

布鲁斯：《荷属东印度公司时代的中国与巴达维亚》（Blusse *Chinese Trade to Batavia during the Days of the V. O. C.*）。

C

陈翰笙主编：《华工出国史料》，中华书局 1981 年版。

陈翰笙主编：《华王出国史料汇编》，中华书局 l985 年版。

陈开俊等译：《马可波罗游记》，福建科学技术出版社 1981 年版。

D

达姆波里埃纳：《两个帝国的相遇》（P. Damboriena, *Encuentro de dos imperios*），载《理智与信念》（*Razon y Fe*）。

邓恩：《一代巨人》(G. H. Dunne, *Generation of Giants: The Story of the Jesuits in China in the last Decades of the Ming Dynasty*)，印第安纳 1962 年版。

迭戈 G. 洛佩斯 · 罗萨多：《墨西哥的历史与经济思想》(Diego G. Lopez Rosado, *Historia y Pansamiento Económico de México*)，墨西哥 1974 年版。

多宾斯与道蒂：《秘鲁文化史》(H. E. Dobyns & P. L Doughty, *Peru-A Cultural History*)，纽约 1976 年版。

F

范鲁尔：《印度尼西亚的贸易和社会》(J. C. Leur, *Indonesian Trade and Society*)，海牙与万隆 1955 年版。

方豪：《中国天主教人物传》，中华书局 1988 年版。

方胡尔与洛敏：《在中国经济.改革中的西班牙》(E. Fanjul y Y. F. Lommen, *España en la Reforma Económica China*)，西班牙 1997 年版。

菲利浦：《在哥伦布之前：从地中海到大西洋的开发与殖民(1229—1492)》（Felape, *Before Columbus: Exploration and Colonization from the Mediterranean to Atlantic, 1229—1492*），伦敦1987年版。

菲利普斯：《毛皮贸易》（P. Philips, *The Fur Trade*），诺尔曼1961年版。

费尔南德斯：《迦太基与罗马》(Miguel A. Fernandez, *Cartago y Roma*)，马德里1979年版。

费琅编：《阿拉伯波斯突厥人东方文献辑注》（G. *Ferrand, Relations de Voyage et Textes Geographiques Arabes, Persans et Turcs Ralatifs L'Extreme Orient Du VIII au XVIII Siecles*），巴黎1914年版。

费雷莱斯：《在海那边：地中海的扩张（13—15世纪）》(E. Ferreres, *Mar enlla' L' expansion Mediterrania, Segles, XIII-XV*)，巴塞罗那1993年版。

冯承均：《马可·波罗行记》，中华书局1954年版。

弗伯：《东方贸易中的敌对帝国（1600—1800）》（H. Furber, *Rival Empires of Trade in the Orient, 1600—1800*）。

弗洛雷斯卡诺：《墨西哥与拉丁美洲经济发展文集(1500—1975)》(E. Florescano, *Ensayos sobre "Dessarrollo Económico de México y América Latina, 1500—1975*)，墨西哥1979年版。

福尔曼：《菲律宾群岛》（J. Foreman, *The Philippine Islands*），伦敦1898年版。

傅路特：《明代人物辞典》(L. C. Goodrich, *Dictionary of Ming Biography*)，哥伦比亚大学出版社1976年版。

G

戈岱司编：《希腊拉丁作家远东古文献辑录》（G. Coedes, *Textes D' Auteurs Grecs Et Latins Relatifs L' Extreme-Orient*），巴黎1910年版。

格拉曼：《荷兰与亚洲的贸易》（K. Claman, *Dutch-Asiatic Trade*），哥本哈根1958年版。

格林伯格：《英国的贸易与中国的开放》（M. Greenberg, *British Trade and the Opening of China*），剑桥1951年版。

《哥伦布航海日记》（*Diario de Colón*），哈瓦那1962年版。

H

哈林：《美洲西班牙帝国》（C. H. Haring, *The Spanish Empire in America*），伦敦1947年版。

海玛：《荷兰在远东》（Hyma, *The Dutch in the Far East*），密西根1942年版。

汉密尔顿：《美洲财富与西班牙的价格革命（1501—1650）》(Hamilton, *El Tesoro Americano y La Revolución de los Precios en España, 1501—1650*)，巴塞罗那1975年版。

赫德森：《欧洲与中国》（C. F. Hudson, *Europe and China*），伦敦1931年版。

亨特：《番鬼录》（W. C. Hunter, *The "Fan Kuae" at China*），上海1938年版。

亨特：《旧中国杂记》（W. C. Hunter, *Bits of Old China*），上海1911年版。

洪堡：《新西班牙政治述评》（A. de Humbold, *Ensayo Politico en Nueva España*），墨西哥1981年版。

胡安与乌略亚：《秘鲁王国政事沉思与评述》（Juan & Ulloa, *Discourse*

and Political Reflecting on Kingdom of Peru），俄克拉荷马 1978 年版。

胡尔达兹比赫：《道里邦国志》(Ibn Khorda dhbeh, *Kitab Al-Masalik Wal-Mamalik*)，莱顿 1889 年版。

黄滋生，何思兵著：《菲律宾华侨史》，广东高等教育出版社 1987 年版。

霍尔：《东南亚史》（G. E, Hall，*A History of South-East Asia*），伦敦 1968 年版。

J

吉阿松：《英国与菲律宾的“区间贸易”(1644—1765)》(S. D-Quiason, *English “Country Trade” with the Philippine, 1644—1765*)，奎松 1966 年版。

加斯顿·威特：《人类文化和科学发展史》（Caston Wiet, *History of Mankind Cultural and Scientific Development*），伦敦 1 975 年版。

加西亚：《唐加斯帕尔·安东尼奥，德拉托雷一阿亚拉政府统治下的菲律宾群岛》（Garcia, *Gobierno de Don Gaspal Antonio de la Torre y Ayala en las Islas Felipinas*），格拉纳达 1976 年版。

加西亚·洛尔卡著，赵振江译：《血的婚礼》，外国文学出版社 1994 年版。

《剑桥近代史》(*The Cambridge Modern History*)，英国 1971 年版。

K

卡尔洛·奇波拉：《芳达纳欧洲经济史：中世纪》（Carlo & Cipolla, *The Fontana Economic History of Europe: The Middle Ages*），格拉斯哥 1972 年版。

卡莱里：《新西班牙之行》（G. F. G. Carreri, *Viaje a la Nueva España*），墨西哥 1976 年版。

卡梅隆：《蕃夷与中国官吏》（N. Cameron, *Barbarians and Mandarins*），纽约 1970 年版。

卡门·迪亚斯·加来戈斯：《阿兰乎埃斯王富》(Carmen Diaz Gallegos, *Real Sitio de Aranjuez*)，巴塞罗那 I992 年第 3 版。

卡明斯：《礼仪问题》（J. S. Cummins, *A Question of Rites: Frian Domingo Navarrete and Jesuits in China*），剑桥 1993 年版。

卡明斯：《西班王牙向东方扩张中的耶稣会士和其他教派的传教士》(J. S. Cummins, *Jesuit and Friar in the Spanish Expansion to the East*)，英国 1986 年版。

科比特：《古巴华人传奇 (1847—1947)》（D. C. Corbitt, *A Story of the Chinese in Cuba, 1847—1947*），威尔莫 1971 年版。

科涅茨克：《拉丁美洲·殖民时期》(Konetzke, *América Latina: La Epoca Colonial*)，墨西哥 1974 年版。

克拉克：《中国科学与西方》（B. Clark, *Chinese Science and the West*），英国 1980 年版。

克拉维约著，杨兆钧译：《克拉维约东使记》，商务印书馆 1957 年版。

L

拉克：《亚洲对欧洲发展的促进》（D. F. Lach, *Asia in the Making of Europe*），芝加哥 1971 年版。

雷格拉：《绘图西班牙史》（J. Regla, *Historia de España Ilustrada*, 巴塞罗那 1978 年版。

黎庶昌：《西洋杂志》，湖南人民出版社 1981 年版。

李约瑟：《中国传统科学》(J. Needham, *Science in Traditional China*)，香港 1981 年版。

《利玛窦中国札记》，中华书局 1983 年版。

刘易斯：《伊斯兰：从穆罕默德先知到君士坦丁堡陷落》(B. Lewis, *Islam from the Prophet Muhammond to the Capture of Constantinople*)，英国 1976 年版。

罗埃洛夫茨：《亚洲贸易和欧洲在印度尼西亚海峡的影响》（Roelofsz, *Asian Trade and European Influence in the Indonesian Archipelago*），海牙 1962 年版。

罗萨多：《墨西哥经济史教程》（D. G. L. Rosado, *Curso de Historia Económica de México*），墨西哥 1963 年版。

罗斯托夫采夫：《罗马帝国社会经济史》（M. I- Rostovtzef, *Historia Social y Económica del Imperio Romano*），马德里 1962 年版。

洛厄：《宿命的海洋》（J. A. Lower, *Ocean of Destiny*），英国 1978 年版。

M

马伦德：《十六世纪的欧洲》（Maland, *Europe in the Sixteenth Century*），香港 1982 年版。

麦克兰德：《西属中美洲——社会经济史(1520—1720)》（M. J. Meclend, *Spanish Central America - A Socioeconomic History, 1520—1720*)，伦敦 1973 年版。

迈耶与谢尔曼：《墨西哥历史教程》(M. C. Meyer & W. L. Sherman, *The Course of Mexican History*)，纽约 1974 年版。

《毛泽东选集》，人民出版社 1996 年版。

梅塞德斯·巴劳：《阿莱杭德罗·马拉斯比纳航海日记》(Mercedez Palau, *Diario de Viaje de Alejandro Malaspia*)，马德里 1984 年版。

门多萨：《中华大帝国史》（J. G. de Mendosa, *Historia de las Cosasmas Notables, Ritos y Costumbres del Gran Reino de la China*），马德里 1944 年版。

莫利纳：《十八世纪的总督辖区》(Cayetano Alcazar Molina, *Los Virreinatos en el Siglo XVIII*）。巴塞罗那一马德里 1959 年增订版。

木官泰彦：《日中文化交流史》，商务印书馆 1980 年版。

穆索：《秘鲁历史概要》（C. P. Muzzo, *Compendio de Historia del Perú*），利马 1978 年版。

N

诺斯与托马斯：《西方世界的诞生》（D. C. North & R. P Thomas, *El Nacimiento del Mundo Occidental*），马德里 1980 年版。

O

欧阳民主编：《墨国下加省华侨沿革史》，香港 1971 年版。

P

彭信威：《中国货币史》，上海人民出版社 1965 年版。

皮康一萨拉斯：《西班牙美洲文化史》（M. Picon - Salas, *A Cultural History of Spanish America*），加利福尼亚 1963 年版。

帕斯特尔斯：《塞维利亚西印度档案中现存菲岛文献总汇》(P. Pastells, *Catálogo de Los Documentos Relativos en el Archivo de Indias, Sevilla*）。

帕斯特拉纳：《古巴解放斗争中的中国人（1847—1930）》(J. J. Pastrana, *Los Chinos en Las Luchas por la Liberación Cubana, 1847—1930*），哈瓦那 1963 年版。

Q

乔丹和詹尼斯：《十八世纪中国的出口工艺》(M. Jourdain & R. S. Jenyns, *Chinese Export Art in the Eighteenth Century*)，伦敦 1950 年版。

S

塞莫：《墨西哥资本主义史·起源（1521—1763）》（E. Semo, *Historia del Capitalismo en México: Los Origenes,1521—1763*），墨西哥 1978 年第 7 版。

塞万提斯著，杨绛译：《堂吉诃德》，人民文学出版社 1979 年版。

桑斯：《西班牙与亚洲和大洋洲的最初接触》（C. Sanz, *Primitivas Relaciones de España en Asia y Oceania*），马德里 1958 年版。

沈福伟：《中国与非洲：中非关系二千年》，中华书局 1990 年版。

沈福伟：《中西文化交流》，上海人民出版社 1985 年版。

沈福伟：《元代爱薛事迹新论》，载《中外关系史论丛》，世界知识出版社 1986 年版。

舒尔茨：《马尼拉大帆船》（W.L. Schurz, *The Manila Galleon*），纽约 1959 年版。

斯卡梅尔：《欧洲最初的海上帝国》（G. V. Scammell, *The First Europe Maritime Empires*），伦敦 1981 年版。

斯图尔特：《秘鲁被奴役的华人》(W. Stewart, *Chinese Bondage in Peru*)，北卡罗莱纳 1951 年版。

斯坦纳：《扶桑——开拓美洲的中国人》（S. Steiner, *Fusan-the Chinese who built America*），纽约 1979 年版。

苏继顷校释：《岛夷志略校释》，中华书局 1981 年版。

孙家堃：《哥伦布航海日记》，上海外语教育出版社 1987 年版。

T

台尔加多：《转变时期西班牙经济与民主》（J. L. G. Delgado, *Economía Española de la Transición y la Democracia*），马德里 1990 年版。

泰得·阿兰、塞得奈·戈登著，巫宁坤译：《手术刀就是武器》(Ted Allan & Sydney Gordon, *The Scalpel, The Sword*)，三联书店 1979 年版。

坦南鲍姆：《中世纪以来的欧洲文明》（E. Tannenbaum, *European Civilization since the Middle Ages*），纽约 1971 年版。

坦普尔：《中国：发明与发现的国度》(R. K. G. Temple, *China: Land of Discovery and Innovation*)，英国 1986 年版。

汤普森：《中世纪经济社会史》（J. W. Thompson, *Economic and Social History of Europe in the Later Middle Ages*），伦敦 1931 年版。

特雷罗：《新西班牙之工艺美术》（M. R. de Terrero, *Las Artes Industriales en la Nueva España*），墨西哥 1923 年版。

梯加特：《罗马与中国——历史事件的关系研究》(F. J. Teggart, *Roma and China*)，加利福尼亚大学 1939 年版。

W

王铁崖：《中外旧约章汇编》，三联书店 1982 年版。

维尔奈特：《东西方之间的西班牙阿拉伯文化》（Vernet, *La Cultura Hispañoarabe en Oriente y Occidente*），西班牙 1978 年版。

沃尔夫：《十六、十七世纪科学技术和哲学史》（A. Wolf, *A History of Science, Technology and Philosophy in the I6th and 17th Centuries*），伦敦 1935 年版。

沃伦：《十八世纪末与十九世纪中国与苏禄贸易》（James F. Warren, *Sino-Sulu Trade in the Late Eighteenth and Nineteenth Centuries*），载《菲律宾研究》(*Philippine Studies*)，1997 年第 1 期。

沃明顿：《罗马帝国与印度的贸易》(Warmington, *The Commerce between the Roman Empire and India*)，剑桥 l928 年版。

X

《西班牙美洲历史评论》（*The Hispanic American Historical Review*），1977 年版第 57 卷。

希顿：《欧洲经济史》（H. Heaton, *Economic History of Europe*），纽约 1936 年版。

希提：《阿拉伯简史》(Philip K. Hitti, *The Arabs-A Short History*)，伦敦 1956 年版。

肖努：《菲律宾和伊比利亚的太平洋（十六至十八世纪）》(P. Chaunu, *Les Philippines en le Pacifique des Iberiques, XVI、XVII、XVIII Siecles*)，巴黎 1960 年版。

辛格：《技术史》（C. Singer, *A History of Technology*），牛津 1956 年版。

熊建成编：《第三届拉丁美洲国际学术研讨会（论文集）》(Juan Hung Hui, *Tercer Simposio Internacional sobre América Latina*), 台湾 1992 年版。

许明龙：《孟德斯鸠与中国》，国际文化出版公司 1989 年版。

Y

杨怀中、余振贵主编:《伊斯兰与中国文化》,宁夏人民出版社 1996 年版。

伊本·胡尔达兹比赫著,宋岘译注:《道里邦国志》,中华书局 1991 年版。

伊斯雷尔：《殖民时期墨西哥的种族、阶级和政治 (1610—1670)》 (J. I. Israel, *Race, Class and Politics in Colonial Mexico, 1610—1670*)，伦敦 1975 年版。

易玛编：《西班牙》（Inma Gonzalez Puy, *España*），北京，第 1—6 期。

Z

张铠：《庞迪我与中国》，北京图书馆出版社 1997 年版。

张至善：《哥伦布首次西航时所带致大汗的国书初探》，载《拉丁美洲通讯》，1992 年。

张至善：《起来！中国胜利了》，北京师范大学出版社 1994 年版。

中国科学院近代史研究所编：《沙俄侵华史》，人民出版社 1976 年版。

朱士嘉：《美国迫害华工史料》，中华书局 1958 年版。